F. 2709/B2. porté

F 12084

INSTRUCTION

CRIMINELLE

SUIVANT LES LOIX ET ORDONNANCES

DU ROYAUME.

SECONDE PARTIE.

INSTRUCTION

INSTRUCTION

CRIMINELLE

SUIVANT LES LOIX ET ORDONNANCES

DU ROYAUME.

PARTIE SECONDE.

INSTRUCTION *suivant* L'ORDONNANCE *du mois de Juillet* 1737, *sur le Faux Principal, le Faux Incident, & la Reconnoissance des Ecritures & Signatures privées, en Matiere Criminelle.*

AVANT que d'entrer dans le détail des Dispositions particulieres de cette nouvelle Loi, & des Motifs qui y ont donné lieu, nous croyons devoir exposer ici quelques Principes généraux sur la Matiere.

Le FAUX peut être considéré sous trois Rapports différens; ou comme CRIME, c'est-à-dire, relativement à la Maniere de le commettre & de le punir; ou quant à la COMPÉTENCE, c'est-à-dire, relativement à la Qualité des Juges qui en peuvent connoître; ou enfin, quant à L'INSTRUCTION, c'est-à-dire, par rapport à la Maniere de procéder, pour parvenir à la conviction de ce Crime.

1°. Le FAUX, en tant que CRIME, se *commet* de diverses manieres, que nous avons remarquées dans notre TRAITÉ des Crimes; sçavoir, ou sur les *Personnes*, ou sur les *Choses de Commerce*, ou par *Paroles*, ou sur les *Ecrits*. Mais la plus ordinaire, & qui lui a fait donner singuliérement ce nom, (les autres étant connues sous des qualifications particuliéres, comme *Supposition de Personnes*, *Vente à faux poids & mesures*, *Falsification de denrées*, *Parjure*, *Calomnie*, &c.) C'est celle sur les *Ecrits* dont il s'agit principalement ici.

Cette derniere espéce de Faux se commet de plusieurs manieres; 1°. *En fabriquant ou faisant fabriquer de faux Actes*, comme Testamens, Contrats, Sentences, Billets, Quittances & autres Ecritures publiques ou privées; 2°. *En altérant des Actes véritables*, par Radiation, Surcharge, Addition, Rature, Antidate ou autre maniere; 3°. *En enlevant ou changeant* des Chiffres, Lettres, Mots, Lignes, Pages ou Feuillets entiers, d'un Livre, ou Regiftre; 4°. *En supposant* une Ecriture fausse pour une véritable, soit en y appliquant ou supposant des Sceaux, soit en faisant paroître dans l'Acte une Personne supposée, soit en y faisant faire de fausses Déclarations, par le Notaire ou par les Témoins.

Quant à la Maniere de *punir* ce Crime, il paroît que la Peine ordinaire chez les Romains étoit celle du *dernier Supplice*, lorsque le Faux étoit commis par un Esclave, & de la *Déportation* ou Bannissement perpétuel, avec confiscation de biens, lorsqu'il étoit commis par une Personne libre. *V. L. 1. §. Fin. ff. ad Leg.* CORNEL. *de Falsis.* Mais, suivant les Loix du Royaume, ce n'est pas seulement par la Qualité des Personnes, mais encore par la Qualité des Actes où le Faux est commis, que doit se régler la Punition de ce Crime.

1°. A l'égard des PERSONNES, il paroît d'abord par l'Edit de François Iᵉʳ. du mois de Mars 1531, que la Peine de Mort est prononcée *indistinctement* contre tous Ceux qui sont convaincus d'avoir fait & passé de Faux Contrats, ou *porté de Faux Témoignages*.

Mais la Déclaration du mois de Mars 1680, enregistrée en la Cour le 24 Mai suivant, distingue à cet égard trois sortes de Perfonnes ; 1°. *Ceux qui ont commis le Faux, en exerçant des Fonctions publiques, par Office, Commiffion & Emploi*, tels que les Juges, Greffiers, & Miniftres de Juftice, Police & Finance, de toutes les Cours & Jurifdictions, même ceux des Officialités, & des Juftices de Seigneurs ; comme auffi les Officiers & Miniftres des Chancelleries, Gardes de Livres & Regiftres des Chambres des Comptes & Bureaux des Finances ; Ceux des Hôtels-de-Ville, les Archiviftes, leurs Clers & Commis : elle veut que ceux-ci foient punis de la Peine de Mort. 2°. *Ceux qui n'étant pas Officiers, & qui n'ayant aucune Fonction ou Miniftére public, Commiffion & Emploi*, de la qualité de ceux dont on vient de parler, auroient commis quelque Fauffeté : elle laiffe aux Juges la liberté de les condamner à telles Peines qu'ils jugeront à propos, même celle de Mort, fuivant l'exigence des Cas, & la Qualité des Crimes. 3°. Enfin, *Ceux qui étant Officiers, auroient commis les Fauffetés hors de la Fonction de leurs Offices, Commiffion & Emploi :* elle laiffe pareillement aux Juges la liberté de condamner ceux-ci à telles Peines qu'ils jugeront à propos, même celle de Mort, fuivant l'exigence des Cas, & la Qualité des Crimes.

2°. Par rapport à la QUALITÉ des ACTES ; fuivant la même Déclaration de 1680 que nous venons de citer, la Peine de Mort eft prononcée indiftinctement contre tous ceux qui ont falfifié des *Lettres de la Grande & de la Petite Chancellerie*, ou qui auroient imité & contrefait, appliqué ou fuppofé *les Grands & Petits Sceaux.*

Par la Déclaration du 20 Août 1699, enregiftrée en la Cour le 2 Septembre fuivant ; la même Peine de Mort eft prononcée contre tous ceux qui contrefont *les Signatures des Confeillers & Secrétaires d'Etat, & autres Officiers de Juftice.*

Par la Déclaration du 4 Mars 1720, enregiftrée le 10 Juin fuivant, même Peine eft auffi prononcée en général contre tous Falfificateurs *de Papiers Royaux.*

Enfin, par la nouvelle Ordonnance des Teftamens de 1735, il eft dit, Art. 48, » que les Notaires, comme auffi les Té-
» moins, qui ont figné les *Teftamens noncupatifs* ou la *Sufcrip-*
» *tion du Teftament miftique*, fans avoir vû le Teftateur, ou
» fans l'avoir entendu prononcer fes difpofitions, & les lui avoir
» vû préfenter lors de ladite Sufcription, feront pourfuivis ex-
» traordinairement à la Requête des Procureurs du Roi, ou de

4 INSTRUCTION

» ceux des Seigneurs Hauts-Jufticiers , & condamnés , fçavoir ,
» les Notaires , Tabellions , ou autres Perfonnes publiques , à
» la Peine de MORT , & les Témoins à telles Peines afflictives
» ou infamantes qu'il appartiendra.

Indépendamment de ces Peines générales , il y en a encore de
particuliéres , qui concernent le FAUX commis en Matiere *Bénéficiale* L'Art. 16 de l'Ordonnance d'Henri II. du mois de Juillet
1550, appellé l'*Edit des Petites Dates* , porte » que tous ayant com-
» mis fauffeté au Fait des Bénéfices , foit en baillant Collations ,
» Impétrations , Procurations , Inftrumens , Réquifitions , tems
» d'Etude , Lettres de Dégrés , Mandats , Nominations & au-
» tres Actes & Inftrumens judiciaires ou extrajudiciaires en
» Cour de Rome , ou des autres Collations , Provifions ou Pré-
» fentations , foit ès Regiftres des Notaires Apoftoliques , ou au-
» tres Regiftres des Banquiers ou autres Perfonnes publiques ,
» de quelque Qualité qu'ils foient ; s'ils font *Clercs* , feront dé-
» clarés *déchus* du Droit poffeffoire prétendu aufdits Bénéfices ,
» par eux faits contentieux , & punis de telles Peines que les
» Juges verront pour le Cas privilégié , & renvoyés à leurs Pré-
» lats & Juges ordinaires , pour procéder contr'eux , tant par Dé-
» claration d'*Inhabilité* perpétuelle de tenir & pofféder Béné-
» fices en ce Royaume , qu'autres Peines felon la Qualité du
» Fait... Et quant aux Gens *Laïcs* , la même Ordonnance ajoute ,
» Art. 17, qu'il fera procédé contr'eux , felon la rigueur des
» Ordonnances .... « Ces Difpofitions fe trouvent confirmées
par l'Art. 8 du Tit. 9 de l'Ordonnance de 1670 , & par l'Art.
12 du Tit. 2 de la préfente Ordonnance.

Toutes ces Loix font exécutées dans la Jurifprudence actuelle ; enforte que s'il y a quelque variété fur ce point dans
les Arréts , ce n'eft que dans les Cas où ces mêmes Loix fem-
blent s'en être rapporté à la prudence des Juges. Les Peines
les plus ordinaires dans ce dernier Cas , font , fuivant BRUNEAU ,
celles du Poing coupé , de l'Amende Honorable , des Galeres , du Banniffement & de la Fleur-de-Lys , *V.* Obferv. Crim.
Part. 1 , Tit. 11 , Max. 34.

Ces Peines ne regardent pas feulement Ceux qui ont fabriqué ou fait fabriquer les Piéces fauffes , mais encore Ceux qui
s'en fervent , en connoiffans la fauffeté. *V.* L. 2 , *ff. ad Leg.*
CORNEL. *de Falf.* & L. 8 , au Cod. du même Titre. *V.* auffi
l'Art. 12 du Tit. 2 de la préfente Ordonnance.

Suivant la Loi *Majorem* 4, au Cod. du même Titre, celui qui produit la Piéce fauffe, eft tenu de prouver fon innocence, en juftifiant que cette Piéce provient d'un autre par qui elle lui a été cédée, ou qu'il l'a trouvée dans la Succeffion de fes Pere & Mere, ou parmi les Papiers de fes Auteurs ; autrement la Préfomption eft contre lui.

Suivant la Loi *Penult.* au Code *de Probat.* celui qui attaque une Piéce de fauffeté, fans la prouver, eft tenu de la même Peine qu'auroit fubi le Fauffaire, s'il avoit été convaincu. Mais, fuivant notre ufage, confirmé par la Difpofition de l'Art. 49 du Tit. 2 de la préfente Ordonnance, il eft puni arbitrairement, fuivant les circonftances, outre la Condamnation d'Amende.

Au refte, il y a deux chofes remarquables par rapport à la Peine de ce Crime ; *l'une*, que la Prefcription de vingt années, qui eft néceffaire pour faire ceffer cette Peine, comme celle des autres Crimes, ne commence à courir que du jour qu'il a été découvert, & non de celui où il a été commis, *à die detec-tæ Fraudis. V.* B O N I F A C E, Tom. 5, Liv. 3, Tit. 2. Ch. 12, & G U E R E T fur le P R E T R E, Cent. 2, Ch. 8. *L'autre*, que l'Action civile contre la Piéce fauffe, eft toujours reçue nonob-ftant la Prefcription du Crime, c'eft-à-dire, que cette Action ne fe prefcrit, comme les autres Actions civiles, que par l'ef-pace de trente années. *V.* B R O D E A U fur L O U E T, Lett. C. Somm. 47. Ce qui ne doit toujours s'entendre, qu'à compter du jour que la Piéce a été produite, fuivant la Maxime *Quæ funt temporalia ad agendum funt perpétua ad excipiendum.*

2°. Quant à la C O M P É T E N C E, l'on avoit d'abord douté, fi le Faux devoit être regardé comme *Cas Royal*, ou comme fim-ple *Cas ordinaire.* Il paroît, que fuivant les anciennes Ordon-nances, & notamment celle de François I. en 1535 (Ch. 19, Art. 20) la connoiffance en étoit fpécialement réfervée aux Ju-ges Royaux, puifqu'il n'y eft parlé que des *Avocats & Procu-reurs du* R O I, relativement à la communication des *Moyens de Faux*, qui devoient être *baillés* par les Parties.

Il paroît auffi, fuivant la remarque de B O R N I E R, fur l'Art. 20 du Tit. 1er de l'Ordonnance de 1670, que dans la fuite, on avoit diftingué le Cas où le Faux étoit pourfuivi par Accufation prin-cipale, de celui où il étoit pourfuivi incidemment ; & que ce n'é-toit que dans ce dernier Cas feulement, que la Connoiffance pou-

voit en appartenir aux Juges Seigneuriaux, parce qu'il s'y agiſ-
ſoit principalement d'une intérêt pécuniaire.

Mais, ce Doute a été entiérement levé par les dernieres Ordonnances, ſuivant leſquelles la pourſuite du Faux, ſoit principal, ſoit
incident, peut ſe faire pardevant les Seigneurs Hauts-Juſticiers,
comme pardevant les Juges Royaux : c'eſt ce qui réſulte entr'autres de la Diſpoſition des Art. 20, du Tit. 1er, & Art. 8
du Tit. 9 de l'Ordonnance de 1670, comme auſſi de celle des
Art. 10, 11, 12, 19, 21, 31, 34, 60, 68 & 69 du Tit. 1er
de la préſente Ordonnance, par leſquels on voit, que la pourſuite de ce Crime peut ſe faire par les Procureurs des Hauts-
Juſticiers, auſſi-bien que par les Procureurs du Roi.

L'on avoit douté auſſi, ſi la pourſuite de ce Crime devoit ſe
faire devant le Juge du Lieu, où le Faux avoit été commis,
c'eſt-à-dire, où la Piéce fauſſe avoit été fabriquée; ou bien devant le Juge du Lieu où cette Piéce avoit été produite. Mais
l'Art. 22 du Tit. 2 de la préſente Ordonnance, paroît avoir
décidé entiérement cette Queſtion en faveur du Juge pardevant
lequel la Piéce arguée de Faux eſt produite, ſur le fondement
ſans doute, que c'eſt par cette Production que ſe conſomme entiérement le Crime.

A la vérité, comme la Diſpoſition de cet Article ne regarde que le Faux incident; l'on en peut conclure, que lorſque le
Faux eſt pourſuivi par une Accuſation principale, l'on doit ſuivre, à cet égard, la Régle générale établie par l'Art. 1er du Tit.
1er de l'Ordonnance de 1670, qui veut que la Connoiſſance des
Crimes appartienne au Juge du Lieu du Délit.

Néanmoins, il faut encore excepter de cette Régle, les Cas
ſuivans.

1°. Lorſqu'il s'agit de falſification *du Sceau Royal*; la Connoiſſance en doit appartenir au Juge Royal, encore qu'il ne ſeroit pas le Juge du Lieu du Délit. *V.* BORNIER ſur l'Art. 20
du Titre 1er de l'Ordonnance de 1670.

2°. Lorſqu'il s'agit de Faux en Matiere *d'Aydes & de Tail-
les*; la Connoiſſance en doit appartenir aux Juges d'Election, par
Appel aux Cours des Aydes. *V.* Déclaration de Mars 1732, &
d'Octobre 1736.

3°. Lorſqu'il s'agit de Faux commis aux *Lettres du Sceau*;
la pourſuite doit s'en faire aux Requêtes de l'Hôtel, au Souverain. *V.* le nouveau Réglement du Conſeil de 1738, Tit. 10,
Part. 2.

4°. Lorsqu'il s'agit de Faux commis par un *Huiſſier ou Ser-*
gent en exécutant les Jugemens ; l'Accuſation en doit être portée pardevant les Cours & Juges d'où les Jugemens ſont émanés. *V.* Art. 20, Tit. 1er de l'Ordonnance de 1670.

5°. Lorsqu'il s'agit d'un Faux commis dans des *Actes paſſés*
par les Notaires du Châtelet de Paris ; ceux-ci ne peuvent être
traduits ailleurs qu'au Châtelet, ſuivant la Décl. de Juillet 1676.

3°. Enfin, le FAUX conſidéré par rapport à L'INSTRUCTION,
eſt diſtingué en *Faux Principal* & en *Faux Incident.*

On l'appelle FAUX PRINCIPAL, quand une Partie Civile ou
Publique intente une Accuſation directe & principale contre un
Officier public, ou contre un Particulier, pour avoir fabriqué
ou fait fabriquer de *Faux* Actes, ou avoir altéré & contrefait
de *véritables*, de quelqu'une des Manieres que nous avons ob-
ſervées ci-devant.

On l'appelle FAUX INCIDENT, lorſque dans un Procès Civil
une Partie produit un Acte Faux, ſoit en tout ou en partie,
pour s'en ſervir au Procès „ & y obtenir gain de Cauſe.

Chacun de ces Faux a ſon Inſtruction particuliére, par laquelle on doit en aſſurer la Preuve ; & comme parmi les Preuves qui peuvent être employées dans ces Inſtructions, il ſe
rencontre le plus ſouvent des *Ecritures ou Signatures privées*,
leſquelles ne peuvent mériter aucune foi en Juſtice, qu'autant
qu'elles ſont reconnues ou dûement vérifiées ; il étoit à propos,
pour ne rien laiſſer à déſirer ſur cette Matiere, de joindre à
la ſuite de ces Inſtructions, celle qui eſt néceſſaire pour parvenir à
la Reconnoiſſance & Vérification de ces Ecritures & Signatures.

Ce ſont ces différentes Inſtructions, qui avoient d'abord fait
la Matiere des Titres 8 & 9 de l'Ordonnance de 1670, que
nous trouvons diſtinguées dans la préſente Ordonnance, ſous trois
Titres différens, dont le premier concerne le *Faux Principal* ;
le ſecond, le *Faux Incident* ; & le troiſiéme, la *Reconnoiſſance*
des Ecritures & Signatures privées, en Matiere Criminelle.

Nous ne ſçaurions mieux faire l'Eloge de la ſageſſe & de la
profondeur des Vûes qui ont préſidé à la rédaction de cette nouvelle Loi, qu'en diſant qu'elle eſt l'Ouvrage de feu M. le Chancelier D'AGUESSEAU. Nous ne pouvons auſſi, en mieux faire
ſentir toute la néceſſité & l'importance, qu'en rappellant ici
les Motifs particuliers qui y ont donné lieu, tels qu'ils ſe trouvent expoſés dans le PRÉAMBULE.

LOUIS, *par la Grace de Dieu, Roi de France & de Navarre : A tous présens & à venir, SALUT. Le feu Roi, notre très-honoré Seigneur & Bifayeul, crut ne pouvoir rien faire de plus avantageux pour fes Sujets, que de renfermer dans un corps de Loix, toutes les Regles de la Procédure Civile & Criminelle ; & cet Ouvrage a été regardé comme un de ceux qui ont le plus contribué à immortalifer la gloire de fon Regne. Les difficultés qui fe préfenterent dans l'Exécution de fes Ordonnances, ne fervirent qu'à redoubler fon attention pour fuppléer à ce qui pouvoit y manquer ; & pour les porter, par des Déclarations poftérieures, à une plus grande perfection. Mais outre que ces Loix particulieres n'ont pas été réunies jufqu'à préfent, pour ne former qu'un feul tout avec les Loix générales, & devenir par-là encore plus connues & plus utiles, nous fçavons que la diverfité des Opinions, & la différente maniere d'expliquer les mêmes Difpofitions, ont produit une fi grande variété dans les Ufages de plufieurs Tribunaux, que des Procédures qui paroiffent aux uns régulieres & fuffifantes, font regardées par d'autres, comme nulles & défectueufes. Le reméde qu'on eft obligé d'y apporter, en faifant recommencer ce qui a été déclaré nul, eft fouvent prefqu'auffi fâcheux que le mal même ; l'Expérience ayant appris que cette Voie, onéreufe aux Officiers qui en fupportent les Frais, favorable quelquefois au Coupable, & au Plaideur téméraire, a toujours le grand inconvénient de prolonger les Procès, & fouvent de retarder des exemples néceffaires. Des Confidérations fi importantes nous ont fait croire, qu'au lieu de fe contenter de réparer les défauts de Procédure, à mefure qu'ils fe préfentent, il étoit beaucoup plus convenable d'en tarir la fource par une nouvelle Loi, qui renfermât en même-tems, & le Supplément, & l'Interprétation des Ordonnances précédentes. Mais dans la Néceffité où nous fommes de partager un Ouvrage d'une fi grande étendue, nous avons cru que la Révifion de l'Ordonnance de 1670, fur la procédure Criminelle, devoit occuper d'abord toute notre attention : & dans cette Ordonnance même, nous avons jugé à propos de faire un choix, en commençant un Ouvrage fi utile, par les Titres de la Reconnoiffance des Ecritures ou Signatures privées, ou du Faux principal ou Incident. Les différens objets de ces deux Titres y ont été tellement mêlés, que les Juges ont eu de la peine à en faire un jufte difcernement, & qu'il leur eft fouvent arrivé, ou de féparer ce qui devoit être réuni, ou de con-*
fondr

fondre ce qu'il auroit fallu diftinguer. C'eft donc pour remédier à cet inconvénient, par un ordre plus naturel, que nous avons jugé à propos d'établir d'abord dans un premier Titre, les Régles qui feront obfervées dans la Pourfuite du Faux Principal ; de fixer enfuite dans un fecond Titre celles qui auront lieu à l'égard du Faux Incident, & d'y ajouter enfin un dernier Titre, fur ce qui concerne feulement la Reconnoiffance des Ecritures & Signatures privées ; enforte que l'on puiffe reconnoître aifément dans chaque Titre, les Formalités qui font propres à chacune de ces trois Procédures, & celles qui leur font communes. Nous y laifferons beaucoup moins à fuppléer à l'attention de ceux qui font chargés de l'Inftruction des Procès Criminels, qu'on ne l'avoit fait par l'Ordonnance de 1670 ; & fi nous fommes obligés par-là d'entrer dans un détail beaucoup plus exact, fur ce qui regarde chaque Acte de la Procédure, nous efpérons que l'inconvénient de la longueur, prefqu'inféparable de cette exactitude, fera avantageufement compenfé par le bien que nous ferons à la Juftice, en mettant devant les yeux des Juges une fuite de Régles claires & précifes, qui dirige fûrement toutes leurs démarches, en les conduifant par degrés, & comme pas à pas dans tout le cours de l'Inftruction. Il ne nous refte donc plus, après nous être fait rendre un compte exact des différens Ufages de nos Parlemens ; & avoir reçu les Mémoires des Principaux Magiftrats de ces Compagnies, que de faire publier une Loi fi néceffaire, pour parvenir à cette uniformité parfaite, qui n'eft pas moins defirable, & qu'il eft encore plus facile d'établir dans la Forme de la Procédure, que dans le fond des Jugemens : elle y fera d'autant plus utile à nos Sujets, que les difficultés qui regardent l'Ordre Judiciaire, naiffent beaucoup plus fouvent que les Queftions de Jurifprudence, qui partagent les Tribunaux, & que le fond même de la Juftice eft en danger, lorfque les Voies qui y conduifent, font obfcures ou incertaines. A CES CAUSES, & autres à ce Nous mouvans, de l'Avis de notre Confeil, & de notre certaine Science, pleine Puiffance & Autorité Royale, nous avons, par ces Préfentes fignées de notre main, dit, déclaré & ordonné, difons, déclarons & ordonnons, voulons & nous plaît ce qui fuit.

TITRE

DU FAUX PRINCIPAL.

Ce Titre eſt compoſé de ſoixante-neuf Articles, où il eſt traité des Objets ſuivans.

1°. De la Plainte, Accuſation & Dénonciation du Faux ; comment elles doivent s'intenter, & quelles Piéces doivent y être jointes, *Art.* 1, 2 & 3.

2°. De l'Ordonnance portant Permiſſion d'Informer, *Art.* 3, 4, 5, 6 & 7.

3°. Des Délais accordés aux Dépoſitaires, pour l'apport des Piéces prétendues Fauſſes, *Art.* 5 & 6.

4°. De la Preuve par Témoins, & des Cas où elle peut avoir lieu, (*Art.* 7.) De la Maniere d'entendre ces Témoins, *Art.* 24, 25, 26, 27, 28 & 29.

5°. De la Preuve par Experts, & de la Maniere dont on doit y procéder, *Art.* 8, 9, 22 & 23.

6°. Du Procès-verbal de l'Etat des Piéces prétendues fauſſes, *Art.* 10 & 11.

7°. Des Piéces de Comparaiſon, & des Perſonnes qui peuvent les fournir, (*Art.* 12,) De la Qualité qu'elles doivent avoir, (*Art.* 13, 14 & 15,) De l'apport de ces Piéces, par ceux qui en ſont dépoſitaires, (*Art.* 16.) Du Procès-verbal de Préſentation de ces Piéces, (*Art.* 17, 18 & 19.) Des Cas où ces Piéces ſont rejettées, (*Art.* 20.) Enfin, du Cas où elles ſont admiſes, *Art.* 21.

8°. Du Décret contre l'Accuſé, *Art.* 30.

9°. Des Piéces qui doivent être repréſentées à l'Accuſé, & par lui paraphées, lors de ſes Interrogatoires & Confrontations, *Art.* 31, 32 & 41.

10°. Du Corps d'Ecriture de l'Accuſé, *Art.* 33, 34, 35 & 36.

11°. Du Récollement & Confrontation des Experts, *Art.* 37.

12°. Du Récollement & Confrontation des Témoins, *Art.* 38 & 39.

13°. Des Piéces qui ſont repréſentées par les Témoins, *Art.* 40.

14°. Des Piéces qui font repréfentées par l'Accufé, *Art.* 41 & 42.

15°. Des Récollemens & Confrontations des Accufés les uns aux autres, *Art.* 43.

16°. Des Nouvelles Piéces de Comparaifon, *Art.* 46, 47, 48, 49, 50, 51, 52 & 53.

17°. Du Paraphe des Piéces qui font repréfentés aux Experts, aux Témoins & à l'Accufé, (*Art.* 44,) & de la Nullité en Cas de Défaut de Repréfentation & de Paraphe, *Art.* 45.

18°. Des nouveaux Experts, *Art.* 54 & 55.

19°. Des Jugemens Préparatoires, tant fur l'Information par de nouveaux Experts, que fur celle faite fur de nouvelles Piéces de Comparaifon, *Art.* 56.

20°. De la Procuration qui fera donnée par la Partie Civile, en Cas qu'elle ne puiffe Comparoître aux Procès-verbaux, *Art.* 57 & 58.

21°. Des Jugemens & Arrêts définitifs fur le Faux, & de leur Exécution, *Art.* 59, 60, 61 & 62.

22°. De la remife des Piéces qui doit être faite en conféquence de ces Jugemens, & des Cas où elle doit être furfife, *Art.* 63, 64, 65, 66 & 67.

23°. De la Peine contre les Greffiers qui contreviennent aux Difpofitions des Articles concernans la Surféance & la Remife des Piéces, *Art.* 68 & 69.

ARTICLE PREMIER.

Les Plaintes, Dénonciations & Accufations de Faux Principal, fe feront en la même Forme que celles des autres Crimes, fans Confignation d'Amende, fans Infcription en Faux, Sommation, ni autres Procédures, avec celui contre lequel l'Accufation fera formée.

SUIVANT cet Article, l'Ordonnance ne met aucune diftinction entre le Faux Principal, & les autres Crimes, par rapport à la Maniere dont l'Accufation doit en être formée ; c'eft-à-dire, qu'il fuffit de rendre à ce fujet, une Plainte par Procès-verbal ou Requête, ou de dénoncer à la Partie publique, conformément à ce qui eft marqué fous le Tit. 3 de l'Ordon. de 1670 ; enforte

qu'il n'eſt plus beſoin ni de Conſignation d'Amende, ni d'Inſcription de Faux, & autres Procédures préliminaires qu'exigeoit l'Ordonnance de 1670 pour ce Faux Principal, comme pour le
Faux Incident où elles ont ſeulement continué d'avoir lieu,
ſuivant la préſente Ordonnance.

La Raiſon qui a fait abroger toutes ces Formalités pour le
Faux Principal, eſt fondée ſans doute, ſur ce que la pourſuite
de ce Crime n'ayant pour objet que d'en acquérir la preuve,
& d'aſſurer la Punition du Coupable ; l'Expérience a appris que
l'uſage de ces Formalités ne tendoit le plus ſouvent, qu'à faire
manquer l'un & l'autre de ces Objets également intéreſſans pour
l'Ordre public, par la facilité qu'elles donnoient aux Accuſés
de détourner & faire dépérir les preuves, & d'éluder par ce
moyen leur punition ; inconvénient qui n'eſt point également à
craindre dans la pourſuite du Faux Incident, où il ne s'agit
uniquement que de prouver la fauſſeté d'une Piéce qui a été
produite de la part d'une Partie qu'on n'accuſe point d'en être
l'Auteur, & qui n'a point par conſéquent le même riſque à courir de l'événement de cette pourſuite.

V. la Formule de la Requête de Plainte, & de l'Ordonnance qui ſera rendue en conſéquence, à la ſuite de l'Art. 8
ci-après.

ARTICLE II.

*L'Accuſation de Faux pourra être admiſe, s'il y écheoit, encore
que les Piéces prétendues fauſſes ayant été vérifiées, même avec
le Plaignant, à d'autres fins que celles d'une Pourſuite de Faux
Principal ou Incident ; & qu'en conſéquence il ſoit intervenu
un Jugement ſur le Fondement deſdites Piéces, comme véritables.*

La Diſpoſition de cet Article eſt une ſuite de celle du précédent, qui aſſimile la pourſuite du Faux à celle des autres
Crimes ; & elle eſt fondée ſur ce que l'Ordre public veut que
le Crime ne reſte point impuni, & qu'en quelque tems qu'il par-
vienne à la connoiſſance de celui qui a intérêt d'en demander la Réparation, ſoit par le devoir de ſon état, tel que la
Partie publique, ſoit à cauſe du préjudice réel qu'il en reſſent,
tel que la Partie privée, on ne puiſſe refuſer d'en admettre l'Accuſation ; & cela, quand même la Piéce qu'on accuſe d'avoir
été falſifiée, auroit été vérifiée avec celui-même qui s'en plaint,

& qu'il feroit intervenu en conféquence un Jugement fur le fondement de ces Piéces comme véritables.

Il faut cependant excepter deux Cas, où il paroît que cette Accufation ne pourroit plus être reçue ; l'*un*, c'eft celui où la vérification des Piéces prétendues fauffes auroit été faite vis-à-vis du même Accufé, dans une autre Inftruction fur le Faux Principal. Cette Exception eft fondée fur cette Maxime inviolable en Matiere Criminelle, *non bis in idem.*

L'*autre* Cas, eft celui où il y auroit eu une Tranfaction faite entre les Parties, fur une pourfuite de Faux Incident, & que cette Tranfaction auroit été homologuée en Juftice, après avoir été communiquée au Procureur du Roi ; alors la Partie civile ne pourroit plus être reçue à former une Accufation de Faux Principal ; il n'y auroit que la Partie publique qui pourroit former cette nouvelle Accufation. C'eft ce qui réfulte de la Difpofition de l'Article 52 du Tit. 2 de la préfente Ordonnance, qui eft conforme fur ce point à la Loi 2, au Cod. *ad Leg.* CORNEL. *de Falfis.*

Ainfi, la vérification dont il eft parlé dans le préfent Article, ne doit s'entendre que de celle qui auroit été faite en Matiere purement Civile, & dont il eft fait mention dans l'Art. 5 & fuivans, du Tit. 12 de l'Ordonnance de 1667. *V.* Art. 2 du Titre fuivant.

A R T I C L E   I I I.

Sur la Requête ou Plainte de la Partie Publique ou de la Partie Civile, à laquelle elles feront tenues de joindre les Piéces prétendues fauffes, fi elles font en leur Poffeffion, il fera ordonné qu'il fera informé des Faits portés par ladite Requête ou Plainte ; & ce, tant par Titres, que par Témoins, comme auffi par Experts, enfemble par comparaifon d'Ecritures ou de Signatures ; le tout, felon que le Cas le requerra : & lorfque le Juge n'aura pas ordonné en même-tems ces différens genres de Preuves, il pourra y être fuppléé, s'il y écheoit, par une Ordonnance ou un Jugement poftérieur.

DEUX Difpofitions dans cet Article.

Par la *premiere*, l'Ordonnance veut qu'à la Requête ou Plainte que les Parties Publiques ou Civiles rendront fur le Faux ; elles joignent les Piéces prétendues fauffes, fi elles font en leur pouvoir : cette *Jonction* eſt la ſeule formalité qui diſtingue l'Accuſation du Faux Principal, de celle des autres Crimes. Nous verrons ſur l'Article 5 ci-après, ce qui doit être fait dans le Cas où ces Piéces ſeroient entre les mains des Dépoſitaires.

Par la *ſeconde*, l'Ordonnance veut que ſur cette Requête ou Plainte, le Juge rende une Ordonnance, portant, qu'il ſera informé des Faits portés par lad. Requête ou Plainte, & ce, tant par *Titres* que par *Témoins*, comme auſſi par *Experts*, enſemble par *Comparaiſon d'Ecritures ou Signatures* ; le tout ſelon que le Cas le requerra, ſauf au Juge, dans le Cas où il auroit omis d'ordonner en même-tems tous ces différens genres de Preuves, de pouvoir y ſuppléer par une Ordonnance ou Jugement poſtérieur. Il ſuit de-là, que le Faux peut être prouvé de quatre manieres différentes. Nous verrons ſur les Art. 7, 8, 12 & 27 ci-après, où il ſera parlé de chacun de ces différens genres de Preuves en particulier, les degrés de foi qu'ils peuvent mériter en cette Matiere, & les conditions néceſſaires pour les former. Nous obſerverons ſeulement ici, que par ces mots, *le tout ſelon que le Cas le requerra*, l'Ordonnance donne à entendre que tous ces différens genres de Preuve ne doivent pas toujours être employés dans l'Inſtruction du Faux ; mais ſeulement lorſque le Cas le requiert ainſi.

En effet, outre qu'il y a de certains Faux qui ſe commettent par *Paroles*, ou ſur les *Perſonnes*, ou ſur les *Denrées*, & qui ne ſont nullement ſuſceptibles de la Preuve par comparaiſon d'Ecritures ; il eſt certain qu'il y en a pluſieurs, même parmi ceux qui ſe commettent par *Ecrit*, où cette Eſpéce de Preuve ne peut jamais être employée ; tels par, exemple, que ceux qui conſiſtent ſimplement dans l'*Application* ou *Suppoſition des Sceaux* à un Acte, ou dans de ſimples *Ratures* & *Enlevemens d'Ecriture*.... Il y en a d'autres qui ne peuvent ſe prouver que par Titres ou par Témoins, comme lorſque la Piéce a été *Souſtraite*, ou qu'elle eſt *entre les mains de l'Accuſé*.... Il y en a auſſi qui ne peuvent ſe prouver autrement, que par Experts & Comparaiſon d'Ecritures, tels que les Faux qui ſe commettent en *imitant, contrefaiſant* ou *altérant* une Piéce.... Enfin, il y a même de certains Cas, où le Faux eſt tellement viſible & palpable, qu'il ſe prouve par la ſeule Inſpection de la Piéce, ſans qu'il ſoit beſoin d'en venir à aucune des Preuves dont on vient de parler. RAVENEAU, dans fon Traité des *Infcript. en Faux*, Pag. 147, nous en donne les exemples fuivans; 1°. Lorfqu'on produit un Acte prétendu paffé en un certain lieu, & qu'il eft conftaté d'ailleurs, que les Perfonnes qui font dites y être préfentes, n'étoient point alors dans ce Lieu, & qu'elles en étoient éloignées de plus d'une journée; 2°. Lorfque la date de l'Acte fe trouve d'un certain jour auquel il ne fe fait point de ces fortes d'Actes, comme fi l'on produit une Sentence ou Arrêt, daté d'un certain jour qui fe trouvoit *Férié*; 3°. Lorfque l'Acte eft dit avoir été paffé un certain jour de la Semaine, avec le *quantiéme* du mois, & qu'il fe trouve que ce quantiéme ne quadre point avec ce Jour, & qu'au lieu de tomber le Lundi, comme porte l'Acte, il fe trouve un autre Jour; 4°. Lorfque l'on rapporte deux Actes prétendus paffés le même Jour, & par le même Notaire, quoique les lieux où ils font dits avoir été paffés, foient éloignés l'un de l'autre de plus d'une journée; 5°. Lorfqu'on produit contre une Perfonne un Acte prétendu figné d'elle, & qu'il eft prouvé d'ailleurs que lors de la date de cet Acte, cette Perfonne étoit incapable ou dans l'impuiffance de figner, foit à caufe de fon bas âge, foit à caufe de fa maladie; 6°. Enfin, lorfque ces Actes font prétendus avoir été fignés par des Notaires, Greffiers ou Huiffiers, qui n'avoient point encore ces Qualités dans ce tems-là, ou qui fe trouvoient décédés.

Auffi, comme ce n'eft le plus fouvent que dans le cours de l'Inftruction, que le Juge peut s'affurer de la néceffité ou de l'inutilité de ces différens genres de Preuves, voilà pourquoi en même-tems que l'Ordonnance prefcrit au Juge d'ordonner ces différens genres de Preuves, *felon que le Cas le requerra*, elle lui permet, au Cas qu'il ait omis de le faire par l'Ordonnance qu'il rendra fur la Requête de Plainte des Parties Publiques ou Civiles, de pouvoir y *fuppléer par une autre Ordonnance ou Jugement poftérieur.*

V. la Formule de l'Ordonnance du Juge, à la fuite de l'Art. 8 ci-après.

A R T I C L E   I V.

Ledit Jugement ou Ordonnance contiendra en outre, qu'il fera dreffé Procès-verbal de l'état des Piéces prétendues fauffes, lefquelles à cet effet feront remifes au Greffe, fi elles font jointes à la Requête ou Plainte, finon apportées audit Greffe, ainfi qu'il fera dit ci-après.

SUIVANT cet Article, outre la Mention des différens genres de Preuves dont il eſt parlé ſur l'Article précédent, l'Ordonnance du Juge qui ſera rendue ſur la Requête ou Plainte des Parties Publiques ou Civiles, doit porter encore, qu'il ſera dreſſé Procès-verbal de l'Etat des Piéces prétendues fauſſes, & qu'à cet effet ces Piéces ſeront remiſes au Greffe, ſi elles ſont jointes à la Requête.

Par-là, l'Ordonnance ſuppoſe néceſſairement, que la Remiſe de ces Piéces doit être faite au Greffe, avant qu'il ſoit procédé au Procès-verbal. En quoi elle paroît avoir dérogé à l'Art. 2 du Tit. 9 de l'Ordonnance de 1670, ſuivant lequel ces Piéces devoient être remiſes d'abord au Juge, pour en être dreſſé Procès-verbal. » Les Piéces prétendues avoir été falſifiées, *porte* » *cet Art.* ſeront remiſes au Juge, pour dreſſer Procès-verbal de » leur état, les repréſenter à la Partie Civile pour les parapher en » ſa préſence, ſi la Partie veut, ou peut les parapher, ſinon en ſera » fait Mention; & après avoir été paraphées par le Juge, elles » ſeront remiſes au Greffe.... «

L'on ſent aſſez la Raiſon qui a pu donner lieu à la nouvelle Précaution marquée par le préſent Article; elle eſt fondée ſur ce que cette Piéce, devant ſervir de *Corps de Délit*, elle devient dès l'inſtant même de l'Accuſation, un Gage de la Juſtice, qui doit être conſervé le plus ſoigneuſement qu'il eſt poſſible.

ARTICLE V.

En Cas que leſdites Piéces ne ſoient pas en la poſſeſſion de la Partie Publique ou de la Partie Civile, & qu'elles n'ayent pû les joindre à leur Requête ou Plainte, il ſera ordonné par le même Jugement ou Ordonnance, qui permettra d'informer, qu'elles ſeront remiſes au Greffe par ceux qui les auront entre leurs mains; & qu'à ce faire, ils ſeront contraints, ſçavoir, les Dépoſitaires Publics, par Corps, ou s'ils ſont Eccléſiaſtiques, par Saiſie de leur Temporel; & ceux qui ne ſont pas Dépoſitaires Publics, par toutes Voies dûes & raiſonnables; ſauf à être ordonné, s'il y écheoit, qu'ils y ſeront contraints par les mêmes voies que les Dépoſitaires Publics.

NOUS venons de voir ſur les deux Articles précédens, ce qui doit être ordonné par le Juge, lorſque la Piéce prétendue

fauſſe

fauſſe eſt jointe à la Requête ou Plainte ; l'Ordonnance prévoit par celui-ci, le Cas où les Parties Publiques ou Civiles n'auroient pû joindre cette Piéce à leur Requête, parce qu'elles
ne l'auroient pas en leur poſſeſſion, mais qu'elle ſeroit entre les
mains d'autres Perſonnes qu'elles indiqueroient ; alors, elle veut
que par le même Jugement ou Ordonnance qui permettra d'informer, il ſoit ordonné que cette Piéce ſera apportée au Greffe, par ceux qui en ſeront les Poſſeſſeurs, & qu'à ce faire ils ſeront contraints ; ſçavoir, *par corps, s'ils ſont Dépoſitaires publics*, tels que Notaires & Greffiers, par *ſaiſie de leur Temporel, s'ils ſont Eccléſiaſtiques*, & par toutes *voies dûes & raiſonnables, s'ils ne ſont pas Dépoſitaires Publics :* ceux-ci peuvent néanmoins, ſuivant la derniere Diſpoſition de cet Article,
être ſujets, comme les Dépoſitaires Publics, à la contrainte par
Corps, *s'il y écheoit* ; c'eſt-à-dire, dans le Cas où ils perſiſte-
roient dans leur refus, nonobſtant les ſimples contraintes ; ou
bien lorſqu'il y auroit un ſoupçon violent de la Souſtraction de
la Piéce, par ces Dépoſitaires particuliers, & ſur-tout s'il s'agiſ-
ſoit d'un Faux important. Le Juge pourroit même, dans ce dernier Cas, ordonner la contrainte par Corps en même-tems que
la Permiſſion d'informer, ſans attendre le refus conſtant de ce
Dépoſitaire, enſuite de la Sommation qui lui ſeroit donnée.

*FORMULE de Sommation pour faire apporter au Greffe
la Piéce prétendue fauſſe.*

L'an . . . . . le . . . . . jour de . . . . . à la Requête de . . . . . . demeurant
à . . . . . où il a élû ſon Domicile ; j'ai . . . . Huiſſier . . . . ſouſſigné, ſignifié
& baillé Copie à . . . . . demeurant à . . . . . . de l'Ordonnance de M. le
Lieutenant Criminel . . . . . en date du . . . . . au bas de la Requête à lui
préſentée led. jour, contenant Plainte contre . . . . . . à l'occaſion d'une
telle Piéce, de laquelle led. . . . . . eſt Porteur, en conſéquence de laquelle
Ordonnance, j'ai ſommé & interpellé led. de repréſenter lad. Piéce, &
icelle apporter dans trois jours, ou autre Délai, aux termes de l'Ordonnance, au Greffe Criminel de . . . . . à peine de l'y faire contraindre, &
par Corps, ainſi qu'il eſt dit par icelle ; & j'ai aud. . . . . . laiſſé Copie de
ladite Ordonnance & du préſent Exploit.

ARTICLE VI.

*Le Délai pour l'Apport & la Remiſe deſdites Piéces, courra du
jour de la Signification de ladite Ordonnance ou Jugement, au
Domicile de ceux qui les auront en leur Poſſeſſion : & ſera*

ledit Délai de trois jours, s'ils sont dans le Lieu de la Jurif-
diction; de huitaine, s'ils sont dans les dix lieues; & en Cas
de plus grande diftance, le Délai fera augmenté d'un jour par
dix lieues, même de tel autre tems que les Juges eftimeront né-
ceffaire, eu égard à la difficulté des Chemins, & à la lon-
gueur des Lieux; fans néanmoins qu'en aucun Cas le Délai
puiffe être réglé fur le pied de plus de deux jours par dix lieues.

Par cet Article, qui eft une fuite du précédent, l'Ordonnance prefcrit les Délais pour l'apport & la remife des Piéces
de la part des Dépofitaires.

L'Ordonnance de 1670 s'étoit contentée par l'Art. 9 du Tit.
9, d'ordonner en général, que ces Délais feroient réglés *fui-*
vant la diftance des lieux, fans diftinguer la difficulté des chemins, ni la longueur des lieues, & autres obftacles qui pourroient mettre les Dépofitaires dans l'impoffibilité de fatisfaire à
l'Ordonnance du Juge dans le tems prefcrit; fans défigner pareillement, depuis quel tems ces Délais devoient courir. Mais
la préfente Ordonnance a pourvu fagement à tous ces inconvéniens, en ordonnant, comme elle fait par le préfent Article; 1°. Que les Délais feront de *trois jours* feulement à
l'égard des Dépofitaires qui réfident dans le lieu de la Jurifdiction où fe pourfuit le Faux; de *huitaine*, s'ils demeurent hors
du lieu de la Jurifdiction, & dans l'étendue de dix lieues; &
qu'enfin, ce Délai fera augmenté d'un jour par chaque dix
lieues, fi ces Dépofitaires demeurent dans une plus grande diftance que de dix lieues; 2°. Que fi la difficulté des chemins,
ou la longueur des lieues étoit telle, que ces Dépofitaires ne
puiffent fatisfaire à l'apport dans les délais dont on vient de
parler; le Juge pourra augmenter ce délai de tel autre tems
qu'il jugera néceffaire; mais fous la condition néanmoins que
la prorogation dans tous ces Cas ne pourra aller au-delà de
deux jours par chaque dix lieues; 3°. Enfin, que tous ces différens Délais ne commenceront à courir que du jour de la fi-
gnification de l'Ordonnance ou Jugement au domicile des Dépofitaires.

A quoi il faut ajouter, que dans ces délais, ne feront compris
les jours de l'Affignation ou Signification, ni celui de l'Echéance,
& de plus, que dans les délais qui feront fixés à trois jours feulement, on ne doit point comprendre les jours Fériés, aux-

quels il n'eſt pas d'uſage de faire des Significations ; le tout conformément à la Diſpoſition de l'Art. 20 du Tit. 3 de la préſente Ordonnance, qu'elle veut être commune à tous les Titres.

V. au ſurplus ce qui ſera dit ſur l'Art. 16 du Titre ſuivant, relativement à l'apport des Minutes arguées de Faux.

ARTICLE VII.

Ne pourront être entendus aucuns Témoins, avant que les Piéces prétendues fauſſes ayent été dépoſées au Greffe ; ce qui ſera obſervé, à peine de Nullité, ſi ce n'eſt qu'il ait été ordonné expreſſément ; ſoit en accordant la Permiſſion d'informer ; ſoit par une Ordonnance ou Jugement poſtérieur, que les Témoins pourront être entendus avant le Dépôt deſdites Piéces ; ce que nous laiſſons à la prudence des Juges, comme auſſi de ſtatuer, ainſi qu'il appartiendra, ſuivant l'exigence des Cas, lorſque les Piéces prétendues fauſſes ſe trouveront avoir été ſouſtraites ou être perdues, ou lorſqu'elles ſeront entre les mains de celui qui ſera prévenu du Crime de Faux.

CET Article concerne la PREUVE PAR TÉMOINS, l'Ordonnance veut que le Juge ne puiſſe y procéder, avant que les Piéces prétendues fauſſes ayent été dépoſées au Greffe, à peine de Nullité.

L'on ſent aſſez le motif de cette Diſpoſition, qui eſt fondée ſur la Maxime conſtante en Matiere Criminelle, qu'il faut avant tout, commencer par conſtater le Corps de délit, *de re priuſquam de accuſato inquirendum eſt.*

Cependant, comme il peut y avoir de certains Cas où il y auroit lieu de craindre le dépériſſement des Preuves, ſi l'on différoit juſqu'après le dépôt à entendre les Témoins, tels que ceux qui ſont marqués par l'Art. 3 du Tit. 15 de l'Ordonnance de 1670 ; ſçavoir, lorſque les Témoins ſont fort âgés ou malades, valétudinaires, prêts à faire voyage, & généralement toutes les fois qu'il y a quelqu'autre urgente néceſſité : d'un autre côté, comme il peut auſſi y avoir des Cas particuliers, où l'on ne peut découvrir autrement que par les Témoins, l'exiſtence & la fauſſeté de la Piéce qu'on attaque, ou la Perſonne qui l'a entre les mains, (ce qui a lieu toutes les fois qu'on attaque de Faux, des Groſſes dont les Minutes ſe trouvent perdues, ou avoir été ſouſtraites par des Tiers, & qu'on a intérêt d'empêcher que l'Accufé ne puiffe s'en prévaloir dans la fuite, fi elles venoient à reparoître ou à être retrouvées; ou bien lorfque ces mêmes Piéces que l'on attaque fe trouvent entre les mains de l'Accufé lui-même). Ce font tous ces différens Cas que l'Ordonnance a eû fans doute en vûe dans les deux Exceptions remarquables qu'on voit à la fin de cet Article; *l'une*, par laquelle elle laiffe à la prudence des Juges d'ordonner, foit par le Jugement même qui porte la Permiffion d'informer, foit par un Jugement poftérieur, que les Témoins feront entendus avant le dépôt des Piéces; *l'autre*, par laquelle elle permet de ftatuer, *ainfi qu'il appartiendra, fuivant l'exigence des Cas*, lorfque les Piéces prétendues fauffes fe trouveront avoir été fouftraites ou perdues, ou qu'elles feront entre les mains de celui qui fera prévenu du Crime de Faux; c'eft-à-dire, qu'il pourra alors non-feulement ordonner la preuve par Témoins, mais encore celle par Titres & par Experts, & même ordonner des Contraintes par Corps contre les Perfonnes qu'il fçaura les avoir fouftraites ou perdues, ou les retenir frauduleufement en leur poffeffion.

Au refte, pour ce qui concerne la *Qualité* des Témoins qui peuvent être entendus à ce fujet, & la *Maniere* de procéder à leur Audition, il faudra fuivre ce qui eft marqué fur les Art. 24, 25, 26, 27, 28 & 29 du préfent Titre; & quant au furplus, l'on obfervera les Formalités prefcrites fous le Tit. 6 de l'Ordonnance de 1670, foit par rapport aux *Affignations* qu'il faudra donner à ces Témoins, foit par rapport aux *Perfonnes* qui doivent adminiftrer ces Témoins, & généralement pour tout ce qui doit précéder, accompagner & fuivre leurs dépofitions. *V*. auffi les Formules qui font à la fuite des Art. 1er & 3 du même Tit. 6 de l'Ordonnance de 1670.

V. encore ce qui fera dit fur les Articles 12, 22 & 24 ci-après, par rapport au Dégré de preuve qui en peut réfulter.

Article VIII.

Lorfque l'Information par Experts aura été ordonnée, fuivant ce qui eft porté par l'Article III, lefdits Experts feront toujours nommés d'Office, à peine de Nullité; & la Nomination en fera faite par l'Ordonnance ou Jugement qui ordonnera lad. Information, fi ce n'eft que lad. Information ait été renvoyée à un Juge commis fur les Lieux pour procéder à lad. Information, lequel Juge commis fera pareillement d'Office lad. Nomination.

CET Article a pour objet la PREUVE PAR EXPERTS, c'eſt-à-dire, celle qui ſe fait par le miniſtére des *Maîtres Ecrivains-Jurés*, dans les Villes où il y en a ; ou bien des *Greffiers*, leurs *Clercs*, *Commis*, *Notaires*, *Procureurs* ou *Praticiens*, dans les Lieux où il n'y en a point.

L'Ordonnance preſcrit d'abord ici la Maniere dont il doit être procédé à la *Nomination* de ces Experts ; elle exige deux choſes à cet effet.

1°. Que cette nomination ſoit faite d'*Office* par le Juge. Par conſéquent, il n'en eſt point dans cette Matiere, comme en Matiere Civile où le Juge ne peut nommer d'*Office* les Experts, qu'en cas de refus de la part des Parties de les nommer. *V.* Art. 8 & 9 du Tit. 12 de l'Ordonnance de 1667. Au ſurplus, cette Diſpoſition eſt conforme à celle de l'Art. 9 du Tit. 8 de l'Ordonnance de 1670, auquel elle ajoute ſeulement la Peine de *Nullité*, dont il n'y eſt fait aucune mention expreſſe.

2°. Que cette nomination ſoit faite par la *même Ordonnance* ou Jugement qui porte la Permiſſion d'informer, excepté ſeulement le Cas où la nomination auroit été *renvoyée* à un Juge commis ſur les Lieux, lequel eſt tenu pareillement aux termes de cet Article, de procéder à cette nomination d'Office.

Le Renvoi dont il eſt ici parlé, ſe fait par une Commiſſion rogatoire, telle que celle dont nous avons donné la Formule à la ſuite de l'Art. 3 du Tit. 6 de l'Ordonnance de 1670.

V. au ſurplus ce qui ſera dit ſur les Art. 12, 22 & 23 ci-après, quant à la Maniere d'entendre ces Experts, & au dégré de foi qu'ils peuvent mériter ; *V.* auſſi, ſur les Art. 35 & 36, les Cas particuliers où il doit être ordonné qu'il ſera procédé à une nouvelle nomination d'Experts.

FORMULE de Requête de Plainte en Faux Principal.

A M. le Lieutenant Criminel......

Supplie humblement......diſant que......(*expoſer ici la Maniere dont le Faux a été commis. Quelle eſt la Piéce prétendue fauſſe, ſi elle eſt authentique ou ſous Signature privée, ſi elle a été fabriquée, altérée antidatée, ſurchargée par inter.ignes ou autrement, ou s'il s'agit de Ratures ou enlevement d'Ecritures ; déclarer ſi elle eſt jointe à la Requête, ou ſi elle eſt entre les mains du prétendu Auteur ou d'autres Dépoſitaires, ou bien ſi elle a été ſouſtraite, & par qui, ou ſi elle a été perdue.*) Et comme le Suppliant a intérêt d'empêcher les Pourſuites que l'on pourroit faire contre lui à l'occaſion de lad. Piéce, ou pour le Payement d'icelle (*ſi c'eſt un Acte Obli-*

gatoire, comme Lettre de Change ou autre) il a été conseillé de vous rendre la présente Plainte.

Ce considéré, Monsieur, il vous plaise donner Acte au Suppliant de la Plainte qu'il vous rend contre.....au sujet de lad. Piéce.....comme étant fausse ou ayant été falsifiée dans le Corps *ou* la Signature, permettre au Suppliant de faire informer dud. Faux, tant par Titres, que par Témoins & par Experts Ecrivains qu'il vous plaira nommer, & par comparaison d'Ecritures. (*Si cette Piéce n'est pas jointe, & qu'elle soit entre les mains d'autrui, l'on ajoutera*) à l'effet de quoi ordonner que lad. Piéce sera représentée par.....Porteur d'icelle, & par lui déposée au Greffe de la Cour, pour être dressé Procès-verbal par vous de l'Etat de ladite Piéce, en présence du Suppliant & du Procureur du Roi , & ensuite être ordonné ce que de raison, requérant la jonction de M. le Procureur du Roi. Et serez Justice. *Signés....* N....& N.....*son Procureur.*

L'on pourra aussi demander la Permission d'obtenir & faire publier Monitoire, conformément à l'Article 24 *de ce Titre.*

FORMULE d'Ordonnance sur cette Requête.

Acte de la Plainte, permis au Suppliant de faire informer pardevant Nous......du Faux de la Piéce dont est Question, tant par Titres, que par Témoins, & par L.....& M.....Experts Jurés Ecrivains, que nous avons nommés d'Office, & par Comparaison d'Ecritures : à l'effet de quoi, (*si la Piéce est jointe à la Plainte,*) Procès-verbal sera préalablement fait de lad. Piéce, laquelle sera à cet effet remise au Greffe ; (*& si elle n'est pas jointe, & que la Personne, entre les mains de qui elle est, soit déclarée, il sera dit ,*) lad. Piéce sera apportée dans trois jours, (*ou autre Délai, suivant qu'il est prescrit par l'Article 6 de cette Ordonnance,*) en notre Greffe, & déposée par.....Porteur d'icelle, à la premiere Sommation qui lui en sera faite, sinon contraint, même par Corps, (*si c'est un Dépositaire public,*) ou par la Saisie de son Temporel, (*si c'est un Ecclésiastique*), pour, après le Dépôt de lad. Piéce, être dressé Procès-verbal de l'Etat d'icelle, suivant l'Ordonnance.

Si cette Piéce est déclarée être entre les mains de l'Accusé ou autre Personne à lui affidée, le Juge pourra ordonner, conformément à l'Art. 7 , qu'en attendant l'Apport & la Remise de lad. Piéce au Greffe, & avant icelui Apport & Remise, il sera procédé à lad. Information par Témoins.

Enfin, s'il est déclaré que lad. Piéce a été soustraite, sans pouvoir dire par qui, ou qu'elle a été perdue ; en ce Cas il suffira encore d'ordonner, conformément au même Article 7 , qu'il sera informé, tant par Titres, que par Témoins qui seront entendus avant le Dépôt de lad. Piéce au Greffe, sauf, en Cas qu'il apparoisse dans la suite de la Personne qui l'a en sa Possession, à être ordonné en ce Cas que lad. Piéce sera apportée aud. Greffe, & en outre ce que de raison.

Si la Requête tend à obtenir Monitoire, & que la Matiere y soit disposée, l'on ajoutera, même d'obtenir & faire publier Monitoire.

Si le Juge commet un autre Juge pour informer sur les Lieux, il ne nommera point les Experts par son Ordonnance, mais il renverra cette Nomination d'Office au Juge Commis, suivant la Disposition de l'Article 8 ci-dessus.

ARTICLE IX.

Défendons aux Juges de recevoir de l'Accusé aucune Requête en Récusation contre les Experts, à peine de Nullité ; sauf audit Accusé à fournir ses Reproches, si aucuns y a, contre lesdits Experts, en la même Forme & dans le même tems, que contre les autres Témoins.

IL est défendu par cet Article, sous peine de Nullité, de présenter aucune Requête en *Récusation* contre les Experts, ainsi qu'on y étoit autorisé par l'Art. 17 du Tit. 21 de l'Ordonnance de 1667 ; mais il est seulement permis à l'Accusé de proposer contr'eux ses moyens de Récusation, par forme de *Reproches*, ainsi qu'à l'égard des autres Témoins ; c'est-à-dire, qu'il ne peut les proposer que dans le tems de la Confrontation, & avant la lecture de la Déposition de ces Experts, conformément à l'Art. 16 du Tit. 15 de l'Ordonnance de 1670.

Cette Disposition est une suite du changement que la présente Ordonnance a apporté à celle de l'Ordonnance de 1670, en voulant que ces Experts ne soient plus entendus par forme de *Rapport*, comme ils l'étoient suivant cette premiere Loi ; mais seulement par forme de *Déposition* comme les autres Témoins. *V.* Art. 22 & 23 ci-après.

Cependant, quoique l'Ordonnance paroisse assimiler ici les Experts aux Témoins, nous verrons sur les Articles 23 & 24, qu'elle a mis entr'eux plusieurs différences remarquables, indépendamment de la *Nomination* d'*Office*, dont il est parlé sur l'Article précédent.

ARTICLE X.

Le Procès-verbal de l'Etat des Piéces prétendues fausses, Ratures, Surcharges, Interlignes & autres Circonstances du même genre, qui pourroient s'y trouver, sera dressé au Greffe, ou autre Lieu du Siége destiné aux Instructions, en présence, tant de notre Procureur, ou de celui des Hauts-Justiciers, que de la Partie Civile, s'il y en a, à peine de Nullité ; & l'Accusé ne sera point appellé audit Procès-verbal.

CET Article concerne le PROCÉS-VERBAL *de l'état des*

Piéces prétendues fauffes, & il contient trois Difpofitions re-marquables à ce fujet.

Par la *premiere*, l'Ordonnance prefcrit en général, ce qui doit faire la *Matiere* de ce Procès-verbal ; elle veut qu'il y foit fait mention, 1°. de l'ÉTAT de la Piéce, c'eft-à-dire de fa date, du Nom & de la Qualité des Parties, & du Notaire parde-vant lequel elle a été paffée, du nombre des Pages ou Feuillets de Papier ou Parchemin, du nombre des Lignes que contient chaque Page ou Feuillet, des termes par lefquels elle commence au premier Feuillet, & ceux par lefquels elle finit.... 2°. Des RATURES, INTERLIGNES ET SURCHARGES, avec le *Folio* ou Lignes où elles fe trouvent.... 3°. Enfin, des autres CIRCONS-TANCES du même Genre qui peuvent s'y rencontrer, comme *v. g.* fi cette Piéce eft ufée, adhirée, faine ou entiére ; s'il y a des Additions, des endroits vuides, ou des mots omis, &c.

Par la *feconde* Difpofition, l'Ordonnance marque le *Lieu* où doit fe faire ce Procès-verbal ; elle veut que ce foit au Greffe, ou autre lieu du Siége deftiné aux Inftructions. Le Juge ne pour-roit par conféquent y procéder en fon Hôtel, ainfi qu'il y fem-bloit autorifé par l'Art. 2 du Tit. 9 de l'Ordonnance de 1670, qui porte » les Piéces prétendues avoir été falfifiées, feront re-» mifes aux Juges pour dreffer Procès-verbal de leur état, les re-» préfenter à la Partie Civile, pour les parapher en fa préfence, » fi la Partie veut ou peut les parapher, finon en fera fait men-» tion, & après avoir été paraphées par le Juge, elles feront » remifes au Greffe.

Enfin, par la *troifiéme* Difpofition, l'Ordonnance défigne les *Perfonnes* qui doivent affifter à ce Procès-verbal, outre le Juge & fon Greffier. Ces Perfonnes font les PROCUREURS DU ROI & des SEIGNEURS, & la PARTIE CIVILE, s'il y en a une. Nous verrons fur l'Article fuivant, les raifons qui ont fait établir la Nécef-fité de la préfence de la Partie Publique, dont il n'eft point parlé dans l'Article de l'Ordonnance de 1670 que nous venons de citer. A l'égard de la Partie Civile, fi elle ne pouvoit ou ne vouloit y affifter en perfonne, le Procès-verbal n'en feroit pas moins valable, pourvu qu'elle y ait été dûement appellée, comme nous le verrons fur l'Art. 34 ci-après. Elle peut même s'y faire repréfenter par un fondé de Procuration, fuivant la Difpofition de l'Art. 57 du préfent Titre.

Quant

Quant à l'Accusé il eſt défendu expreſſément·par cet Article, de l'appeller à ce Procès-verbal. Cette défenſe qui ne ſe trouve point portée expreſſément par l'Ordonnance de 1670, eſt ſans doute une ſuite de la Diſpoſition de l'Article 1er de ce Titre, qui veut que le Faux ſoit inſtruit comme les autres Crimes, c'eſt-à-dire, *ſécrétement*, & ſans que l'Accuſé puiſſe être admis à propoſer des Faits juſtificatifs, qu'*après l'Inſtruction achevée.* Ce qui eſt ſi vrai, que la même défenſe n'a point lieu, lorſque le Faux ſe pourſuit incidemment à un Procès Civil, comme nous le verrons ſur l'Art. 25 du Tit. 2 de la préſente Ordonnance.

V. la Formule de Procès-verbal de l'état des Piéces fauſſes, à la ſuite de l'Article ſuivant.

A R T I C L E   X I.

Leſdites Piéces ſeront paraphées lors dudit Procès-verbal, tant par le Juge, que par la Partie Civile, ſi elle peut les parapher, ſinon il en ſera fait Mention, enſemble par notre Procureur, où celui des Hauts-Juſticiers ; le tout à peine de Nullité, après quoi elles ſeront remiſes au Greffe.

C E T Article concerne la Formalité du P A R A P H E de la Piéce prétendue fauſſe, lors du Procès-verbal qui en eſt dreſſé au Greffe.

Le P A R A P H E en général, eſt une précaution introduite pour empêcher qu'on ne ſubſtitue une autre Piéce à celle qui a été produite, & pour en conſtater l'identité, *ne varietur.*

Suivant l'Art. 2 du Tit. 9 de l'Ordonnance que nous avons cité ci-deſſus, il ſuffiſoit que ce Paraphe fût fait par le Juge & par la Partie Civile, à qui il étoit tenu de repréſenter la Piéce prétendue fauſſe, & faire mention de ſon refus, au cas qu'elle ne voulût ou ne pût la parapher. Mais la préſente Ordonnance va plus loin, elle ne ſe contente pas d'exiger la néceſſité du Paraphe par le Juge, & par la Partie Civile s'il y en a une, & de la mention du refus de celle-ci ; mais elle veut en outre, que la Piéce ſoit paraphée par la Partie Publique, dont elle exige abſolument l'aſſiſtance par l'Article précédent ; & cela ſur le fondement ſans doute, que ce Procès-verbal eſt une Piéce eſſentielle de l'Inſtruction Criminelle, dans laquelle le Miniſtére Public eſt néceſſairement Partie.

Partie II.   D

Indépendamment des Paraphes ci-deſſus, l'Ordonnance veut encore ceux des Témoins & des Experts, en de certains Cas qui ſont marqués par les Art. 22 & 26 ci-après. Nous verrons auſſi ſur les Art. 44 & 45 de ce même Titre, la diſtinction qu'il faut mettre par rapport à la néceſſité du Paraphe, & celle de la Repréſentation des Piéces, dans tous ces différens Cas.

FORMULE *du Procès-verbal de l'Etat des Piéces prétendues fauſſes.*

L'an.....*ou* aujourd'hui.....Nous......en vertu de notre Ordonnance du.....Nous étant tranſportés au Greffe de.....*ou* en la Chambre du Conſeil, en préſence du Procureur du Roi *ou* Fiſcal, & de .....Plaignant & Accuſateur; *ou* de......fondé de la Procuration ſpéciale, à l'effet du préſent Acte, de......Plaignant & Accuſateur, paſſée devant......Notaires, le......laquelle eſt demeurée annexée à la Minute des Préſentes, après avoir été paraphées par Nous, & par ledit......Notre Greffier nous a repréſenté......(*Il faut faire la Deſcription de la Piéce arguée de Faux, ſa Nature, & ſommairement ce qu'elle contient, pardevant quel Notaire elle a été paſſée, & ſa date*), étant ſur.....Feuilles de Papier, *ou* Parchemin, commençant par ces Mots .....&c. & finiſſant à la......page du....Feuillet, par ces autres mots........ (*Il faut faire Mention des Renvois, Ratures, Surcharges & Interlignes, ſi aucuns y a, & marquer la Page, Feuillet & Lignes où ils ſont, & s'il y a des blancs, il faut les barrer, & en faire Mention*). Laquelle Piéce a été paraphée par Nous, par le Procureur du Roi *ou* Fiſcal, & par ledit.....*ou* par ledit.....fondé de Procuration dudit.... & ont ſigné *ou* déclaré ne ſçavoir ſigner, de ce enquis. Ce fait, icelle Piéce a été par Nous remiſe ès mains de notre Greffier. Fait les jour & an que deſſus.

(*Et s'il y a Procuration, il faut ajouter :*) enſemble ladite Procuration.

ARTICLE XII.

Lorſque la Preuve par Comparaiſon d'Ecritures, aura été ordonnée, nos Procureurs ou ceux des Hauts-Juſticiers, & la Partie Civile, s'il y en a, pourront ſeuls fournir les Piéces de Comparaiſon, ſans que l'Accuſé puiſſe être reçu à en préſenter de ſa part, ſi ce n'eſt dans le tems, & ainſi qu'il ſera dit par les Articles XLVI & LIV, ci-après ; & le contenu au préſent Article ſera obſervé à peine de Nullité.

Il eſt parlé dans cet Article de la PREUVE PAR COMPARAISON D'ÉCRITURES.

Cette Preuve, qui eſt établie qar la Loi *Comparationes*, au

C o d e *de fide Instrumentorum*, a lieu, toutes les fois qu'il s'agit de vérifier la ressemblance ou la diversité des Ecritures, dont on prétend induire le Faux.

L'Art. 4 du Tit. 8 de l'Ordonnance de 1670, porte, » si » l'Accusé refuse de reconnoître les Piéces, ou déclare ne les » avoir écrites ou signées, les Juges ordonneront qu'elles seront » vérifiées sur Piéces de comparaison «.

Comme cette Vérification dépend de certaines Régles qui concernent proprement les Fonctions des Maîtres en l'Art d'Ecrire ; c'est pour cela, que cette Preuve est toujours accompagnée de celle *par Experts*, quoique celle-ci puisse avoir lieu indépendamment de celle par Comparaison d'Ecritures, comme lorsque le Faux se trouve uniquement dans l'altération de la Piéce, par des Ratures ou Collemens de Papier qu'on y a faits ; ou bien lorsque les Experts ont vû écrire ou signer les Piéces qui peuvent servir à la conviction de l'Accusé ; & qu'en un mot, ils en ont connoissance de quelqu'autre maniere, que par les Régles de leur Art. *V.* les Art. 24 & 37 ci-après. C'est aussi pour cela, que la présente Ordon. a cru devoir distinguer ces deux sortes de Preuves, qui paroissent confondues dans l'Article de l'Ordonnance de 1670 que nous venons de citer, & dans l'Art. 9 du même Titre, qui porte, » que la Vérifica- » tion sera faite sur les Piéces de Comparaison par Experts & » Maîtres Ecrivains nommés d'office par le Juge.

L'Ordonnance désigne ici les P e r s o n n e s qui peuvent fournir ces Piéces de Comparaison : elle admet à cet effet, les *Procureurs du Roi*, & ceux *des Seigneurs*, & la *Partie Civile*, s'il y en a une ; mais elle défend, à peine de Nullité, de recevoir celles qui seront présentées de la part de l'*Accusé*, si ce n'est dans les Cas qui sont marqués par les Articles 46 & 54 ci-après ; c'est-à-dire, après que l'Instruction sera achevée, & lorsque sur le vû du Procès, les Juges trouveront qu'il y a lieu d'admettre l'Accusé à ses Faits justificatifs.

L'on ne voit sous les Titres 8 & 9 de l'Ordonnance de 1670, aucune disposition qui exclue formellement l'Accusé de la faculté de présenter ces Piéces ; il y est seulement dit, *Art. 6*, que » les Procureurs du Roi ou ceux des Seigneurs, & les Par- » ties Civiles pourront fournir des Piéces de Comparaison «. Sans doute qu'elle a voulu s'en rapporter sur ce point à l'Art. 1er, du Tit. 28 de la même Loi, où elle ne permet d'admettre l'Accusé à ſes Faits juſtificatifs, qu'après la viſite du Procès.

Nous verrons ſur les Articles ſuivans, de quelle Qualité doivent être ces Piéces, la Maniere dont elles doivent être préſentées, les Précautions que l'on doit prendre, ſoit pour en conſtater l'exiſtence, ſoit pour prévenir les Fraudes qui pourroient être faites à ce ſujet. Nous verrons auſſi les Cas particuliers, où il peut être ordonné qu'il ſera fourni de nouvelles Piéces de Comparaiſon.

Nous obſerverons ſeulement ici en général, que toutes ces Précautions multipliées, font ſuffiſamment ſentir qu'on ne doit recourir à cette eſpéce de Preuve, qu'avec beaucoup de circonſpection, à cauſe des divers Inconvéniens auxquels elle eſt ſujette, & qui l'ont fait mettre beaucoup au-deſſous de celle par Témoins .... *Si vero tale aliquid contigerit quale in Armenia ut aliud quidem faciat collatio litterarum, aliud teſtimonia .... Tunc nos quidem exiſtimavimus ea quæ vivà dicuntur voce, quam ſcripturam ipſam ſecundum ſe ſubſiſtere ;* c'eſt la Diſpoſition de la fameuſe NOVELLE 73, §. 4. *V.* néanmoins ce qui ſera dit ſur l'Art. 22 ci-après.

ARTICLE XIII.

Ne pourront être admiſes pour Piéces de Comparaiſon, que celles qui ſont authentiques par elles-mêmes, & ſeront regardées comme telles les Signatures appoſées aux Actes paſſés devant Notaires ou autres Perſonnes Publiques, tant Séculiéres, qu'Eccléſiaſtiques, dans les Cas où elles ont Droit de recevoir des Actes en ladite qualité ; comme auſſi les Signatures étant aux Actes Judiciaires faits en préſence du Juge & du Greffier, & pareillement les Piéces écrites & ſignées par celui dont il s'agit, de comparer l'Ecriture en Qualité de Juge, Greffier, Notaire, Procureur, Huiſſier, Sergent, & en général comme faiſant, à quelque Titre que ce ſoit, Fonctions de Perſonnes Publiques.

PAR cet Article, & les deux ſuivans, l'Ordonnance détermine les QUALITÉS que doivent avoir les Piéces de Comparaiſon, pour être admiſes dans l'Inſtruction du Faux.

Elle veut en *premier* lieu que ces Piéces ſoient *authentiques par elles-mêmes :* en quoi elle confirme la Diſpoſition de l'Art. 5 du Tit. 8 de l'Ordonnance de 1670 ; mais elle ajoute en même-tems à celle-ci, une Explication préciſe de ce qu'on doit entendre par Piéces *authentiques* par elles-mêmes. Elle en diftingue de trois fortes.

1°. Les Signatures appofées aux Actes pafsés devant *Notaires ou autres Perfonnes publiques, tant Séculieres qu'Eccléfiaftiques*, dans les Cas où Celles-ci ont droit de recevoir des Actes en ladite Qualité. L'on peut donner pour exemple, à l'égard des *Eccléfiaftiques*, les Signatures qui font appofées, aux Regiftres de Baptême, Sépultures & Actes de Célébration de Mariage, par les Curés ou Vicaires. *V.* Art. 16 ci-après. A l'égard des autres *Perfonnes Publiques*, les Signatures appofées aux Contrats ou Obligations pafsées devant *Notaires*, ou même aux Actes privés qui ont été ratifiés & reconnus pardevant Notaires, ou bien des Actes collationnés par des *Secrétaires du Roi*, dans la Partie qui les concerne.

2°. Les Signatures qui font appofées aux *Actes judiciaires*. L'Ordonnance appelle ainfi, tous ceux qui font faits en *préfence du Juge & du Greffier*.

3°. Enfin, les Actes écrits & fignés de la *main de l'Accufé lui-même*, comme faifant fonction de *Juge, Greffier, Notaire, Procureur, Huiffier, Sergent*, & en général, comme faifant fonction *Publique*, à quel titre que ce foit.

Mais, il ne fuffit pas, pour affurer l'authenticité de ces Piéces, que les Parties demeurent d'accord de les avoir fignées ; il faut, comme dit RAVENEAU, Pag. 30, que l'Expert bien avifé, en confidérant les Piéces de Comparaifon, s'attache à obferver, autant qu'il pourra, fi ces Piéces font elles-mêmes véritables & conformes entr'elles ; & il cite à ce fujet un Exemple remarquable, où des Perfonnes publiques étoient convenues d'avoir figné certaines chofes, & cependant les Experts reconnurent mieux qu'elles, que leurs fignatures avoient été contrefaites.

ARTICLE XIV.

Pourront néanmoins être admifes pour Piéces de Comparaifon, les Ecritures ou Signatures privées qui auront été reconnues par l'Accufé, fans qu'en aucun autre Cas lefdites Ecritures ou Signatures privées puiffent être reçues pour Piéces de Comparaifon, quand même elles auroient été vérifiées avec ledit Accufé, fur la Dénégation qu'il en auroit faite ; ce qui fera exécuté à peine de Nullité.

A défaut de Piéces *authentiques* par elles-mêmes, dont il est parlé sur l'Art. précédent, l'Ordonnance permet par celui-ci, d'admettre pour Piéces de Comparaison, les Ecritures & Signatures privées qui ont été *reconnues* par l'Accusé; & cela, soit que ces Piéces ayent été par lui écrites & signées, soit qu'elles ayent été écrites & signées par des mains étrangeres.

Cette Disposition est conforme à celle des Art. 2 & 3 du Tit. 8 de l'Ordonnance de 1670, dont le premier porte, que, *si l'Accusé a reconnu avoir écrit ou signé les Piéces, elles feront foi contre lui, & n'en fera faite aucune Vérification;* le dernier ajoute, *feront pareillement foi, les Ecritures & Signatures, de main étrangere, qui feront reconnues par l'Accusé.*

Cependant, il est bon d'observer, que quand l'Ordonnance dit que les Piéces reconnues par l'Accusé, feront *foi* contre lui, elle n'entend pas qu'elles forment une preuve assez concluante pour opérer sa condamnation. Cette Reconnoissance ne peut avoir plus d'effet que l'Aveu qu'il feroit lors de son Interrogatoire, lequel ne suffiroit point sans doute, suivant la Maxime *Nemo auditur perire volens.* Mais elle veut seulement dire par-là, que ces sortes de Reconnoissances font une foi suffisante pour empêcher qu'on ne soit obligé à en venir à une Vérification. Cela est si vrai, qu'elle donne le même dégré de foi à la reconnoissance qu'il feroit par rapport aux Ecritures privées qui feroient de main étrangere, qu'à celle qu'il fait par rapport aux Piéces écrites de sa propre main.

Au reste, cette Reconnoissance est tellement indispensable pour que l'Ecriture ou Signature privée puisse faire foi, & servir de Piéce de Comparaison contre l'Accusé, qu'il est défendu par cet Article, *à peine de Nullité,* d'employer aucune autre Ecriture ou Signature privée contre lui, que celle qu'il auroit reconnue, encore même qu'elle auroit été *vérifiée* avec lui sur la dénégation qu'il en auroit faite. *V.* néanmoins l'Exception marquée sur l'Art. 48. ci-après.

A R T I C L E X V.

Laissons à la Prudence des Juges, suivant l'exigence des Cas, & notamment lorsque l'Accusation de Faux ne tombera que sur un endroit de la Piéce qu'on prétendra être faux ou falsifié, d'ordonner que le surplus de ladite Piéce servira de Comparaison.

Par cet Article, l'Ordonnance indique une *troisiéme* espéce de Piéce de Comparaison, qui peut être employée dans l'Instruction du Faux, en permettant aux Juges d'ordonner, suivant leur prudence, que l'on prendra pour Piéce de Comparaison, les *Endroits même de ces Piéces prétendues fausses, sur lesquels ne tombe point l'Accusation du Faux.*

Quoiqu'il ne soit fait aucune mention dans l'Ordonnance de 1670, de cette espéce de Preuve, l'usage n'en est cependant point nouveau. BLEGNY, dans son Traité des *Vérifications* pag. 240, en donne plusieurs exemples, lorsqu'il dit qu'on peut prendre pour Piéces de Comparaison, la Piéce même qu'on prétend falsifiée, toutes les fois que l'Accusation en Faux consiste en des Mots prétendus changés, altérés ou augmentés, & que l'on soutient que ces vicieux effets ne sont pas de la main de celui qui a fait le Texte de la Piéce ; ou qu'il s'agit de faire remarquer des Mots ajoutés, qui, quoique de même main, sont prétendus n'avoir pas été faits au tems qu'a été fait tout le reste. Il se rencontre aussi, *ajoute* le même Auteur, que de deux Piéces arguées de Faux, l'une peut servir de Comparaison à l'autre ; ce qui s'ordonne ainsi, lorsqu'il s'agit de sçavoir si celui qui est prétendu avoir commis quelque fausseté dans une de ces deux Piéces, n'est pas le même qui a commis la fausseté que l'on croit être dans l'autre.

A R T I C L E XVI.

Si les Piéces indiquées pour Piéces de Comparaison sont entre les mains des Dépositaires publics ou autres, le Juge ordonnera qu'elles seront apportées, suivant ce qui est prescrit par les Articles V & VI, à l'égard des Piéces prétendues fausses ; & les Piéces qui auront été admises pour Piéces de Comparaison, demeureront au Greffe pour servir à l'Instruction ; & ce, quand même les Dépositaires d'icelles offriroient de les apporter toutes les fois qu'il seroit nécessaire ; sauf aux Juges à y pourvoir autrement, s'il y écheoit, pour ce qui concerne les Registres des Baptêmes, Mariages, Sépultures & autres, dont les Dépositaires auroient besoin continuellement pour le Service du Public.

CET Article renferme trois Dispositions également sages.

Par la *premiere*, l'Ordonnance prévoit le Cas où les Piéces qu'on voudroit faire servir de Comparaison, se trouveroient entre les mains des Dépositaires publics & autres; & elle fait à ceux-ci les mêmes Injonctions que celles portées par les Articles 5 & 6, à l'égard des Dépositaires des Piéces prétendues fausses; c'est-à-dire, qu'ils sont également tenus de les apporter au Greffe dans les délais qui seront marqués par l'Ordonnance ou Jugement, & qui courront à compter du jour de la Signification de ladite Ordonnance ou Jugement; & que faute par eux de les apporter dans ledit tems, ils pourront y être contraints *par Corps*, s'ils sont Dépositaires publics; par *Saisie de leur Temporel*, s'ils sont Ecclésiastiques; & par *toutes voies dûes & raisonnables*, s'ils sont simples Dépositaires privés: ceux-ci pourront même être contraints par *Corps*, suivant l'exigence des Cas. Ce qui se fait sur une Requête que donnera l'Accusateur, suivant la Formule ci-après.

Par la *seconde* Disposition, l'Ordonnance prescrit ce qui doit être fait par le Juge, après que ces Piéces auront été apportées, & par lui admises pour Piéces de Comparaison. Elle veut qu'il rende une Ordonnance portant, qu'elles demeureront au Greffe pour servir à l'Instruction du Procès; sans avoir égard aux offres que feroient les Dépositaires de les apporter toutes les fois qu'il seroit nécessaire; Précaution extrêmement sage, en ce qu'elle tend *d'une part*, à éviter les longueurs & les Procédures qu'il faudroit recommencer à chaque fois qu'on en auroit besoin, pour obliger les Dépositaires à les apporter de nouveau, & de *l'autre*, à empêcher les Soustractions qui pourroient en être faites, si elles restoient entre les mains des Dépositaires, & conséquemment à éviter le dépérissement des Preuves.

Cependant, comme il pourroit arriver, que parmi les Piéces indiquées pour servir de Comparaison, il y en auroit qui, à cause de l'usage journalier qu'on est obligé d'en faire pour le service du Public, ne sçauroient être déplacées, telles que les *Registres de Baptême, Mariages, Sépultures, & autres*; l'Ordonnance a cru devoir excepter ces Cas particuliers par une *troisiéme* Disposition de cet Article, où elle laisse aux Juges la liberté d'y pourvoir autrement *s'il y écheoit*.

Sur quoi il faut remarquer deux choses; 1°. Que l'Ordon. se servant ici du mot de *Juges* au pluriel, n'a pas voulu que le pouvoir de dispenser de cette remise au Greffe, dépendît du seul Jugé

de

de l'Inſtruction. 2°. Par ces mots, *s'il y écheoit,* l'Ordonnance
a eu ſans doute en vûe, ceux de ces Regiſtres, dont on n'auroit
pas un beſoin continuel pour le ſervice du Public, parce qu'ils
ſeroient clos & arrêtés.

A R T I C L E   XVII.

Sur la Préſentation des Piéces de Comparaiſon, qui ſera faite
par la Partie Publique, ou par la Partie Civile, ſans qu'il ſoit
donné aucune Requête à cet effet, il ſera dreſſé Procès-verbal
deſdites Piéces au Greffe, ou autre lieu du Siége deſtiné aux
Inſtructions, en préſence de ladite Partie Publique, enſemble
de la Partie Civile, s'il y en a, à peine de Nullité.

DEUX Diſpoſitions dans cet Article, dont la *premiere* regarde
la Maniere dont doit ſe faire la Préſentation des Piéces de Comparaiſon ; l'*autre*, le Procès-verbal qui doit être fait en conſéquence de cette Préſentation.

1°. Quant à la PRÉSENTATION de ces Piéces, l'Ordonnance
veut qu'elle ſoit faite par la Partie Publique, ou par la Partie
Civile, ſans qu'il ſoit donné aucune Requête à cet effet ; c'eſt-à-
dire, que ſur la connoiſſance que ces Parties donneront au Juge de l'apport de ces Piéces, tant par l'*Acte de Dépôt* qui en
ſera fait au Greffe, que par *l'Expiration des délais* qui auront
été donnés aux Dépoſitaires à cet effet, ce Juge rendra d'office
une Ordonnance pour indiquer le Lieu & l'Heure à laquelle
il procédera à l'examen de ces Piéces, & en dreſſera ſon Procès-verbal.

2°. Quant au PROCÉS-VERBAL, l'Ordonnance veut qu'il ſoit
dreſſé au Greffe ou autre lieu du Siége deſtiné aux Inſtructions,
en préſence de la Partie Publique & de la Partie Civile, s'il
y en a une, à peine de Nullité. Ainſi elle renouvelle à cet égard,
les mêmes Formalités, que celles qu'elle a preſcrites ſur l'Art. 10
ci-devant relativement au Procès-verbal de l'état des Piéces
prétendues fauſſes. *V.* néanmoins la différence marquée ſur l'Article ſuivant.

Nous donnerons la Formule du Procès-verbal de l'état des
Piéces de Comparaiſon, à la ſuite de l'Article 21 ci-après.

ARTICLE XVIII.

L'Accusé ne pourra être présent au Procès-verbal de Présenta-
tion de Piéces de Comparaison ; ce qui sera pareillement observé,
à peine de Nullité.

PAR cet Article, l'Ordonnance défend d'appeller l'Accusé
au Procès-verbal des Piéces de Comparaison, comme elle l'a
fait par l'Art. 10 relativement au Procès-verbal de l'état de
la Piéce prétendue fausse. Mais il y a cela de remarquable dans
cette derniere Difposition, qu'elle prononce expreffément la
peine de Nullité qui ne se trouve point portée de même dans
l'Art. 10, relativement à cet Accusé : Diftinction qui eft fondée fans doute, fur ce qu'il y auroit beaucoup plus d'Inconvénient à tolérer l'affiftance de l'Accusé au Procès-verbal des
Piéces de Comparaison dont il eft cenfé n'avoir aucune connoiffance & qu'il doit même ignorer jufqu'à la confrontation,
comme les autres Piéces fécrettes de la procédure, que fon
affiftance au Procès-verbal de la Piéce prétendue fauffe qui eft
cenfée fon propre ouvrage.

Suivant la Difpofition des Art. 7 & 8 du Tit. 8 de l'Ordonnance de 1670, renouvellée par l'Art. 4 du Tit. 9 de la même Loi, il fuffifoit de remettre les Piéces de Comparaison entre les mains du Juge qui les repréfentoit à l'Accusé, pour en
convenir ou les contefter, fans qu'il lui fût donné pour raifon
de ce délai, ni confeil ; & s'il en convenoit, ces Piéces devoient être paraphées, tant par lui que par le Juge qui en ordonnoit la Réception : au contraire, s'il conteftoit ces Piéces, ou s'il refufoit d'en convenir, le Juge en devoit dreffer
Procès-verbal, pour y pourvoir, après qu'il auroit été communiqué au Procureur du Roi, & à la Partie Civile.
Toutes ces Difpofitions ont été changées, comme l'on voit,
par la préfente Ordonnance, qui ne fe contente pas d'exiger
que le Juge dreffe un Procès-verbal dans tous les Cas, foit que
l'Accusé convienne ou qu'il contefte les Piéces de Comparaifon, ainfi que nous venons de le voir fur l'Article précédent ;
mais qui veut encore par celui-ci, que ce même Accusé foit
privé du Droit d'exiger la Repréfentation de ces Piéces, &
même d'affifter au Procès-verbal qui en fera dreffé.

A la Fin dudit Procès-verbal, & sur la Requisition ou sur les Conclusions de la Partie Publique, le Juge réglera ce qu'il appartiendra, sur l'Admission ou le Rejet desdites Piéces, si ce n'est qu'il juge à propos d'ordonner qu'il en sera par lui référé aux autres Officiers du Siége ; auquel Cas il y sera pourvû par Délibération du Conseil après que ledit Procès-verbal aura été communiqué à notre Procureur, ou à celui des Hauts-Justiciers, & à la Partie Civile.

PAR cet Article, l'Ordonnance prescrit ce que doit faire le Juge aussi-tôt après qu'il a dressé le Procès-verbal des Piéces de Comparaison, & avant qu'il en fasse la clôture. Elle veut que sur la Requisition ou sur les Conclusions de la Partie Publique, il régle ce qu'il appartiendra sur l'*Admission* ou sur le *Rejet* de la Piéce, sans qu'il soit besoin de rendre à cet effet une Ordonnance ou Jugement séparé : elle lui permet seulement, lorsqu'il se trouvera embarassé sur le parti qu'il doit prendre par rapport au Rejet ou à l'Admission des Piéces, d'ordonner qu'il en sera par lui *référé* aux autres Officiers du Siége ; & dans ce dernier Cas, il sera prononcé sur ce Rejet, ou cette Admission, par délibération du Conseil, après que le Procès-verbal aura été communiqué aux Parties Publiques & Civiles.

L'on voit par-là, que quoique le Juge puisse procéder d'*Office* au Procès-verbal, & sans qu'il soit donné aucune Requête à cet effet ; il ne peut néanmoins, non plus que les Officiers du Siége en cas de *Referé*, statuer sur le Rejet ou l'Admission des Piéces de Comparaison, qu'ensuite des Conclusions de la Partie Publique, à qui le Procès-verbal doit en ce cas être communiqué, ainsi qu'à la Partie Civile. En quoi la présente Ordonnance ajoute à celle de 1670, qui n'obligeoit le Juge à communiquer le Procès-verbal à la Partie Publique, non plus qu'à la Partie Civile, que dans le seul cas où les Piéces de Comparaison seroient contestées par l'Accusé, ou qu'il refuseroit d'en convenir, ainsi que nous l'avons vû sur les Art. 7 & 8 du Titre que nous avons cité sur l'Article précédent.

V. au surplus l'Art. 21 ci-après, par rapport aux Signatures & aux Paraphes de ces Piéces de Comparaisons, après qu'elles ont été admises.

E ij

Article XX.

S'il est ordonné que les Piéces de Comparaison seront rejettées,
la Partie Civile, s'il y en a, ou nos Procureurs, ou ceux
des Hauts-Justiciers, seront tenus d'en rapporter, ou d'en indi-
quer d'autres, dans le Délai qui sera prescrit, sinon il y sera
pourvû, ainsi qu'il appartiendra : & sera au surplus observé
sur l'Apport desdites Piéces, le contenu en l'Article XVI,
ci-dessus.

IL est parlé dans cet Article, de ce qui doit être fait après
que le Juge de l'Instruction, ou les Officiers du Siége sur son
Référé, auront ordonné le *Rejet* des Piéces de Comparaison :
ce qui aura lieu principalement, lorsque ces Piéces n'auront
point les Qualités requises par les Articles 13, 14 & 15 ci-
devant.

L'Ordonnance veut que dans ce Cas, la Partie Civile, s'il
y en a, ou à son défaut la Partie Publique, soient tenues d'en
rapporter d'autres, si elles en ont dans leur pouvoir, ou d'indiquer
celles qu'elles sçauront être entre les mains des Dépositaires Publics ou Privés ; à l'effet de quoi il leur sera donné un certain
délai, passé lequel il y sera pourvu, ainsi qu'il appartiendra. De
plus, comme ces Piéces pourroient être de la qualité de celles
dont il est parlé à la fin de l'Art. 16, c'est-à-dire, dont les Dépositaires auroient un besoin continuel pour le service du Public, telles que des Regîtres de Baptêmes, Mariage & Sépultures &c. L'Ordon. renouvelle à cet égard la Permission qu'elle
donne au Juge par ce même Article 16, d'ordonner que ces
Piéces seront apportées toutes les fois qu'il sera nécessaire, sans
qu'il soit besoin qu'elles restent déposées au Greffe, pour servir
à l'Instruction.

L'Ordonnance de 1670, Art. 10, Tit. 8, porte, *si le Juge*
ordonne le Réjet des Piéces de Comparaison, nos Procureurs ou
ceux des Seigneurs, & les Parties Civiles seront tenus d'en rap-
porter d'autres dans le delai qui sera prescrit, autrement, les
Piéces dont la Vérification aura été ordonnée, seront rejettées du
Procès. Ainsi, la présente Ordonnance n'a fait, comme l'on voit,
que tempérer la rigueur de cette premiere Loi, en ce que d'*une*
part, elle n'oblige pas toujours les Parties de rapporter elles-

mêmes d'autres Piéces de Comparaifon, mais feulement de les indiquer lorfqu'elles ne font point en leur pouvoir; & de *l'autre*, qu'elle ne veut pas, que faute, par ces Parties, d'en rapporter ou indiquer d'autres dans le délai qui leur eft marqué, les premieres foient abfolument rejettées du Procès; mais qu'elle dit feulement *qu'il y fera pourvu ainfi qu'il appartiendra*. D'où il fuit qu'il refte encore aux Parties Publiques & Civiles, quelques Reffources en ce dernier Cas.

En effet, ces Reffources font de quatre efpéces, fçavoir, *ou* de demander un *nouveau délai*, conformément à l'Art. 6 du préfent Titre; *ou* de demander que le *furplus de la Piéce prétendue fauffe*, puiffe fervir de Piéces de Comparaifon, conformément à l'Art. 15 ci-devant; *ou* bien de demander que *l'Accufé foit tenu de faire un Corps d'Ecriture*, fuivant la Difpofition de l'Art. 33 ci-après; *ou* enfin, de demander *d'être reçu à produire de nouvelles Piéces de Comparaifon*, conformément à l'Art. 52 de ce même Titre.

Au refte, lorfque toutes ces reffources viennent à manquer aux Parties Civiles & Publiques, & qu'elles font dans l'impuiffance de rapporter d'autres Piéces que celles qui ont été rejettées, c'eft le Cas où l'Accufé qui a connoiffance de la Plainte par eux rendue contre lui, peut demander à être renvoyé de l'Accufation avec dépens, dommages & intérêts; & en cas que la Plainte ait été rendue par la Partie Publique, demander qu'elle foit tenue de nommer fon Dénonciateur, pour fe pourvoir pour fes dommages & intérêts, & dépens contre lui.

A R T I C L E   X X I.

Dans tous les Cas où les Piéces de Comparaifon feront admifes, elles feront paraphées, tant par le Juge, que par nos Procureurs, ou par ceux des Hauts-Jufticiers, & par la Partie Civile, s'il y en a, & fi elle peut figner, finon il en fera fait Mention; le tout à peine de Nullité.

APRÉS avoir marqué par l'Article précédent, ce qui doit être fait en Cas de *Rejet* des Piéces de Comparaifon, l'Ordonnance prefcrit par celui-ci, les Formalités qui doivent fuivre l'*Admiffion* de ces Piéces, dans les Cas où elles ont les Qualités requifes par les Art. 13, 14 & 15, c'eft-à-dire, qu'elles font ou *authentiques* par elles-mêmes, ou *reconnues* par l'Accufé, ou que le Faux ne tombant que fur un Endroit de la Piéce prétendue fauffe, il a été ordonné que le *furplus* ferviroit de Piéce de Comparaifon.

Ces Formalités confiftent dans le *Paraphe* & dans la *Signature* qui doit être faite de ces Piéces, tant par le Juge que par la Partie Publique, & même par la Partie Civile, s'il y en a une; & en cas que celle-ci ne puiffe figner, l'Ordonnance veut qu'il en foit fait mention : le tout à peine de Nullité.

Suivant l'Art. 7 du Tit. 8 de l'Ordonnance de 1670, que nous avons cité fur l'Art. 18 ci-devant, les Piéces de Comparaifon devoient être paraphées par le Juge & par l'Accufé feulement, & ce Paraphe devoit être fait avant que le Juge en ordonnât la Réception. La préfente Ordonnance a par conféquent apporté trois changemens remarquables à la Difpofition de cette ptemiere Loi.

Le *premier*, en ce qu'elle n'exige plus le Paraphe de l'*Accufé*, lequel ne doit pas même être appellé au Procès-verbal qui fera dreffé de ces Piéces, ainfi que nous l'avons vû fur l'Art. 18.

Le *fecond*, en ce qu'elle exige le Paraphe des *Parties Publiques & Civiles*, & la *Mention* en cas de refus de la Partie Civile : deux Formalités dont il n'eft fait aucune Mention dans l'Ordonnance de 1670.

Le *troifiéme* enfin, c'eft qu'au lieu que le Paraphe devoit être fait fuivant l'Ordonnance de 1670, avant la Réception de ces Piéces; il ne doit plus l'être, fuivant la préfente Ordonnance, qu'après cette Réception, d'autant que ce Paraphe n'eft néceffaire que pour les Piéces qui doivent refter au Procès & fervir à l'Inftruction, & non pour celles qui en font rejettées, lefquelles doivent être remifes à Ceux qui les ont produites.

V. au furplus, par rapport à la Peine de Nullité, les Art. 44 & 45 ci-après.

FORMULE du Procès-verbal de l'Etat des Piéces de Comparaifon.

L'an . . . . . *ou* aujourd'hui . . . . . . Nous . . . . . nous étant tranfportés au Greffe de . . . . . . *ou* en la Chambre du Confeil de . . . . . où étant en préfence du Procureur du Roi, *ou* Fifcal, & de . . . . . . Accufateur en Faux, *ou* de . . . . . fondé de la Procuration fpéciale dudit . . . . . à l'effet des préfentes, paffée pardevant . . . . Notaires, *ou* . . . . . . Notaire, & . . . . témoins le . . . . laquelle eft demeurée annexée à la Minute du préfent Procès-verbal, après avoir été paraphée par Nous & par ledit. . . . . . Porteur d'icelle *ou* laquelle, après avoir été paraphée par Nous & par led. . . . . . a été annexée à la Minute du précédent Procès-verbal, par Nous fait le. . . . led. . . . . . *ou* notre Greffier nous a repréfenté. . . . (*énoncer les Piéces*) defquelles Piéces led. . . . . . Accufateur en Faux, prétend fe fervir pour Piéces de Comparaifon, & ont figné, *ou* fait Refus, de ce interpellés, *ou* déclaré ne fçavoir figner, de ce enquis.

Et à l'inftant le Procureur du Roi *ou* Fifcal, Nous a requis de recevoir lefdites Piéces pour Piéces de Comparaifon, *ou* a déclaré qu'il n'empêche pour le Roi que lefdites Piéces ne foient reçues pour Piéces de Comparaifon, *ou* a requis que lefdites Piéces foient rejettées, & a figné.

Sur quoi nous ordonnons que lefdites Piéces feront admifes pour Piéces de Comparaifon dans l'Accufation de Faux intentée par ledit. . . . . . . contre. . . . . ; & ont en conféquence été lefdites Piéces paraphées par Nous, par le Procureur du Roi *ou* Fifcal, & par led. . . . . . *ou* & a déclaré led. . . . . . ne fçavoir figner, de ce enquis. Ce fait, icelles Piéces ont été par Nous remifes ès mains de notre Greffier (*l'on ajoute*) enfemble ladite Procuration (*fi elle n'a pas été annexée au précédent Procès-verbal,*) & ordonnons que lefdites Piéces demeureront au Greffe pour fervir d'Inftruction dans ladite Accufation de Faux. Fait les jour & an que deffus.

Si les Piéces ainfi admifes, font des Regiftres de Baptême, & autres mentionnées dans l'Article 16 il fera ordonné qu'elles feront remifes aux Dépofitaires, à la charge de les rapporter à la premiere Sommation.

Si le Juge trouve de la Difficulté de les admettre, il ordonnera un Référé, conformément à l'Art. 19, après néanmoins les avoir paraphées.

Enfin fi ces Piéces font rejettées, il fera fait Mention qu'elles ont été remifes aux Parties *ou* au Greffier, pour les leur rendre; & il fera ordonné, conformément à l'Article 20, que les Parties feront tenues d'en rapporter ou indiquer d'autres dans le Délai qui fera prefcrit, finon qu'il fera pourvû, ainfi qu'il appartiendra.

A R T I C L E XXII.

Dans toutes les Informations qui feront faites par Experts, ils feront toujours entendus féparément, & par Forme de Dépofition, ainfi que les autres Témoins, fans qu'il puiffe étre ordonné en aucun Cas, que lefdits Experts feront leur Rapport fur les Piéces prétendues fauffes, ou qu'il fera procédé préalablement à la vérification d'icelles; ce que nous défendons à peine de Nullité.

PAR cet Article, l'Ordonnance prefcrit la *Maniere* dont les Experts doivent être entendus fur la Vérification des Piéces de Comparaifon.

Suivant l'Art. 11 du Tit. 8 de l'Ordonnance de 1670, les

Piéces de Comparaifon, de même que celles à vérifier, devoient être données féparément à chaque Expert, pour les voir & examiner à loifir. Suivant l'Art. 15 du Tit. 9 de la même Ordonnance, les Piéces infcrites de Faux, & celles de Comparaifon, devoient être mifes entre les mains des Experts, après que ceux-ci auroient prêté Serment, & leur Rapport devoit être délivré au Juge de la maniere prefcrite par l'Art. 13 du Titre *des Defcentes fur les Lieux*, de l'Ordonnance de 1667. Enfin, fuivant l'Art. 16 du même Tit. 9, lorfqu'il y avoit charge par les Rapports, les Juges pouvoient décréter & ordonner que les Experts feroient répétés féparément en leur Rapport, récollés & confrontés, ainfi que les autres Témoins.

Mais l'Expérience ayant fait connoître une foule d'inconvéniens qui réfultoient de la Liberté qu'avoient les Experts d'emporter chez eux ces Piéces de Comparaifon, & de conférer entr'eux de ce qu'ils avoient à dire, & rapporter fur ces Piéces; en ce qu'elle tendoit non-feulement à favorifer les Souftractions de ces Piéces, mais encore des Concerts frauduleux entre les Experts & l'Accufé à qui ils pouvoient les communiquer, & même entre les Experts eux-mêmes, qui pouvoient s'accorder fur la maniere dont ils devoient faire ce Rapport, pour ou contre l'Accufé: la préfente Ordonn. a crû devoir prévenir tous ces inconvéniens, par les deux fages précautions qu'elle prefcrit, tant par le préfent Article, que par le fuivant; en ordonnant *d'une part*, que les Piéces de Comparaifon, comme celles prétendues fauffes, refteront dépofées au Greffe, où les Experts feroient tenus d'en aller prendre communication, pour fe mettre en état de donner leur avis; & de *l'autre*, en exigeant qu'au lieu de donner cet avis en commun, & par forme de *Rapport*, comme ils faifoient précédemment, ils ne le donnent plus que féparément, & par forme de *Dépofition*, comme les autres Témoins; c'eft-à-dire, en préfence du Juge & du Greffier, & enfuite de l'Affignation qui leur fera donnée dans la même forme & dans les mêmes délais que celle qui fera donnée aux Témoins; avec cette différence néanmoins, qu'en cas de refus de leur part, de comparoître fur l'Affignation, ils ne devront pas être pourfuivis avec la même rigueur que les Témoins, attendu que ce refus pourroit venir, moins d'une défobéiffance volontaire, que d'une défiance légitime de leur capacité : en forte qu'au lieu de prononcer aucune Contrainte contr'eux, il

paroît

paroît que le Juge pourroit se contenter, en pareil cas, de nommer d'autres Experts en leur place.

L'on ne voit au surplus, d'autre différence dans la forme de procéder à l'Audition des Experts, & celle de procéder à l'Audition des Témoins dont il sera parlé sur l'Art. 24 ci-après, sinon qu'au lieu que la Déposition des Témoins doit tomber principalement sur le *fait* du Crime & sur la Personne de l'Accusé, la Déposition des Experts ne doit rouler en général que sur la *ressemblance* ou la *diversité* des Piéces qu'ils sont chargés de vérifier, avec les Piéces de Comparaison, ou plutôt sur les Moyens de Faux qu'ils ont remarqués en comparant ces Piéces, soit par rapport à la construction des *Lettres* qui forment les Mots, soit par rapport à la Qualité de l'*Encre* dont on se seroit servi dans les Ratures, Surcharges, Interlignes & Additions, & qui se trouveroit plus noire ou plus blanche, ou plus ancienne ou plus nouvelle ; & enfin, généralement sur tout ce qui peut conduire, suivant leur Art, à la connoissance de la vérité. Ce n'est pas, que ces Experts ne puissent aussi déposer de quelques *Faits personnels à l'Accusé*, ainsi que nous le verrons sur l'Art. 37 ci-après.

Quoi qu'il en soit, nous venons d'en dire assez, pour faire juger de la différence essentielle qui se trouve dans le dégré de Preuve qui peut résulter des Dépositions des Témoins, & de celle des Experts ; ou plutôt de la supériorité de la premiere de ces Preuves qui est tirée du *fait* même du Crime, sur celle par *Experts* qui n'est fondée que sur des *Inductions* & des raisonnemens tirés des Régles d'un Art, qui sont par elles-mêmes fautives & sujettes à une infinité d'erreurs, comme nous l'avons remarqué sur l'Art. 12, d'après la NOVELLE 73.

Cependant, malgré toutes ces raisons dont s'appuie un Auteur anonime qui a traité la Matiere *ex professo*, pour prouver l'imperfection & l'insuffisance de cette Preuve ; il faut convenir que l'on n'en doit point juger aussi peu favorablement, depuis la présente Ordonnance, qui veut que les Experts, qui auparavant n'étoient entendus que par forme de *Rapport*, ne le soient plus que par forme de *Déposition*, comme les autres Témoins, & qui a pourvu d'ailleurs à tous les inconvéniens qui résultoient de la liberté indéfinie qu'avoient ces mêmes Experts, d'emporter chez eux les Piéces qu'ils vouloient vérifier : ensorte qu'on peut dire, qu'elle participe en quelque sorte de la Preuve testimoniale à laquelle elle est néanmoins toujours inférieure, en ce qu'elle n'est fondée que sur une simple *opinion*, qui ne peut jamais produire cette preuve parfaite & concluante, que les Loix exigent pour asseoir une Condamnation.

V. la Formule de l'Information par Experts, à la suite de l'Article suivant.

Article XXIII.

En Procédant à ladite Information, la Plainte ou Requête con-
tenant l'Accusation de Faux, & la Permission d'informer
donnée en conséquence, les Piéces prétendues fausses, & le
Procès-verbal de l'état d'icelles, les Piéces de Comparaison,
lorsqu'il en aura été fourni, ensemble le Procès-verbal de Pré-
sentation d'icelles, & l'Ordonnance ou Jugement par lequel
elles auront été reçûes, seront remis à chacun des Experts,
pour les voir & examiner séparément & en particulier, sans dé-
placer ; & sera fait mention de la remise & examen desdites Pié-
ces, dans la Déposition de chacun des Experts, sans qu'il en
soit dressé aucun Procès-verbal, lesquels Experts parapheront
les Piéces prétendues fausses, le tout à peine de Nullité.

P a r cet Article, l'Ordonnance prescrit *trois* sortes de Formalités qu'elle veut être observées par le Juge, en procédant à l'Information par Experts, à peine de Nullité.

La *premiere* concerne la *Qualité* des Piéces qui doivent être remises à chacun de ces Experts, pour les examiner séparément & sans déplacer. Ces Piéces sont au nombre de six, 1°. le Procès-verbal de Plainte, ou la Requête contenant l'Accusation de Faux, avec l'Ordonnance portant Permission d'Informer ; 2°. Les Piéces prétendues fausses ; 3°. Le Procès-verbal de l'état de ces Piéces ; 4°. Les Piéces de Comparaison, s'il y en a de fournies ; 5°. Le Procès-verbal de Présentation de ces Piéces ; 6°. Enfin, l'Ordonnance ou le Jugement portant Réception de ces mêmes Piéces.

Suivant l'Art. 11 du Tit. 8 de l'Ordonnance de 1670, il suffisoit de remettre aux Experts les Piéces de Comparaison, & Celles qui devoient être vérifiées, pour les voir & examiner à loisir.

Une *seconde* Formalité, consiste à faire Mention dans chaque Déposition de ces Experts, de la *Remise* qui leur a été faite de ces différentes Piéces, & de l'*Examen* qu'ils en ont fait en conséquence. L'Ordonnance défend par ce même Article, de dresser aucun Procès-verbal à ce sujet ; & cela sans doute pour éviter les frais & longueurs inutiles, qu'un pareil Acte ne manqueroit pas d'occasionner.

Enfin, une *troisiéme* Formalité consiste dans le *Paraphe*, qui doit être fait alors par les Experts, des Piéces prétendues fausses. L'Ordonnance ne parle point ici du Paraphe des Piéces de Comparaison, parce que, comme nous l'avons vû sur l'Art. 21, ces Piéces doivent être seulement paraphées par les Parties Publiques & Civiles. Elle ne dit point non plus, que, dans le Cas où les Experts ne voudront parapher, il sera fait mention de leur refus ; parce que dans ce Cas, il est libre au Juge d'en nommer d'autre, comme nous le verrons ci-après.

V. au surplus ce qui sera dit sur l'Art. 45 ci-après, par rapport à la peine de Nullité portée par le présent Article.

FORMULE *de l'Information par Experts.*

Information par Experts, (*& si l'Information ou preuve par Piéces de Comparaison a aussi été ordonnée, l'on ajoute,*) & par Piéces de Comparaison, faite par Nous......en vertu de notre Ordonnance *ou* Jugement du......à la Requête de.....contre.....joint le Procureur du Roi *ou* Fiscal, à laquelle Information Nous avons procédé comme il suit.
Du......jour de.....
Est comparu.....l'un des Experts nommés d'Office par notredite Ordonnance *ou* Jugement du.....lequel après Serment par lui fait de dire vérité, Nous a dit être âgé de.....& n'être Parent, Allié, Serviteur, ni Domestique des Parties ; comme aussi Nous a déclaré qu'il lui a été remis au Greffe par notre Greffier, la Plainte contenant l'Accusation de Faux, intentée par.....contre.....l'Ordonnance *ou* Jugement portant Permission d'informer, donné en conséquence le......la Piéce arguée de faux, qui est......(*énoncer ladite Piéce.*) le Procès-verbal de l'état d'icelle du.....les Piéces de Comparaison consistant en.....Piéces, la premiere du.....&c. (*énoncer lesdites Piéces ;*) le Procès-verbal de présentation desdites Piéces de Comparaison, avec l'Ordonnance étant au bas *ou* Jugement, par lequel elles ont été reçues ; toutes lesquelles Piéces led.....a pareillement déclaré avoir vûes & examinées séparément & en son particulier, sans déplacer dudit Greffe ; & après avoir paraphé ladite Piéce arguée de Faux, & après nous avoir fait apparoir de l'Exploit d'Assignation à lui donné le.....à la Requête de.....en vertu de notre Ordonnance du......dépose, &c. (*l'Expert fait son rapport*

par forme de Dépofition ;) lecture à lui faite de fa Dépofition, a dit qu'elle contient vérité, y a perfifté & figné, & après qu'il a requis falaire, lui avons taxé......

Eft auffi comparu.......*(comme deffus.)*

Article XXIV.

Seront en outre entendus comme Témoins, ceux qui auront connoiffance de la Fabrication, Altération, & en général de la fauffeté defdites Piéces, ou des Faits qui pourront fervir à en établir la Preuve ; à l'effet de quoi fera permis d'obtenir, s'il y écheoit, & faire publier des Monitoires ; ce qui pourra être ordonné en tout état de Caufe.

Il eft parlé dans cet Article, & dans les cinq fuivans de l'Information par Témoins, qui fe fait en Matiere de Faux.

L'Ordonnance marque ici, Quels font Ceux qui peuvent être admis en témoignage fur cette Matiere ; & par Quelle Voie l'on peut parvenir à la découverte de ces Témoins.

1º. Elle permet d'entendre comme Témoins, tous ceux qui auront connoiffance de la Fabrication, Altération, & en général de la fauffeté des Piéces, & des Faits qui peuvent fervir à en établir la Preuve. Cette Difpofition eft conforme à celle de l'Art. 14 du Tit. 8 de l'Ordonnance de 1670, renouvellée par l'Art. 4 du Tit. 9, qui porte, *pourront être oüis comme Témoins, ceux qui auront vû écrire ou figner les Piéces qui pourront fervir à la conviction des Accufés, ou qui en auront connoiffance en quelqu'autre maniere.*

2º. Dans le Cas, où l'on ne pourroit parvenir aifément à la découverte de ces Témoins, l'Ordonnance permet aux Parties Publiques & Civiles d'avoir recours à la Voie du Monitoire, & aux Juges, de l'ordonner en tout état de Caufe. Ce qui fait voir, de quelle importance eft cette Preuve aux yeux de la Juftice, & combien elle eft fupérieure à celle par Experts, & comparaifon d'Ecritures, qui n'ont été introduites que fubfidiairement à celle-ci.

En effet, dans la Preuve dont il s'agit ici, les Témoins parlent par *fcience,* pour avoir vû écrire, ou entendu dire par l'Accufé qu'il avoit écrit, ou pour reconnoître fon écriture, par le commerce & l'habitude qu'ils ont eu avec lui. Au lieu que dans celle par Comparaifon d'Ecritures, les Experts ne parlent que par *Opinion*, fur les conféquences tirées de leur Art, fans aucune connoiffance perfonnelle de l'Ecriture de celui qui a écrit. *V.* au furplus ce qui a été dit fur les Art. 12 & 22 ci-devant ; *V.* auffi l'Art. 37 ci-après.

V. la Formule de l'Information, qui eft à la fuite de l'Art. 1er. du Tit. 6 de l'Ordónnance de 1670, en ajoutant néanmoins les Formalités qui font prefcrites par les *trois* Articles fuivans, au fujet de la Repréfentation & Paraphe par chaque Témoin, tant de la Piéce arguée de Faux, & autres Piéces fervant de conviction dont les Témoins auront connoiffance, que des Piéces qui feront repréfentées par ces Témoins eux-mêmes. *V.* Art. 40.

A R T I C L E   X X V.

En procédant à l'Audition defdits Témoins, les Piéces prétendues
fauffes leur feront repréfentées, fi elles font au Greffe, & en
cas qu'elles n'y fuffent pas, la Repréfentation en fera faite
lors du Récollement ; & fi elle n'étoit pas au Greffe, même
audit tems, la Repréfentation s'en fera lors de la Confrontation.

P A R cet Article, l'Ordonnance prefcrit une *premiere* Formalité que doit obferver le Juge, en procédant à l'Audition des Témoins fur le Faux. Cette Formalité confifte dans la REPRÉSENTATION qu'il doit leur faire de la PIÉCE PRÉTENDUE FAUSSE; en quoi l'Ordonnance n'a fait que renouveller la Difpofition de l'Art. 3 du Tit. 9 de l'Ordonnance de 1670, qui porte, que ces *Piéces feront auffi repréfentées aux Témoins qui auront eu connoiffance de la Falfification* ; mais elle ajoute en même-tems à la Difpofition de cette premiere Loi, en ce que, prévoyant le Cas où ces Piéces ne pourroient être repréfentées parce qu'elles ne feroient point encore au Greffe lors de l'Information, elle veut qu'il puiffe y être fuppléé dans les Actes poftérieurs de l'Inftruction ; fçavoir, dans le *Récollement*, fi ces Piéces fe trouvoient alors au Greffe ; & fi elles n'y étoient point encore, dans la *Confrontation* : enfote que ce n'eft que dans le Cas où le Juge auroit omis dans ce dernier Acte la Repréfentation de ces Piéces qui feroient au Greffe, qu'elle veut que cette omiffion emporte la Nullité de la Confrontation feulement, ainfi que le nous verrons fur l'Art. 28 ci-après. Cependant, cette Nullité pourra encore être réparée par une nouvelle Confrontation, fuivant la Difpofition de l'Article 45 de ce même Titre.

Au refte, l'on conçoit affez le motif qui a fait introduire la néceffité de cette Repréfentation, qui peut feule mettre les Témoins en état d'affirmer, fi ce font les mêmes Piéces qu'ils ont vû écrire ou figner, ou fabriquer, ou altérer; ou fi ce font celles dont l'Accufé leur a parlé, & s'ils en reconnoiffent l'Ecriture comme ayant connoiffance de celle de l'Accufé.

V. au furplus les Art. 27, 29 & 41 ci-après, où il eft parlé d'autres Piéces qui doivent pareillement être repréfentées à ces Témoins, & par eux paraphées.

V. auffi l'Article 40, où il eft parlé des Piéces qui font repréfentées par les Témoins eux-mêmes, lors de leur Dépofition.

A R T I C L E XXVI.

Lefdits Témoins parapheront lefdites Piéces lors de la Repréfentation qui leur en fera faite, s'ils peuvent ou veulent le parapher; finon il en fera fait mention.

Il eft parlé dans cet Article, d'une *feconde* Formalité qui doit être obfervée par le Juge, en procédant à l'Audition des Témoins fur le Faux; c'eft celle du Paraphe des Piéces prétendues fausses qui leur font repréfentées, ou de la Mention du refus que feroient ces Témoins de fatisfaire à cette Formalité.

L'Ordonnance de 1670 ne contient aucune Difpofition relativement au Paraphe des *Témoins*. Elle n'exigeoit, comme l'on voit par l'Art. 2 du Tit. 9, & par l'Article 1er du Tit 8, renouvellé par l'Art. 4 du Tit. 9, que le Paraphe du *Juge*, de la *Partie Civile*, & de *l'Accufé*. Elle n'exigeoit pas même celui des *Parties Publiques*. Enforte que la préfente Ordonnance a apporté, comme l'on voit, deux changemens remarquables fur ce point; l'*un*, en ce qu'elle n'exige plus le Paraphe de l'Accufé; l'*autre*, en ce qu'elle exige, outre le Paraphe du Juge & de la Partie Civile, celui des Parties Publiques & des Témoins, avec cette différence feulement, qu'il n'eft point dit dans le préfent Article, que le défaut du Paraphe des Témoins emportera la Nullité de l'Information, comme il eft dit dans l'Art. 11 relativement aux Parties Publiques. Cependant, nous verrons fur les Art. 28 & 45 ci-après, qu'il y a des Cas où le défaut de Paraphe emporte auffi Nullité, relativement aux Témoins,

Article XXVII.

Les Piéces servant à conviction qui auroient été remises au Greffe, feront pareillement repréfentées à ceux desdits Témoins qui en auront connoiffance, & par eux paraphées, ainfi qu'il eft porté par l'Article précédent; le tout lors de leur Dépofition.

Il est parlé dans cet Article, des Piéces de Conviction. L'on appelle ainfi, en Matiere de Faux, toutes celles qui emportent avec elles-mêmes la preuve du Crime, c'eft-à-dire, qui fervent non-feulement à établir la fauffeté de la Piéce qui a donné lieu à l'Accufation du Faux ; mais encore à convaincre l'Accufé d'en être l'auteur, par la mention qui y feroit faite qu'il auroit commis ce Faux.

Ce font ces Piéces qui forment la Preuve *par Titres*, dont il eft parlé dans l'Art. 3 du préfent Titre. Ce font auffi celles qui font l'objet particulier du Tit. 3 de la préfente Ordonnance, lorfqu'elles confiftent en de fimples Ecritures privées. Elles différent des *Piéces de Comparaifon*, en ce qu'elles ont un Rapport immédiat avec le Crime même, au lieu que les Piéces de Comparaifon n'ont rapport qu'avec la Piéce qu'on prétend contenir ce Crime.

L'Ordonnance veut par le préfent Article, que ces Piéces de Conviction, lorfqu'elles ont été remifes au Greffe, foient repréfentées à ceux des Témoins qui en ont connoiffance, & qu'elles foient par eux paraphées, finon mention de leur refus.

Sur quoi trois chofes à obferver ; 1°. Que l'Ordonnance ne difant point dans *Quel tems* ces Piéces de Conviction doivent être remifes au Greffe, comme elle l'a fait précédemment, à l'égard des Piéces prétendues fauffes & des Piéces de Comparaifon ; il y a lieu d'en conclure, qu'elles peuvent l'être en *tout état de Caufe*. C'eft auffi ce qui réfulte de l'Art. 40 ci-après.

2°. Que, comme elle ne dit point pareillement *par Qui* ces Piéces doivent être fournies, il s'enfuit qu'elles peuvent non-feulement être adminiftrées par les Parties Publiques & Civiles ; mais encore par les Témoins eux-mêmes. C'eft auffi ce qui eft porté expreffément par le même Art. 40 ci-après.

3°. Q'enfin, comme les Témoins ne peuvent, ou du moins ne doivent pas fçavoir, Quelles font les Piéces de Conviction qui ont été remifes au Greffe, lorfqu'elles ont été fournies par

les Parties Publiques ou Civiles ; il paroît que c'est au Juge de
leur en parler, toutes les fois que par les circonstances de leurs
Dépositions, ces Témoins laissent entrevoir que ces Piéces ne
leur sont point inconnues ; & qu'il y a d'ailleurs quelqu'autre
présomption, soit par leurs Qualités, soit par les Dépositions
des autres Témoins, qu'ils ont une connoissance particuliére de
ces Piéces. C'est aussi ce qui paroît résulter de la Disposition de l'Article suivant, qui prononce la peine de Nullité en
Cas d'Omission de Représentation & du Paraphe de ces mêmes
Piéces de Conviction. Nous verrons au reste, sur les Art. 38 &
45 ci-après, de quelle maniere il peut être suppléé au défaut
de Représentation & de Paraphe de ces Piéces de Conviction,
lors de l'Information, & même lors du Récollement.

V. au surplus les Art. 38 & 40 ci-après, où il sera encore
parlé de ces mêmes Piéces.

ARTICLE XXVIII.

*Voulons néanmoins qu'en Cas d'Omission de la Présentation &
du Paraphe ci-dessus ordonnés, des Piéces prétendues fausses,
ou servantes à Conviction, qui seroient au Greffe, lors de la
Déposition desdits Témoins, il puisse y être suppléé lors du
Récollement ; & s'il a été omis alors d'y satisfaire, il y
sera suppléé en procédant à la Confrontation, à peine de
Nullité de ladite Confrontation, ainsi qu'il sera dit par l'Article XLV ci-après.*

IL résulte de cet Article, qui n'est qu'une suite des Articles
précédens, que le défaut de Représentation & de Paraphe des
Piéces prétendues fausses & de celles de Conviction, ou de
Mention en cas de refus de parapher, n'emporte point une Nullité de plein droit ; & que cette Nullité n'a proprement lieu
que lorsque ces Formalités se trouvent omises dans la Confrontation : enforte que l'Omission qui se trouve dans l'Information,
peut être suppléée lors du Récollement, & que celle qui se trouve dans le Récollement, peut être suppléée lors de la Confrontation. Nous verrons même sur l'Art. 45, que la Nullité prononcée en ce dernier Cas, n'est point tellement absolue, qu'elle ne
puisse être encore réparée par une nouvelle Confrontation, & que
d'ailleurs elle ne frappe que sur la Confrontation même &
sur les Procédures qui l'auroient suivi, & non point sur celle
qui l'auroient précédé.   Toutes

Toutes ces Précautions & ces reſſources multipliées, ſont connoître de plus en plus l'attention extrême du Légiſlateur, à ne rien négliger de tout ce qui peut contribuer à la découverte d'un Crime auſſi dangereux, & auſſi puniſſable que celui du FAUX.

V. au ſurplus les Art. 38 & 39 ci-après.

ARTICLE XXIX.

A l'égard des Piéces de Comparaiſon, & autres qui doivent être repréſentées aux Experts, ſuivant l'Article XXIII, elles ne ſeront point repréſentées aux autres Témoins, ſi n'eſt que le Juge en procédant, ſoit à l'Information, ſoit au Récollement ou à la Confrontation deſdits Témoins, eſtime à propos de leur repréſenter leſdites Piéces, ou quelques-unes d'icelles, auquel Cas elles ſeront par eux paraphées, ainſi qu'il eſt ci-deſſus preſcrit.

APRÉS avoir déſigné par les Art. 25 & 27, les Piéces qui doivent être repréſentées aux Témoins, lors de l'Information ; l'Ordonnance marque par celui-ci, les Piéces qui ne doivent leur être repréſentées. Ces Piéces ſont celles de *Comparaiſon* & autres, qui doivent être repréſentées aux Experts, ſuivant l'Art. 23, c'eſt-à-dire, le *Procès-verbal de l'état des Piéces prétendues fauſſes, le Procès-verbal de Préſentation de ces Piéces de Comparaiſon* ; parce que la vérification de celles-ci dépend de la connoiſſance particuliére des Régles de l'Art.

Cependant, comme il peut arriver, que des Témoins déclarent dans leur Dépoſition, ſoit lors de l'Information, ſoit lors du Récollement ou de la Confrontation, qu'ils connoiſſent parfaitement l'*Ecriture prétendue fauſſe* ; ou qu'ils ont une connoiſſance perſonnelle de ces *Piéces de Comparaiſon*, & des *Perſonnes* entre les mains de qui elles ſont ; c'eſt pour cela que l'Ordonnance a cru devoir ajouter cette Modification à la fin de ce même Article, *ſi ce n'eſt que le Juge en procédant, ſoit à l'Information, ſoit au Recollement ou à la Confrontation deſdits Témoins, eſtime à propos de leur repréſenter leſdites Piéces, ou quelques-unes d'icelles, auquel Cas elles ſeront par eux paraphées, ainſi qu'il eſt ci-deſſus preſcrit.*

Par ces derniers mots, *ainſi qu'il eſt ci-deſſus preſcrit*, l'Ordonnance renvoye à la Diſpoſition des Art. 26 & 28 ci-devant, par le *premier* defquels elle veut que, fi les Témoins ne veulent ou ne peuvent parapher, il en foit fait Mention ; & par le *dernier*, qu'au Cas que ce Paraphe ou cette Mention ait été omife par le Juge, cette Omiffion ne puiffe opérer une Nullité que lorfqu'elle fe trouvera dans la Confrontation.

V. au furplus l'Article 45 ci-après.

A R T I C L E XXX.

Sur le vû de l'Information, foit par Experts ou par autres Témoins, il fera décerné, s'il y écheoit, tel Décret qu'il appartiendra ; ce que les Juges pourront pareillement faire fans Information, en Cas qu'il y ait d'ailleurs des Charges fuffifantes pour décréter, le tout, fur les Conclufions de nos Procureurs, ou de ceux des Hauts-Jufticiers.

C E T Article concerne le D É C R E T en Matiere de Faux.

Par l'Art. 16 du Tit. 9 de l'Ordonnance de 1670, il eft dit que, *s'il y a Charge, les Juges pourront décréter & ordonner que les Experts feront répétés féparément en leur Rapport, récollés & confrontés, ainfi que les autres Témoins.* Mais par le préfent Article, l'Ordonnance s'explique d'une maniere encore plus précife, en ce qu'elle autorife les Juges à décerner Décret qu'il appartiendra, non-feulement fur le vû des Informations, foit par Experts, foit par Témoins ; mais encore fans qu'il y ait des Informations préalables, lorfqu'il y a d'ailleurs des Charges fuffifantes.

Par ces mots, *en cas qu'il y ait d'ailleurs des Charges fuffifantes*, l'Ordonnance veut fans doute parler des Cas où le Faux paroît vifiblement à l'infpection de la Piéce même, ou du Procès-verbal qui en auroit été dreffé, tels que ceux dont nous avons donné des exemples fur l'Art. 3 ci-devant ; ou bien du Cas où l'Accufé furpris en Flagrant-Délit, en auroit fait un aveu volontaire lors de l'Interrogatoire qu'il auroit fubi conformément à l'Art. 9 du Tit. 10 de l'Ordonnance de 1670 ; ou enfin, du Cas où il y auroit lieu de craindre l'évafion de l'Accufé, qui feroit Etranger ou Vagabond. *V.* Article 8 du même Tit. 10.

En général, le Juge doit fe porter d'autant plus volontiers à décréter l'Accufé de *Prife de Corps*, que le Faux eft par lui-même un Crime de nature à mériter Peine afflictive, & que l'Accufé fe trouve le plus fouvent faifi d'Ecritures qui peuvent contribuer à éclaircir les Faits d'Accufation dont il s'agit, foit comme étant de fa main, foit comme étant de la main d'autres Perfonnes qui auroient contribué à la fabrication de la Piéce arguée du Faux ; & cela indépendamment des autres éclairciffemens que l'on pourroit tirer de fon Interrogatoire.

V. au furplus fous le Tit. 10 de l'Ordonnance de. 1670, les Formules des différens Décrets.

<h3 style="text-align:center">A R T I C L E XXXI.</h3>

Lors de l'Interrogatoire des Accufés, les Piéces prétendues fauffes, comme auffi les Piéces fervantes à conviction, qui feront actuellement au Greffe, leur feront repréfentées & par eux paraphées, s'ils peuvent ou veulent le faire ; finon, il en fera fait mention : & en Cas d'Omiffion de ladite Repréfentation & Paraphe, il y fera fuppléé par un nouvel Interrogatoire, à peine de Nullité du Jugement qui feroit intervenu, fans avoir réparé ladite Omiffion.

CET Article concerne L'INTERROGATOIRE des Accufés de FAUX. L'Ordonnance veut que le Juge leur repréfente alors les Piéces prétendues fauffes, & les Piéces de Conviction qui feront actuellement au Greffe, qu'il les leur faffe parapher, & qu'au Cas qu'ils ne voudroient, ou ne pourroient le faire, qu'il faffe mention de leur refus. Enfin, la néceffité de cette Repréfentation, ainfi que du Paraphe ou de la Mention du refus de parapher, eft tellement indifpenfable, fuivant cet Article, que lorfque le Juge a omis de fatisfaire à quelqu'une de ces Formalités, foit parce que les Piéces n'auroient point été dépofées au Greffe, foit parce qu'elles feroient entre les mains de l'Accufé lui-même, & qu'il auroit été ordonné qu'il feroit procédé à l'Information avant l'Apport defdites Piéces, conformément à l'Art. 7 ; il eft tenu d'y fuppléer par un nouvel Interrogatoire, à peine de Nullité du Jugement qui feroit intervenu, fans avoir réparé cette Omiffion. En quoi, la préfente Ordonnance ajoute à celle de 1670, où il n'eft fait aucune Mention de la Maniere de réparer l'Omiffion de ces Formalités, ni de la peine de Nullité énoncée dans le préfent Article.

Nous verrons fur l'Art. 41, ce qui doit être fait à l'égard

des Piéces que les Accufés repréfenteront eux-mêmes, lors de leurs Interrogatoires.

Nous allons voir fur l'Article fuivant, dans quel *Tems* doivent leur être repréfentées les Piéces de Comparaifon.

Quant à la Formule de l'Interrogatoire fur le Faux, elle eft la même que celle marquée à la fuite de l'Art. 1er du Tit. 14 de l'Ordonnance de 1670, à la réferve qu'il faudra y ajouter les Formalités de la *Repréfentation* des Piéces prétendues fauffes, & de celles de Conviction ; de leur *Paraphe* ou *Mention* du refus ; comme auffi de la *Mention* des Piéces que l'Accufé repréfentera lui-même, & qui y demeureront *jointes*, conformément à l'Art. 41 ci-après.

A R T I C L E   XXXII.

Les Piéces de Comparaifon ou autres qui doivent être repréfentées aux Experts, fuivant l'Article XXIII, ne pourront être repréfentées aufdits Accufés avant la Confrontation.

Suivant l'Art. 7 du Tit. 8 de l'Ordonnance de 1670, renouvellé par l'Art. 4 du Tit. 9 de la même Ordonnance, les Piéces de Comparaifon devoient être repréfentées à l'Accufé lors de fon Interrogatoire, pour en convenir ou les contefter. Mais par le préfent Art. cette Repréfentation ne peut être faite que lors de la Confrontation, ainfi que celle des autres Piéces qui doivent être repréfentées aux Experts, fuivant l'Art. 23, c'eft-à-dire la Plainte, le Procès-verbal de l'état des Piéces prétendues fauffes, & le Procès-verbal de Préfentation des Piéces de Comparaifon.

La Difpofition de cet Article eft une fuite de celle de l'Art. 22 ci-devant, qui veut que les Experts foient entendus par forme de *Dépofition*, comme les autres Témoins. En effet, quant aux *Piéces de Comparaifon*, comme c'eft fur ces Piéces que doivent rouler principalement leurs Dépofitions, foit lors de l'Information, foit lors de leur Confrontation à l'Accufé, il arriveroit que, fi ces Accufés pouvoient avoir connoiffance de ces mêmes Piéces lors de leurs Interrogatoires, ils pourroient préparer les réponfes qu'ils voudroient faire aux Experts, lorfqu'ils leur feroient confrontés, de maniere à rendre la Confrontation abfolument inutile, pour la Preuve qu'on en voudroit tirer contr'eux.

A l'égard du *Procès-verbal de l'état des Piéces prétendues fauffes,* l'on fent qu'il feroit également dangereux que l'Accufé en fçût le contenu avant la Confrontation, parce qu'il auroit le tems de préparer fa défenfe contre les Obfervations que les Parties Publiques & Civiles auroient faites lors de ce Procès-verbal, pour prouver la fauffeté de ces Piéces. En un mot, il y a même raifon de les priver de la connoiffance de toutes ces Piéces jufqu'au moment de la Confrontation, qu'il y en a d'attendro jufqu'alors, à leur faire lecture des Dépofitions qui font Charge contr'eux.

A R T I C L E XXXIII.

En tout état de Caufe, même après le Réglement à l'Extraordinaire, les Juges pourront ordonner, s'il y écheoit, à la Requête de la Partie Civile, ou fur le Réquifitoire de la Partie Publique, ou même d'Office, que l'Accufé fera tenu de faire un Corps d'Ecriture, tel qu'il lui fera dicté par les Experts.

Il eft parlé dans cet Article, d'une nouvelle efpéce de Piéce de Comparaifon, qui a été introduite pour fuppléer à défaut d'autres, & qui par cette raifon peut être employée en tout état de Caufe, même après le Réglement à l'Extraordinaire, foit à la Requête des Parties Publiques & Civiles, & même d'Office. C'eft le Corps d'Écriture, que le Juge ordonnera être fait par l'Accufé, tel qu'il lui fera dicté par les Experts.

Nous difons en *premier* lieu, que c'eft une nouvelle efpéce de Piéce de Comparaifon, parce qu'il n'en eft point parlé fous les Tit. 8 & 9 de l'Ordonnance de 1670, que la préfente Ordon. a remplacés.

Nous difons en *fecond* lieu, qu'il a été introduit pour fuppléer à défaut d'autres Piéces de Comparaifon : c'eft ce qui réfulte de ces mots, *s'il y écheoit*, qu'on voit dans le préfent Article ; parce qu'en effet, il eft dangereux que l'Accufé fachant qu'on ne lui fait faire ce Corps d'Ecriture, que dans la vûe d'acquérir une preuve contre lui, ne cherche à contrefaire fon écriture, d'un maniere à y être trompé.

Les Cas où il peut être régliérement employé, font, 1°. Lorfque les Piéces de Comparaifon n'ont pû être fournies ni indiquées par les Parties Publiques & Civiles ; 2°. Lorfque les Dépofitaires qui ont été indiqués fe font mis en refus de les apporter au Greffe, nonobftant les Contraintes exercées contr'eux ; 3°. Lorfque ces Piéces, après avoir été apportées & remifes au

Greffe, ont été jugées infuffifantes par le Juge de l'Inftruction, ou enfuite de Délibération du Siége fur fon *Référé*, fuivant qu'il eft marqué par l'Art. 19 ci-devant ; 4°. Lorfque l'Accufé fait refus lors de
l'Interrogatoire ou de la Confrontation, de reconnoître les Piéces
prétendues fauffes, & celles de Comparaifon qui lui font repréfentées ; 5°. Lorfque le Témoignage des Experts fe trouve
combattu, & en contradiction avec celui des Témoins ; 6°. Lorfque ces Experts ont varié dans leurs Dépofitions, lors du Récollement & de la Confrontation : C'eft auffi par cette raifon que
l'Ordonnance veut que ce Corps d'Ecritures puiffe être ordonné après le Réglement à l'Extraordinaire ; 7°. En Cas de diverfité dans la Dépofition de ces Experts, ou de Doute fur la
maniere dont ils fe feroient expliqués, ainfi qu'il eft porté fur
l'Art. 36 ci-après ; 8°. Enfin, le Juge peut auffi l'ordonner d'Office, toutes les fois que les Dépofitions, tant des Experts que
des Témoins, tendent à la décharge de l'Accufé.

FORMULE de la Requête pour faire ordonner le Corps d'Ecritures.

A........

S, h, ...difant que fur la Plainte & Accufation de Faux rendue
par le Suppliant, contre......Permiffion d'informer, notamment pa
Experts & Comparaifon d'Ecritures & Signatures, le Suppliant a fourni
plufieurs Piéces de Comparaifon qui ont été admifes & reçues pour l'Inftruction du Faux, & enfuite les Experts nommés d'Office ont été entendus dans l'Information qui a été faite à cet effet, fur laquelle, & autres, (*s'il y a eu d'autres Informations,*) led.....Accufé a été décrété
de.....au moyen de quoi le Suppliant a tout lieu d'efpérer qu'il y a
preuve complette du Crime de Faux dont il s'agit, contre led.....&
qu'il en eft l'auteur ; néanmoins pour un plus grand éclairciffement, & pour
une plus parfaite conviction, le Suppliant fouhaiteroit que led.....ac-
cufé, fût obligé de faire un Corps d'Ecriture, en conformité de l'Ordonnance du mois de Juillet 1737.

Ce confidéré......il Vous plaife ordonner que led.....accufé,
fera tenu de faire un Corps d'Ecriture tel qu'il lui fera dicté par lefdits
Experts, ou autres nouveaux Experts, tels qu'il Vous plaira de nommer;
lequel Corps d'Ecriture fera fait au Greffe de.....ou autre lieu fervant
aux Inftructions, en préfence de M. le Procureur du Roi *ou* Fifcal, enfemble du Suppliant, ou lui dûement appellé à la Requête de M. le Procureur du Roi *ou* Fifcal, dont il fera dreffé Procès-verbal pardevant Vous,
pour être led. Corps d'Ecriture reçu pour Piéce de Comparaifon ; & être lefd.
Experts entendus par voie de Dépofition, fur ce qui peut réfulter dudit
Corps d'Ecriture, comparé avec la Piéce arguée de Faux par le Suppliant,
& Vous ferez bien.

Au bas de cette Requête, la Partie Publique mettra ses Conclusions, portant : (*Je n'empêche, ou je requiers, &c.*)

Ensuite le Juge mettra son Ordonnance, & si elle est conforme aux Conclusions de la Requête, il suffira qu'il mette : (*Soit fait ainsi qu'il est requis par la Requête ci-dessus du Suppliant, & pardevant les mêmes Experts ;*) & s'il juge à propos d'ajouter d'autres Experts, ou d'en nommer de nouveaux, en ce Cas, il ordonnera qu'il en sera *référé aux autres Juges.*

Le Juge peut aussi ordonner d'Office ce Corps d'Ecriture.

ARTICLE XXXIV.

Lorsque ledit Corps d'Ecriture aura été ordonné, il y sera procédé au Greffe, ou autre lieu du Siége destiné aux Instructions, en présence de nos Procureurs ou de ceux des Hauts-Justiciers ; ensemble de la Partie Civile, s'il y en a, ou elle dûement appellée à la Requête de la Partie Publique : sera ledit Corps d'Ecriture paraphé, tant par le Juge, les Experts & nosdits Procureurs, ou ceux des Hauts-Justiciers, que par la Partie Civile, si elle peut & veut le faire, sinon il en sera fait mention, ensemble par l'Accusé, s'il veut le parapher ; & ce en présence desdits Experts, & en cas qu'il refuse de le faire, il en sera fait mention ; le tout à peine de Nullité.

COMMENT doit-il être procédé au CORPS D'ECRITURE après qu'il a été ordonné? C'est ce qui nous est marqué par le présent Article de l'Ordonnance, où elle exige pour cet effet, *trois* sortes de Formalités, qui doivent faire la Matiere du Procès-verbal qui sera dressé à cet effet.

La *premiere* concerne le *Lieu* où doit être fait le Corps d'Ecriture, l'Ordonnance veut que ce soit au Greffe, ou autre lieu du Siége destiné aux Instructions : il ne peut par conséquent être fait en l'Hôtel du Juge.

La *seconde* Formalité regarde les *Personnes* en présence de qui doit être fait ce Corps d'Ecriture. Ces Personnes sont, 1°. Le Juge assisté de son Greffier ; 2°. Les Experts qui doivent dicter ce Corps d'Ecriture ; 3°. La Partie Publique ; 4°. La Partie Civile s'il y en a une ; celle-ci doit du moins y être appellée à la Requête de la Partie Publique ; & si elle ne peut y paroître elle même, elle pourra se faire représenter par un fondé de procuration, conformément aux Art. 57 & 58 ci-après.

Enfin, la *troisiéme* Formalité confiste dans le *Paraphe* de ce Corps d'Ecriture, que l'Ordonnance veut être fait non-feulement par le Juge, les Experts, la Partie Publique, & par la Partie Civile, fi elle veut ou peut le faire, finon que mention foit faite de fon refus; mais encore par l'Accufé, en préfence des Experts, & en cas de refus de fa part, qu'il en foit fait mention.

L'Ordonnance exige toutes ces Formalités à peine de Nullité; mais cela ne doit s'entendre, à l'égard du Paraphe des Experts, qu'avec les Modifications portées par les Articles 44 & 45 ci-après.

Au refte, ces Formalités doivent être précédées de celles de la Sommation qui fera donnée à l'Accufé, avec la Signification de l'Ordonnance ou Jugement qui ordonnera le Corps d'Ecriture.

Mais fi l'Accufé ne fe repréfentoit point fur cette Sommation, comment devra-t-on procéder contre lui ? C'eft fur quoi la préfente Ordonnance ne s'expliquant point, il paroît qu'elle a voulu s'en rapporter à ce qui eft prefcrit par l'Ordonnance de 1670, fous le Titre des *Défauts & Contumaces*.

V. la Formule du Procès-verbal de Corps d'Ecriture, à la fuite de l'Article fuivant.

Article XXXV.

A la fin dudit Procès-verbal, & fans qu'il foit befoin d'autre Jugement, le Juge ordonnera, s'il y écheoit, que ledit Corps d'Écriture fera reçu pour Piéce de Comparaifon, & que les Experts feront entendus par voie de Dépofition, en la forme prefcrite par l'Article XXIII, fur ce qui peut réfulter dudit Corps d'Écriture, comparé avec les Piéces prétendues fauffes; ce qui aura lieu encore qu'ils euffent déja dépofé fur d'autres Piéces de Comparaifon : fans préjudice au Juge, s'il y écheoit, d'en nommer d'autres, ou d'en ajouter de nouveaux aux premiers, ce qu'il ne pourra faire néanmoins que par délibération de Confeil, à l'effet de quoi il en fera par lui référé aux autres Juges.

PAR cet Article, qui eft une fuite des deux précédens, l'Ordonnance prefcrit trois chofes, relativement au CORPS D'ECRITURE; 1°. Qu'à la fin du Procès-verbal qui fera dreffé à ce fujet, & fans qu'il foit befoin d'autre Jugement, le Juge ordonne

s'il

s'il y écheoit, que ce Corps d'Ecriture fera reçu pour Piéce de Comparaifon, & que les Experts feront entendus par Voie de Dépofition, en la forme prefcrite par l'Art. 23, fur ce qui peut réfulter dudit Corps d'Ecriture, comparé avec les Piéces prétendues fauffes.

2°. Qu'il pourra en même-tems nommer, s'il y écheoit, d'autres Experts que ceux qui ont été entendus dans la premiere Information, ou bien d'en ajouter de nouveaux à ces premiers.

3°. Enfin, que cette nouvelle Nomination d'Experts ne pourra être faite par ce Juge, qu'enfuite de Délibération des autres Officiers du Siége auxquels il fera tenu d'en référer.

Nous avons vû fur l'Art. 33, les Cas où le Corps d'Ecriture pouvoit, ou ne pouvoit pas avoir lieu. Ce font ces Cas fans doute que l'Ordonnance a eu ici en vûe, lorfqu'elle laiffe au Juge la liberté d'en ordonner la Réception, *s'il y écheoit.*

Les mêmes termes qu'elle employe, en parlant de la Nomination des nouveaux Experts, font juger qu'il y a de certains Cas où il n'eft point à propos d'entendre, fur le Corps d'Ecritures, les mêmes Experts qui ont déja dépofé fur les Piéces de Comparaifon : ce qui doit avoir lieu principalement, lorfqu'ils ont donné des preuves de leur partialité ou de leur ignorance ; ou bien en cas de doute ou de diverfité dans leur Opinion, comme nous allons voir fur l'Article fuivant.

Au refte, comme ce changement peut être d'une conféquence extrêmement importante pour l'Inftruction du Faux, l'Ordonnance n'a point voulu qu'il dépendît de la feule autorité du Juge prépofé à cette Inftruction, à qui elle ne permet de le faire qu'après en avoir *référé* aux autres Officiers du Siége, & enfuite de leur avis.

Dans la nouvelle Information qui fera faite fur ce Corps d'Ecriture, l'Ordonnance veut que, tant les nouveaux Experts, que les premiers, foient entendus dans la forme prefcrite par l'Art. 23 de ce même Titre ; c'eft-à-dire, qu'avant que de dépofer, le Juge fera remettre entre leurs mains, les mêmes Piéces que celles mentionnées dans cet Art. 23 pour les voir & examiner féparément, & les comparer avec le Corps d'Ecriture qui leur fera pareillement remis avec le Procès-verbal à la fin duquel eft le Jugement qui en ordonne la Réception ; & qu'il fera fait mention de cette Remife & de cet Examen, ainfi que des Inductions qu'ils auront tirées de la Comparaifon de ces différentes

Piéces entr'elles. Le tout fous la peine de Nullité prononcée par ce même Art. 23.

Nous avons vû fur l'Art. 33 les circonftances particuliéres fur lefquelles pouvoient rouler les Dépofitions des Experts à ce fujet.

FORMULE du Procès-verbal du Corps d'Ecriture fait par l'Accufé.

L'an . . . . . *ou* aujourd hui . . . . . . Nous . . . . . . en vertu de notre Ordonnance du . . . . Nous étant tranfportés au Greffe, ou en la Chambre de . . . . . à la Requête de . . . . . Accufateur, où étant en préfence du Procureur du Roi *ou* Fifcal, & dud . . . . . Accufateur, (*ou en fon abfence,*) dûement appellé à la Requête du Procureur du Roi *ou* Fifcal, fuivant l'Exploit du . . . . . contrôlé le . . . . . comme auffi en préfence de . . . . . Experts par Nous nommés d'Office. (*Si l'Accufé eft prifonnier, l'on met ;*) Nous avons commandé au Geolier d'amener ici led . . . . . accufé, ce qui ayant été fait : *S'il n'eft pas prifonnier, mais feulement décrété d'affigné pour être oüi, ou d'ajournement perfonnel, & qu'il fe foit repréfenté à l'Affignation à lui donnée à cet effet, à la Requête de la Partie Publique, l'on en fait mention, & enfuite l'on dit :*) Nous avons ordonné audit Accufé de faire fur le champ un Corps d'Ecriture de fa main, tel qu'il lui fera dicté par lefd. Experts ; à quoi led . . . a obéi & fait led. Corps d'Ecriture, lequel a été paraphé par Nous, par le Procureur du Roi *ou* Fifcal, par led . . . . . accufateur, & par lefdits Experts, enfemble par led . . . . . accufé ; (*& s'il fait refus de parapher ledit Corps d'Ecriture, il faut en faire mention, & de l'interpellation ;*) & ont figné, *ou* fait refus, de ce interpellé, *ou* déclaré ne fçavoir figner, de ce enquis ; & à l'inftant le Procureur du Roi *ou* Fifcal, a requis *ou* conclu à ce que ledit Corps d'Ecriture foit reçu pour Piéce de Comparaifon.

Sur quoi, oüi le Procureur du Roi *ou* Fifcal, en fes Conclufions, Nous ordonnons que ledit Corps d'Ecriture fera reçu pour Piéce de Comparaifon, & que lefdits Experts feront de nouveau entendus par voie de Dépofition, fur ce qui peut réfulter dudit Corps d'Ecriture comparé avec la Piéce arguée de faux ; à l'effet de quoi feront remis à chacun defdits Experts, par le Greffier, & fans déplacer dudit Greffe, la Plainte, permiffion d'informer, la Piéce arguée de faux, le Procès-verbal de l'état d'icelles, les autres Piéces de Comparaifon, Procès-verbal de préfentation d'icelles, l'Ordonnance *ou* Jugement par lequel elles ont été reçues pour Piéces de Comparaifon, enfemble ledit Corps d'Ecriture & le fufdit Procès-verbal d'icelui, pour par lefdits Experts, voir toutes lefdites Piéces, & les examiner chacune féparément & en particulier ; fait les jour & an que deffus.

ARTICLE XXXVI.

Laiffons à la prudence des Juges, en cas de diverfité dans la

Déposition des Experts, ou de doute sur la maniere dont ils se seront expliqués, d'ordonner sur la Réquisition de la Partie Publique, ou même d'Office, qu'il sera entendu de nouveaux Experts, en la forme prescrite par les Articles XXII & XXIII, même qu'il sera fourni de nouvelles Piéces de Comparaison ; ce qu'ils pourront ordonner, s'il y écheoit, avant que de décréter, ou après le Décret, jusqu'au Réglement à l'Extraordinaire ; après quoi ils ne pourront l'ordonner que lorsque l'Instruction sera achevée, & en jugeant le Procès : & en cas que ce soit l'Accusé qui fasse une pareille demande, sera observé ce qui est prescrit par les Articles XLVI & LIV ci-après.

CET Article renferme quatre Dispositions, dont la *premiere* regarde les CAS particuliers où les Juges peuvent ordonner qu'il sera *entendu* de nouveaux Experts, ou qu'il *sera fourni* de nouvelles Piéces de Comparaison. La *seconde*, les PERSONNES qui peuvent demander ces nouveaux Experts, ou ces nouvelles Piéces de Comparaison. La *troisiéme*, le TEMS où les Juges peuvent l'ordonner. La *quatriéme* enfin, la MANIERE dont ces nouveaux Experts seront entendus.

1°. Les CAS particuliers qui peuvent donner lieu à l'Information par nouveaux Experts, ou à la Représentation de nouvelles Piéces de Comparaison, font, toutes les fois qu'il se trouve de la diversité dans la Déposition des Experts, ou du doute sur la Maniere dont ils se font expliqués. L'on peut ajouter, pour ce qui concerne la Nomination des nouveaux Experts, lorsque les premiers ont donné des preuves de leur partialité ou de leur ignorance ; ou qu'il y a eu des Reproches valables proposés contr'eux par l'Accusé, lors de la Confrontation.

2°. Les PERSONNES qui font admises à demander qu'il soit nommé de nouveaux Experts, ou fourni de nouvelles Piéces de Comparaison, font la *Partie Publique* & *l'Accusé* ; mais avec cette différence, que la Partie Publique peut le demander en tout état de Cause, au lieu que l'Accusé ne peut y être admis qu'après l'Instruction achevée, conformément aux Art. 46 & 54 ci-après, dont l'Exécution est ordonnée par le présent Article.

A l'égard de la *Partie Civile*, quoiqu'elle soit admise par l'Art. 12, à fournir des Piéces de Comparaison, comme la Partie Publique, elle ne pourroit néanmoins être reçûe, suivant le présent Article, à demander qu'il en soit fourni de nouvelles, ni qu'il soit entendu de nouveaux Experts. A la vérité, dans le Cas où la Partie Publique négligeroit de le demander, les Juges pourront l'ordonner d'*Office* suivant leur prudence, ainsi qu'ils y sont autorisés nommément par le présent Article. L'Ordonnance se sert ici du mot de *Juges* au pluriel, pour donner à entendre que le Juge de l'Instruction n'a pas seul le droit de l'ordonner, mais qu'il en doit référer aux Officiers du Siége, dans les deux Cas qui sont marqués dans le présent Article : en quoi elle renouvelle la Disposition de l'Article précédent, dont celui-ci n'est proprement qu'une suite.

3°. Par rapport au TEMS où les Juges peuvent ordonner la nouvelle Information par Experts, ou la Présentation de nouvelles Piéces de Comparaison ; il faut distinguer, si c'est avant ou après le Réglement à l'Extraordinaire, que la demande en est portée devant eux. Au *premier* Cas, l'Ordonnance leur laisse la liberté d'ordonner cette nouvelle Information ou Présentation de nouvelles Piéces de Comparaison, lorsqu'ils le jugeront à propos. Mais après le Réglement, elle leur défend de rien statuer à cet égard, qu'après que l'Instruction sera achevée, & en jugeant le Procès. De ce qu'il n'est parlé ici que du *Réglement à l'Extraordinaire*, il en faut conclure qu'en Matiere de Faux principal, les Juges ne doivent point, après le Décret, & l'Interrogatoire subi par l'Accusé, recevoir les Parties en Procès ordinaire. C'est aussi ce qui résulte de la Disposition de l'Art. 9 de ce Titre, suivant lequel les Experts ne peuvent être récusés qu'au tems de la Confrontation. Cette Maxime est fondée sans doute, sur ce que le Faux est par lui-même un Crime méritant Peine afflictive, qui demande toute la rigueur de la Procédure extraordinaire.

4°. Enfin, pour ce qui concerne la FORME dans laquelle ces nouveaux Experts doivent être entendus, & les nouvelles Piéces de Comparaison fournies ; l'Ordonnance renvoye sur ce point à la Disposition des Art. 22 & 23 du présent Titre, c'est-à-dire, que ces Experts doivent être entendus séparément, & par forme de Déposition, comme les autres Témoins, & qu'il leur sera remis entre les mains les Piéces suivantes, pour les examiner féparément & fans déplacer; fçavoir, 1°. La Requête de Plainte; 2°. La Permiffion d'Informer; 3°. Les Piéces prétendues fauffes ; 4°. Le Procès-verbal de l'état de ces Piéces; 5°. Les anciennes Piéces de Comparaifon, s'il en a été fourni ; 6°. Le Procès-verbal de Préfentation de ces Piéces; 7°. Le Jugement de Réception de ces Piéces. A quoi il faut ajouter le Jugement qui ordonnera la nomination de ces nouveaux Experts; les nouvelles Piéces de Comparaifon, s'il y en a de fournies, le Procès-verbal de Préfentation qui fera dreffé de ces Piéces de la maniere portée par les Art. 17 & 18 ; & enfin, fi ces nouvelles Piéces de Comparaifon fe trouvent entre les mains des Dépofitaires, l'on obfervera ce qui eft preferit par l'Art. 16 ci-devant.

V. au furplus, fur l'Art. 51 ci-après, ce que les Juges doivent faire fur cette nouvelle Information par Experts.

ARTICLE XXXVII.

Lors du Récollement des Experts, les Piéces prétendues fauffes, & les Piéces de Comparaifon, feront repréfentées aufdits Experts, & tant à eux qu'aux Accufés, lors de la Confrontation, à peine de Nullité : au furplus le Récollement & la Confrontation defdits Experts fe feront en la même forme que le Récollement & la Confrontation des autres Témoins ; fans néanmoins qu'il foit befoin d'interpeller lefdits Experts, de déclarer fi c'eft de l'Accufé préfent, qu'ils ont entendu parler dans leur Dépofition & Récollement, à moins qu'ils n'ayent dépofé de faits perfonnels audit Accufé.

IL eft parlé dans cet Article, du RÉCOLLEMENT ET DE LA CONFRONTATION DES EXPERTS.

L'Art. 12 du Tit. 8 de l'Ordonnance de 1670, renouvellé par l'Art. 4 du Tit. 9 de la même Loi, porte que » les Experts » feront Oüis, Récollés & Confrontés féparément, ainfi que les » autres Témoins. » L'Article fuivant *ajoute*, » qu'en procédant au » Récollement des Experts, les Piéces de Comparaifon, & celles » qui devront être vérifiées, leur feront repréfentées, & qu'à la » Confrontation, elles le feront aux Experts & aux Accufés.

L'une & l'autre de ces Difpofitions fe trouve confirmée par le préfent Art. de l'Ordonnance qui ajoute feulement deux chofes. D'*une* part, la *peine de Nullité* qu'elle prononce dans le Cas de défaut de Repréſentation des Piéces prétendues fauſſes, & des Piéces de Comparaiſon, aux Experts, lors du Récollement & de la Confrontation : en quoi elle les diſtingue des Témoins à qui cette Repréſentation ne doit être faite, comme nous l'avons vû ſur l'Art. 29, que lorſque le Juge l'eſtime à propos.

De *l'autre*, en ce qu'elle diſpenſe le Juge d'interpeller les Experts, lors de la Confrontation, de déclarer ſi c'eſt de l'Accuſé préſent qu'ils ont entendu parler dans leur Dépoſition & Récollement ; hors le Cas ſeulement où ces Experts auroient dépoſé des *Faits perſonnels à l'Accuſé.*

D'où il réſulte que, quoiqu'en général les Dépoſitions des Experts ne doivent tendre principalement qu'à la vérification du Faux, par les Piéces de Comparaiſon ; le Juge ne doit pas néanmoins négliger, en procédant à leur Audition, de faire mention des Faits particuliers que ces Experts pourroient dépoſer relativement à la Perſonne de l'Accuſé.

L'Ordonnance veut qu'au ſurplus, l'on obſerve dans le Récollement & la Confrontation des Experts, les mêmes Formalités qu'à l'égard des autres Témoins : ainſi il faudra ſuivre à cet égard ce qui eſt preſcrit par le Tit. 15 de l'Ordonnance de 1670.

V. auſſi les Formules de Récollement & Confrontation, que nous avons donné ſous ce même Titre.

A R T I C L E XXXVIII.

En procédant au Récollement des Témoins, autres que les Experts, les Piéces prétendues fauſſes ſeront repréſentées auſdits Témoins ; comme auſſi les Piéces ſervantes à conviction, & en général toutes celles qui leur auront été repréſentées lors de leur Dépoſition : & en cas que leſdites Piéces prétendues fauſ-ſes n'ayent été remiſes au Greffe que depuis leur Dépoſition, elles leur ſeront repréſentées, & par eux paraphées lors dudit Récollement, ſuivant ce qui eſt preſcrit par les Art. XXV & XXVI, ce qui aura lieu pareillement pour les Piéces ſervantes à conviction, dont leſdits Témoins auroient connoiſſance, & qui auroient été remiſes au Greffe depuis leur Dépoſition ; comme auſſi pour celles dont la repréſentation auroit été omiſe lors de l'Audition deſdits Témoins, ſuivant ce qui eſt porté par l'Article XXVIII.

L'Ordonnance parle ici du Récollement des Témoins ſur

le Faux. Elle marque les Piéces qui doivent leur être représentées ; & en même-tems, elle pourvoit au Cas où cette
Représentation ne leur auroit pas été faite lors de l'Information.

Les PIÉCES qu'elle veut leur être représentées, sont 1°. Les
Piéces prétendues fausses ; 2°. Celles servant à conviction, dont
ces Témoins auroient connoissance ; 3°. Enfin, généralement
toutes celles qui leur auront été représentées, lors de leur Déposition dans l'Information ; ce qui doit s'entendre des Piéces
de Comparaison, & autres mentionnées dans l'Art. 23 , que
l'Ordonnance veut être représentées aux Témoins de même
qu'aux Experts, dans les Cas où le Juge l'estimeroit à propos.
V. Art. 29 ci-devant.

Que si ces Piéces, ou quelqu'une d'elles, n'avoient été remises au Greffe que depuis l'Information, l'Ordonnance veut
qu'elles soient représentées aux Témoins lors du Récollement,
& qu'elles soient par eux paraphées, ou mention soit faite de
leur refus ; le tout conformément aux Art. 25 & 26 ci-dessus :
en observant néanmoins que, si ce sont des Pieces servant *à*
conviction, elles ne devront être représentés qu'à ceux des Témoins qui en auront connoissance , & par eux paraphées ou
mention de leur refus, ainsi qu'il est prescrit par l'Art. 27.

Enfin, si nonobstant que ces Piéces auroient été remises au
Greffe lors de l'Information, le Juge avoit omis de les représenter, & faire parapher par les Témoins, ou de faire mention de leur refus ; l'Ordonnance lui permet de réparer cette
Omission lors du Récollement ; & elle renouvelle à cet égard
la Disposition de l'Art. 28 ci-devant. *V.* au surplus ce qui sera
dit sur l'Article suivant, & sur les Art. 44 & 45 ci-après , relativement à la nécessité de cette Représentation & de ce Paraphe.

L'Ordonnance ne marque ici que les Formalités qui sont
particuliéres au Récollement des Témoins en Matiere de Faux ;
& elle renvoye pour le surplus à ce qui est prescrit par le Tit.
15 de l'Ordonnance de 1670. Ainsi, la Formule de ce Récollement devra être la même que celle que nous avons donnée
sous ce Titre 15, en y ajoutant seulement la mention de la
Représentation des Piéces prétendues fausses, & de celles servant à conviction, dont ces Témoins auront connoissance ; comme aussi du *Paraphe* de ces Piéces, ou mention *du refus*, si elles

n'ont point encore été paraphées lors de l'Information ; & enfin la mention des *Piéces* que ces Témoins repréfenteront eux-mêmes lors du Récollement, auquel il fera dit qu'elles *demeureront jointes*, conformément à l'Art. 40 ci-après.

A R T I C L E XXXIX.

Toutes les Piéces qui auront été repréfentées aufdits Témoins, tant lors de leur Dépofition, que lors de leur Récollement, leur feront repréfentées, ainfi qu'à l'Accufé, lors de leur Confrontation : & en cas que les Piéces n'ayent été remifes au Greffe que depuis ledit Récollement, elles feront repréfentées aufdits Témoins, & par eux paraphées lors de ladite Confrontation ; fuivant ce qui eft prefcrit par les Articles XXV & XXVI, ce qui aura lieu pareillement pour les Piéces fervantes à convicllion, dont lefdits Témoins auroient connoiffance, & qui n'auroient été remifes au Greffe que depuis ledit Récollement, comme auffi pour celles dont la Repréfentation auroit été omife lors de la Dépofition & du Récollement, fuivant ce qui eft porté par l'Article XXVIII.

CET Article regarde la CONFRONTATION DES TÉMOINS A L'ACCUSÉ. L'Ordonnance veut, que le Juge repréfente alors, tant à ces Témoins, qu'à l'Accufé, les mêmes Piéces qu'il aura repréfentées aux Témoins lors de l'Information : ou bien lors du Récollement fi elles n'avoient été remifes au Greffe que depuis l'Information : & dans le Cas où le Juge auroit omis de les leur repréfenter, ou de les leur faire parapher lors de l'Information & du Récollement ; elle permet d'y fuppléer lors de cette Confrontation, c'eft-à-dire qu'il doit alors repréfenter aux Témoins & à l'Accufé, les Piéces qui ne l'auroient point été jufques-là, & les leur faire parapher, finon mention de leur refus : en obfervant néanmoins, par rapport aux Piéces de *Conviction*, de ne les repréfenter qu'à ceux des Témoins qui en ont connoiffance. Le tout conformément à la Difpofition des Art. 25, 26, 27 & 28 ci-devant.

Cette Confrontation doit fe faire au furplus de la même maniere que celle dont nous avons donné la Formule, fout le Tit. 15 de l'Ordonnance de 1670, en obfervant ce que deffus.

ARTICLE

ARTICLE XL.

*Si les Témoins repréfentent quelques Piéces, foit lors de leur Dé-
pofition ou du Récollement, ou de la Confrontation, elles y demeureront jointes après avoir été paraphées, tant par le Juge que
par lefdits Témoins, s'ils peuvent ou veulent le faire, finon il
en fera fait mention : & fi lefdites Piéces fervent à conviction,
elles feront repréfentées aux Témoins qui en auroient connoiffance, & qui feroient entendus, récollés ou confrontés depuis
la remife defdites Piéces ; & elles feront par eux paraphées,
le tout fuivant ce qui eft prefcrit par les Articles XXVII &
XXVIII ci-deffus.*

APRÉS avoir parlé dans les Articles précédens, des Piéces
qui doivent être repréfentées aux TÉMOINS, lors de leurs Récollemens & Confrontations ; l'Ordonnance parle ici des Piéces
que ces Témoins repréfenteront eux-mêmes, lors de leur Dépofition, Récollement & Confrontation. Elle veut que ces Piéces demeurent *jointes* à celui de ces Actes, lors duquel elles
font repréfentées, après avoir été paraphées tant par le Juge
que par les Témoins, finon que mention foit faite de leur refus ; & que dans le Cas où ces Piéces feroient de Nature à
fervir à *Conviction*, elles foient repréfentées à ceux des Témoins
qui en auront connoiffance, & qui feront entendus, récollés
ou confrontés depuis la remife de ces Piéces ; & de plus, qu'elles
foient par eux paraphées, finon mention de leur refus. Le tout
fuivant ce qui eft prefcrit par les Articles 27 & 28 ci-deffus.

Il réfulte par conféquent trois chofes de cet Article ; 1°. Que
les Piéces de Conviction peuvent être adminiftrées, non-feulement par les Parties Publiques & Civiles, mais encore par les
Témoins ; 2°. Que le défaut de Repréfentation & de Paraphe
de ces Piéces pouvant être réparé lors de la Confrontation, il
n'emporte point Nullité des premiers Actes. C'eft auffi ce qu'on
trouvera marqué plus particuliérement par les Art. 44 & 45
ci-après ; 3°. Enfin, que fi ces Piéces étoient repréfentées par le
Témoin qui feroit confronté le dernier, le Juge ne pourroit,
quoique ces Piéces ferviroient d'ailleurs à Conviction, recommencer la Confrontation, pour les repréfenter à ceux des Témoins
déja confrontés, qui en auroient connoiffance ; mais il faudroit
alors qu'il en référât aux Officiers du Siége, pour faire ordonner

une nouvelle Confrontation ; ainſi que nous verrons ſur l'Art. 45 ci-après. *V.* au ſurplus ce qui ſera dit ſur l'Art. 42.

ARTICLE XLI.

Si l'Accuſé repréſente des Piéces lors de ſes Interrogatoires, elles y demeureront jointes, après avoir été paraphées, tant par le Juge que par ledit Accuſé, s'il peut ou veut les parapher ; ſinon il en ſera fait mention, & elles ſeront repréſentées aux Té-moins, s'il y écheoit, auquel cas elles ſeront par eux para-phées, s'ils peuvent ou veulent le faire, ſinon il en ſera fait mention.

Il eſt parlé dans cet Article des Piéces qui ſeront repréſen-tées par l'Accusé, lors de ſes Interrogatoires. L'Ordonnance veut que ces Piéces demeurent jointes à ces Interrogatoires, après avoir été paraphées par l'Accuſé, ſinon mention de ſon refus ; & qu'elles ſoient repréſentées aux Témoins, lors de leur Ré-collement & Confrontation, *s'il y écheoit*, & par eux para-phées, ſinon mention de leur refus.

Ainſi, deux choſes à obſerver ſur cet Article ; 1°. Que l'Or-donnance parlant des *Interrogatoires* au pluriel, comprend gé-néralement tous ceux que l'Accuſé ſubit, ſoit d'abord après le Décret ; ſoit après l'Inſtruction achevée, étant ſur la Sellette ou derriere le Barreau.

2°. Que par ces mots, *s'il y écheoit*, dont l'Ordonnance ſe ſert, en parlant de la Repréſentation de ces Piéces aux Témoins ; elle paroît laiſſer aux Juges la liberté de les repréſenter aux Té-moins dont les Dépoſitions vont à la décharge de l'Accuſé, comme à ceux qui font charge contre lui. Ce qui ne doit s'en-tendre néanmoins, qu'à l'égard de ceux des Témoins qui ont connoiſſance de ces Piéces, ſuivant l'Art. 27 ci-devant ; & de Ceux qui ont été oüis depuis ces Interrogatoires ; car s'ils avoient déja été confrontés avant la production de ces Piéces, elles ne pourroient plus leur être repréſentées ; ou du moins il n'y au-roit alors d'autre voie pour y ſuppléer, que la nouvelle Con-frontation dont il ſera parlé ſur l'Article 45 ci-après.

V. au ſurplus, par rapport à la jonction de ces Piéces ce qui ſera dit ſur l'Art. 46 ci-après.

A R T I C L E XLII.

Si l'Accufé repréfente des Piéces lors de la Confrontation, elles y demeureront pareillement jointes, après avoir été paraphées, tant par le Juge que par l'Accufé, & par le Témoin confronté avec ledit Accufé : & fi ledit Accufé & ledit Témoin ne peuvent ou ne veulent les parapher, il en fera fait mention ; le tout à peine de Nullité de ladite Confrontation : & feront lefdites piéces repréfentées, s'il y écheoit, aux Témoins qui feroient confrontés depuis, & par eux paraphées, ainfi qu'il eft porté par l'Article précédent.

APRÉS avoir pourvu par l'Article précédent, à ce qui doit être fait dans le Cas où l'Accufé viendroit à repréfenter des Piéces, lors de fes *Interrogatoires* ; l'Ordonnance prévoit par celui-ci, le Cas particulier où ce même Accufé ne repréfenteroit ces Piéces que dans le tems de la *Confrontation*. Elle veut que ces Piéces demeurent pareillement jointes à la Confrontation, & qu'elles foient auffi paraphées par le Juge & par l'Accufé, & de plus par le *Témoin* auquel il eft confronté ; & au Cas que l'Accufé, ou le Témoin refuferoit de parapher, qu'il foit fait mention de leur refus : le tout à peine de Nullité de la Confrontation. Enfin, elle ajoute, par une derniere Difpofition, que ces Piéces feront encore repréfentées, *s'il y écheoit,* aux Témoins qui feront confrontés depuis, & qu'elles feront par eux paraphées, ainfi qu'il eft porté par l'Article précédent.

Il fuit de cette Difpofition deux Chofes ; la *premiere,* que par ces mots, *s'il y écheoit,* l'Ordonnance veut parler fans doute de ceux de ces Témoins qui ont quelque connoiffance de ces Piéces, conformément à l'Art. 27 ci-devant, & cela foit que leur Dépofition foit à la charge, ou à la décharge de l'Accufé.

La *feconde,* qu'en ne laiffant au Juge cette liberté, qu'à l'égard des Témoins qui font confrontés depuis la Repréfenta-tion des Piéces par l'Accufé, l'Ordonnance l'exclud par con-féquent de celle de faire cette Repréfentation, & d'exiger ce Paraphe de la part des Témoins qui auroient été confrontés à l'Accufé, avant qu'il eut repréfenté ces Piéces ; & cela quand même ces Témoins en auroient connoiffance.

Article XLIII.

*Lorſqu'il aura été ordonné que les Accuſés feront récollés ſur
leurs Interrogatoires , & confrontés les uns aux autres , les
Piéces qui auront été repréſentées à chaque Accuſé , ou qu'il
aura rapportées lors de ſes interrogatoires , lui feront pareillement repréſentées , lors de ſon Récollement, & tant à lui qu'aux
autres Accuſés , lors de la Confrontation : & ſera au ſurplus
obſervé ſur ladite Repréſentation , & ſur le Paraphe deſdites
Piéces , ce qui eſt preſcrit par les Articles XXXVIII,
XXXIX, XL & XLI.*

La Diſpoſition de cet Article a lieu dans un Procès Criminel qui s'inſtruit en même-tems contre *pluſieurs Accuſés de
Faux*, & dans lequel il a été ordonné, ſoit par le Réglement
à l'Extraordinaire, ſoit par un Jugement poſtérieur, que ces Accuſés ſeront *récollés ſur leurs Interrogatoires & confrontés les uns
aux autres.*

L'Ordonnance veut que, les Piéces prétendues fauſſes, Celles
ſervant à conviction, comme auſſi Celles que les Accuſés auroient repréſentées eux-mêmes lors de leurs Interrogatoires, ſoient
repréſentées à *chacun* d'eux, lors de leur Récollement ; & à
tous en général lorſqu'ils ſont confrontés les uns aux autres.
Elle veut auſſi, que le Juge ait ſoin de faire parapher en même-
tems les Piéces qui ne l'ont point été : le tout conformément
aux Art. 38, 39, 40 & 41, c'eſt-à-dire en *premier* lieu, que
lors du Récollement, le Juge doit faire parapher par chacun
de ces Accuſés, les Piéces qu'il leur repréſentera, ſinon mention de ſon refus. *V.* Art. 38.

2°. Que ſi le Juge avoit omis lors du Récollement, de repréſenter ces Piéces, ou de les faire parapher par quelqu'un d'eux,
il pourra réparer cette Omiſſion lors de la Confrontation. *V.*
Art. 39.

3°. Enfin, ſi quelqu'un de ces Accuſés repréſentoit, lors de
ces mêmes Confrontations, une ou pluſieurs Piéces, il ſera ordonné qu'elles y demeureront jointes, après qu'elles auront été
paraphées tant par le Juge que par cet Accuſé, & même par
ceux des autres Accuſés, auxquels il ſera confronté depuis cette Repréſentation. *V.* Art. 40 & 41.

Au ſurplus le Récollement & la Confrontation des Accuſés

les uns aux autres, se fera suivant la Formule qui est à la suite
de l'Art. 23 du Tit. 15 de l'Ordonnance de 1670.

ARTICLE XLIV.

*Dans tous les Cas où il a été ordonné par les Articles précé-
dens, que les Piéces prétendues fausses, ou autres Piéces, seront paraphées, soit par le Juge, soit par les Experts ou autres Témoins, soit par les Accusés, ou qu'il sera fait mention
à l'égard desdits Témoins ou Accusés, qu'ils n'ont pû ou n'ont
voulu les parapher, il suffira de faire parapher lesdites Piéces, ou de faire ladite mention dans le premier Acte lors duquel lesdites Piéces seront représentées, sans qu'il soit besoin
de réïtérer ledit Paraphe ou ladite mention, lorsque les mêmes
Piéces seront de nouveau représentées.*

PAR cet Article, l'Ordonnance établit une *Régle générale*
par rapport à la Formalité du PARAPHE ou de la MENTION du
refus. Comme cette Formalité se trouve prescrite, relativement à toutes les Piéces qui sont représentées dans l'Instruction du Faux; il sembloit qu'on en pouvoit conclure, qu'elle devoit également avoir lieu dans tous les différens Actes où ces
mêmes Piéces devroient être représentées à peine de Nullité.
C'est pour faire cesser tous les doutes & difficultés qui auroient
pû s'élever à ce sujet, & en même-tems pour prévenir les inconvéniens dangereux qui pouvoient en résulter, que le Législa-
teur a crû devoir déclarer précisément par cet Article, qu'il
suffisoit que cette Formalité fût remplie dans le premier Acte
où se faisoit la Représentation de ces Piéces, sans qu'il fût nécessaire de la réïtérer dans les Actes postérieurs, où ces mêmes Piéces seroient de nouveau représentées.

Il y a cela de remarquable dans cette Disposition, qu'il y
est parlé seulement des Paraphes du Juge, des Experts, des
Témoins & des Accusés; & non point de ceux des *Parties Publiques & Civiles*, dont il est fait mention dans les Art. 11,
21 & 34 ci-devant: d'où il suit que l'Omission de ces derniers
emporteroit irrévocablement la Nullité des Actes où elle se
trouveroit.

ARTICLE XLV.

*Désirant expliquer plus particuliérement nos intentions sur les
Cas où la Peine de Nullité sera prononcée par le défaut de*

Repréſentation aux Témoins, autres que les Experts, des Piéces prétendues fauſſes, ou ſervantes à conviction, & de paraphe deſdites Piéces, Voulons que ladite Peine ne puiſſe avoir lieu qu'à l'égard de la Confrontation, lorſque l'on n'y aura pas ſuppléé à l'Omiſſion de Repréſentation ou de Paraphe deſdites Piéces, auquel cas les Juges ordonneront, s'il y écheoit, qu'il ſera procédé à une nouvelle Confrontation, lors de laquelle leſdites Piéces ſeront repréſentées auſdits Témoins, & par eux paraphées en la forme ci-deſſus preſcrite ; ce qui ſera pareillement obſervé à l'égard des Accuſés, lorſqu'il aura été ordonné qu'ils ſeront récollés & confrontés les uns aux autres.

Cet Article contient une autre *Régle générale*, par rapport à la peine de Nullité qui eſt portée par les Articles précédens, en cas de défaut de Repréſentation & de Paraphe, ou mention du refus. Comme ces Nullités ne tendoient qu'à multiplier les Procédures à l'infini, par la néceſſité où elles mettoient de recommencer les Actes où ces ſortes de Formalités ſe trouvoient omiſes ; l'Ordonnance a cru devoir tempérer ici cette rigueur, par trois Diſpoſitions également ſages.

Par la *premiere*, elle décide que le défaut de ces Formalités n'emportera Nullité qu'à l'égard de la Confrontation ; de maniere que ſi ces Formalités avoient été omiſes dans les Actes précédens, elles pourront être réparées dans ce dernier Acte. A la vérité, comme l'Ordonnance ne parle de ce défaut, que relativement aux Témoins autres que les Experts, il s'enſuit que la peine de Nullité doit avoir lieu dans tous les Actes, où l'on a omis de repréſenter les Piéces aux *Experts*, ou de les faire parapher par les *Parties Publiques & Civiles*, ainſi qu'il eſt preſcrit par les Art. 11, 12, 23 & 34 ci-devant.

Par la *ſeconde*, l'Ordonnance prévoit le Cas où le défaut de ces Formalités ſe trouveroit dans la Confrontation même ; & elle laiſſe encore aux *Juges* le pouvoir de réparer cette Omiſſion, en ordonnant, *s'il y écheoit*, une nouvelle Confrontation, c'eſt-à-dire, enſuite de Délibération du Siége, & lors de la viſite du Procès.

Enfin, par la *troiſiéme* Diſpoſition, l'Ordonnance étend en faveur des Accuſés, lorſqu'il eſt ordonné qu'ils ſeront récollés &

confrontés les uns aux autres, la même Faculté de suppléer au défaut de Représentation & de Paraphe, qu'elle vient d'accorder, relativement aux Témoins, autres que les Experts. Il y a néanmoins cela de remarquable par rapport à ces Accusés, que comme l'Ordonnance ne parle ici que du Cas où ils seront récollés & confrontés les uns aux autres, il paroît qu'elle a voulu laisser subsister la peine de Nullité prononcée par l'Art. 31 ci-devant, dans le Cas où le défaut de Représentation & de Paraphe, lors de l'Interrogatoire de ces Accusés, ne seroit pas réparé par un nouvel Interrogatoire.

A R T I C L E XLVI.

En cas que l'Accusé présente une Requête pour demander qu'il soit remis de nouvelles Piéces de Comparaison entre les mains des Experts, les Juges ne pourront y avoir égard, qu'après l'Instruction achevée, & par délibération du Conseil, sur le vû du Procès, à peine de Nullité.

QUOIQUE les Piéces représentées par l'Accusé, lors de ses Interrogatoires & Confrontations, doivent y demeurer jointes, comme nous l'avons vû sur les Art. 41 & 42 ci-devant; néanmoins, il n'en peut faire aucun usage, & les Juges ne doivent y avoir égard, non plus qu'à la demande qu'il feroit, à ce qu'il soit remis de NOUVELLES PIÉCES DE COMPARAISON entre les mains des Experts, qu'après l'Instruction achevée, & par Délibération de Conseil, sur le vû des Charges, à peine de Nullité.

Cette Disposition est fondée, sur ce que, tant ces Piéces jointes, que les nouvelles Piéces de Comparaison forment en faveur de l'Accusé des *Faits justificatifs*, à la preuve desquels il ne peut être admis qu'après la visite du Procès, suivant la Maxime établie par l'Art. 1er du Tit. 28 de l'Ordonnance de 1670.

Les nouvelles Piéces de Comparaison, dont il est parlé dans cet Article, doivent tendre à écarter la preuve du Faux. Ainsi par exemple, si l'on attaquoit un Acte de Faux, comme n'étant pas signé par un Notaire, les nouvelles Piéces de Comparaison que l'Accusé pourroit demander être remises entre les mains des Experts, devroient être d'autres Actes qui seroient passés & signés par ce même Notaire.

Au reste de quelle Qualité doivent être ces nouvelles Piéces de Comparaison, & comment doit-il être pourvu à leur

apport & à leur remife au Greffe ? c'eſt ce que nous verrons
ſur les Articles 48 & 49 ci-après.

A R T I C L E XLVII.

Si la Requéte de l'Accuſé eſt admiſe, le Jugement lui ſera pro-
noncé dans vingt-quatre heures au plûtard : & il ſera in-
terpellé par le Juge, d'indiquer leſdites Piéces, ce qu'il ſera
tenu de faire ſur le champ. Laiſſons néanmoins à la prudence
des Juges, de lui accorder un délai, ſuivant l'exigence des
Cas, pour indiquer leſdites Piéces, ſans que ledit délai puiſſe
être prorogé, & ne pourra l'Accuſé, préſenter dans la ſuite
d'autres Piéces que celles qu'il aura indiquées : le tout, ſans
préjudice à la Partie Civile ou à la Partie Publique, de con-
teſter leſdites Piéces.

Par cet Article, l'Ordonnance marque la Procédure qui doit
s'obſerver en cas d'*Admiſſion* de la Requête de l'Accuſé, par
laquelle il demande qu'il ſoit remis de *nouvelles Piéces de Com-*
paraiſon entre les mains des Experts.

Comme c'eſt ici une reſſource établie pour faciliter ſa juſti-
fication, l'Ordonnance veut que l'on ſuive pour l'Admiſſion de
cette demande, les mêmes Formalités que celles preſcrites par
l'Ordonnance de 1670, pour l'Admiſſion à la preuve des Faits
juſtificatifs. C'eſt pour cela qu'elle exige :

1°. Que cette Admiſſion ſoit faite par un Jugement ; à la
différence de celle des *premieres* Piéces de Comparaiſon qui ſe
fait par un ſimple Réglement inſéré à la fin du Procès-verbal,
& ſur la Réquiſition ou Concluſions de la Partie Publique, à
moins que le Juge de l'Inſtruction ne juge à propos d'ordonner qu'il en ſera par lui *référé* aux autres Oſſiciers du Siége.
V. Art. 19 ci-devant.

2°. Que ce Jugement ſoit rendu, non par le Juge ſeul de l'Inſtruction, mais enſuite de Délibération de Conſeil, & par tous
les Oſſiciers du Siége. C'eſt ce qui réſulte de ces mots *des*
Juges, dont l'Ordonnance ſe ſert dans le préſent Article : &
ce qui eſt d'ailleurs conforme à la Diſpoſition de l'Ar. 1ᵉʳ du
Titre des Faits juſtificatifs de l'Ordonnance de 1670.

3°. Que ce Jugement ſoit prononcé à l'Accuſé dans vingt-
quatre heures au plûtard. C'eſt encore la Diſpoſition de l'Art. 4
du même Titre des Faits juſtificatifs.

4°. Que

4°. Que l'Accusé soit interpellé par le Juge d'indiquer les nouvelles Piéces de Comparaison ; ce qu'il sera tenu de faire sur le champ. L'Ordonnance de 1670 contient aussi la même Disposition dans l'Art. 4 que nous venons de citer ; mais avec cette différence néanmoins, qu'au lieu que par cet Art. 4 il est porté expressément que, faute par l'Accusé de nommer sur le champ les Témoins par lesquels il entend se justifier, il n'y sera plus reçu ; l'Ordonnance laisse ici à la prudence des Juges d'accorder à l'Accusé un *Délai*, suivant l'exigence des Cas, pour indiquer des Piéces : à la vérité, elle leur défend en même-tems de proroger ce Délai.

5°. Que l'Accusé ayant une fois indiqué les nouvelles Piéces de Comparaison qu'il vouloit être employées, ne soit plus admis à en indiquer d'autres dans la suite. L'Art. 5 du Titre des Faits justificatifs contient aussi la même Disposition à l'égard de l'Accusé qui aura nommé ses Témoins.

6°. Enfin, de même que l'Ordonnance de 1670, permet, par les Art. 8 & 9 du même Tit. 28, aux Parties Publiques & Civiles, de prendre Communication de l'Enquête faite par l'Accusé, & de la contredire par des Requêtes particulières ; la présente Ordonnance accorde ici la même faculté, relativement aux nouvelles Piéces de Comparaison, par ces mots qu'on voit à la fin du présent Article, *le tout sans préjudice à la Partie Civile ou à la Partie Publique de contester lesdites Piéces.*

Cette contestation se fait ensuite de la Communication que ces Parties prendront du Procès-verbal qui sera dressé de ces Piéces, & dont il sera parlé sur l'Art. 50 ci-après.

A R T I C L E   XLVIII.

Les Ecritures ou Signatures privées de l'Accusé, ne pourront être reçues pour Piéces de Comparaison (encore qu'elles eussent été par lui reconnues, ou vérifiées avec lui) si ce n'est du consentement, tant de la Partie Publique que de la Partie Civile, s'il y en a, ce qui sera observé à peine de Nullité.

IL est parlé dans cet Article, & le suivant, de la *Qualité* que doivent avoir les nouvelles Piéces de Comparaison qui sont indiquées par l'Accusé.

Nous avons vû sur l'Art. 14 de ce Titre, que l'Ordonnance admet pour Piéces de Comparaison lorsqu'elles sont four-

Partie II.   K

nies par les Parties Publiques & Civiles, *les Ecritures privées*
qui ont été reconnues par l'Accufé. Mais il n'en eft pas de même lorfque ces Ecritures font fournies par l'Accufé lui-même :
l'Ordonnance veut, par le préfent Article, que ces fortes d'E-
critures ne puiffent alors être reçues, que du Confentement, tant
de la Partie Publique que de la Partie Civile, s'il y en a :
enforte que le confentement de l'une de ces Parties n'empêcheroit pas l'autre de s'y oppofer avec fuccès, & que tout ce
qui fe feroit au préjudice de cette oppofition, deviendroit abfolument nul.

La raifon de cette différence fe tire fans doute, de ce qu'en
ce dernier Cas il peut arriver, que l'Accufé prévoyant qu'il feroit un jour pourfuivi pour le Faux, chercheroit à fe ménager, par la reconnoiffance anticipée de ces Ecritures privées, un
Titre à la faveur duquel il pourroit fe fouftraire à ces pourfuites ; inconvénient, qui n'eft point également à craindre, lorfque
ces Ecritures font fournies de la part des Parties Publiques &
Civiles, fans confulter ce même Accufé.

Au refte, telle eft la force du Confentement des Parties Publiques & Civiles, dont il eft parlé dans cet Article, qu'il n'a
pas feulement l'effet de faire admettre pour Piéces de Comparaifon, de fimples Ecritures privées, qui font *reconnues* par
l'Accufé ; mais encore celles qui ont fimplement été *vérifiées*
avec lui, fur la dénégation qu'il en auroit faite : & c'eft encore
ici une autre différence qui fe trouve entre le préfent Article,
& l'Art. 14 que nous venons de citer fuivant lequel les Parties Publiques & Civiles ne peuvent préfenter pour Piéces de
Comparaifon, des Ecritures privées qui feroient feulement vérifiées avec l'Accufé.

Ce Confentement doit fe donner lors du Procès-verbal de
Préfentation de ces Piéces, dont il fera parlé fur l'Art. 50 ci-
après.

ARTICLE XLIX.

Les Difpofitions des Articles XIII & XVI feront obfervées,
tant par rapport à la Qualité defdites nouvelles Pièces de
Comparaifon, qu'en ce qui concerne l'apport & remife au Greffe
d'icelles, lequel apport & remife fe feront à la Requête de la
Partie Publique.

PAR cet Article, l'Ordonnance renouvelle la Difposition des Art. 13 & 16, pour ce qui concerne la *Qualité*, *l'Apport* & la *Remife* au Greffe des nouvelles Piéces de Comparaifon qui font indiquées par l'Accufé ; elle ajoute feulement à la Difpofition de ces Articles, que *l'Apport* & la *Remife* de ces Piéces fe fera à la Requête de la Partie Publique : en quoi elle confirme la Difpofition de l'Art. 6 du Tit. 28 de l'Ordonnance de 1670, qui veut que les Témoins qui ont été nommés par l'Accufé, pour la Preuve de fes Faits *juftificatifs*, ne puiffent être entendus à fa Requête, mais à celle de la Partie Publique.

Ainfi, conformément à la Difpofition du préfent Article, & de ceux qui y font rappellés ; il faut en *premier* lieu, que les nouvelles Piéces de Comparaifon qui font indiquées par l'Accufé, foient *authentiques* par elles-mêmes, telles que des Signatures appofées aux Actes paffés devant Notaires, & autres Perfonnes Publiques, tant Séculiéres qu'Eccléfiaftiques ; ou bien aux Actes judiciaires faits en préfence du Juge & du Greffier ; ou enfin qu'elles foient écrites & fignées par l'Accufé lui-même, comme faifant fonction de Perfonnes Publiques. *V.* Art. 13.

2°. Que, fi ces Piéces fe trouvent entre les mains des *Dépofitaires* Publics ou Privés, il foit ordonné, fur la Requête de la Partie Publique, que ces Dépofitaires feront tenus de les apporter dans les Délais, & fur les peines portées par les Art. 5 & 6 du préfent Titre, & que ces Piéces demeureront au Greffe pour fervir à l'Inftruction ; fans avoir égard aux offres que ces Dépofitaires feroient, de les apporter toutes les fois qu'il feroit néceffaire, à moins que ces Piéces ne fuffent telles qu'ils en auroient un befoin continuel pour le fervice du Public, comme *Regiftres* de Baptême, Mariage & Sépulture : auquel Cas le Juge pourra les difpenfer de la Remife, fuivant que fa prudence lui dictera. *V.* Art. 16.

ARTICLE L.

Le procès-verbal de Préfentation des nouvelles Piéces de compa-
raifon indiquées par l'Accufé, fera fait à la Requête de la
Partie Publique, & dreffé en préfence dudit Accufé, lequel
paraphera les Piéces qui feront reçues, s'il peut ou veut les
parapher, finon il en fera fait mention, le tout à peine
de Nullité : & en Cas que l'Accufé ne foit pas dans les Pri-
fons, & ne fe préfente point pour affifter audit Procès-ver-

INSTRUCTION

bal, il y sera procédé en son absence, après qu'il aura été dûement appellé à la Requête de la Partie Publique : sera au surplus observé tout ce qui a été ci-dessus prescrit par rapport au Procès verbal de Présentation des Piéces de Comparaison, Rejet ou Admission d'icelles, & Procédures à faire en conséquence.

Il est parlé dans cet Article des *Formalités* qui doivent accompagner le PROCÉS-VERBAL de Présentation des nouvelles Piéces de Comparaison qui sont indiquées par l'Accusé.

Ces Formalités sont de quatre sortes ; la *premiere* consiste en ce que ce Procès-verbal doit être fait à la Requête de la *Partie Publique* ; à la différence de celui des premieres Piéces de Comparaison, pour lequel l'Ordonnance ne permet pas qu'il soit donné aucune Requête, comme nous l'avons vû sur l'Art. 17.

La *seconde*, en ce que le Procès-verbal doit être dressé en présence de l'Accusé, s'il est Prisonnier ; & au Cas qu'il ne soit point dans les Prisons, il n'y doit être procédé en son absence, qu'après qu'il aura été dûement appellé à la Requête de la Partie Publique : autre différence entre ce Procès-verbal & celui des premieres Piéces de Comparaison, qui aux termes de l'Art. 18, ne peut être fait en présence de l'Accusé.

Ainsi, par ce Procès-verbal, il sera fait mention. 1°. De la Comparution de l'Accusé ; 2°. De la Prononciation qui lui sera faite du Jugement qui l'admet à indiquer ces nouvelles Piéces de Comparaison ; 3°. De l'Interpellation qui doit lui être faite par le Juge d'indiquer ces nouvelles Piéces ; 4°. De l'Indication desd. Piéces que l'Accusé est tenu de faire sur le champ, ou de la mention du refus de les indiquer sur le champ ; 5°. Et enfin du Délai qu'il lui accorde à cet effet, s'il juge à propos de l'ordonner. Le tout conformément à la Disposition de l'Article 47 ci-devant.

Une *troisiéme* Formalité consiste, en ce que, lors de ce Procès-verbal, le Juge doit parapher & faire parapher ces Piéces à l'Accusé s'il est présent, ou faire mention de son refus, s'il ne peut ou ne veut parapher ; il doit aussi les faire parapher par la Partie Publique, & même par la Partie Civile, si celle-ci le peut ou le veut, sinon mention de son refus.

La *quatriéme* enfin, en ce que par une Difpofition générale qu'on voit à la fin de cet Article, l'Ordon. veut que *l'on obferve au furplus* dans ce Procès-verbal, tout ce qui a été prefcrit ci-devant, foit par rapport au *Procès-verbal de Préfentation* des anciennes Piéces de Comparaifon (fçavoir, que ce Procès-verbal doit être dreffé au Greffe, ou autre lieu du Siége deftiné aux Inftructions, & en préfence des Parties Publiques & Civiles à peine de Nullité, fuivant la Difpofition de l'Art. 17 ci-devant) foit par rapport au *Rejet* ou *Admiffion* des Piéces & Procédures à faire en conféquence ; c'eft-à-dire, que, conformément à l'Art. 19 ci-devant, le Juge réglera à la fin de ce Procès-verbal, & fur les Conclufions de la Partie Publique, ce qu'il appartiendra fur l'Admiffion ou le Rejet de ces Piéces ; *ou bien* il ordonnera qu'il en foit référé aux autres Officiers du Siége, pour y être pourvu par Délibération du Confeil, après que le Procès-verbal aura été communiqué aux Parties Publiques ou Civiles. Enfin, fi ces Piéces font admifes pour nouvelles Piéces de Comparaifon, le Juge ordonnera en même-tems la nouvelle Information dont il fera parlé fur l'Article fuivant. Que fi au contraire ces Piéces font rejettées, il fera ordonné à l'Accufé d'en indiquer d'autres dans un certain Délai qui lui fera prefcrit, & que ces nouvelles Piéces feront paraphées par le Juge, & par la Partie Publique, & même par la Partie Civile, s'il y en a, finon mention de fon refus.

V. au furplus ce qui fera dit fur les Articles fuivans, par rapport à l'Admiffion ou au Rejet de ces nouvelles Piéces.

A R T I C L E   L I.

En cas que les Piéces de Comparaifon foient admifes, il fera procédé à une nouvelle Information, fur ce qui peut réfulter defdites Piéces dans la forme prefcrite par les Articles XXII & XXIII, & ce, à la Requête de la Partie Publique, & par les mêmes Experts qui auront été déja entendus, à moins qu'il n'en ait été ordonné : feront les anciennes Piéces de Comparaifon remifes entre les mains des Experts, ainfi que les nouvelles, enfemble les Procès-verbaux de Préfentation, & les Ordonnances ou Jugemens de Réception de toutes lefd. Piéces.

P a r cet Article, l'Ordonnance prefcrit ce qui doit être fait en conféquence de l'*Admiffion* des nouvelles Piéces de Comparaifon indiquées par l'Accufé.

Elle veut , 1°. Qu'à la Requête de la Partie Publique il soit procédé à une nouvelle Information , sur ce qui pourra résulter de ces Piéces.

2°. Que le Juge en y procédant observe les Formalités prescrites par les Art. 22 & 23 ci-devant; c'est-à-dire, qu'il doit entendre les Experts séparément, & par forme de Déposition comme les autres Témoins, & non point par forme de Rapport, ainsi qu'il se pratiquoit avant l'Ordonnance .... qu'il doit alors leur remettre , entre les mains , les nouvelles Piéces de Comparaison dont il s'agit, le Procès-verbal de Présentation ou d'Indication de ces Piéces , & l'Ordonnance ou Jugement qui les a admises , le Procès-verbal de Réception desd. Piéces ; & de plus toutes les autres Piéces qui leur ont été remises lors de la premiere Information, & qui sont mentionnées dans l'Art. 23 , sçavoir la Plainte ou Requête contenant l'Accusation de Faux , l'Ordonnance portant Permission d'Informer, les Piéces prétendues fausses, le Procès-verbal de l'état de ces Piéces , les anciennes Piéces de Comparaison, le Procès-verbal de Présentation de ces Piéces , l'Ordonnance ou Jugement de Réception de ces Piéces ; de laquelle Remise le Juge devra , conformément à ce même Art. 23 , faire mention dans la Déposition de chacun des Experts , ainsi que de l'Examen qu'ils auront fait de ces Piéces en particulier & sans déplacer, sans qu'il en soit dressé aucun Procès-verbal ; comme aussi , il devra leur faire faire parapher les Piéces prétendues fausses, si elles ne l'ont pas encore été. Le tout à peine de Nullité.

3°. Que cette nouvelle Information soit faite à la Requête de la Partie Publique seulement , parce que, comme nous l'avons dit, elle tend à la Preuve des Faits justificatifs de l'Accusé.

4°. Que le Juge y entendra les mêmes Experts qui ont déja été oüis dans la premiere Information , à moins qu'il n'en ait été autrement ordonné par le Jugement d'Admission de ces Piéces , c'est-à-dire, à moins que par ce Jugement, qui doit être rendu , comme nous verrons sur l'Art. 54 , par Délibération du Siége , les Juges ne trouvent à propos d'ordonner qu'il sera entendu de nouveaux Experts.

V. sur l'Art. 56 ci-après , ce que les Juges doivent ordonner sur cette nouvelle Information.

N'entendons empêcher que la Partie Civile ou la Partie Publique, ne puissent être admises à produire de nouvelles Piéces de comparaison, & ce, en tout état de cause, même dans le cas où il n'auroit pas été permis à l'Accusé d'indiquer de nouvelles Piéces de Comparaison : le tout à la charge de se conformer aux Dispositions des Articles XIII & suivans, notamment en ce qu'il y est porté, que l'Accusé ne sera point présent au Procès-verbal de Présentation des Piéces de Comparaison, rapportées par la Partie Publique ou par la Partie Civile.

P a r cet Article, l'Ordonnance accorde aux *Parties Civiles & Publiques*, la même Faculté de produire des nouvelles Piéces de Comparaison, qu'elle vient d'accorder par l'Art. 45 à l'Accusé ; mais avec ces deux différences neanmoins, l'une, qu'au lieu que l'Accusé ne peut en user qu'après l'Instruction achevée, les Parties Civiles & Publiques sont autorisées à produire ces nouvelles Piéces en *tout état de Cause*, & même dans le cas où l'Accusé n'auroit pas été admis à en indiquer lui-même de nouvelles.

L'*autre*, que l'Ordonnance ne leur permet point, comme à l'Accusé, d'*indiquer* seulement ces Piéces ; mais elle veut qu'ils les *produisent*. Au surplus, en même-tems que l'Ordon. accorde cette faculté aux Parties Publiques & Civiles, elle a soin de leur imposer les mêmes Conditions qu'elle a prescrites sur l'Art. 13 & suivans ; sçavoir, 1°. Que ces nouvelles Piéces de Comparaison doivent être ou authentiques par elles-mêmes, ou reconnues par l'Accusé, & non simplement vérifiées avec lui. *V.* Art. 13 & 14.

2°. Que si ces Piéces sont entre les mains des Dépositaires, l'on doit observer, soit par rapport aux contraintes, soit par rapport aux délais qui leur seront accordés pour la remise de ces Piéces, ce qui est prescrit par l'Art. 16 qui excepte seulement le Cas où ces Dépositaires auroient un besoin continuel de ces Piéces pour le service du Public.

3°. Que sur la Présentation qui sera faite de ces Piéces, il en soit dressé Procès-verbal au Greffe, en présence des Parties Publiques & Civiles, & sans qu'il soit donné aucune Requête à cet effet. *V.* Art. 17. Si cependant la Partie Civile ne veut ou ne peut y affifter en perfonne, elle pourra fe faire repréfenter par un fondé de procuration, de la maniere portée par l'Art. 57 ci-après.

4°. Que l'Accufé ne pourra être préfent à ce Procès-verbal. *V.* Art. 18.

5°. Qu'à la fin de ce Procès-verbal le Juge devra régler fur les Conclufions de la Partie Publique, ce qu'il appartiendra fur l'Admiffion ou le Rejet de ces Piéces ; ou bien ordonner qu'il en fera référé aux Officiers du Siége. *V.* Art. 19.

6°. Que fi ces Piéces font rejettées, il fera ordonné aux Parties Publiques & Civiles, d'en indiquer d'autres dans un certain délai, finon qu'il y fera pourvu ainfi qu'il appartiendra. *V.* Art. 20.

7°. Enfin, que fi ces Piéces font admifes, il fera procédé à une nouvelle Information par Experts, à la Requête de la Partie Publique, fur ce qui pourra réfulter de ces Piéces après qu'elles auront été paraphées par le Juge, & par la Partie Publique, même par la Partie Civile, s'il y en a une, finon mention de fon refus. *V.* Art. 21 ; *V.* auffi les deux Articles fuivans.

ARTICLE LIII.

Lorfqu'à l'occafion des nouvelles Piéces de Comparaifon indiquées par l'Accufé, la Partie Publique ou la Partie Civile, s'il y en a, en auront auffi produit de leur part ; les Juges pourront, après que lefdites Piéces auront été reçues en la forme ci-deffus marquée, ordonner, s'il y écheoit, que fur les unes & les autres, il fera procédé à une feule & même Information par Experts.

NOUS venons de voir, fur l'Article précédent, que les Parties Publiques & Civiles pouvoient être admifes à produire de nouvelles Piéces de Comparaifon, dans le Cas où l'Accufé ne pourroit être admis à en produire de fa part. Il eft parlé dans celui-ci, des nouvelles Piéces de Comparaifon que peuvent fournir ces mêmes *Parties*, dans le Cas même où il en auroit été indiqué quelqu'autre de la part de l'Accufé, & pour réfuter les Inductions qu'il voudroit en tirer.

L'Ordonnance veut, qu'après que les unes & les autres auront été reçues en la forme ci-deffus, fçavoir, *ou* par une fimple Ordonnance que rendra le Juge à la fin du Procès-verbal de Préfentation de ces Piéces, ou par un Jugement particulier fur *Référé*; & de plus, après que ces mêmes Piéces auront été paraphées, conformément à l'Art. 22, les Juges puiffent ordonner, *s'il y écheoit*, qu'il fera procédé à une feule & même Information par Experts, tant fur les Piéces de Comparaifon indiquées par l'Accufé, que fur celles produites par les Parties Publiques & Civiles.

Cette nouvelle Information fe fera dans la forme marquée par les Art. 22, 23 & 51 ci-devant.

Il n'eft point dit par cet Article, ni par les fuivans, à la Requête de Qui doit fe faire cette nouvelle Information, fur toutes ces différentes Piéces de Comparaifon. L'Ordonnance s'en rapporte fans doute fur ce point, à ce qu'elle vient de prefcrire, par l'Article précédent, relativement à l'Information qui fe fait fur les nouvelles Piéces de Comparaifon fournies par l'Accufé; c'eft-à-dire, qu'elle doit fe faire à la Requête de la Partie Publique, qui, comme nous l'avons remarqué fur l'Art. 49, a feule le droit de faire affigner les Témoins qui font entendus fur des Faits Juftificatifs.

Nous verrons fur l'Art. 56 ci-après, ce qui doit être fait enfuite de cette nouvelle Information.

A R T I C L E   L I V.

Si l'Accufé demande qu'il foit entendu de nouveaux Experts,
foit fur les anciennes Piéces de Comparaifon, ou fur de nou-
velles, les Juges ne pourront l'ordonner, s'il y écheoit, qu'a-
près l'Inftruction achevée, & par délibération du Confeil, fur
le vû du Procès; ce qui fera obfervé, à peine de Nullité.

NOUS avons vû fur l'Art. 51, que, dans la NOUVELLE INFORMATION qui fe fait *par Experts*, fur ce qui peut réfulter des nouvelles Piéces de Comparaifon indiquées de la part de l'Accufé, le Juge peut non-feulement entendre les mêmes Experts qui ont déja été entendus dans la *premiere* Information fur les anciennes, mais encore en entendre de nouveaux, & même d'Office, ainfi qu'il réfulte de ces termes de l Article, *à moins qu'il n'en ait été autrement ordonné.* L'Ordonnance va encore plus loin dans le préfent Article, elle prévoit le Cas où l'Accufé demanderoit qu'il foit entendu de nouveaux Experts, foit fur les anciennes Piéces de Comparaifon, foit fur les nou-

velles ; elle permet aux Juges d'avoir égard à cette demande,
mais, fous ces deux conditions néanmoins ; *l'une*, que cette
nouvelle Information ne pourra être ordonnée qu'après l'*Inftruction achevée* ; *l'autre*, qu'elle ne pourra être ordonnée par le Juge
feul de l'Inftruction, mais par tous les Officiers du Siége, enfuite de *délibération de Confeil*, & fur *le vû du Procès*. A quoi
il faut ajouter que cette nouvelle Information fera faite à la
Requête de la Partie Publique, comme celle fur nouvelles Piéces-
ces de Comparaifon, dont il eft parlé fur l'Art. 51.

Les Cas où la nomination de nouveaux Experts peut avoir
lieu, font, 1°. Toutes les fois que les Juges s'apperçoivent qu'il
y a des moyens de Récufation évidens contre les Experts.

2°. Lorfque l'Accufé a fourni des Reproches valables contr'eux.

3°. Lorfqu'il y a du doute & de la diverfité dans leurs Dépofitions. *V*. Art. 36.

4°. Lorfque l'un des ces Experts eft venu à décéder pendant
le cours de l'Inftruction.

5°. Enfin, lorfque l'on vient à découvrir que l'un des premiers Experts auroit déja été entendu dans un Procès, à l'occafion d'une Piéce femblable à celle qu'il s'agit de vérifier.

<h3 align="center">A R T I C L E L V.</h3>

S'il eft ordonné qu'il fera procédé à une Information par de nou-
veaux Experts, ils feront nommés d'Office, & entendus en
la forme prefcrite par les Articles XXII & XXIII, le
tout à peine de Nullité.

PAR cet Article, l'Ordonnance prefcrit deux chofes, la Maniere dont il doit être procédé à la *Nomination* des nouveaux
Experts, & celle dont il doit être procédé à *leur Audition*,
lors de la nouvelle Information qui fe fait en conféquence.

1°. A l'égard de la *Nomination* des nouveaux Experts, l'Ordonnance ne fait que renouveller fur ce point l'Art. 8 de ce
Titre, qui veut que les Experts foient toujours nommés d'Office à peine de Nullité, & que la Nomination en foit faite par la
même Ordonnance ou Jugement qui ordonnera l'Information,
fi ce n'eft que cette nomination ait été renvoyée à un Juge fur
les Lieux pour procéder à cette Information, auquel Cas ce

Juge commis devra faire lui-même cette Nomination d'Office.

2°. Pour ce qui concerne la Forme dans laquelle ces nouveaux Experts doivent être *entendus* ; l'Ordonnance veut que ce soit la même qui se trouve prescrite par les Art. 22 & 23 au sujet de la premiere Information ; c'est-à-dire, que les Experts ne donneront point leur avis par forme de Rapport, mais qu'ils déposeront séparément comme les autres Témoins ; & que lors de leur Déposition, toutes les Piéces énoncées dans l'Art. 23 ci-devant, leur seront remises pour les examiner chacun en particulier & sans déplacer. A quoi il faudra ajouter les *nouvelles Piéces de Comparaison*, le *Procès-verbal de Présentation de ces Piéces*, *l'Ordonnance ou Jugement de Réception d'icelles* ; le tout conformément à la Disposition de l'Article 51 ci-devant.

A R T I C L E   L V I.

Dans tous les Cas marqués par les Art. XXXVI, XLVI, XLVII, LII, LIII, LIV & LV, où il aura été procédé à une nouvelle Information, soit sur de nouvelles Piéces de Comparaison, ou par de nouveaux Experts, les Juges pourront la joindre au Procès, pour en jugeant, y avoir tel égard que de raison, ou décerner de nouveaux Décrets, s'il y écheoit, ou ordonner sans Décret, que les Experts entendus dans ladite Information, seront récollés & confrontés, ou y statuer autrement, suivant l'exigence des Cas, ce que nous laissons à leur prudence.

IL est parlé dans cet Article, des Jugemens *Interlocutoires* ou *Préparatoires*, que les Juges pourront rendre ensuite des nouvelles Informations faites dans tous les Cas marqués par les Art. 36, 46, 47, 52, 53, 54 & 55 ; sçavoir, 1°. En cas de *doute* & de *diversité* dans les Dépositions des Experts. *V. Art.* 36 ; 2°. Ensuite de l'Admission des nouvelles Piéces de Comparaison fournies ou indiquées par l'Accusé. *V. Art.* 46 & 47 ; 3°. Ensuite de l'Admission des nouvelles Piéces de Comparaison produites ou indiquées de la part des Parties Publiques & Civiles, soit à l'occasion de celles produites par l'Accusé, soit dans le Cas même où l'Accusé n'auroit point été admis à en produire de sa part. *V. Art.* 52 & 53 ; 4°. Enfin, ensuite de la demande qui seroit faite par l'Accusé, pour qu'il

L ij

fût entendu de nouveaux Experts fur les anciennes Piéces de Comparaifon. *V. Art.* 54 & 55.

Dans tous ces Cas, les Juges font autorifés par le préfent Article, à prononcer fur les nouvelles Informations, de l'une ou l'autre de ces trois Manieres, *ou ordonner que les Informations demeureront jointes au Procès, pour en jugeant y avoir tel égard que de raifon.* Ce qui doit avoir principalement lieu lorfque la nouvelle Information paroît renfermer une preuve confidérable en faveur de l'Accufé; ou qu'il n'en réfulte aucune, ou du moins que très-légere contre lui; ou bien lorfque les Piéces qu'il produit pour fa juftification, font elles-mêmes attaquées de Faux.

Ou bien ils décerneront de *nouveaux Décrets.* Ce qui doit avoir lieu principalement, lorfqu'il paroît par ces Informations que l'Accufé a des Complices; ou que le Décret qui avoit d'abord été décerné contre lui enfuite de la *premiere* Information, fe trouve trop léger; ou bien, lorfque par les Dépofitions des Experts dans ces nouvelles Informations, il fe trouve prévenu de nouvelles fauffetés différentes, de celles qui auront donné lieu à l'Accufation; ou enfin, lorfqu'il paroît une calomnie évidente de la part de la Partie Civile : celle-ci peut auffi être décrétée fur ces nouvelles Informations.

Ou enfin, ils ordonneront fans Décret, que *les Experts entendus dans les nouvelles Informations, feront récollés & confrontés.* Cette derniere façon de prononcer doit avoir lieu principalement, lorfque par ces nouvelles Informations il eft furvenu des Charges confidérables contre l'Accufé & fes Complices, & qu'il y a danger évident de leur évafion.

Au refte, l'Ordonnance n'indique ici ces trois Manieres de prononcer, que comme les plus ordinaires, & non point comme les feules que les Juges puiffent employer, puifque par une Difpofition générale qu'on voit à la fin de cet Article; elle a cru devoir s'en rapporter à la prudence des Juges, *pour ftatuer autrement, fuivant l'exigence des Cas.*

Article LVII.

Dans tous les Procès-verbaux où la préfence de la Partie Civile eft requife, fuivant ce qui a été réglé ci-deffus, il fera permis à ladite Partie Civile d'y faire affifter, au lieu d'elle, le Porteur de fa Procuration, qui ne fera admife qu'en Cas qu'elle foit fpéciale, & paffée devant Notaire.

Par cet Article, l'Ordonnance permet à la Partie Civile, lorsqu'elle ne peut affifter en perfonne aux Procès-verbaux dont il a été parlé ci-devant, d'y faire affifter en fa place un *fondé de fa Procuration*; mais elle veut en même-tems, que cette Procuration ne puiffe être admife, à moins qu'elle ne foit fpéciale & paffée devant Notaire. Nous verrons fur l'Article fuivant les autres Formalités dont cette Procuration doit être accompagnée; nous obferverons feulement ici, que les Procès-verbaux pour lefquels elle peut être employée, font au nombre de cinq; fçavoir;

1°. Celui qui fe fait au commencement de l'Inftruction, pour conftater l'état des Piéces prétendues fauffes, & dont il eft parlé fur l'*Art.* 10; 2°. Les Procès-verbaux de Préfentation des Piéces de Comparaifon dont il eft parlé fur les *Art.* 17 & 21; 3°. Le Procès-verbal qui fe fait au fujet du Corps d'Ecriture de l'Accufé, & dont il eft parlé fur l'*Art.* 34; 4°. Le Procès-verbal d'Indication & de Réception des nouvelles Piéces de Comparaifon indiquées par l'Accufé. *Voyez Article* 50; 5°. Enfin, le Procès-verbal de Préfentation des nouvelles Piéces de Comparaifon produite de la part des Parties Civiles ou Publiques. *V. Article* 52.

A R T I C L E LVIII.

Ladite Procuration fera annexée à la Minute de l'Acte pour lequel elle aura été ordonnée, fi elle ne concerne qu'un feul Acte : & fi elle en concerne plufieurs, elle fera annexée à la Minute du premier Acte, lors duquel elle aura été repréfentée : & fera paraphée, tant par le Juge que par le Porteur d'icelle, lequel paraphera en outre toutes les Piéces qui devroient être paraphées par ladite Partie Civile, fi elle étoit préfente : & en cas qu'il refufe de les parapher, il fera pourvû par les Juges, fur les Conclufions de la Partie Publique, ainfi qu'il appartiendra.

Par cet Article, l'Ordonnance prefcrit les Formalités qui doivent accompagner la Procuration dont il eft parlé fur l'Article précédent.

Ces Formalités font de trois fortes, elles confiftent, 1°. En ce que la Procuration doit être *annexée à la Minute de l'Acte,* pour lequel elle aura été donnée, c'eft-à-dire, du Procès-verbal où la Partie Civile doit affifter. Cependant, fi cette Procuration

concerne différens Procès-verbaux où la Partie Civile doit affifter, il fuffira de l'annexer à la Minute du *premier* de ces
Procès-verbaux, lors duquel cette Procuration aura été repréfentée.

2°. En ce que cette Procuration doit être *paraphée*, tant
par le Juge que par le Porteur de cet Acte, qui devra *parapher* en outre toutes les Piéces qui auroient dû être *paraphées*
par la Partie Civile, fi elle avoit été préfente.

3°. Que dans le Cas où le Porteur de cette Procuration fe
mettroit en *refus* de parapher ces Piéces, il *y doit être pourvû
ainfi qu'il appartiendra* par délibération du Siége, fur les Conclufions de la Partie Publique ; c'eft-à-dire, qu'au lieu de la
fimple Mention du refus, que l'Ordonnance fe contente d'exiger relativement à la Partie Civile, lorfqu'elle affifte en perfonne aux Procès-verbaux dont il eft parlé fur l'Article précédent ; elle laiffe aux Juges la liberté d'ordonner, ou que la
Partie Civile fera tenue de nommer un autre fondé de Procuration dans un certain délai qui lui fera marqué à cet effet,
faute de quoi il fera paffé outre à l'Inftruction du Procès, conformément à l'Art. 15 du Tit. 2 ci-après ; ou bien, qu'elle fera
tenue de comparoir elle-même, la faute d'un *tiers* ne devant
point lui préjudicier.

Que fi elle refufe de comparoître, le Juge pourra fur les Conclufions de la Partie Publique, la condamner à quelqu'Amende
pécuniaire appliquable au Pain des Prifonniers ; & cependant
ordonner qu'il fera paffé outre à l'Inftruction du prétendu Faux.

A R T I C L E LIX.

*Lorfque les premiers Juges auront ordonné la Suppreffion, ou La-
cération, ou la Radiation en tout ou en partie, même la Réformation ou le Rétabliffement des Piéces par eux déclarées
fauffes, il fera furfis à l'exécution de ce Chef de leur Jugement, jufqu'à ce que par nos Cours, fur le vû du Procès &
fur les Conclufions de nos Procureurs Généraux, il y ait été
pourvû ainfi qu'il appartiendra: ce qui aura lieu, encore que
la Sentence fût de nature à pouvoir être exécutée, fans avoir
été confirmée par Arrêt, & qu'il n'y en eût aucun Appel, ou
que l'Accufé y eût acquiefcé, dans les Cas où il peut le faire.*

IL eſt parlé dans cet Article, des JUGEMENS DÉFINITIFS qui ſe rendent par les premiers Juges en Matiere de Faux. L'Ordonnance veut que, lorſque ces Jugemens ordonnent la Suppreſſion ou Lacération, ou la Radiation en tout ou en partie, ou même la Réformation & le Rétabliſſement des Piéces par eux déclarées fauſſes ; l'Exécution en ſoit ſurſiſe, quant à ces Chefs, juſqu'à ce qu'il y ait été pourvû par les Cours Supérieures, ſur le vû du Procès, & ſur les Concluſions des Procureurs Généraux ; & cela, encore que ces Jugemens ſeroient de Nature à être exécutés ſans avoir été confirmés par Arrêt, ou qu'il n'y en auroit aucun Appel, ou que l'Accuſé y auroit acquieſcé dans les Cas où il peut le faire.

Sur quoi pluſieurs choſes à obſerver, 1°. Qu'indépendamment des Peines que ces premiers Juges doivent prononcer contre les Coupables de Faux ſuivant les Loix & Ordonnances que nous avons rapportées au commencement de ce Titre, ils peuvent encore ſtatuer de cinq manieres différentes, relativement aux Piéces arguées de Faux ; ſçavoir, en ordonnant, 1°. Leur Suppreſſion ; 2°. Leur Lacération ; 3°. Leur Radiation en tout ou en partie ; 4°. Leur Réformation ; 5°. Enfin, le Rétabliſſement de ces Piéces, que ces mêmes Juges auroient déclarées fauſſes par un précédent Jugement. Nous verrons ſur l'Art. 63 ci-après, les autres Diſpoſitions que peuvent contenir ces Jugemens, relativement aux Piéces prétendues fauſſes dans le Cas où elles ne ſont point jugées telles.

2°. Que le Jugement qui renferme l'une ou l'autre de ces cinq Diſpoſitions, ne doit être exécuté qu'après qu'il a été confirmé par Arrêt ; parce que cette exécution pourroit cauſer un préjudice irréparable, tant aux Parties, qu'à la Société en général ; d'autant que du ſort de ces Piéces, pourroit dépendre la fortune ou l'état d'une infinité de Perſonnes. C'eſt auſſi par la même raiſon, que l'Ordonnance veut que les Cours Supérieures ne puiſſent elles-mêmes ſtatuer ſur cette exécution, qu'après y avoir apporté les mêmes précautions qu'elle exige, lorſqu'il s'agit de donner des défenſes & ſurſéances en Matiere d'Appel d'Inſtruction & de Décret ; c'eſt-à-dire, qu'elles ne puiſſent l'ordonner que ſur le vû du Procès, & ſur les Concluſions des Procureurs Généraux. *V.* au ſurplus pour ce qui concerne les Délais & les Frais d'Apport de ces Piéces, dans les Cours, les Art. 11 & 14 du Tit. 26.

3°. Que l'Ordonnance n'excepte pas même de cette surséance ; les Jugemens qui sont de *Nature* à ne pouvoir être exécutés sans avoir été confirmés par Arrêt, c'est-à-dire, de ceux qui prononcent des Condamnations à peine corporelle, Galeres, & Banniſſement perpétuel, ou Amende honorable, dont il eſt parlé ſur l'Art. 6 du Tit. 26 de l'Ordonnance de 1670 ; comme auſſi, de ceux dont les Parties Publiques ont appellé *à minima*, & dont il eſt fait mention dans l'Art. 11 du même Tit. 26 de l'Ordonnance de 1670.

4°. Qu'enfin cette surséance doit avoir pareillement lieu à l'égard de ceux de *ces Jugemens* qui peuvent être exécutés lorſqu'il n'y a point d'Appel, ou lorſqu'ils ont été acquieſcés par l'Accuſé, c'eſt-à-dire de ceux qui ne prononcent que des Condamnations pécuniaires dont il eſt parlé dans l'Art. 6 du Tit. 25 de la même Ordonnance de 1670 ; ou même de ceux qui contiendroient des Condamnations infamantes, comme le Banniſſement à tems, ou le Blâme, ainſi qu'il réſulte du même Art. 6 du Tit. 25 de l'Ordonnance que nous venons de citer.

ARTICLE LX.

N'entendons néanmoins empêcher que ledit Accuſé ne ſoit mis en liberté, dans ledit Cas d'acquieſement de ſa part à la Sentence, lorſqu'il n'y aura point d'Appel à minima*, interjetté par nous Procureurs Généraux ou leurs Subſtituts, ou par les Procureurs des Hauts-Juſticiers.*

PAR cet Article, l'Ordonnance ajoute une Reſtriction remarquable à la Diſpoſition du précédent qui veut que l'Acquieſcement de l'Accuſé à la Sentence qui le condamne à des Peines purement infamantes ou pécuniaires, en même-tems qu'elle ordonne la Suppreſſion ou le Rétabliſſement des Piéces arguées de Faux, ne puiſſe empêcher que ſon exécution ne ſoit ſurſiſe, juſqu'à ce qu'il ait été pourvû par les Cours.

Cette Reſtriction conſiſte, en ce que cet Acquieſcement a l'effet de lui procurer ſon Elargiſſement, s'il eſt priſonnier ; pourvû qu'il n'y ait point d'ailleurs d'Appel *à minima* par les Procureurs Généraux, ou par leurs Subſtituts ſur les lieux.

Cette Diſpoſition eſt conforme à celle des Articles 11 & 13 du Tit. 26 de l'Ordonnance de 1670 ; il y a cependant cette différence

différence entre l'Elargissement dont il s'agit, & celui dont il est parlé dans l'Art. 13 du Tit. 26 de l'Ordonnance, que la présente Ordonnance n'exige point que l'Accusé qui a été ainsi élargi depuis son Acquiescement, soit tenu de se rendre en état lors du Jugement que rendent les Cours par rapport à la Sentence, ainsi que cela est expressément réservé par l'Art. 13 de l'Ordonnance de 1670.

A R T I C L E LXI.

En cas que le Jugement soit rendu par Contumace contre les Accusés, ou aucun d'eux, la surséance portée par l'Article LIX aura lieu, tant que les Accusés Contumax ne se représenteront pas, ou ne feront point arrêtés : ce qui sera observé même après l'expiration des cinq années : & en cas que les Contumax se représentent, ou qu'ils soient arrêtés, ladite surséance aura pareillement lieu, si le Jugement qui interviendra contradictoirement avec eux, contient à l'égard des Piéces fausses, quelqu'une des Dispositions mentionnées audit Article LIX.

SUIVANT cet Article, la Surséance, dont il est parlé sur les deux Articles précédens, est tellement de rigueur, qu'elle ne doit pas seulement empêcher l'exécution des Sentences Contradictoires qui contiennent quelqu'une des Dispositions marquées par l'Art. 59, touchant la Suppression ou le Rétablissement des Piéces prétendues fausses ; mais encore des Jugemens qui sont rendus par Contumace contre un ou plusieurs Accusés de Faux, tant que ceux-ci ne se représenteront pas ou ne feront pas arrêtés, & même après l'expiration des cinq années de contumace ; & cela, sans distinguer ceux de ces Jugemens qui contiendroient quelqu'une des Dispositions dont on vient de parler, de ceux qui n'en contiendroient aucune.

L'Ordonnance va encore plus loin, par le présent Article, elle prévoit le Cas où ces Condamnés par contumace, viendroient à se représenter ou à être arrêtés, elle veut que les Jugemens qui seroient rendus contradictoirement avec eux, ensuite de cette Représentation, soient sujets à la même Surséance, s'ils contenoient quelqu'une des Dispositions ci-dessus : c'est-à-dire, que dans tous ces différens Cas, l'Exécution des Juge-

mens, foit Contradictoires, foit par Contumace, doit être fufpendue jufqu'à ce qu'il y ait été pourvu par les Cours ; quand
même ces Jugemens feroient d'ailleurs de Nature à pouvoir être
exécutés, fans être confirmés par Arrêt ; & quand même auffi,
il n'y auroit point eu d'Appel, ou que l'Accufé y auroit acquiefcé dans les Cas où il peut le faire. Le tout conformément
à la Difpofition de l'Art. 59 ci-devant.

ARTICLE LXII.

*L'exécution des Arrêts de nos Cours, qui contiendront quelqu'une
des Difpofitions mentionnées dans l'Article LIX, fera pareillement furfife, lorfque lefdits Accufés, ou aucun d'eux,
auront été condamnés par Contumace : fi ce n'eft que dans la
fuite il en foit autrement ordonné par nofdites Cours, s'il y
écheoit, & ce, fur les Conclufions de nos Procureurs Généraux, ce que nous laiffons à leur prudence, fuivant l'exigence
des Cas.*

SUIVANT cet Article, la même Surféance qui vient d'être
ordonnée par le précédent, relativement aux Jugemens qui font
rendus par Contumace par les premiers Juges, doit avoir lieu
à l'égard des Arrêts qui font auffi rendus par Contumace contre
tous les Accufés, ou aucuns d'eux ; mais avec cette différence
néanmoins, qu'au lieu que la Surféance eft ordonnée indiftinctement à l'égard des premiers, foit qu'ils contiennent ou non,
quelque Difpofition touchant la Suppreffion, Lacération ou le
Rétabliffement des Piéces prétendues fauffes, elle ne doit avoir
lieu, à l'égard des Arrêts par Contumace, que lorfqu'ils contiennent quelqu'une des Difpofitions dont on vient de parler :
& encore, cela ne doit s'entendre qu'avec cette reftriction, que
comme il pourroit y avoir des Cas où l'intérêt Public demanderoit qu'il fût procédé inceffamment à l'exécution de ces Arrêts, par rapport à ces Difpofitions, l'Ordonnance a cru devoir
s'en rapporter fur ce point à la prudence des Cours à qui elle
permet de pouvoir en ordonner autrement dans la fuite, *s'il y
écheoit.* Ce qui fe fera par un autre Arrêt, fur les Conclufions
de M. le Procureur Général.

Les Cas les plus ordinaires, où les Cours peuvent accorder
la main-levée de la Surféance dont il s'agit, font ceux exceptés
par l'Art. 67 ci-après, en faveur des Dépofitaires Publics, & des
Parties qui auront intérêt de demander la remife de ces Piéces.

A plus forte raifon, les Cours peuvent-elles ordonner, fuivant leur prudence, cette Main-levée fur l'Appel des Sentences par Contumace, qui contiennent quelqu'une des Difpofitions ci-deffus; parce qu'il eft important que l'Etat des Piéces qui intéreffent le Public, ne demeure pas incertain. Ainfi, il faut pour cela, que ces fortes de Sentences foient envoyées auffi-tôt dans les Cours, fans attendre même l'expiration des cinq années. C'eft auffi ce qui réfulte de la Difpofition de l'Art. 65 ci-après.

Article LXIII.

Par le Jugement de Condamnation ou d'Abfolution, qui interviendra fur le vû du Procès, il fera ftatué, ainfi qu'il appartiendra, fur la remife des Piéces, foit à la Partie Civile, ou aux Témoins, ou aux Accufés qui les auront fournies ou repréfentées, ce qui aura lieu, même à l'égard des Piéces prétendues fauffes, lorfqu'elles ne feront pas jugées telles : & à l'égard des Piéces qui auront été tirées d'un dépôt Public, il fera ordonné qu'elles feront remifes ou renvoyées par les Greffiers aux Dépofitaires d'icelles, par les voies en tel Cas requifes & accoutumées ; le tout fans qu'il foit rendu féparément un autre Jugement fur la remife defdites Piéces, laquelle néanmoins ne pourra être faite que dans le tems, & ainfi qu'il fera ci-après marqué.

Il eft parlé dans cet Article, & les fuivans, de la Remise qui doit fe faire, après le Jugement définitif fur le Faux, des Piéces qui ont été dépofées au Greffe, foit par les Dépofitaires publics ou privés, foit par les Témoins. L'Ordonnance prefcrit d'abord ici, la Maniere dont cette Remife doit être ordonnée ; elle exige trois chofes à cet effet, 1°. Que ce foit par le Jugement même de Condamnation ou d'Abfolution qui interviendra fur le vû du Procès, & fans qu'il foit befoin d'un Jugement particulier à cet égard. L'on conçoit affez la fageffe de cette précaution, qui tend à éviter les frais & les longueurs inutiles, & fouvent dangereufes, que la multiplicité des Jugemens ne manqueroit pas d'entraîner en cette Matiere.

2°. Que parmi les Piéces dont la Remife fera ordonnée, l'on doit comprendre les Piéces prétendues fauffes, lorfqu'elles ne feront pas jugées telles par le Jugement définitif. A l'égard des autres Piéces dont la Remife ne pourra être ordonnée, nous aurons lieu d'en parler fur l'Art. 67 ci-après.

3°. Enfin, qu'à l'égard des Piéces qui auront été tirées d'un dépôt Public, comme des Greffes, Bureaux, Études des Notaires, Archives des Paroiffes; il fera ordonné qu'elles feront remifes par les Greffiers aux Dépofitaires d'icelles, s'ils font fur les lieux; ou qu'elles leur feront envoyées par les voies en tel Cas requifes & accoutumées, c'eft-à-dire, par les Voitures publiques, comme Coches, Meffageries, qui font chargés fpécialement du port des Procès Criminels, fuivant les Réglemens que nous avons cités fous le Tit. 26 de l'Ordonnance de 1670. Ce qui ne doit s'entendre néanmoins, que dans le Cas où par le Jugement il n'aura pas été ordonné que ces Piéces ou partie d'icelles, feront lacérées ou fupprimées; car en ce dernier Cas, il faudroit attendre la Confirmation du Jugement par les Cours, ainfi qu'il fera dit fur l'Article fuivant.

A R T I C L E LXIV.

Lorfque les Procès feront de nature à être portés en nos Cours, fans même qu'il y ait Appel de la Sentence des premiers Juges; fuivant les Difpofitions de l'Ordonnance de 1670, & pareillement lorfqu'il y aura Appel de ladite Sentence, les Piéces dont la remife y aura été ordonnée, ne pourront être retirées du Greffe, jufqu'à ce qu'il y ait été pourvû par nofdites Cours.

PAR cet Article, l'Ordonnance marque deux Cas où la Remife des Piéces dont il eft parlé fur le précédent, doit être *furfifé*, encore qu'elle auroit été ordonnée par les premiers Juges.

L'*un*, c'eft lorfque la Sentence qui ordonne cette Remife, contient d'ailleurs des Condamnations à Peine afflictive, telles que celles mentionnées dans l'Art. 6 du Tit. 26 de l'Ordonnance de 1670; parce qu'en effet, comme l'Appel de ces fortes de Sentences va de plein droit dans les Cours, la Remife des Piéces qu'elles ordonnent, doit fuivre leur fort, & ne peut conféquemment avoir lieu, qu'après que ces Sentences ont été confirmées par Arrêt.

L'*autre* Cas, c'eft lorfque la Sentence qui ordonne cette Remife, prononce des Condamnations fimplement infamantes, ou même pécuniaires, & qu'il y en a Appel, foit de la part de l'Accufé, foit de la part de la Partie Civile , & à plus forte raifon, lorfqu'il y a Appel *à minima* de la Partie Publique. L'Ordonnance veut que tous ces différens Appels ayent également l'effet de fufpendre l'exécution de la Sentence par rapport à la *Remife* qu'elle ordonne, jufqu'à ce qu'il y ait été pourvu par les Cours.

Il y a par conféquent, cette Différence entre les Sentences qui contiennent quelqu'une des Difpofitions mentionnées dans l'Art. 59, touchant la Lacération, &c. & celles qui ordonnent fimplement la Remife de ces Piéces ; que les premieres ont l'effet de fufpendre de plein droit l'exécution de ces Sentences, jufqu'à ce qu'il y ait été pourvu par les Cours, & cela, fans avoir égard, ni à la Qualité des Peines qu'elles prononcent, ni aux Appels qui en auroient été interjettés, ni même à l'acquiefcement qu'y auroit fait l'Accufé. Au lieu que les dernieres ne peuvent produire cette fufpenfion, qu'autant qu'il y auroit eu, ou un Appel de droit par la Qualité des Peines qu'elles prononceroient , ou un Appel interjetté par les Parties Publiques & Civiles ; c'eft-à-dire, que lorfqu'il n'y a point d'Appel, ni lieu à la Dévolution, les Sentences doivent être exécutées par rapport à cette Remife. A la vérité, cette Remife ne doit pas être faite aufli-tôt après la Sentence, mais feulement après un certain délai dont il fera parlé fur les Articles fuivans.

A R T I C L E LXV.

Si les Procès ne font pas de la Nature marquée par l'Article précédent, voulons qu'encore qu'il n'y eût point d'Appel de la Sentence, ou que l'Accufé y eût acquiefcé, aucune defdites Piéces ne puiffent être retirées du Greffe, que fix mois après ladite Sentence. Enjoignons aux Subftituts de nos Procureurs Généraux, ou aux Procureurs d'Office, d'informer diligemment nofdits Procureurs Généraux du contenu aux Jugemens rendus dans leur Siége en Matiere de Faux, même par Contumace, pour être par nofdits Procureurs Généraux, fait en confequence telles Réquifitions qu'ils jugeront néceffaires.

Nous venons de voir, fur l'Article précédent, que la Remife des Piéces ordonnée par les Sentences des premiers Juges, ne pouvoit être fufpendue que de deux manieres , ou par la Qualité des Condamnations à Peine afflictive, qui emporteroient Dévolution dans les Cours, ou bien par l'effet de l'Appel qui seroit interjetté par les Parties Publiques & Civiles, des Jugemens qui ne contiendroient que des Condamnations pécuniaires ou infamantes. D'où l'on peut conclure, que toutes les fois que ces Sentences ne seroient point de nature à devoir être confirmées par les Cours, ou bien ne seroient point attaquées par la voie de l'Appel, la Remise qu'elles ordonneroient devroit avoir lieu par le seul effet de l'acquiescement des Parties. Cependant, comme d'un autre côté, il pourroit survenir de nouvelles preuves contre l'Accusé depuis l'acquiescement qu'il auroit donné à ces mêmes Sentences, & que ces sortes d'acquiescemens ne peuvent faire obstacle aux poursuites de la Partie Publique, ainsi que nous l'avons vû sur les Art. 19 du Tit. 25, & Art. 13 du Tit. 26 de l'Ordonnance de 1670 ; la présente Ordonnance a cru devoir apporter ici deux tempéramens extrêmement sages à ce sujet. L'*un* a été de fixer un *certain* délai, pendant lequel cette Remise ne pourroit être faite ; ce délai est de six mois après la Sentence, c'est-à-dire, à compter du jour seulement de la Signification, ou de l'acquiescement qui en aura été fait par les Parties.

L'*autre*, d'enjoindre aux Substituts des Procureurs Généraux, & aux Procureurs des Seigneurs, d'informer diligemment les Procureurs Généraux, du contenu aux Jugemens qui sont rendus même par Contumace en Matiere de Faux, pour être par lesd. Procureurs Généraux, fait en conséquence telles Requisitions qu'ils jugeront nécessaires.

A R T I C L E L X V I.

Lorsque le Procès pour Crime de Faux aura été instruit en nos Cours, ou qu'il y aura été porté, suivant ce qui a été dit ci-dessus, lesdites Piéces ne pourront être retirées du Greffe, qu'a-près l'Arrêt définitif qui en aura ordonné la Remise.

Nous venons de voir sur l'Article précédent, dans quel tems doit se faire la Remise des Piéces, lorsqu'elle a été ordonnée par les Sentences des premiers Juges dont il n'y a point d'Appel. Il est parlé dans celui-ci, de la Remise qui se fait ensuite des Arrêts des Cours, soit que le Procès sur le Faux y ait été originairement instruit, soit qu'il y ait été porté par l'effet de l'Appel ou de la Dévolution dont il est parlé sur l'Art. 59 ;

ou enfin, en Cas de Contumace des Accufés, dont nous avons parlé fur les Art. 61 & 62. L'Ordonnance veut que, dans tous ces différens Cas, les Piéces ne puiffent être retirées du Greffe, qu'après l'Arrêt définitif qui en aura ordonné la Remife.

Par conféquent, l'on ne doit obferver pour cette Remife, lorfqu'elle eft ordonnée par Arrêt, le Délai de fix mois, qui eft prefcrit par l'Article précédent, relativement aux Sentences des premiers Juges. Ce qui eft fondé fans doute, fur ce que les Arrêts font rendus fur les Conclufions de MM. les Procureurs Généraux, qui font cenfés avoir pris toutes les Inftructions néceffaires à cet égard.

A R T I C L E LXVII.

Dans les Cas portés par les Articles LIX, LXI & LXII, où il doit être furfis à l'exécution des Sentences ou Arrêts qui contiendroient, à l'égard des Piéces déclarées fauffes, quelqu'une des Difpofitions mentionnées aufdits Articles, il fera pareillement furfis à la Remife des Piéces de Comparaifon ou autres Piéces, fi ce n'eft qu'il en foit autrement ordonné par nos Cours, fur la Requête des Dépofitaires defdites Piéces, ou des Parties qui auroient intérêt d'en demander la Remife, & fur les Conclufions de nos Procureurs Généraux en nofdites Cours.

Deux Difpofitions remarquables dans cet Article. Par la *premiere*, l'Ordonnance établit pour régle générale, que la Surféance mentionnée dans les Art. 59, 61 & 62 ci-devant, doit avoir lieu, non-feulement pour la Remife des Piéces déclarées fauffes, mais encore pour celles des Piéces de Comparaifon & autres, qui ont été produites au Procès, tant de la part des Témoins, lors de leurs Dépofitions, que de la part des Accufés lors de leurs Interrogatoires & Confrontations ; c'eft-à-dire, que ni les unes ni les autres, ne peuvent être remifes qu'après qu'il aura été pourvu par les Cours fur l'Appel, ou Dévolution des Jugemens qui en ordonnent la Remife ; fçavoir à l'égard *des Piéces prétendues fauffes*, lorfque ces Jugemens contiendront quelqu'une des Difpofitions mentionnées dans l'Art. 59, comme Lacération, Suppreffion, Radiation, Réformation ou Rétabliffement de ces Piéces ; & à *l'égard des Piéces de Comparaifon & autres,* lorſque ces Jugemens, & même les Arrêts auront été rendus par Contumace contre les Accuſés, ou aucun d'eux. Le tout conformément à la Diſpoſition des Art. 61 & 62 ci-devant.

Par l'*autre* Diſpoſition, l'Ordonnance ajoute une Exception par rapport aux Piéces de Comparaiſon & autres que celles prétendues fauſſes, dont elle permet aux Cours d'ordonner la Remiſe, ſur la Requête de ceux qui étoient les Dépoſitaires de ces Piéces avant l'Inſtruction, ou qui auroient intérêt d'en demander la Remiſe ; à la charge néanmoins que cette Remiſe ne pourra être ordonné que ſur les Concluſions des Procureurs Généraux.

Cette derniere Diſpoſition eſt fondée ſur le même motif qui a donné lieu à la Diſpoſition qu'on voit à la fin de l'Art. 16 de ce Titre, où après avoir ordonné que les Piéces de Comparaiſon, demeureront *au Greffe pour ſervir à l'Inſtruction, & ce, quand même les Dépoſitaires d'icelles offriroient de les apporter toutes & quantes fois qu'il ſeroit néceſſaire ;* l'Ordonnance ajoute, *ſauf aux Juges à y pourvoir autrement, s'il y écheoit, pour ce qui concerne les Regiſtres des Baptêmes, Mariages, Sépultures & autres, dont les Dépoſitaires auroient beſoin continuellement pour le ſervice du Public.*

V. l'Article 69 ci-après par rapport *aux Piéces de Conviction,* & aux Piéces prétendues fauſſes, qui ſont diviſées en pluſieurs Actes.

A R T I C L E LXVIII.

Enjoignons aux Greffiers de ſe conformer exactement aux Articles précédens, en ce qui les regarde, à peine d'Interdiction, d'Amende arbitraire applicable à Nous, ou aux Hauts-Juſticiers, & des dommages & intérêts des Parties, même d'être procédé extraordinairement contr'eux, s'il y écheoit.

Par cet Article, l'Ordonnance fait des Injonctions particuliéres aux Greffiers, de ſe conformer à la Diſpoſition des précédens Articles, pour ce qui concerne *les Cas particuliers,* & le *Tems* où ils doivent faire la remiſe des Piéces qui a été ordonnée par Sentence ou par Arrêt ; & cela, ſous quatre peines différentes ; 1°. *Interdiction ;* 2°. *Amende arbitraire* applicable au Roi ou aux Seigneurs Hauts-Juſticiers ; 3°. *Dommages & intérêts des Parties,* parmi leſquels on pourra comprendre les *Saiſies*

que

qui auroient été faites en vertu des Piéces que ces Greffiers auroient remifes mal-à-propos, comme auffi les *non-jouiſſances*
que les Parties auroient fouffertes de la Rétention de ces Piéces par le Greffier, après le tems qui lui étoit preſcrit pour
en faire la remiſe ; 4°. Enfin, la *pourſuite extraordinaire*, *s'il
y écheoit*, c'eſt-à-dire, dans le Cas où il feroit prouvé que la
Remiſe auroit été faite par le Greffier à prix d'argent, ou qu'il
y auroit eu Souſtraction frauduleuſe, ou autre prévarication de
ſa part.

A R T I C L E LXIX.

*Pendant que leſdites Piéces demeureront au Greffe, les Greffiers
ne pourront délivrer aucunes Copies ni Expéditions des Piéces
prétendues fauſſes, ou ſervantes à Conviction, ſi ce n'eſt en
vertu d'un Jugement, qui ne pourra être rendu que ſur les Concluſions de nos Procureurs Généraux ou de leurs Subſtituts,
ou des Procureurs d'Offices : & à l'égard des Actes dont les
Originaux ou Minutes auront été remis au Greffe, & notamment des Regiſtres ſur leſquels il y auroit des Actes non argués de Faux, leſdits Greffiers pourront en délivrer des Expéditions aux Parties qui auront droit d'en demander, ſans
qu'ils puiſſent prendre de plus grands droits que ceux qui ſeront dûs aux Dépoſitaires deſdits Originaux ou Minutes : &
ſera le préſent Article exécuté ſous les peines portées par l'Article précédent.*

CE dernier Article contient un Tempérament à la rigueur,
de la Surféance portée par les Art. 59, 61 & 62, par rapport à
la Remiſe des Piéces. Ce tempérament confifte dans la Permiſ-
fion que l'Ordonnance donne ici aux Greffiers, de délivrer aux
Parties intéreſſées ſur leur ſimple demande, des EXPÉDITIONS
des Piéces dépoſées en leurs Greffes, à la réſerve ſeulement
des *Piéces prétendues fauſſes*, & de celles de *Conviction*, dont
elle veut qu'ils ne puiſſent délivrer des Expéditions, qu'en vertu
d'un Jugement particulier, lequel ne pourra être rendu que ſur
les *Concluſions* des Procureurs du Roi, ou des Seigneurs Hauts-
Juſticiers ; ou bien en vertu d'*Arrêts* qui ſeront rendus ſur les
Concluſions des Procureurs Généraux. Le tout ſous les mêmes
peines que celles portées par l'Article précédent.

Par conféquent, les Greffiers peuvent, en vertu de la Diſ-

pofition de cet Article, & fans y être autorifés par des Jugemens particuliers, délivrer des Expéditions des Piéces de Comparaifon, & des Piéces qui auroient été produites par les Témoins lors de leur Dépofition, ou par les Accufés lors de leurs
Interrogatoire & Confrontation, & dont les Originaux ou Minutes auroient été dépofés en leur Greffe; ou bien des Regiftres où il y auroit des Actes féparés, non argués de Faux : à la
charge néanmoins qu'ils ne pourront prendre de plus grands
droits, que ceux qui font dûs aux Dépofitaires de ces Originaux
& Minutes.

TITRE II.

DU FAUX INCIDENT.

CE TITRE eft compofé de cinquante-trois Articles, dont
les uns concernent les Formalités qui font *particuliéres* à l'Inftruction du Faux Incident, les autres regardent les Procédures
qui lui font *communes* avec l'Inftruction du Faux Principal.

Les Formalités qui font particuliéres au Faux Incident, font
toutes celles qui précédent l'Ordonnance portant Permiffion d'informer fur ce Faux : elles font marquées par les vingt-neuf premiers Articles, qui roulent fur les Objets fuivans.

1°. Les Cas en la Pourfuite de ce Faux pour avoir lieu, *Art.*
1 & 2.

2°. La Requête à fin de Permiffion de s'infcrire en Faux, *Art.* 3.

3°. La Confignation de l'Amende, *Art.* 4, 5, 6 & 7.

4°. L'Ordonnance du Juge fur la Requête, *Art.* 8.

5°. La Sommation au Défendeur, d'avoir à déclarer s'il entend
fe fervir de la Piéce maintenue fauffe, *Art.* 9.

6°. Le Délai qui lui eft donné pour répondre à cette Sommation, *Art.* 10.

7°. La Déclaration précife que doit donner le Défendeur à ce
fujet, *Art.* 11.

8°. Le Jugement qui fera rendu à l'Audience fur le refus de
cette Déclaration... ou en cas que le Défendeur déclare vouloir fe fervir de la Piéce, *Art.* 12 & 13.

9°. La Remise qui fera faite au Greffe de la Piéce, en cas que le Défendeur déclare vouloir s'en fervir, *Art.* 14.

10°. L'Acte d'Infcription de Faux que le Demandeur doit mettre au Greffe, enfuite de la remife de la Piéce, *Art.* 15.

11°. Le Jugement qui ordonnera l'apport de la Minute de la Piéce infcrite de Faux, *Art.* 16.

12°. Autre Jugement, qui faute de cet apport dans le délai prefcrit, ordonnera le Rejet de la Piéce, ou permettra au Demandeur, fuivant fes offres, de faire apporter cette Mi‑nute à fes frais, *Art.* 17.

13°. Conclufions de la Partie Publique pour le Rejet de la Piéce infcrite de Faux, *Art.* 18.

14°. Les Cas où le Demandeur en Faux Incident, & la Par‑tie Publique, pourront prendre la voie du Faux Principal, *Art.* 19, 20, 21 & 22.

15°. Procès-verbal des Piéces prétendues fauffes… & des Minu‑tes d'icelles, *Art.* 23, 24 & 25.

16°. Communication au Demandeur des Piéces arguées de Faux, *Art.* 26.

17°. Jugemens, qui faute par le Demandeur, d'avoir mis au Greffe fes Moyens de Faux, dans les trois jours après le Pro‑cès-verbal, le déclarera déchû de fon Infcription de Faux, *Art.* 27.

18°. Défenfe de donner Copie ni Communication des Moyens de Faux au Défendeur, *Art.* 28.

19°. Jugemens, qui, fur les Conclufions de la Partie Publi‑que, admettra ou rejettera les Moyens de Faux, ou ordon‑nera leur jonction à l'Incident du Faux, ou au Procès Princi‑pal, & qui en Cas d'Admiffion, permettra d'informer, tant par Titre que par Témoins, comme auffi par Experts & Comparaifon d'Ecritures, de tout quoi il fera fait Mention expreffe dans le Difpofitif, *Art.* 29, 30 & 31.

C'eft à ce JUGEMENT que commencent les Formalités *com‑munes* aux deux Inftructions : celles-ci font la Matiere des Ar‑ticles fuivans de ce Titre, & elles regardent :

1°. Les Experts, & la Maniere dont ils doivent être nom‑més & reçus, *Art.* 32.

2°. Les Piéces de Comparaifon, la Qualité qu'elles doivent avoir, la Maniere de contraindre les Dépofitaires à leur Ap‑

port, les Perſonnes qui peuvent les préſenter ; & enfin, ceux qui ne peuvent y être admis, *Art.* 33.

3°. Le Procès-verbal de Préſentation de ces Piéces, le Lieu & la Maniere dont il doit être dreſſé, *Art.* 34.

4°. La Repréſentation qui doit être faite de ces Piéces au Défendeur, lors du Procès-verbal, pour en convenir ou les conteſter, *Art.* 35.

5°. La Maniere dont il doit être pourvu en Cas de Conteſtation ou de Refus de convenir de ces Piéces, *Art.* 36.

6°. Ce qui doit être ordonné en Cas que les Piéces ne ſoient pas reçues, *Art.* 37.

7°. Faculté accordée au Demandeur, de comparoître par le Porteur de ſa Procuration ſpéciale, *Art.* 38.

8°. L'Information par Experts, Maniere dont ils doivent être entendus, & les Piéces qui doivent leur être remiſes, *Art.* 39.

9°. L'Information, tant par Titres que par Témoins, & la Permiſſion d'obtenir Monitoire à cet effet, *Art.* 40.

10°. Les Piéces qui doivent être repréſentées aux Témoins, & par eux paraphées ; les Actes dans leſquels ont peut ſuppléer à l'Omiſſion de cette Repréſentation & de ce Paraphe ; enfin, les Piéces que les Témoins repréſentent eux-mêmes. *Art.* 41.

11°. Décrets qui peuvent être prononcés, tant contre le Défendeur en Faux Incident, qu'autres, *Art.* 42.

12°. Piéces qui doivent être repréſentées & paraphées par les Accuſés lors de leurs Interrogatoire & Confrontation, & celles qu'ils peuvent repréſenter eux-mêmes, *Art.* 43.

13°. Corps d'Ecriture à faire par le Défendeur, ou autres Décrétés, *Art.* 44.

14°. Récollement & Confrontation du Défendeur en Faux Incident, *Art.* 45.

15°. Nouvelles Piéces de Comparaiſon, & nouveaux Experts qui ſont demandés par l'Accuſé, *Art.* 46.

16°. Exécution des Sentences & Arrêts qui ſe rendront ſur le Faux Incident, lorſqu'il aura été inſtruit par Récollement & Confrontation, & que ces Jugemens auront ordonné la Suppreſſion ou Lacération, ou Radiation en tout ou en partie, même la Réformation ou le Rétabliſſement des Piéces arguées de Faux, *Art.* 47.

17°. Remiſe ou Renvoi des Piéces arguées de Faux, & autres qui ont été dépoſées aux Greffe ; Tems où elles peuvent être

retirées ; & comment il doit y être pourvu lorsqu'il n'y a
point de Réglement à l'Extraordinaire , *Art.* 47 & 48.
18°. Amende qui doit être prononcée contre le Demandeur
en Faux qui vient à fuccomber , *Art.* 49. Cas particuliers où
cette Condamnation d'Amende , doit avoir lieu , *Art.* 50.
Cas où l'Amende ne pourroit avoir lieu , & que la fomme confignée à cet effet doit être rendue , *Art.* 51. Maniere dont
doit être ordonnée la Condamnation ou Reftitution de l'A-
mende , *Art.* 52.
19°. Tranfactions fur le Faux Incident ; leur Homologation , *V.*
même *Art.* 52.
20°. Enfin, Expéditions que les Greffiers peuvent donner des
Piéces dépofées au Greffe , *Art.* 53.

ARTICLE PREMIER.

*La pourfuite du Faux Incident aura lieu lorfqu'une des Parties
ayant fignifié, communiqué, ou produit quelque Piéce que ce
puiffe être , dans le cours de la Procédure , l'autre Partie prétendra que ladite Piéce eft fauffe ou falfifiée.*

SUIVANT cet Article, l'Inftruction du Faux Incident peut
avoir lieu , toutes les fois que dans un Procès Civil, une Partie produit, communique ou fait fignifier un Acte de quelle
efpéce qu'il puiffe être, (c'eft-à-dire, foit judiciaire, foit extra-
judiciaire, foit authentique, foit fous feing privé) afin de s'en fervir dans ce Procès ; & que l'autre Partie prétend que cet Acte
eft Faux dans fon origine, ou a été falfifié en tout ou en Partie. Cette Prétention donne lieu à un Incident, lequel doit
être jugé préalablement au fond du Procès.

Ainfi, cette Inftruction peut être employée, foit que la Partie contre laquelle elle eft dirigée , ait commis la fauffeté, foit
que cette fauffeté ait été commife par une autre, fans qu'elle
en ait eu connoiffance : à la différence de l'Inftruction du Faux
Principal, qui n'a lieu que lorfque l'on accufe cette même Partie d'en être l'Auteur ou le Complice.

La même Inftruction peut auffi avoir lieu, dans un Procès
Criminel intenté pour un autre Crime, lorfque la Partie Civile
ou Publique ont produit pour la Preuve de ce Crime un Acte

que l'*Accusé* prétend être Faux ou falsifié. Mais il y a ces deux différences remarquables entre cette derniere Instruction, & celle qui se fait incidemment au Procès Civil. L'*une*, que l'Accusé ne peut être reçu à poursuivre lui-même ce Faux Incident, qu'après l'Instruction du Procès Criminel achevée, & dans le tems où il peut être admis à la preuve de ses Faits justificatifs : au lieu que l'Instruction Incidente au Procès Civil peut être formée en tout état de Cause, soit en premiere Instance, soit sur l'Appel.

L'*autre* différence, qui est marquée par l'Article suivant, consiste en ce que les Ecrits privés qui peuvent donner lieu à une Instruction de Faux Incidente à un Procès Civil, quoiqu'ils seroient simplement vérifiés avec le Demandeur, ne peuvent néanmoins faire la Matiere d'une Instruction de Faux Incidente à un Procès Criminel, parce qu'il faut pour celle-ci, que les Piéces puissent servir de preuves du Crime, & qu'aux termes de l'Art. 14 du Titre précédent, il n'y a que les Ecrits privés qui ont été *reconnus* par l'Accusé, & non ceux qui sont simplement *vérifiés* avec lui, qui puissent servir de preuves contre lui ; ensorte que la seule dénégation que feroit l'Accusé d'en être l'Auteur, suffiroit pour les faire rejetter du Procès.

Nous avons observé, d'après l'Art. 20 du Tit. 1er de l'Ordonnance de 1670, que les Demandes en Inscription de Faux Incident, ne pouvoient être portées pardevant les Moyens et bas Justiciers ; non plus que devant les Juges Consuls. Ainsi, dans le Cas où l'on voudroit s'inscrire en Faux contre des Piéces qui auroient été signifiées dans ces Jurisdictions ; il faudroit se pourvoir devant le Juge ordinaire, sauf après le Jugement sur le Faux, à faire juger le Fond pendant dans ces Jurisdictions.

Suivant l'Art. 47 de la nouvelle Ordonnance du mois d'Août 1735, concernant les Testamens, il n'est plus nécessaire de s'inscrire en Faux contre les Testamens, pour Suggestion & Captation, mais il suffit de l'alléguer & de le prouver.

A R T I C L E I I.

Ladite poursuite pourra être reçûe, s'il y écheoit, encore que les Piéces prétendues fausses ayent été vérifiées, mais avec les Demandeurs en Faux, à d'autres fins que celles d'une poursuite de Faux Principal ou Incident, & qu'en conséquence il soit intervenu un Jugement sur le fondement desdites Piéces comme véritables.

PAR cet Article, l'Ordonnance permet d'attaquer par la Voie de l'inscription de Faux, les Piéces qui auront été *véri-fiées* vis-à-vis de Celui même qui veut pourfuivre le Faux : mais elle exige pour cela deux Conditions indifpenfables ; l'*une* que ces Piéces ayent été vérifiées à d'autres fins que celles d'une pourfuite de Faux Principal & de Faux Incident ; l'*autre*, qu'en conféquence de cette vérification, il foit intervenu un Jugement qui ait déclaré ces Piéces véritables.

Sur quoi deux chofes à obferver ; 1°. Que le Jugement dont il eft ici parlé, ne doit s'entendre que d'un Jugement paffé en force de chofe jugée ; parce que s'il ne l'étoit pas, rien n'empêcheroit que celui qui auroit fuccombé dans une pourfuite de Faux Principal ou Incident, ne puiffe fe pourvoir contre ce Jugement, & le faire rétracter par la Voie de l'Appel.

2°. Qu'il faut que la Vérification, en conféquence de laquelle feroit rendu ce Jugement, ait été faite juridiquement, & dans la forme preferite par l'Ordonnance de 1667 : enforte qu'il ne fuffiroit pas que les Piéces ayent été feulement *acquiefcées* par des Tranfactions homologuées en Juftice ; ce qui s'entend lorfque ces Tranfactions ont été paffées avec d'autres que Celui qui veut former la Demande en Infcription de Faux ; car fi elles avoient été paffées avec celui-ci, il ne pourroit plus être admis à de nouvelles pourfuites, à moins que ces Tranfactions n'euffent été homologuées, fans avoir été communiquées à la Partie Publique, comme nous le verrons fur l'Art. 52 de ce Titre.

V. au furplus ce que nous avons dit fur l'Art. 2 du Titre précédent, dont la Difpofition eft conforme à celle du préfent Article.

<h3 style="text-align:center">ARTICLE III.</h3>

La Partie qui voudra former la Demande en Faux Incident, préfentera une Requête tendante à ce qu'il lui foit permis de s'infcrire en Faux contre les Piéces qui y feront indiquées, & à ce que le Défendeur foit tenu de déclarer s'il entend fe fervir defdites Piéces : fera ladite Requête fignée du Demandeur ou du Porteur de fa Procuration fpéciale, à peine de Nullité ; & fera ladite Procuration attachée à la Requête.

IL eft parlé dans cet Article, du 1ᵉʳ Acte de Procédure que doit faire Celui qui veut pourfuivre le Faux Incident. Cet Acte eſt une REQUESTE qu'il préſentera au Juge qui eſt ſaiſi du fond du Procès, par laquelle il conclura à deux choſes; 1º. A ce qu'il lui ſoit permis de s'inſcrire en Faux contre une ou pluſieurs Piéces qui ſeront indiquées par cette Requête; 2º. A ce que le Défendeur ſoit tenu de déclarer s'il entend ſe ſervir de ces Piéces.

Cette Requête doit être ſignée par Celui qui veut pourſui-vre le Faux, ou par un Fondé de ſa Procuration laquelle ſera attachée à cette Requête, & devra être ſpéciale & paſſée de-vant Notaire, conformément à l'Art. 57 du Titre précédent.

Il faudra auſſi qu'à cette Requête ſoit attachée la Quittance de Conſignation, dont il ſera parlé ſur l'Article ſuivant.

L'Art. 6 du Tit. 9 de l'Ordonnance de 1670, porte » que » dans le Faux Incident, la Requête du Demandeur ſera ſignée » de lui ou de ſon fondé de pouvoir ſpécial attaché à la Requête, » aux fins de faire déclarer par le Défendeur, s'il veut ſe ſervir de » la Piéce maintenue fauſſe. « La Préſente Ordonnance a ajou-té par conſéquent deux choſes à la Diſpoſition de cet Article; d'*une part*, la Peine de Nullité qui ne ſe trouve point pronon-cée par la premiere Loi; & de l'*autre*, la Néceſſité de demander par la Requête, la Permiſſion de s'inſcrire en Faux.

FORMULE de Requête, à ce qu'il ſoit permis de s'inſcrire en Faux.

A..........

S. h.....diſant qu'en la Cauſe d'entre le Suppliant, &....pendan-te......ledit.....a fait ſignifier *ou* communiquer au Suppliant... énoncer la Piéce. (*Si c'eſt une Inſtance ou Procès, l'on met,*) diſant qu'en l'Inſtance *ou* Procès d'entre le Suppliant &.......pendant......au Rapport de.....le Suppliant ayant pris communication de ladite Inſtan-ce *ou* dudit Procès, a trouvé que la..... Piéce de la cotte....de la production dudit.....eſt.... (*énoncer la qualité & la date de la Piéce,*) laquelle Piéce le Suppliant maintient fauſſe & avoir été fauſſement fabri-quée, *ou* être fauſſe en ce que.....(*expliquer ce en quoi l'on croit que la fauſſeté conſiſte.*

Ce conſidéré.....il Vous plaiſe, vû la Quittance d'Amende jointe à la préſente Requête, permettre au Suppliant de s'inſcrire en Faux contre ladite Piéce qui eſt.....(*énoncer ladite Piéce, & ſur quoi tombe l'Inſcrip-tion en Faux;*) en conſéquence ordonner que ledit.....ſera tenu de déclarer s'il entend ſe ſervir de ladite Piéce, ſur la Sommation qui lui en ſera faite dans les délais de l'Ordonnance, ſinon que ladite Piéce ſera re-jettée de la Cauſe *ou* Inſtance *ou* Procès, avec dommages, intérêts & dé-pens, & Vous ferez bien.

Si

(Si le Suppliant ne peut pas signer lui-même sa Requête, soit en cas d'absence ou autrement, il faudra qu'il donne sa Procuration spéciale passée devant Notaire, à son Procureur ou autre personne ; auquel cas il faudra dire :) Ce considéré, vû la Quittance d'Amende & la Procuration spéciale du Suppliant jointe à la présente Requête, &c.

V. la Formule de l'Ordonnance sur cette Requête, à la suite de l'Art. 8 ci-après.

A R T I C L E I V.

Le Demandeur en Faux sera tenu de consigner ; sçavoir, en nos Cours des Requêtes de notre Hôtel, & du Palais, cent livres ; aux Bailliages, Sénéchaussées, Siéges Présidiaux ou autres Siéges ressortissans immédiatement en nosdites Cours, soixante livres ; & vingt livres dans tous les autres Siéges ; sans qu'il soit consigné plus d'une Amende, quel que soit le nombre des Demandeurs, ou des Piéces arguées de Faux, pourvû que l'Inscription soit formée conjointement & par le même Acte.

CET Article, & les trois suivans, concernent la *Consignation d'Amende*, qui doit être faite par le Demandeur, pour parvenir à l'Inscription du Faux.

Cette Formalité qui a été introduite pour mettre un juste frein à l'esprit de vengeance & de malignité qui préside le plus souvent à ces sortes de pourfuites, & empêcher que par ce moyen on ne compromette trop légérement l'honneur des Citoyens, doit précéder la Requête dont il est parlé sur l'Article précédent ; tellement que la Quittance de cette Consignation doit être attachée à cette Requête, ainsi que nous le verrons sur l'Art. 7 ci-après.

L'Ordonnance prescrit ici deux choses, relativement à cette Consignation. En *premier* lieu, elle régle la *Quantité* des sommes qui en doivent être l'objet, suivant la *Qualité* des Tribunaux où le Faux se pourfuit. En quoi elle n'a fait que renouveller la Difpofition de l'Art. 5 du Tit. 9 de l'Ordonnance de 1670, qui porte, » que le Demandeur en Faux fera tenu de » configner, & d'en attacher l'Acte à fa Requête ; fçavoir, » en nos Cours, la fomme de 100 liv. aux Siéges qui y reffor- » tiffent immédiatement 60 liv. & aux autres, 20 liv. . . . . .

Par une *autre* Difpofition du préfent Article, l'Ordonnance prévoit le Cas où il y auroit *plufieurs* Demandeurs en Faux, ou *plufieurs* Piéces qui feroient attaquées par le même Acte d'Inſcription de Faux, elle veut qu'alors, il ne ſoit conſigné qu'une ſeule Amende ; quand même ces Demandeurs auroient formé leur Demande par différentes Requêtes.

V. au ſurplus ce qui ſera dit ſur l'Art. 49 ci-après, relativement à l'autre Amende à laquelle doit être condamné le Demandeur en Faux qui vient à ſuccomber.

ARTICLE V.

Lorſque la Requête à fin de permiſſion de s'inſcrire en Faux , ſera donnée en nos Cours dans les ſix ſemaines antérieures au tems auquel elles finiſſent leurs ſéances ; ou pour les compagnies ſemeſtres , dans les ſix ſemaines antérieures à la fin de chaque ſemeſtre , le Demandeur en Faux ſera tenu de conſigner la ſomme de trois cens livres , même plus grande ſomme , ſi les Juges eſtiment à propos de l'ordonner.

CET Article renferme une Extenſion du précédent, & de l'Art. 5 du Tit. 9 de l'Ordonnance de 1670 , en ce qu'il fait dépendre la fixation des ſommes qui doivent être conſignées, non-ſeulement de la Qualité des Tribunaux où le Faux ſe pourſuit ; mais encore du Tems auquel l'Inſcription du Faux eſt formée.

Ainſi, au lieu de 100 liv. que l'Ordonnance vient de régler précédemment pour les Inſcriptions de Faux introduites dans les Cours Supérieures , & de 60 liv. pour les Bailliages & Préſidiaux ; elle veut ici , que l'Amende ſoit portée juſqu'à 300 liv. & même à plus grande ſomme ſi les Juges l'eſtiment ainſi, lorſque la Requête à fin de Permiſſion de s'inſcrire en Faux ſera préſentée à ces Cours dans les ſix ſemaines antérieures au tems où les Cours finiſſent leurs ſéances ; & aux Compagnies ſemeſtres , dans les ſix ſemaines antérieures à la fin de chaque ſemeſtre.

Le Motif de l'augmentation des Amendes dans ces deux Cas , ne tend ſans doute , qu'à empêcher les fraudes & les ſurpriſes qui ſont employées le plus ſouvent de la part des Parties , pour engager , dans ces derniers tems , une Inſcription de Faux qu'elles n'ont aucune intention de pourſuivre ; mais ſeulement dans la vûe de retarder la déciſion du fond d'un Procès , dont elles ont lieu de craindre l'événement.

Article VI.

Les sommes qui seront consignées pour les Inscriptions en Faux, seront reçûes sans aucuns droits ni frais par le Receveur des Amendes en titre, ou par Commission, s'il y en a, sinon par le Greffier du Siége où l'Inscription sera formée.

Deux Dispositions dans cet Article. Par la *premiere,* l'Ordonnance veut que la Consignation d'Amende, dont il est parlé dans les deux précédens, se fasse entre les mains des Receveurs des Amendes en Titre ou par Commission ; & s'il n'y en a point, dans les mains du Greffier du Siége où l'Inscription a été formée. Par la *seconde,* l'Ordonnance veut que les Receveurs & Greffiers, entre les mains de qui est faite cette Consignation, ne puissent prendre aucuns Droits ni Frais à cet effet.

L'Art. 5 du Tit. 9 de l'Ordonnance de 1670, porte, » Les som-
» mes consignées seront reçûes & délivrées à qui le Juge ordon-
» nera, par le Receveur des Amendes, s'il y en a, sinon par
» les Greffiers des Jurisdictions qui s'en chargeront comme Dé-
» positaires, sans Droits ni Frais, & sans qu'ils puissent les em-
» ployer en recette, ni s'en dessaisir, qu'elles n'ayent été défi-
» nitivement ajugées pour être, après le Jugement de l'Inscrip-
» tion de Faux, rendues ou délivrées aussi sans frais, à qui il ap-
» partiendra.

Ainsi, l'on voit que la présente Ordonnance ajoute à celle de 1670 ; en ce qu'elle n'admet, à défaut de Receveurs des Amendes, que les Greffiers seulement du Siége où l'Inscription est formée, & non point les Greffiers de toutes les Jurisdictions en général, dont il est parlé dans l'Ordonnance de 1670.

Mais, l'on voit aussi d'un autre côté, que l'Ordonnance de 1670 a étendu sa Disposition sur des objets auxquels il n'a point été pourvu par le présent Article ; en ce qu'elle détermine le *Tems* que doit durer le Dépôt entre les mains des Receveurs & Greffiers, à qui elle défend de s'en dessaisir jusqu'après le Jugement définitif.

A la vérité, nous verrons qu'il y a été suppléé par les Art. 52 & 53 du présent Titre.

ARTICLE VII.

La Quittance de Consignation d'Amende, sera attachée à la Requête du Demandeur, & visée dans l'Ordonnance qui sera rendue sur ladite Requête.

PAR cet Article, l'Ordonnance établit, par rapport à la Consignation d'Amende, une précaution particuliére qui ne se trouve point marquée par l'Ordonnance de 1670. Suivant l'Art. 5 du Tit. 9 de cette premiere Loi, il suffisoit d'attacher l'Acte de Consignation à la Requête, à fin de Permission de s'inscrire en Faux ; mais la présente Ordonnance veut de plûs, que la Quittance de cette Consignation soit visée par le Juge, dans l'Ordonnance qu'il rendra sur cette Requête.

L'on voit par-là, que trois choses doivent concourir à la Preuve de cette Consignation ; 1°. La *Quittance* qui en sera donnée par le Receveur ou le Greffier ; 2°. La *Jonction* de cette Quittance à la Requête ; 3°. Enfin, la *Mention* de cette même Quittance dans le Vû de l'Ordonnance du Juge, qui sera rendue sur cette Requête.

Nous donnerons la Formule de cette Ordonnance à la suite de l'Article suivant.

ARTICLE VIII.

Ladite Ordonnance portera que l'Inscription sera faite au Greffe par le Demandeur, & qu'il sera tenu à cet effet dans trois jours au plûtard, de sommer le Défendeur de déclarer s'il veut se servir de la Piéce maintenue fausse ; ce que ledit Demandeur sera tenu de faire, dans ledit tems de trois jours, à compter du jour de ladite Ordonnance, sinon sera déclaré déchû de sa Demande & Inscription de Faux.

PAR l'Art. 7 du Tit. 9 de l'Ordonnance de 1670, il est dit » que le Juge ordonnera au pied de la Requête, que l'Ins- » cription sera faite au Greffe, & le Défendeur tenu déclarer » dans un délai compétent, suivant la distance de son domici- » le, s'il veut se servir de la Preuve inscrite de Faux.

La présente Ordonnance ajoute par conséquent *trois* choses à la Disposition de cette premiere Loi ; 1°. En ce qu'elle marque la *Maniere* dont le Demandeur en Faux peut obliger le

Défendeur à déclarer s'il veut se servir de la Piéce maintenue fausse, en exigeant qu'il lui fasse donner une *Sommation* à cet effet. Nous verrons sur l'Article suivant, les Formalités particuliéres dont cet Acte doit être accompagné.

2°. En ce qu'elle sixe le *Tems* où cette Sommation doit être donnée : elle veut que ce soit dans *trois jours* à compter du jour qu'a été rendue l'Ordonnance portant Permission de s'inscrire en Faux. Nous verrons sur l'Art. 20 du Tit. 3, que ce délai de trois jours a cela de particulier, que les jours féries n'y sont point compris.

3°. Enfin, en ce qu'elle établit une *Peine* contre le Demandeur en Faux, qui négligeroit de faire donner la Sommation dans le tems prescrit : cette Peine est la *Déchéance* de son Inscription de Faux. Le Défendeur se pourvoira à l'Audience, pour faire déclarer cette Peine encourue.

Toute ces Dispositions tendent, comme les précédentes, à accélérer l'Instruction du Faux, & empêcher qu'on en abuse pour éloigner la décision du Procès auquel elle est Incidente.

FORMULE de l'Ordonnance du Juge, portant Permission de s'inscrire en Faux.

Vû la Requête ci-dessus, ensemble la Quittance d'Amende de la somme de.....du.....(& quand le *Suppliant ne signe pas la Requéte, l'on ajoute :*) & la Procuration spéciae du Suppliant, aux fins de ladite Requête, Nous ordonnons que l'Inscription sera faite au Greffe par le Suppliant, & qu'il sera tenu à cet effet dans trois jours au plûtard, de sommer ledit.....de déclarer s'il veut se servir de la Piéce maintenue fausse ; ce que le Suppliant sera tenu de faire, dans ledit tems de trois jours, à compter du jour de la Présente Ordonnance, sinon le déclarons déchu de sa demande en Inscription de Faux. Fait ce.....

ARTICLE IX.

La Sommation sera faite au Défendeur, au domicile de son Procureur, auquel sera donné copie par le même Acte, de la Quittance d'Amende, du pouvoir spécial, si aucun y a, de la Requête du Demandeur, & de l'Ordonnance du Juge, le tout à peine de Nullité ; & sera le Défendeur interpellé par ladite Sommation, de faire sa déclaration dans le délai ci-après marqué.

IL est parlé dans cet Article, de trois sortes de Formalités qui doivent accompagner la Sommation qui fera faite au Défendeur en Faux, enfuite de l'Ordonnance du Juge ci-deſſus.

L'Ordonnance veut en *premier* lieu, que cette Sommation foit faite au Procureur du Défendeur en Faux ; ce qui s'entend du Procureur *ad Lites*, qu'il aura conſtitué pour le Procès auquel le Faux eſt incident. Par conſéquent, il n'eſt point néceſſaire que cette Sommation foit faite à la Perſonne ni au Domicile de ce Défendeur ; cette derniere précaution n'étant néceſſaire, que lorſqu'il s'agit de former une Demande principale.

2°. Qu'à cette Sommation foient jointes les Copies des Piéces fuivantes ; fçavoir, 1°. De la *Quittance d'Amende* ; 2°. Du *Pouvoir ſpécial*, fi le Demandeur en Faux ne pourfuit point par lui-méme, ainfi qu'il eſt marqué par l'Art. 3 ci-deſſus ; 3°. De la *Requête du Demandeur*, ou de fon Fondé de Procuration ; 4°. Enfin, de l'*Ordonnance du Juge* fur cette Requête.

3°. Que par cette Sommation le Demandeur interpelle en même-tems le Défendeur, de faire fa Déclaration dans un certain délai qui fera marqué par l'Article fuivant.

L'Ordonnance de 1670 ne contient aucune Difpofition précife fur tous ces Points : cependant, ces Formalités font jugées tellement eſſentielles par la préfente Ordonnance, que leur Omiſſion doit entraîner la Nullité de la Sommation.

FORMULE de Sommation.

L'an . . . . en vertu de l'Ordonnance de . . . . du . . . . & à la Requête de . . . . qui a élu fon domicile en la maifon de . . . . . fon Procureur, demeurant à . . . . rue . . . . Paroiſſe . . . . J'ai . . . Huiſſier *ou* Sergent à . . . fait Sommation à . . . . au domicile de . . . . fon Procureur, en parlant à . . . . de déclarer s'il veut fe fervir de . . . . (*énoncer la Piéce,*) maintenue fauſſe par ledit . . . . en ce que . . . & interpellé ledit . . . . de faire fadite Déclaration dans . . . . jours en conformité de la nouvelle Ordonnance, finon que ledit . . . . fe pourvoira ; & pour fatisfaire à ladite Ordonnance, j'ai fignifié & laiſſé Copie audit . . . . parlant que deſſus, de la Quittance d'Amende du . . . . de la Procuration ſpéciale dud . . . . paſſée devant . . . le . . . . (*fi aucune y a,*) de la Requête dudit . . . . & de l'Ordonnance de . . . . du . . . . . enfemble de mon préfent Exploit. Fait les jour & an que deſſus.

Dans la Copie de l'Exploit de Sommation, il faut tranfcrire en téte les ſufdites Piéces.

A R T I C L E X.

Ledit délai courra du jour de ladite Sommation, & sera de trois jours, si le Défendeur demeure dans le lieu de la Jurisdiction ; & s'il demeure dans un autre lieu, le délai pour lui donner connoissance de ladite Sommation, & le mettre en état d'y répondre, sera de huitaine, s'il demeure dans les dix lieues ; & en cas de plus grande distance, le délai sera augmenté de deux jours par dix lieues : sauf aux Juges à le prolonger eu égard à la difficulté des chemins, & la longueur des lieues ; sans néanmoins que ledit délai puisse être plus grand en aucun Cas, que de quatre jours par dix lieues.

CET Article concerne les *Délais* qui sont accordés au Défendeur en Faux, pour répondre à la Sommation qui lui a été faite, de déclarer s'il entend se servir de la Piéce.

L'Ordonnance de 1670, se contentoit d'ordonner par l'Art. 7 du Tit. 9, que » le Défendeur seroit tenu de déclarer dans un » délai compétent, suivant la distance de son domicile, s'il veut » se servir de la Piéce inscrite de Faux «. Elle laissoit par conséquent aux Juges la liberté de régler ce délai, comme ils trouvoient convenable. Mais la présente Ordonnance a cru devoir établir une régle certaine à cet égard, en fixant ces délais par rapport au *Défendeur*, comme elle l'a fait, par l'Art. 8 ci-devant, relativement au *Demandeur*; avec cette différence néanmoins, qu'au lieu que ce délai ne peut être prorogé à l'égard du Demandeur, en quelqu'éloignement qu'il demeure du lieu où s'instruit le Faux, & pour quelque cause que ce soit ; l'Ordonnance permet ici, de l'augmenter en faveur du Défendeur en Faux, dans les trois Cas suivans ; 1°. Lorsque ce Défendeur demeure hors du lieu de la Jurisdiction où se poursuit le Faux ; elle veut que ce délai soit de huitaine, s'il demeure dans les dix lieues ; 2°. Lorsqu'il demeure dans une plus grande distance que celle de dix lieues ; elle veut que ce délai soit augmenté à raison de deux jours par dix lieues ; 3°. Enfin, comme il peut arriver que ces délais ne soient point encore suffisans à cause de la difficulté des chemins, ou à cause de la longueur des lieues ; l'Ordonnance permet alors aux Juges d'augmenter ces délais, de maniere néanmoins qu'ils ne puissent les proroger dans aucun Cas, au-delà de quatre jours par dix lieues.

Au reste, tous les Délais dont on vient de parler ont cela de commun, que l'on n'y doit point comprendre le jour de la Signification de la Sommation, ni celui de l'échéance, comme nous le verrons sur l'Art. 20 du Titre suivant. Il y a seulement cela de particulier par rapport au délai de trois jours, que les jours fériés ne s'y trouvent point compris. *V*. ce même Art. 20.

Nous allons voir sur les deux Articles suivans, ce qui doit être fait en conséquence de cette Sommation, dans les Cas où le Défendeur fait, ou ne fait pas sa déclaration.

<h2 align="center">A R T I C L E · X I.</h2>

Le Défendeur sera tenu dans ledit délai, de faire sa Déclaration précise, s'il entend, ou s'il n'entend pas se servir de la Piéce maintenue fausse ; & fera ladite Déclaration signée de lui ou du Porteur de sa Procuration spéciale, & signifiée au Procureur du Demandeur, ensemble ladite Procuration, si le Défendeur n'a pas signé lui-même ladite Déclaration.

La Disposition de cet Article a pour objet le Cas particulier où le Défendeur en Faux se met en devoir de satisfaire à la Sommation qui lui est donnée de la part du Demandeur ; & elle contient les Formalités qui doivent accompagner sa Déclaration.

Ces Formalités sont de trois sortes ; la *premiere* consiste en ce que cette Déclaration doit être *précise*, c'est-à-dire, que le Défendeur doit dire en termes formels, *s'il entend*, ou s'il *n'entend pas se servir de la Piéce maintenue fausse*.

Par conséquent, les termes équivoques, & les restrictions captieuses dont il voudroit user dans cette Déclaration, ne pourroient opérer davantage, que le silence qu'il garderoit en pareil cas, & dont il sera parlé sur l'Article suivant.

La *seconde* consiste en ce que cette Déclaration doit être *signée du Défendeur*, ou du *Porteur de sa Procuration spéciale ;* enforte qu'il ne suffiroit pas qu'elle fût signée simplement de son Procureur *ad Lites*, dont il est parlé sur l'Article 9 cidevant.

Enfin,

Enfin, la *troisiéme* consiste en ce que cette Déclaration doit être *signifiée au Procureur* du Demandeur, avec la Copie de la Procuration spéciale, si cette Déclaration n'a point été signée par le Défendeur lui-même.

Nous allons voir sur l'Article suivant, l'Effet que doit opérer l'Omission de ces Formalités, sur lesquelles l'Ordonnance de 1670 ne contient aucune Disposition particuliére.

ARTICLE XII.

Faute par le Défendeur d'avoir satisfait à tout ce qui est porté par l'Article précédent, le Demandeur en Faux pourra se pourvoir à l'Audience, pour fair ordonner que la Piéce maintenue fausse sera rejettée de la Cause ou du Procès, par rapport au Défendeur: sauf au Demandeur à en tirer telles inductions ou conséquences qu'il jugera à propos, ou à former telles demandes qu'il avisera, pour ses dommages & intérêts; même en Matiere Bénéficiale, pour faire déclarer le Défendeur déchu du Bénéfice contentieux, s'il a fait ou fait faire la Piéce fausse, ou s'il en a connu la fausseté: ce qui pourra aussi être ordonné sur la seule Réquisition de nos Procureurs Généraux, ou de leurs Substituts.

L'Ordonnance marque ici les Avantages particuliers que le Demandeur en Faux peut tirer, soit du *silence* que garderoit le Défendeur en Faux sur la Sommation qu'il lui auroit fait donner, soit de l'*Omission* de quelqu'une des Formalités qui sont prescrites à ce Défendeur, par l'Article précédent.

Ces Avantages sont de quatre sortes; ils consistent, 1°. En ce que le Demandeur peut en conséquence, & après l'expiration des délais prescrits par l'Art. 10 ci-devant, se pourvoir à l'Audience, pour faire ordonner que la Piéce maintenue fausse sera *rejettée de la Cause ou du Procès,* par rapport au Défendeur; de maniere que celui-ci ne pourra plus en faire aucun usage, ni en tirer aucune induction en sa faveur. Pour cet effet, le Demandeur donnera une Requête verbale, suivant la Formule qui est à la suite de l'Article suivant.

2°. En ce que ce Demandeur peut de son côté, tirer de cette même Piéce, telles inductions & conséquences qu'il jugera convenables; *soit* pour appuyer sa prétention sur le fond du Procès qui a donné lieu à la poursuite du Faux Incident;

ſoit pour fonder ſa demande en dommages & intérêts, dans le Cas où la Production faite par le Défendeur de cette Piéce auroit cauſé quelque préjudice à ce Demandeur, ſoit dans ſa réputation, ſoit dans ſes biens ; & même pour le faire condamner à l'amende, conformément à l'Art. 51 du préſent Titre. De plus, il pourra le pourſuivre par la Voie extraordinaire, ſuivant l'Art. 19 ci-après.

3°. Enfin, en ce que ſi cette Piéce avoit été produite par le Défendeur, en *Matiere Bénéficiale*, le Demandeur pourra conclure non-ſeulement à la condamnation de ſes dommages & intérêts, & à l'amende dont on vient de parler ; mais encore, à ce que ce Défendeur ſoit déclaré déchû du Bénéfice contentieux ; & même faute par le Demandeur de conclure à cette déchéance, il y devra être ſuppléé par la Partie Publique, qui conclura en même-tems contre ce Défendeur, à l'Amende & à la Peine du Faux, dans le Cas où il auroit fait, ou fait faire la Piéce fauſſe, ou qu'il en auroit connu la fauſſeté.

A R T I C L E XIII.

La Diſpoſition de l'Article précédent aura lieu pareillement, en cas que le Défendeur déclare qu'il ne veut pas ſe ſervir de ladite Piéce.

P A R cet Article, l'Ordonnance étend la Diſpoſition du précédent, au Cas particulier où le Défendeur, en répondant à la Sommation qui lui ſera faite dans la forme & les délais preſcrits par l'Art. 11 ci-devant, déclareroit préciſément qu'il *ne veut pas ſe ſervir de la Piéce arguée de Faux* ; c'eſt-à-dire, que dans ce dernier Cas, comme dans celui où ce Défendeur n'auroit rien répondu, ou qu'il n'auroit pas répondu dans la forme preſcrite par l'Art. 11, la Piéce doit être également rejettée du Procès ; de maniere que le Défendeur ne peut plus s'en ſervir, mais qu'au contraire, le Demandeur a la faculté d'en tirer telles inductions qu'il jugera convenables, *ſoit* pour le fond du Procès, *ſoit* pour faire condamner le Défendeur à ſes dommages & intérêts, même à la déchéance du Bénéfice, ſi c'eſt en Matiere Bénéficiale, & s'il eſt prouvé que le Défendeur ait fait ou fait faire le Faux, ou qu'il en a connu la fauſſeté ; & de plus, ce même Demandeur eſt encore autoriſé à le pourſuivre par la Voie extraordinaire, tellement que, faute par lui de prendre cette Voie, elle devra être prise par la Partie Publique, qui requerra en même-tems, que le Défendeur soit condamné à l'Amende & à la Peine de Faux.

L'Ordonnance n'a fait que renouveller sur ce point, la Disposition de l'Art. 8 du Tit. 9 de l'Ordonnance de 1670, qui porte, *si le Défendeur déclare qu'il ne veut point se servir de la Piéce, elle sera rejettée du Procès, sauf à pourvoir aux dommages & intérêts de la Partie, & à poursuivre le Faux extraordinairement par nos Procureurs & ceux des Seigneurs, & en Matiere Bénéficiale, de priver le Défendeur du Bénéfice contesté, s'il a fait ou fait faire ou connu la fausseté.*

Formule de Requête du Demandeur en Faux, en cas que le Défendeur n'ait pas fait sa Déclaration dans le tems & la forme prescrite par l'Ordonnance; ou qu'il déclare ne vouloir servir de la Piéce fausse.

A.........

S. h....difant qu'en vertu de l'Ordonnance de....du....le Suppliant a fait faire les Sommations, Interpellations, & fait donner Copie en conféquence des Piéces requifes, à....fans qu'il ait fait fa Déclaration dans les délais, & en conformité de l'Ordonnance, *ou* lequel a déclaré précifément par Acte du....qu'il n'entendoit pas fe fervir de la Piéce dont il s'agit, maintenue fauffe par le Suppliant.

Ce confidéré....il Vous plaife en venant par les Parties plaider fur la préfente Requête, ordonner que la.... (*énoncer la Piéce maintenue fauffe par le Suppliant,*) fera rejettée de la Caufe, *ou* de l'Inftance, *ou* du Procès, d'entre les Parties, par rapport audit...Défendeur en Faux; fauf au Suppliant à en tirer telles Inductions ou Conféquences qu'il jugera à propos dans ladite Caufe, *ou* Inftance, *ou* Procès, & à y former pour raifon de ce, telles demandes qu'il avifera, & dès à préfent, condamner ledit.....en....livres de dommages & intérêts, & aux dépens de l Incident, fauf à M. le Procureur Général, *ou* Procureur du Roi *ou* Fifcal, à prendre telles autres Conclufions qu'il avifera pour la vengeance Publique; & Vous ferez bien.

Cette Requête fera répondue d'un Vienne; & fur un fimple avenir, le Demandeur pourfuivra l'Audience fur la Requête.

Article XIV.

Si le Défendeur déclare qu'il veut fe fervir de la Piéce arguée de Faux, il fera tenu de la remettre au Greffe dans vingt-quatre heures, à compter du jour que fa Déclaration aura été figni-

*fiée, & dans les vingt-quatre heures après, il sera pareille-
ment tenu de donner Copie au Demandeur, au domicile de son
Procureur, de l'Acte de mis au Greffe, sinon le Demandeur
pourra se pourvoir à l'Audience, pour faire statuer sur le rejet de ladite Piéce, suivant ce qui est porté en l'Article XII,
si mieux n'aime demander qu'il lui soit permis de faire remettre
ladite Piéce au Greffe à ses frais, dont il sera remboursé par
le Défendeur, comme de frais préjudiciaux, à l'effet de quoi
il lui en sera délivré exécutoire.*

CET Article a pour objet le Cas particulier où le Défendeur vient à déclarer qu'il veut *se servir de la Piéce arguée de
Faux.* L'Ordonnance prescrit trois choses à cet égard, 1°. Qu'il
remette la Piéce au Greffe dans vingt-quatre heures, à compter du jour que sa Déclaration aura été signifiée ; 2°. Que dans
les vingt-quatre heures après cette Remise, il donne Copie au
Demandeur de l'Acte de *mis au Greffe ;* 3°. Enfin, faute par
ce Défendeur de satisfaire à l'une ou à l'autre de ces Formalités, l'Ordonnance laisse le choix au Demandeur, *ou* de se pourvoir à l'Audience pour faire statuer sur le rejet de la Piéce,
suivant ce qui est porté en l'Art. 12 ci-devant, & dans l'Art.
19 ci-après ; *ou bien* de demander, s'il croit pouvoir tirer de
cette Piéce des Inductions favorables pour appuyer sa prétention sur le fond du Procès, à être autorisé de faire remettre
cette Piéce au Greffe à ses frais, pour le remboursement desquels il lui sera délivré Exécutoire contre le Défendeur, conformément à l'Art. 17 ci-après.

Cette derniere Disposition ajoute à celle de l'Art. 19 du Tit.
9 de l'Ordonnance de 1670, qui porte, si le *Défendeur déclare
se vouloir servir de la Piéce, elle sera remise au Greffe, &
l'Acte de Mis signifié au Demandeur, pour former l'Inscription dans les vingt-quatre heures....* & elle a principalement
lieu, lorsque la Piéce arguée de Faux se trouve entré les mains
des Dépositaires publics ou privés, lesquels peuvent d'ailleurs
être contraints à cette Remise, par les Voies, & dans les Délais marqués par les Art. 5 & 6 du Titre précédent.

A R T I C L E XV.

*Dans vingt-quatre heures au plûtard après la Signification faite
au Demandeur, de l'Acte de mis au Greffe ; ou dans les vingt-*

quatre heures après la remise de la Piéce audit Greffe, si elle y a été mise par le Demandeur, il sera tenu d'y former son Inscription en Faux, & ce en personne, ou par son Procureur Fondé de sa Procuration spéciale, faute de quoi le Défendeur pourra se pourvoir à l'Audience, pour faire ordonner que, sans s'arrêter à la Requête dudit Demandeur, il sera passé outre au Jugement de la Cause, ou du Procès.

QUE doit faire le Demandeur en Faux, ensuite de la *Signification* qui lui est faite de la part du Défendeur, de l'Acte de mis au *Greffe ;* ou bien ensuite de la *Remise* qu'il a fait faire lui-même à ses frais de la Piéce arguée de Faux ? C'est ce que l'Ordonnance nous apprend par le présent Article, où elle veut que dans les vingt-quatre heures au plûtard après cette Signification & cette Remise, ce Demandeur forme son INSCRIPTION AU GREFFE en personne, ou par son Fondé de Procuration spéciale & devant Notaires : en quoi elle n'a fait que confirmer la Disposition de l'Art. 9 du Tit. 9 de l'Ordonnance de 1670, rapporté sur l'Article précédent.

Mais, que devroit faire le Défendeur, si ce Demandeur ne formoit pas son Inscription au Greffe dans les vingt-quatre heures ? C'est sur quoi l'Ordonnance de 1670 n'avoit rien statué, & à quoi la présente Ordonnance a sagement pourvû, en lui permettant, comme elle fait par la derniere Disposition de cet Article, de se pourvoir à l'Audience, pour faire ordonner que sans *s'arrêter à la Requête du Demandeur, il sera passé outre au Jugement de la Cause ou du Procès.*

Au reste, comme cet Article ne porte point la Peine de Nullité, il paroît que le Délai de vingt-quatre heures dont il y est parlé, n'est point tellement fatal, qu'il ne puisse être prorogé dans certains Cas, où il seroit prouvé que le Demandeur a fait toutes les diligences qui dépendoient de lui, & sur-tout en cas de Fêtes ou de Féries du Siége.

FORMULE *de l'Acte d'Inscription de Faux.*

Extrait des Registres de..........

Aujourd'hui est comparu.....assisté de Me....son Procureur ; ou ... Procureur en ce Siége, lequel en vertu de la Procuration spéciale à lui donnée par.....passé pardevant Notaires, le.....demeurée annexée à la

Minute des préfentes, après avoir été paraphée par ledit.....lequel a déclaré qu'il s'infcrit en Faux contre....(*énoncer la Piéce,*) mife au Greffe
le....dont il a requis Acte. Fait ce......

ARTICLE XVI.

En cas qu'il y ait Minute de la Piéce infcrite de Faux, il fera
ordonné, s'il y écheoit, fur la Requête du Demandeur, ou
même d'Office, que le Défendeur fera tenu, dans le tems qu'il
lui fera prefcrit, de faire apporter ladite Minute au Greffe,
& que les Dépofitaires d'icelle y feront contraints par les
Voies, & dans les Délais marqués par les Articles V & VI
du Titre du Faux Principal. Laiffons à la prudence des Ju-
ges, d'ordonner, s'il y écheoit, fans attendre l'apport de la-
dite Minute, qu'il fera procédé à la continuation de la pour-
fuite du Faux ; comme auffi de ftatuer ce qu'il appartiendra,
en Cas que ladite Minute ne pût être rapportée, ou qu'il fût fuffi-
famment juftifié, qu'elle a été fouftraite ou qu'elle eft perdue.

La Difpofition de cet Article concerne finguliérement les
Piéces arguées de Faux dont il y a Minute, telles que celles
qui font paffées par des *Officiers publics*, comme Notaires,
Greffiers, Huiffiers ; & même par les *Curés & Vicaires*, par
rapport aux Extraits de Regiftres de Paroiffe.

L'Ordonnance veut que, fi le Demandeur juge l'Apport de
ces Minutes néceffaire pour fervir *à conviction*, il puiffe le demander par une Requête, & que le Juge puiffe l'ordonner fur
cette Requête, ou même d'Office, *s'il y écheoit* ; & à l'égard
de la Maniere d'y contraindre les Dépofitaires & aux Délais
qui leur feront accordés pour cet effet, elle ordonne l'Exécution des Art. 5 & 6 du Tit. du Faux principal, fuivant lefquels
cet Apport doit être fait dans les *trois jours*, fi ces Dépofitaires
font dans le Lieu de la Jurifdiction ; *dans la Huitaine* s'ils font
dans les 10 lieues ; & en Cas de plus grande diftance, le Délai fera augmenté d'un jour par 10 lieues ; fauf aux Juges de
les proroger, eu égard à la difficulté des chemins & à la longueur des lieues, fans néanmoins qu'ils puiffent le faire au-delà
de deux jours par chaque 10 lieues. Le tout à peine d'y être
contraints ; fçavoir, *par Corps*, fi ce font des Dépofitaires publics ; par *faifie de leur Temporel*, fi ce font des Eccléfiaftiques ;
& enfin par *toutes voies dûes & raifonnables*, fi ce font des

Dépofitaires privés : ceux-ci peuvent même être contraints par Corps , fi les Juges l'eftiment néceffaire fuivant l'exigence des Cas.

Cependant , comme il pourroit arriver que la longueur des Délais , & les Pourfuites qu'il faudroit faire contre ces Dépofitaires , entraîneroient un tems fi confidérable que l'Inftruction en pourroit fouffrir par le dépériffement des Preuves ; ou bien que la fauffeté de la Piéce qu'on attaque feroit de telle nature que la Preuve en pourroit être acquife , indépendamment de la Minute même ; ou' qu'enfin cet Apport feroit devenu abfolument impoffible par des Circonftances qui feroient furvenues , comme fi cette Minute avoit été fouftraite ou perdue , par l'effet de l'Incendie , Inondation , extrême Vétufté , Mort du Notaire ou des Témoins ; l'Ordonnance qui a prévû fagement tous ces inconvéniens , a cru devoir y remédier , en laiffant par une derniere Difpofition de cet Article , à la prudence des Juges , d'ordonner , fans attendre l'Apport , qu'il fera procédé à la continuation de la pourfuite du Faux ; *ou bien* de ftatuer ce qu'il appartiendra , en Cas que la Minute ne puiffe être rapportée , ou qu'il fût fuffifamment juftifié par un Procès-verbal ou de quelqu'autre Maniere , qu'elle a été fouftraite , ou qu'elle eft perdue. Ainfi par exemple , dans le Cas où le Notaire feroit mort , on pourra faire entendre les Témoins qui ont figné la Minute. *V.* PEREZ , *in Cod. de Fide Inftrum.* Liv. 4 , Tit. 21 , n. 21.

FORMULE de la Requête pour faire apporter les Piéces arguées de Faux , ou leur Minute.

A.........

S. h.....difant qu'ayant formé fon Infcription de Faux , & fourni fes Moyens de Faux , contre....(*énoncer la Piéce arguée de Faux* , produite par....dans l'Inftance , *ou* Procès d'entre les Parties , par l'Ordonnance *ou* Jugement du.....qui a admis les Moyens de Faux mis au Greffe par le Suppliant , il lui a été permis de faire preuve des Faits y portés , tant par Titres que par Témoins , comme auffi par Experts & Comparaifon d'Ecritures & Signatures ; & comme les Piéces dont le Suppliant entend fe fervir pour Piéces de Comparaifon , font entre les mains de....demeurant à....il a recours à....pour lui être fur ce pourvû.

Ce confidéré.....il vous plaife ordonner que....fera tenu , moyennant falaire raifonnable , d'apporter ou faire apporter au Greffe de.... (*énoncer les Piéces* ,) defquelles Piéces le Suppliant entend fe fervir pour Piéces de Comparaifon dans l'Inftruction de Faux Incident dont il s'agit ;

ce que ledit.....fera tenu de faire dans.....(*marquer le délai requis par l'Article VI du Titre Ier,*) sinon, & à faute de ce faire dans ledit tems & icelui passé, ledit.....contraint par toutes Voies dûes & raisonnables, même par Corps, (*si c'est un Dépositaire Public ; ou si c'est un Ecclésiastique,*) par saisie de son Temporel.

    L'Ordonnance au bas de cette Requête, ou le Jugement sera conforme aux susdites Conclusions.

A R T I C L E XVII.

Dans tous les Cas où il écheoira de faire apporter ladite Minute, le Délai, qui aura été prescrit à cet effet au Défendeur, courra du jour de la Signification de l'Ordonnance ou Jugement, au domicile de son Procureur : & faute par le Défendeur d'avoir fait les diligences necessaires pour l'apport de ladite Minute dans ledit delai, le Demandeur pourra se pourvoir à l'Audience, pour faire ordonner le Rejet de la Piéce maintenue fausse, s'il y écheoit, suivant ce qui est porté en l'Article XII, si mieux n'aime demander qu'il lui soit permis de faire apporter ladite Minute à ses frais, dont il sera remboursé par le Défendeur, comme de frais préjudiciaux, & il lui en sera délivré exécutoire à cet effet.

P A R cet Article, qui est une suite du précédent, l'Ordonnance prescrit deux choses ; 1°. le Tems où doivent commencer les Délais pour l'Apport de la Minute. Elle veut qu'ils ne commencent à courir que du jour que l'Ordonnance ou le Jugement qui ordonne l'Apport aura été signifié au Domicile du Procureur du Demandeur ; 2°. ce que le Demandeur pourra faire dans le Cas où le Défendeur n'auroit pas fait les Diligences nécessaires pour l'Apport de cette Minute dans les Délais qui lui étoient prescrits. Elle veut que ce Demandeur ait le choix, *ou* de se pourvoir à l'Audience pour faire ordonner, conformément à l'Art. 12 ci-devant, le Rejet de la Piéce arguée de Faux, dont il pourra d'ailleurs tirer telles inductions qu'il jugera convenables, soit pour appuyer sa prétention sur le fond du Procès, soit pour le faire condamner en ses Dommages & Intérêts, & même à la déchéance du Bénéfice contesté, si c'est en Matiere Bénéficiale, & s'il a fait ou fait faire la Piéce fausse, ou s'il en a connu la fausseté ; *ou bien* de demander, conformément à l'Art. 14 ci-dessus, à être autorisé de faire apporter cette Minute à ses frais, desquels il sera remboursé
comme

comme *frais préjudiciaux* , en vertu d'un Exécutoire qui lui
sera délivré à cet effet. *V.* au surplus ce qui a été dit sur ce
même Art. 14.

Cette Option ne lui avoit point été déférée par l'Ordonnance de 1670. L'on voit au contraire par l'Art. 9 du Tit. 9 de
cette premiere Loi, qu'elle prononce absolument le Rejet de
la Piéce en pareil Cas ; ... *le Juge ordonnera* , porte cet Article, *que la Minute fera apportée au Greffe , dans le Délai qui
fera réglé suivant la distance des Lieux , sinon la Piéce rejettée
du Procès.*

A R T I C L E   XVIII.

*Le Rejet de la Piéce arguée de Faux , ne pourra être ordonné en
aucun Cas , que sur les Conclusions de nos Procureurs Généraux ou de leurs Substituts , ou des Procureurs des Hauts-Justiciers , à peine de Nullité du Jugement qui seroit rendu à cet
égard , & sauf à y être statué de nouveau sur lesdites Conclusions ainsi qu'il appartiendra.*

Suivant cet Article, dans tous les Cas où il y a lieu de
rejetter la Piéce , tels que ceux marqués par les Art. 12 , 13 ,
14 & 17 ci-dessus ; ce Réjet ne peut être ordonné, que sur les
Conclusions de la Partie publique ; & ce , à peine de Nullité
du Jugement qui l'auroit ordonné, sans ces Conclusions.

Cependant, il paroît par ces mots qu'on voit à la fin de cet
Article, *sauf à y être statué de nouveau sur lesdites Conclusions
ainsi qu'il appartiendra* , que l'Ordonnance laisse encore une
ressource sur ce Point au Demandeur, en lui permettant de se
départir de ce Jugement, & de faire rapporter de nouveau la
Cause à l'Audience , en y appellant les Parties publiques pour
requérir cette Nullité. Cette Disposition est une suite de celles
des Art. 12 & 13 ci-devant, qui réservent à la Partie publique
le Droit de poursuivre extraordinairement, en Cas de Rejet de
la Piéce.

Au reste le Motif particulier de l'Ordonnance , en exigeant
le concours de la Partie publique pour faire ordonner ce Rejet, a
été sans doute d'empêcher que le Crime de Faux ne demeure
impuni par la connivence des Parties privées ; parce qu'en effet,
de même que la Reconnoissance que feroit le Défendeur de la
fausseté de la Piéce qu'on lui oppose , ne pourroit suffire pour

le faire condamner fuivant la Maxime, *Nemo auditur perire vo-lens;* l'on peut dire auffi, que le Refus qu'il fait de reconnoî-tre cette Piéce après qu'il l'a produite, ou de fatisfaire aux For-malités qui lui font prefcrites à cet égard, ne devroit pas fuffire pour le difculper du Faux dont cette Piéce peut être infeſtée ; le même intérêt public qui veut que l'Innocent foit protégé, demandant auffi, que le Coupable foit puni, toutes les fois qu'il fe préfente quelqu'occafion de le convaincre.

Article XIX.

Dans les Cas mentionnés aux Articles XII, XIII, XIV & XVI, dans lefquels, par le fait du Défendeur, le Rejet de ladite Piéce auroit été ordonné, il fera permis au Deman-deur de prendre la Voie du Faux Principal, fans retardation néanmoins de l'Inftruction & du Jugement de la conteftation à laquelle ladite Infcription de Faux étoit incidente, fi ce n'eſt que par les Juges il en foit autrement ordonné.

Par cet Article, l'Ordonnance permet au Demandeur en Faux Incident de prendre la voie du Faux principal, dans tous les Cas mentionnés aux Art. 12, 13, 14 & 16, où le Rejet de la Piéce aura été ordonné par le *fait* du Défendeur; c'eſt-à-dire, 1°. lorfque le Défendeur en Faux n'a fait aucune Ré-ponfe à la Sommation du Demandeur en Faux dans les Délais qui lui font marqués; ou que la Déclaration qu'il a faite en conféquence n'eſt point fignée, ni de lui, ni de fon fondé de procuration fpéciale, ou qu'elle n'a point été fignifiée au Procu-reur du Demandeur, non plus que la Copie de la Procura-tion fpéciale s'il y en avoit une. (*V*. Art. 12) ; 2°. lorfque le Dé-fendeur a déclaré qu'il ne vouloit pas fe fervir de la Piéce ar-guée de Faux. (*V*. Art. 13) ; 3°. lorfqu'ayant déclaré qu'il vouloit s'en fervir, il ne l'a pas remife au Greffe dans les 24 heures, & qu'il n'a pas donné, dans les 24 heures fuivantes, Copie de l'Acte de *Mis au Greffe* au Demandeur dans le Domicile de fon Procureur. (*V*. Art. 14) ; 4°. enfin, lorfqu'après qu'il a été ordonné que la Minute de la Piéce arguée de Faux feroit ap-portée au Greffe, le Défendeur n'a point fait les diligences néceffaires pour cet Apport dans les Délais qui lui font mar-qués. *V*. Art. 17.

Mais, en même tems que l'Ordonnance permet au Demandeur en Faux de prendre la Voie extraordinaire dans tous les Cas que nous venons de remarquer, elle veut aussi, que cette nouvelle Pourfuite ne puisse retarder celle du Jugement de la Contestation, à laquelle l'inscription du Faux étoit incidente, à moins que les Juges ne l'ordonnent autrement, suivant l'exigence des Cas : ce qu'ils ne pourront faire néanmoins, que sur les Conclusions de la Partie publique, suivant l'Article 21 ci-après.

Ainsi, en vertu de cette derniere Disposition, les Juges peuvent surseoir le Jugement de la Contestation principale, jusqu'à ce que le Faux qui y étoit *incident*, & qu'on veut pourfuivre comme Faux *principal*, soit instruit & jugé. Ce qui a ordinairement lieu, toutes les fois que la Piéce arguée de Faux est essentielle pour la décision du Procès d'entre les Parties ; & que le Demandeur a un intérêt réel à faire connoître l'Auteur de la fausseté, comme par exemple en Matiere *Bénéficiale*, pour faire declarer le Défendeur déchu du Bénéfice contentieux ; ou lorsqu'il s'agit d'un Office de *Judicature*, ou de quelqu'autre Fonction publique. *V.* au surplus l'Art. 21 ci-aptès.

A R T I C L E   XX.

Et à l'égard des Cas portés par l'Article XV, & par les Articles XXVII & XXXVII ci-après, ou par le fait du Demandeur, il auroit été ordonné, que fans s'arrêter à la Requête ou à l'Inscription en Faux, il feroit passé outre à l'Instruction ou au Jugement de la Caufe ou du Procès ; ledit Demandeur ne pourra être reçû à former l'Accufation de Faux Principal, qu'après le Jugement de ladite Caufe ou dudit Procès.

Nous venons de voir fur l'Art. précédent, que le Demandeur en Faux pouvoit prendre la voie du Faux principal, dans tous les Cas où le Rejet de la Piéce auroit été ordonné par le *fait* du Défendeur. L'Ordonnance lui laiffe encore par celui-ci, la même faculté, dans les Cas où par le propre *Fait* de ce Demandeur lui-même, il auroit été ordonné que, fans s'arrêter à fa Requête en inscription de Faux, il feroit passé outre à l'Instruction ou au Jugement de la Caufe : mais avec cette différence néanmoins, qu'au lieu que dans les Cas où le Rejet de la Pié-

ce eſt ordonnée par le Fait du Défendeur , le Demandeur peut
être reçu à former l'Accuſation en Faux principal tout auſſi-
tôt après le Jugement qui ordonne ce Rejet ; il ne lui eſt permis , dans les Cas particuliers de cet Article , de prendre cette
voie qu'après le Jugement du Procès principal.

Les Cas , où par le Fait du Demandeur , il peut être ordonné qu'il ſera paſſé outre à l'Inſtruction & au Jugement du Procès principal , ſont ceux marqués par les Art. 15 , 27 &. 37 du
préſent Titre ; ſçavoir , 1°. lorſque ce Demandeur n'aura pas
formé ſon inſcription au Greffe en perſonne , ou par ſon fondé
de procuration ſpéciale , dans les deux jours après la Signification
à lui faite de la part du Défendeur , de l'Acte de Mis au Greffe ,
(*V*. Art. 15) ; 2°. lorſque ce Demandeur n'aura pas mis au
Greffe ſes Moyens de Faux , dans les trois jours après que le
Procès-verbal aura été dreſſé , (*V. Art.* 27 ci-après) ; 3°. enfin
lorſqu'il n'aura pas ſatisfait , dans le tems preſcrit , à l'Apport de
nouvelles Piéces de Comparaiſon , qui lui aura été ordonné. (*V.
Art.* 37.)

Comme dans tous ces Cas , c'eſt par la faute du Demandeur que la Pourſuite du Faux incident qu'il avoit entamé , ſe
trouve interrompue , & que cette Pourſuite étoit le ſeul obſ-
tacle qui empêchoit le Jugement du Procès principal ; cet obſ-
tacle étant ainſi levé par ſon propre Fait , l'Ordonnance a voulu avec raiſon , que ce ne fût qu'après le Jugement de ce Procès principal , que le Demandeur puiſſe être admis à prendre
la voie du Faux principal : & encore , ne lui laiſſe-t-elle cette
derniere reſſource , que parce qu'elle ne veut pas que le Crime
demeure impuni ; & que le bien public demande qu'une Partie qui ſe préſente pour le prouver , & qui a d'ailleurs intérêt
de le faire , ſoit écoutée.

A R T I C L E XXI.

*La diſtinction portée par les deux Articles précédens , n'aura lieu
à l'égard de nos Procureurs ou de ceux des Hauts-Juſticiers ,
leſquels pourront en tout tems & dans tous les Cas , pourſuivre le Faux Principal , ſi bon leur ſemble , ſans que , ſous ce
prétexte , il ſoit ſurſis à l'Inſtruction ou au Jugement de la
Conteſtation à laquelle l'Inſcription de Faux étoit incidente ,
ſi ce n'eſt que ſur leurs Concluſions , & avec les Parties intéreſſées , il en ſoit autrement ordonné.*

L E Faux étant un Crime capital contraire à la sûreté publique, on ne peut contester à la Partie publique, qui est spécialement chargée de veiller à cette sûreté, le droit de poursuivre en tout tems la punition de ceux qui entreprennent de la troubler par des voies si odieuses.

Par conséquent cette poursuite ne peut être empêchée par l'Instruction du Faux incident, & encore moins dans les Cas où le cours de cette Instruction auroit été arrêtée par le Fait des Parties privées, tels que ceux que nous venons de remarquer sur les deux Articles précédens.

Par l'Art. 8 du Tit. 9 de l'Ordonnance de 1670, le même Droit est aussi accordée à la Partie publique, en ces termes, *sauf à poursuivre le Faux extraordinairement par nos Procureurs ou ceux des Seigneurs.* Mais comme cette premiere Loi ne statuoit rien sur ce qui pouvoit concerner le Procès principal, & que ce silence pouvoit donner lieu de douter, si les Juges ne devoient point attendre à instruire & juger ce Procès, jusqu'à ce que l'Instruction sur le Faux principal fût achevée; la présente Ordonnance a cru devoir lever entiérement ce doute, en établissant *d'une part* pour régle générale, que la Poursuite du Faux principal ne devoit point suspendre l'Instruction ni le Jugement de la Contestation à laquelle l'inscription de Faux étoit incidente; & *de l'autre*, en laissant néanmoins aux Juges le pouvoir d'en ordonner autrement, suivant l'exigence des Cas, sur les Conclusions de la Partie publique & avec les Parties intéressées : ce qui doit s'entendre principalement des deux Cas que nous avons remarqués sur l'Art. 19 ; savoir, lorsque le fond du Procès roule singuliérement sur une Matiere Bénéficiale, ou sur un Office qui demande des Fonctions publiques.

A R T I C L E   X X I I.

L'Accusation de Faux Principal, qui sera formée dans les Cas marqués par les Articles précédens, soit à la Requête du Demandeur en Faux Incident, soit à la Requête de la Partie Publique, sera portée dans la Cour ou Jurisdiction qui avoit été saisie de la poursuite de Faux Incident; pour être ladite Accusation de Faux Principal, instruite & jugee par la Chambre, ou par les Juges à qui la connoissance des Matieres Criminelles est attribuée dans ladite Cour ou Jurisdiction.

PARDEVANT quels Juges doit fe pourfuivre l'Accufation du Faux principal, lorfqu'elle eft formée dans le cours d'une Inftruction fur le Faux incident ? C'eft ce que l'Ordonnance s'eft propofé de régler par cet Article : elle veut que l'on diftingue à cet égard entre les Tribunaux où il y a des Juges deftinés fpécialement à connoître des Matieres Criminelles, & ceux où il n'y a qu'un feul Juge pour connoître de toutes les Matieres, tant Civiles que Criminelles. Dans ce dernier Cas qui concerne principalement les Juftices Seigneuriales, c'eft le même Juge qui a été faifi du Faux incident, qui peut inftruire & juger l'Accufation fur le Faux principal.

Mais au premier Cas, l'Ordonnance veut que l'Inftruction du Faux principal foit portée devant les Juges à qui la Connoiffance des Matieres Criminelles a été attribuée. Ainfi, dans les Cours de Parlement, c'eft à la Chambre *de la Tournelle* que doit être portée l'Accufation du Faux Principal, qui auroit été intentée dans le cours d'une Pourfuite fur le Faux Incident dont les autres Chambres du même Parlement auroient d'abord été faifies (ce qui ne doit s'entendre néanmoins qu'avec les Modifications que nous avons remarquées fur les Art. 21 & 22 du Tit. 1er de l'Ordonnance de 1670). Dans les Bailliages, Sénéchauffées & Préfidiaux, ce font les *Lieutenans Criminels* qui doivent en connoître, à l'exclufion des Lieutenans Généraux qui auroient d'abord connu du Faux Incident.

V. au furplus ce que nous avons dit au commencement du Tit. précédent, relativement à la Compétence des Juges en Matiere de Faux.

A R T I C L E   XXIII.

Il fera dreffé Procès-verbal de l'état des Piéces prétendues fauf-fes, trois jours après la Signification qui aura été faite au Demandeur, au domicile de fon Procureur, de la remife def-dites Piéces au Greffe, ou trois jours après que le Demandeur y aura fait remettre lefdites Piéces, fuivant ce qui eft porté par l'Article XIV.

Cet Article & les deux fuivans concernent le PROCÉS-VER-BAL qui doit être dreffé de l'Etat des Piéces prétendues fauffes. l'Ordonnance marque d'abord ici, le TEMS auquel le Juge doit y procéder : elle diftingue à cet effet, le Cas où la Piéce pré-

tendue fauſſe a été remiſe au Greffe par le Défendeur enſuite
de la Déclaration qu'il a faite qu'il entendoit s'en ſervir , &
celui , où faute par ce Défendeur d'avoir mis cette Piéce au
Greffe , le Demandeur l'y a fait remettre à ſes frais , ainſi qu'il
y eſt autoriſé par l'Art. 14 ci-devant.

Au premier Cas , l'Ordonnance veut que le Procès-verbal en
ſoit dreſſé trois jours après la Siguification que le Défendeur
aura fait faire de l'Acte de dépôt, au domicile du Procureur du
Demandeur , conformément à ce même Art. 14.

Au dernier Cas , ce Procès-verbal doit être ſeulement dreſſé
trois jours après la remiſe de ces Piéces , qui aura été faite aux
frais du Demandeur.

V. Au ſurplus , quant à la Maniere dont doit être rédigé ce
Procès-verbal , l'Art. 25 ci-après , & la Formule qui eſt à la
ſuite de l'Art. 11 du Tit. précédent.

<h2 style="text-align:center">A R T I C L E XXIV.</h2>

*S'il a été ordonné que les Minutes deſdites Piéces ſeront appor-
tées , le Procès-verbal ſera dreſſé conjointement , tant deſdites
Piéces , que des Minutes : & le Delai de trois jours ne courra , audit Cas , que du jour de la Signification qui ſera faite
au Demandeur , au domicile de ſon Procureur , de l'Apport
deſdites Minutes au Greffe , ou du jour que le Demandeur
les y auroit fait apporter , ſuivant l'Article XVII. Laiſſons
néanmoins à la prudence des Juges d'ordonner , ſuivant l'exigence des Cas , qu'il ſera dreſſé d'abord Procès-verbal de l'état
deſdites Piéces , ſans attendre l'Apport deſdites Minutes ; de l'é-
tat deſquels il ſera , en ce Cas , dreſſé Procès-verbal ſéparément , dans le Délai ci-deſſus marqué.*

NOUS avons vû ſur l'Art. 16 , qu'il y avoit des Cas où le
Juge pouvoit ordonner ſur la Requête du Demandeur , &
même d'*Office*, que la MINUTE de la Piéce inſcrite de Faux
ſeroit apportée au Greffe. Il eſt parlé dans celui-ci, du Procès-
verbal qui doit être dreſſé relativement à cette MINUTE.

L'Ordonnance diſtingue à ce ſujet, les différens Tems où cette
Minute a été apportée au Greffe ; ſi c'eſt avant ou après le Procès-verbal de l'État de la Piéce inſcrite de Faux. Elle veut que ,
ſi cette Minute ſe trouve apportée au Greffe dans le Tems même

où le Juge doit procéder au Procès-verbal de l'Etat de la Piéce
inscrite de Faux, il soit dressé Procès-verbal de cette Minute,
conjointement avec celui de la Piéce inscrite de Faux; & que
dans ce Cas, le Délai de trois jours commence à courir du jour
de la Signification qui sera faite au Demandeur, dans le Domicile de son Procureur, de l'Apport de cette Minute au Greffe,
ou du jour que le Demandeur l'y aura fait apporter lui-même
à ses Frais, suivant qu'il est porté par l'Art. 17.

Que si au contraire, cette Minute ne se trouvoit point encore apportée au Greffe lors du Procès-verbal de l'Etat de la
Piéce, soit par le Refus des Dépositaires, soit à cause de l'éloignement des Lieux où la Piéce seroit déposée, soit enfin pour
d'autres Empêchemens imprévus. Dans ce dernier Cas, l'Ordonnance laisse à la prudence du Juge, d'attendre, ou ne pas attendre l'apport de cette Minute, pour dresser le Procès-verbal de
l'Etat de la Piéce; ensorte que s'il prend le parti de le dresser
sans attendre l'apport de la Minute, le Procès-verbal de la Minute sera dressé séparément de celui-ci dans les Délais ci-dessus
marqués, c'est-à-dire, dans les trois jours, à compter de la *Signification* faite par le Défendeur, de l'apport qui en a été fait
par lui ou à sa diligence; ou du *jour de la Remise* qui en aura
été faite par le Demandeur lui même à ses frais.

V. sur l'Article suivant, les Formalités qui doivent accompagner l'un & l'autre de ces Procès-verbaux.

Article XXV.

*Le Procès-verbal mentionné dans les Articles précédens, sera
fait suivant ce qui est prescrit par les Articles X & XI du Titre
du Faux Principal, en y appellant néanmoins le Défendeur outre le Demandeur, & notre Procureur, ou celui des Hauts-
Justiciers; & les Piéces dont sera dressé Procès-verbal, seront
paraphées par ledit Défendeur, s'il peut ou veut les parapher
(sinon il en sera fait mention) & pareillement par le Demandeur, & autres dénommés ausdits Articles, le tout à peine de
Nullité : à l'effet de quoi ledit Défendeur sera sommé, par
Acte signifié au domicile de son Procureur, de comparoître
audit Procès-verbal dans vingt-quatre heures ; & faute par
lui d'y satisfaire, il sera donné défaut, & passé outre sur le
champ audit Procès-verbal.*

APRÉS

A p r é s avoir réglé par les deux Articles précédens, le Tems auquel il doit être dreffé Procès-verbal de l'Etat des Piéces infcrites de Faux & de la Minute de ces Piéces, l'Ordonnance prefcrit par celui-ci, les Formalités que le Juge doit obferver, en procédant à l'un & à l'autre de ces Actes; & elle contient à ce fujet quatre Difpofitions remarquables.

Par la *prémiere*, elle veut que ces Formalités foient les mêmes que celles marquées par les Articles 10 & 11 du Tit. du Faux Principal; c'eft-à-dire, *en premier lieu* que ce Procès-verbal doit être fait au Greffe en vertu d'une Ordonnance du Juge qui fera rendue fur la Requête du Demandeur, & qui fixera les jours & heures, auxquels il y fera procédé. 2°. Que ce Procès-verbal roulera fur les mêmes objets que le Procès-verbal qui eft dreffé dans l'Accufation du Faux Principal; fçavoir, fur l'Etat de la Piéce en général, fur les Ratures, Surcharges, Interlignes, & autres Circonftances du même genre que nous avons remarqué fur l'Art. 10 du Titre précédent. 3°. Le Juge doit avoir pareillement foin de parapher, & faire parapher par les Parties Civiles & Publiques, tant les Piéces infcrites de Faux, que les Minutes. 4°. Enfin, le Juge doit auffi ordonner à la fin de ce Procès-verbal, que les Piéces feront remifes au Greffe.

Par une *feconde* Difpofition, l'Ordonnance veut, qu'outre l'Affiftance & le Paraphe des Parties Civiles & Publiques, ce Procès-verbal foit encore fait en préfence du *Défendeur*, ou lui dûement appellé, & qu'il foit par lui paraphé, s'il peut ou veut parapher, finon qu'il foit fait Mention de fon Refus; le tout à peine de Nullité. En quoi l'Ordonnance met une Différence remarquable entre ce Défendeur, & l'Accufé de Faux Principal lequel ne peut, comme nous l'avons vû fur l'Art. 11 du Titre précédent, affifter au Procès-verbal de l'Etat des Piéces.

Par une *troifiéme* Difpofition, l'Ordonnance régle la Maniere dont on peut obliger le Défendeur à comparoître au Procès-verbal. Elle veut que le Demandeur le faffe *fommer* par Acte fignifié au Domicile de fon Procureur, de comparoitre dans les vingt-quatre heures.

Enfin, par une *quatriéme* Difpofition, l'Ordonnance prefcrit ce qui doit être fait, lorfque le Défendeur ne comparoît point dans les vingt-quatre heures depuis la Sommation à lui donnée; elle veut que le Juge donne *défaut* par le même Procès-verbal, & qu'il soit en conséquence passé outre sur le champ audit Procès-verbal.

Ainsi, pour procéder réguliérement en exécution du présent Article, il faut que, dans la Rédaction du Procès-verbal, le Juge ait soin d'y faire Mention ; 1°. de son Ordonnance tendante à ce Procès-verbal ; 2°. de la Sommation faite au Défendeur, ainsi qu'au Demandeur & à la Partie Publique ; 3°. que si le Défendeur comparoît, il lui sera donné Acte de sa Comparution, & on lui fera parapher les Piéces, sinon Mention de son Refus : 4°. que si au contraire ce Défendeur ne comparoît point, le Juge donnera Défaut par le même Procès-verbal contre lui ; & pour le profit passera outre à la Description & au Paraphe des Piéces ; 5°. Enfin, il faudra suivre au surplus ce qui est prescrit par les Articles 10 & 11 du Tit. précédent, & la Formule qui est à la suite de ces Articles.

ARTICLE XXVI.

Le Demandeur en Faux, ou son Conseil, pourra prendre communication en tout état de Cause, des Piéces arguées de Faux ; & ce, par les mains du Greffier ou du Rapporteur, sans déplacer & sans retardation.

SUIVANT cet Article il est permis au Demandeur en Faux ou à son Conseil, de prendre Communication en tout état de Cause, par les mains du Greffier, ou du Rapporteur, des Piéces arguées de Faux, sans néanmoins pouvoir les déplacer, & sans que cette Communication puisse retarder l'Instruction du Faux Incident.

L'Article 10 du Titre 9 de l'Ordonnance de 1670, porte » que » le Demandeur ou son Conseil prendra Communication de la Piéce » par les mains du Greffier, sans déplacer. « Il y a par conséquent ces deux Différences entre les Dispositions de ces Articles.

L'*une* que la présente Ordonn. permet au Demandeur de prendre cette Communication en tout État de Cause, tandis que l'Ordonnance de 1670 ne semble la permettre que depuis le Procès verbal qui en a été dressé, & uniquement afin de mettre ce Demandeur en Etat de fournir ses Moyens de Faux. L'*autre*, que l'Ordonnance de 1670 veut que cette Communication soit prise des mains du *Greffier* seulement ; au lieu que, suivant la préfente Ordonnance, elle devoit s'entendre principalement du Cas où cette Communication feroit prife après que le Demandeur auroit fourni fes Moyens de Faux, & dans le tems que le Rapporteur travailleroit à fon Rapport. A la vérité, pour que le Demandeur ne puiffe abufer de cette Faculté, afin d'éloigner l'Inftruction & le Jugement du Faux Incident, l'Ordonnance a foin d'ajouter en même-tems, que cette Communication fe fera *fans déplacer* & *fans rétardation.*

A R T I C L E   XXVII.

Les Moyens de Faux feront mis au Greffe par le Demandeur, dans les trois jours après que le Procès-verbal aura été dreffé; finon le Défendeur pourra fe pourvoir à l'Audience pour faire ordonner, s'il y écheoit, que le Demandeur demeurera déchû de fon Infcription en Faux ; Voulons néanmoins que lorfqu'il aura été fait deux Procès-verbaux différens, l'un de l'état defdites Piéces, le délai de trois jours ci-deffus marqué, ne courre que du jour que le dernier defdits Procès-verbaux aura été fait.

CET Article & les fix fuivans concernent les MOYENS DE FAUX que doit donner le Demandeur.

L'Ordonnance prefcrit trois Chofes à cet égard. 1°. Le TEMS dans lequel doivent être fournis ces Moyens : elle veut que ce foit dans les *trois jours* après que le Procès-verbal aura été dreffé ; & que s'il y a eu deux Procès-verbaux, *l'un* pour la Piéce inf-crite de Faux, *l'autre* pour la Minute, ce Délai de trois jours ne puiffe fe compter que du jour que le dernier Procès-verbal aura été dreffé.

2°. Le LIEU où ces Moyens de Faux doivent être remis : l'Ordonnance veut que ce foit au Greffe ; ils ne doivent point par conféquent être fignifiés au Défendeur en Faux, lequel ne peut même en avoir Communication, comme nous le verrons fur l'Art. fuivant.

3°. Enfin, la PEINE qu'encourt le Demandeur en Faux, lorf-qu'il ne fournit pas ces Moyens dans le Tems & dans le Lieu qui lui font marqués : l'Ordonnance veut, que le Défendeur puiffe alors fe pourvoir à l'Audience, pour faire ordonner que le Deman-deur demeurera *déchu* de fon Infcription de Faux, & qu'il fera en outre condamné à l'Amende, conformément à l'Art. 50 ci-après.

Au reste, pour que ce Défendeur puisse se mettre en état de profiter de l'avantage qui lui est accordé par le présent Article, il faut que, si le Demandeur ne fournit pas ses Moyens de Faux trois jours après la Signification du Procès-verbal de l'Etat de la Pièce, le Défendeur fasse une Sommation à ce Demandeur; & que faute par celui-ci d'y satisfaire, il donne sa Requête, afin de le faire débouter de sa Demande en Inscription de Faux. Sur cette Requête, & un simple Avenir interviendra Sentence à l'Audience, qui accordera un nouveau Délai au Demandeur pour fournir ses Moyens, (ce que les Juges peuvent faire, suivant l'exigence des Cas, ainsi qu'ils y paroissent autorisés par les mots, *s'il y écheoit*, dont l'Ordonnance se sert dans le présent Article). On leve cette Sentence qu'on fait signifier avec Sommation d'y satisfaire; & si le Demandeur n'y satisfait point, & ne met pas ses Moyens au Greffe dans le Délai qui lui est marqué, le Défendeur donnera une nouvelle Requête, par laquelle il prendra contre lui les mêmes Conclusions que celles portées par la Requête ci-dessus. Sur cette Requête on va encore à l'Audience, & l'on obtient Sentence qui déboute le Demandeur en Faux de sa Demande, le condamne à l'Amende, conformément à l'Art. 50, & de plus aux Dommages & Intérêts du Défendeur, s'il y a lieu.

Telle est la Procédure usitée au Châtelet, dans le Cas où le Demandeur ne fournit pas ses Moyens. Mais, si au contraire il les fournit dans le tems, l'Usage est dans ce Tribunal, que la Partie Publique va les retirer du Greffe avec la Pièce inscrite de Faux, & la Minute, s'il y en a, pour donner ses Conclusions : après quoi il les remet au Greffe, d'où le Rapporteur les retire ensuite, pour faire son Rapport; ce qui s'entend, si le Procès est appointé, car s'il ne l'est pas, les Moyens de Faux se plaident à l'Audience, où l'on entend MM. les Gens du Roi en leurs Conclusions. *V. Style du Châtelet*, p. 221 & suiv.

Nous verrons sur l'Art. 31 ci après, la Formule du Jugement, pour admettre ou rejetter les Moyens de Faux.

FORMULE *des Moyens de Faux.*

Moyens de Faux pertinens & admissibles, que donne pardevant Vous
,....tel....Demandeur.

Contre....Défendeur..

A ce qu'il plaise à.....ordonner que,.... (*énoncer la Pièce,*) sera déclarée fausse, & en conséquence rejettée de la Cause, *ou* Instance, *ou* Procès d'entre les Parties à l'égard du Défendeur, sauf au Demandeur à en tirer telles inductions ou conséquences qu'il jugera à propos dans ladite Cause, *ou* Instance, *ou* Procès, & à y former pour raison de ce, telles demandes qu'il avisera; ce faisant, ordonner que la somme de.....consignée par ledit.....Demandeur, lui sera rendue, à ce faire le.....contraint par Corps, quoi faisant déchargé; & condamner led.....Défendeur en.....livres de dommages & intérêts envers le Demandeur, & aux dépens de l'Incident, sauf à M. le Procureur Général *ou* Procureur du Roi, *ou* Fiscal à prendre telles autres Conclusions qu'il avisera pour la vengeance Publique.

Il faut ensuite expliquer ce en quoi consiste le Faux. V. l'Art. 31 ci-après.

A R T I C L E   XXVIII.

En aucun Cas il ne sera donné Copie ni Communication des Moyens de Faux au Défendeur.

L A Disposition de cet Article, qui défend de donner en aucun Cas Copie ni Communication des Moyens de Faux au *Défendeur*, est une suite de celle du précédent, qui veut que ces Moyens soient mis au Greffe; elle est aussi conforme à la Disposition de l'Art. 11 du Titre 9 de l'Ordonnance de 1670, qui porte *que les Moyens de Faux seront mis au Greffe dans trois jours au plûtard.*

L'on conçoit assez le Motif de ces Dispositions, qui tendent à empêcher que le Défendeur ayant Connoissance de ces Moyens, ne prenne des Mesures pour écarter ou affoiblir les Preuves qui peuvent en résulter; *soit* en détournant les Piéces de *Conviction*, ou celles de *Comparaison* qu'on pourroit lui opposer; *soit* en tâchant de se concilier les *Experts* ou de corrompre les *Témoins* qu'il sçauroit pouvoir être entendus contre lui.

A R T I C L E   XXIX.

Sur les Conclusions de nos Procureurs, ou de ceux des Hauts-Justiciers, il sera rendu tel Jugement qu'il appartiendra, pour admettre ou pour rejetter les Moyens de Faux, en tout ou en partie; ou pour ordonner, s'il y écheoit, que lesdits Moyens, ou aucun d'iceux, demeureront joints, soit à l'Incident de Faux, si quelques-uns desdits Moyens ont été admis, soit à la Cause ou au Procès Principal; le tout, selon la qualité desdits Moyens, & l'exigence des Cas.

Il est parlé dans cet Article & dans les deux suivans du *Jugement Interlocutoire*, qui doit être rendu après que les Moyens de Faux ont été mis au Greffe.

L'Ordonnance veut en *premier lieu*, que ce Jugement soit rendu sur les Conclusions de la Partie Publique; & elle suppose par-là, que cette Partie Publique a le Droit d'aller prendre au Greffe Communication des Moyens de Faux qui doivent donner lieu à ce Jugement.

Elle veut en *second lieu*, que par ce Jugement les Moyens de Faux soient admis, ou rejettés en tout ou en partie; ou bien qu'il soit ordonné qu'ils demeureront joints à la Cause ou au Procès principal, pour y avoir, en jugeant, tel égard que de raison.

L'Ordonnance distingue ici la *Cause du Procès*, parce que, sous le Nom de *Cause* l'on doit entendre une Contestation qui doit se décider publiquement à l'Audience & sans Épices; & par celui du *Procès* une Contestation qui est sujette au Rapport, & doit être jugée à Huis Clos en la Chambre du Conseil.

Pour procéder en conformité du présent Article, il paroît donc, que lorsque les Juges ne trouvent pas les Moyens de Faux admissibles, ils doivent passer outre au Jugement du Procès principal, de maniere que l'Inscription de Faux tombe absolument. Mais si au contraire, ils les jugent pertinens & admissibles, ou aucun d'eux, c'est le Cas d'en ordonner la Preuve de la Maniere qui sera marquée sur l'Article suivant. Que si parmi ces Moyens ils s'en trouvent qui ne soient pas absolument concluans, quand même ils seroient prouvés; c'est alors le Cas d'ordonner la jonction de ces Moyens à l'Inscription de Faux; ce qui s'entend lorsqu'ils peuvent influer sur la Décision de cette Inscription de Faux. Si enfin ces Moyens sont tels qu'ils ne puissent former aucune Preuve relativement à l'Inscription de Faux, même en les joignant aux autres Preuves qui peuvent se rencontrer au Procès, comme s'ils n'étoient fondés que sur des Présomptions extrêmement légeres; c'est le Cas d'en ordonner la jonction à la Cause ou au Procès principal.

Article XXX.

En Cas que lesdits Moyens ou aucun d'iceux, soient jugés per-tinens & admissibles, le Jugement portera qu'il en sera infor-mé, tant par Titres que par Témoins, comme aussi par Ex-pert & par Comparaison d'Ecriture ou Signatures, le tout selon que le Cas le requerra ; sans qu'il puisse être ordonné que les Experts feront leur rapport sur les Piéces prétendues fauf-ses, ou qu'il sera procédé préalablement à la vérification d'i-celles, ce que Nous défendons à peine de Nullité.

La Disposition de cet Article a lieu dans le Cas où les Moyens de Faux, ou quelqu'un d'eux, sont Juges *pertinens & admissibles.* L'Ordonnance veut que, par le même Jugement qui les admettra, il soit porté qu'il *en sera informé, tant par Titres que par Témoins, comme aussi par Experts & par com-paraison d'Ecritures ou Signature ;* & elle ajoute, *le tout selon que le Cas le réquerra,* parce que, comme nous l'avons ob-fervé fur l'Art. 3 du Tit. précédent, il y a de certains Faux qui ne peuvent être prouvés que par Témoins, d'autres, que par Experts, d'autres enfin, que par Piéces de Conviction ou Pié-ces de Comparaison d'Ecritures. *V.* au furplus ce que nous avons dit fur ce même Art. 3 du Tit. précédent.

Par une derniere Difposition de cet Article, l'Ordonnance fait défenfes aux Juges, à peine de Nullité, d'ordonner par ce Jugement que les Experts feront leur rapport fur les Piéces prétendues fauffes, ou qu'il fera procédé préalablement à la vérification d'icelles : en quoi elle ne fait que renouveller la Difposition de l'Art. 22 du Tit. précédent, en même-tems qu'elle abroge celle de l'Art. 15 du Tit. 9 de l'Ordonnance de 1670, fuivant lequel les Experts devoient d'abord procéder à la vérification des Piéces par forme de *Rapport,* & de la maniere preferite par l'Art. 13 du Tit. de la *defcente fur les Lieux* de l'Ordonnance de 1667.

Nous verrons fur les Articles 32 & 37 ci-après, de quelle maniere il doit être procédé à la Nomination & à l'Audition de ces Experts.

Article XXXI.

Les Moyens de Faux qui feront déclarés pertinens & admiffibles, feront marqués expreffément dans le difpofitif du Jugement qui permettra d'en informer, & ne fera informé d'aucuns autres Moyens. Pourront néanmoins les Experts faire les Obferva-tions dépendantes de leur Art, qu'ils jugeront à propos, fur les Piéces prétendues fauffes, fauf aux Juges à y avoir tel égard que de raifon.

Par cet Article, qui eſt une ſuite du précédent, l'Ordonnance veut que le même Jugement qui admettra les Moyens de Faux, & qui permettra d'informer en conſéquence, faſſe Mention expreſſe de ceux de ces Moyens qui ſeront jugés pertinens & admiſſibles ; & elle défend de faire informer d'autres Moyens que de ceux qui ſeront marqués dans le Diſpoſitif de ce Jugement. En quoi l'Ordonnance n'a fait que renouveller la Diſpoſition de l'Art. 14 du Tit. 9 de l'Ordonnance de 1670, qui porte, *le Jugement contiendra auſſi les Moyens & Faits qui auront été déclarés admiſſibles & n'en ſera fait preuve d'aucun autre.*

Cependant, comme parmi les Moyens qui ne ſeroient pas jugés admiſſibles, il pourroit y en avoir, qui donneroient lieu à des Obſervations importantes que pourroient faire les Experts, en vertu des Régles de leur Art ; *ou bien* que les Experts en découvriroient eux-mêmes de nouveaux, auxquels le Demandeur en Faux n'auroit pas fait attention ; la préſente Ordonnance a cru devoir tempérer, par une derniere Diſpoſition de cet Article, la rigueur de l'Ordonnance de 1670 ſur ce point, en permettant aux Experts de faire les obſervations dépendantes de leur Art qu'ils jugeront à propos ſur les Piéces prétendues fauſſes, & en ajoutant cette Clauſe, *ſauf aux Juges à y avoir tel égard que de raiſon.*

Au reſte, parmi les Moyens de Faux qui peuvent être jugés admiſſibles, & dont il doit être fait Mention dans le Jugement qui permet d'en informer, il faut que le Juge, comme la Partie qui les fournit, ait ſoin de s'attacher principalement à ceux qui montrent directement la fauſſeté de la Piéce, tant par ſon état, que par les diſcours tenus à ce ſujet de la part du Défendeur contre lequel on veut s'en prévaloir, ſoit avant, ſoit après la production qu'il a faite de cette Piéce ; & par d'autres préſomptions violentes tirées du Tems, de la Perſonne, & autres Circonſtances eſſentielles au Fait dont il s'agit. C'eſt la Remarque de Papon, Liv. 9, Tit. 10, n. 1. L'on peut en donner pour exemples ; 1°. lorſque les Signatures des Parties ou des Témoins ont été contrefaites ; 2°. lorſque depuis les Signatures & après coup, on a fait des Ratures & Additions à l'inſçu des Parties, ſur-tout lorſque ces Additions ſont d'une autre *Encre* que le Corps d'Ecriture ; 3°. lorſqu'on a enlevé l'ancienne Ecriture, pour y en tranſcrire une nouvelle ; 4°. lorſque

que la Piéce inscrite de Faux n'est point signée de celui dont elle porte le seing ; 5°. lorsque l'on a effacé, chargé ou raturé l'Ecriture, ou ajouté des Lignes avant la Signature ; & que ces Changemens ou Additions sont d'une autre Encre, ou d'une autre Main que le Corps de l'Ecriture ; 6°. lorsque l'Expédition de la Piéce que l'on représente se trouve écrite sur du Papier, dont le Timbre n'étoit pas usité dans le tems de sa date ; 7°. enfin, lorsque l'expédition de la Piéce inscrite de Faux n'est pas conforme à la Minute. *V.* au surplus ce que nous avons dit au commencement de Cette seconde Partie, par rapport aux différentes Manieres de commettre le Faux.

Que si au contraire les Moyens de Faux ne tendent à prouver la fausseté que d'une maniere indirecte, & par des présomptions éloignées qui ne forment que des doutes légers ; c'est alors le Cas d'en ordonner la *jonction*, soit à l'Incident de Faux, lorsqu'il y a d'ailleurs quelqu'autre preuve de ce Faux, *ou bien*, à la Cause ou au Procès principal, lorsque ces Moyens sont tels qu'ils peuvent influer sur la décision de cette Cause ou Procès, & qu'ils ne sont point assez essentiels pour mériter d'être prouvés de quelqu'une des manieres qui sont marquées par l'Article précédent.

FORMULE de Jugement pour admettre ou rejetter les Moyens de Faux.

Extrait des Regiſtres de......

Vû la Requête présentée à....par....tendante à ce qu'il lui fût permis de s'inscrire en Faux contre....(*énoncer la Piéce inscrite de Faux ;*) Ordonnance sur ladite Requête du....portant Permission audit....de s'inscrire en Faux, Sommation faite à....le....de déclarer s'il vouloit se servir de ladite Piéce inscrite de Faux ; Déclaration dud....du....qu'il veut se servir de ladite Piéce ; Signification de ladite Déclaration faite audit....le.... Autre Signification de l'Acte de Mis de ladite Piéce au Greffe le....(*s'il y a eu des pourſuites pour faire apporter au Greffe la Minute de la Piéce inscrite de Faux, il faut les énoncer, enſemble les autres Incidens.* Procès-verbal de l'état de la Piéce inscrite de Faux, enfemble de la Minute, (*s'il y en a eu d'apportée,*) faite par....le.... Inscription de Faux, formée au Greffe de.....contre ladite Piéce par ....par Acte du....Moyens de Faux, donnés par le Demandeur, mis au Greffe le....ladite Piéce inscrite de Faux ; la Minute de ladite Piéce, (*si aucun y a,*) Conclusions du Procureur Général, *ou* Procureur du Roi, *ou* Fiscal.

. Nous avons joint lefdits Moyens de Faux aux Procès d'entre les Parties, pour en jugeant y avoir tel égard que de raifon. Fait ce....

Ou, (*fi les Moyens font admis*,) Nous avons les Moyens de Faux, donnés par....contre.... (*énoncer la Piéce*,) déclarés pertinens & admiffibles, en ce que, (*détailler & exprimer tous les Moyens de Faux admis*, (Ordonnons qu'il fera informé defdits Faits, tant par Titres que par Témoins ; (*fi le Cas le requiert, le Juge peut ajouter*,) comme auffi par ......Experts que Nous avons nommés d'Office ; & par Comparaifon d'Ecritures & Signatures. Fait ce.....

Ou, (*fi partie des Moyens feulement font admis*,) Nous, ayant aucunement égard aux Moyens de Faux donnés par....contre.... (*énoncer la Piéce*,) les avons déclarés pertinens & admiffibles, feulement en ce que.... (*exprimer & détailler les Moyens admis*,) Ordonnons qu'il fera informé des fufdits Faits, tant, &c. (*comme deffus* ;) & à l'égard des autres Moyens de Faux donnés par ledit....confiftans en ce que.... Ordonnons qu'ils demeureront joints à l'Incident de Faux, *ou* à la Caufe *ou* Inftance, *ou* Procès principal d'entre les Parties, pour y avoir tel égard que de raifon.

Ou, Nous ordonnons que les Moyens de Faux donnés par ledit... feront rejettés, & que fans y avoir égard, il fera paffé outre au Jugement de la Caufe, *ou* Inftance, *ou* Procès ; condamnons ledit....Demandeur en Faux, en l'Amende de.....livres, y compris celle confignée lors de l'Infcription en Faux, dont il en appartiendra les deux tiers au Roi, *ou* au Seigneur de cette Juftice, & l'autre tiers à....Défendeur, fauf à.....Défendeur, à fe pourvoir pour fes dommages, intérêts, & dépens de l'Incident.

A R T I C L E XXXII.

Voulons au furplus que les Difpofitions des Articles VIII & IX du Titre du Faux Principal, au fujet defdits Experts, foient pareillement obfervées dans la pourfuite du Faux Incident.

PAR cet Article, l'Ordonnance renouvelle les Difpofitions des Art. 8 & 9 du Tit. précédent, relativement aux EXPERTS, c'eft-à-dire, qu'elle veut ; 1°. qu'ils foient nommés d'Office ; 2°. que leur Nomination foit portée par le même Jugement qui ordonnera l'Information, à moins que cette nomination n'ait été renvoyée à un Juge commis fur les Lieux pour procéder à l'Information ; 3°. que les Juges ne puiffent recevoir aucune Requête en Récufation contre ces Experts ; 4°. que s'il y a des Reproches à propofer contre eux, ils ne puiffent être fournis que de la même maniere que contre les autres Témoins ; fçavoir dans le tems de la Confrontation. *V.* au surplus ce que nous avons dit sur ces Art. 8 & 9.

Nous verrons sur l'Art. 39 du présent Titre, de quelle maniere il doit être procédé à l'Audition de ces Experts. Nous nous contenterons d'observer ici, que quoiqu'en général la Poursuite du Faux Incident se fasse par la voie Civile, elle participe néanmoins de l'Instruction Criminelle en ces deux Points; l'*un* que le Défendeur en Faux ne peut avoir communication des Moyens de Faux; l'*autre* que la Preuve qui est ordonnée en pareil Cas, se fait, non dans la forme d'une *Enquête* sujette à être communiquée, mais par la voie secrette de *l'Information*, & à l'insçu du Défendeur en Faux qui est assimilé sur ce point à un Accusé.

A R T I C L E   XXXIII.

Les Piéces de Comparaison seront fournies par le Demandeur,
sans que celles qui seroient présentées par le Défendeur puis
sent être reçües, si ce n'est du consentement du Demandeur &
de nos Procureurs, ou de ceux des Hauts-Justiciers, le tout
à peine de Nullité; sauf aux Juges, après l'Instruction ache
vée, à ordonner, s'il y écheoit, que ledit Défendeur sera re
çu à fournir de nouvelles Piéces de Comparaison, & ce, con
formément à l'Article XLVI du Titre du Faux Principal;
seront observés au surplus les Articles XIII, XIV, XV &
XVI, dudit Titre, sur la qualité des Piéces de Comparaison,
& sur l'Apport desdites Piéces.

Cet Article & les quatre suivans ont pour Objet les Piéces de Comparaison. L'Ordonnance prescrit ici trois choses, relativement à ces Piéces; 1°. elle détermine Quelles sont les Personnes qui peuvent les fournir; 2°. la Qualité que doivent avoir ces Piéces; 3°. les Formalités qui concernent leur Apport.

Les Personnes qui peuvent les fournir, sont; 1°. le Demandeur en Faux; 2°. le Défendeur en Faux; mais il faut pour cela, que le Demandeur en Faux & la Partie publique veuillent bien y consentir; 3°. enfin la Partie publique; du moins, c'est ce que l'Ordonnance paroît sup poser nécessairement, en exigeant son consentement, pour que le Défendeur puisse être admis à en fournir lui-même.

Quant à la Qualité des Piéces, l'Ordonnance renouvelle sur ce point les Dispositions des Art. 13, 14 & 15 du Tit. du Faux Principal, suivant lesquels ces Piéces doivent être, ou *authentiques*, ou *reconnues* par le Défendeur, & non simplement *vérifiées* avec lui; ou bien, l'on peut prendre pour Piéce de Comparaison les Endroits de la Piéce qu'on attaque, sur lesquels ne tombe point le Faux.

Enfin quant aux *Formalités* de l'Apport, elles doivent être les mêmes en Matiere de Faux Incident, que celles marquées par l'Art. 16 du Tit. du Faux Principal; c'est-à-dire, que si ces Piéces sont entre les Mains des Dépositaires, ceux-ci pourront être contraints à les apporter par les Voies & dans les Délais marqués par les Art. 5 & 6 du Tit. du Faux Principal; & qu'elles devront rester au Greffe, à moins que les Juges ne trouvent à propos de dispenser de cette Remise, comme en fait de Regiſtres de Baptême, Mariage & Sépulture & autres, dont les Dépositaires auroient un besoin continuel pour le service du Public.

V. au surplus ce que nous avons dit sur l'Art. 16 ci-devant.

V. aussi la Formule de la Requête pour l'Apport & Remise des Piéces de Comparaison, à la suite du même Art. 16.

Article XXXIV.

Le Procès-verbal de Présentation des Piéces de Comparaison, se fera en la forme prescrite par les Articles XVII & XIX du Titre du Faux Principal, en y appellant néanmoins le Défendeur, outre le Demandeur, & notre Procureur, ou celui des Hauts-Justiciers; & les Piéces de Comparaison qui seront admises, seront paraphées par ledit Défendeur, s'il peut ou veut les parapher (sinon il en sera fait mention) comme aussi par le Demandeur, & autres dénommés ausdits Articles, le tout à peine de Nullité, à l'effet de quoi le Demandeur sera sommé de comparoir audit Procès-verbal, dans trois jours, par Acte signifié au domicile de son Procureur; & faute par lui d'y satisfaire, il sera donné défaut par le Juge, & passé outre à la présentation des piéces de comparaison, même à la réception d'icelles, s'il y échéoit.

Il eſt parlé dans cet Article du Procés-verbal de pré-sentation des Piéces de Comparaiſon. L'Ordonnance veut que ce Procès-verbal ſoit fait dans la même forme que celle preſcrite par les Art. 17 & 19 du Tit. du Faux Principal.

Ainſi, conformément à ces Articles, le Demandeur en Faux, ou ſon Fondé de Procuration ſpéciale, devra préſenter les Piéces de Comparaiſon au Juge en Perſonne, ſans qu'il puiſſe pré-ſenter aucune Requête à cet effet. Que s'il n'a pas ces Piéces entre les Mains, & qu'elles ayent été apportées au Greffe par les Dépoſitaires, ce ſera le Greffier lui-même qui les préſen-tera au Juge, lequel dreſſera en conſéquence ſon Procès-verbal au Greffe, ou autre Lieu du Siége deſtiné aux Inſtructions; à la fin duquel Procès-verbal, il réglera ſur les Concluſions de la Partie publique ce qu'il appartiendra pour l'Admiſſion ou le Re-jet de ces Piéces; ou bien, il pourra en Cas de doute ordonner le *référé* aux Juges du Siége qui y pourvoiront eux-mêmes par Délibération du Conſeil, après que le Procès-verbal aura été communiqué à la Partie Publique, & au Demandeur.

La ſeule Diſtinction que l'Ordonnance met entre le Procès-verbal dont il s'agit ici, & celui qui ſe fait pour l'Inſtruction du Faux Principal; c'eſt qu'au lieu que dans celui-ci, l'Ordon-nance n'admet point l'Aſſiſtance de l'Accuſé, ainſi que nous l'avons vû ſur l'Article 18 du Titre précédent; elle veut que le Défendeur en Faux puiſſe aſſiſter à celui qui ſe fait dans le Faux Incident, & même qu'il y ſoit appellé par un *Acte* qui ſera ſignifié au Domicile de ſon Procureur, lequel Acte portera Sommation de comparoître dans trois jours aud. Procès-verbal, faute de quoi il ſera donné défaut par le Juge, & pour le profit, il ordonnera qu'il ſera paſſé outre à la Préſentation des Piéces de Comparaiſon, même à la Réception d'icelles, *s'il y écheoit.* *V.* au ſurplus l'Art. 36 ci-après.

Que ſi le Défendeur comparoît ſur cette Sommation, (ce qu'il peut faire auſſi par un fondé de Procuration ſpéciale, comme nous verrons ſur l'Art. 38 ci-après) le Juge, après avoir fait la Deſ-cription des Piéces de Comparaiſon, en énonçant leurs dates & Qualités, & pardevant qui elles ſont paſſées; & après les lui avoir repréſenté, en l'interpellant de convenir ou diſconvenir de ces Piéces, conformément à l'Art. ſuivant, il lui fera parapher les Piéces de Comparaiſon qui ſeront admiſes; & s'il ne peut ou ne veut les parapher, il fera Mention de ſon Refus. Ces mêmes

Piéces feront aussi paraphées par le Juge, par la Partie Publique & par le Demandeur, s'il sçait ou veut parapher, sinon en sera fait Mention : le tout conformément à l'Art. 21 du Tit. du Faux Principal.

FORMULE du Procès-verbal de Présentation des Piéces de Comparaison.

L'an . . . . . *ou* Aujourd'hui . . . . . heure . . . . . Nous . . . . . nous étant transportés au Greffe de . . . . . *ou* en la Chambre du Conseil de . . . . . où étant en présence du Procureur du Roi *ou* Fiscal, (*ou si c'est au Parlement,*) en Présence, de . . . . . Substitut du Procureur Général du Roi, est comparu . . . . Demandeur, *ou* . . . . fondé de la Procuration spéciale à l'effet des présentes de . . . . passée devant Notaires, *ou* devant Notaire & Témoins, le . . . . qui est demeurée annexée à la Minute des présentes, après avoir été paraphée par Nous & par ledit . . . . lequel nous a représenté l'Original de la Sommation faite à . . . . Défendeur, le . . . . de comparoir à ce jourd'hui, lieu & heure, à l'effet d'être présent au présent Procès-verbal ; & après avoir attendu une heure, & que ledit . . . . n'est point comparu, Nous avons donné défaut contre lui, & pour le profit, Ordonnons qu'il sera passé outre.

(*Si le Défendeur comparoît, l'on met,*) est aussi comparu . . . . Défendeur, lequel *ou* notre Greffier nous a représenté . . . . (*énoncer les Piéces ;*) desquelles Piéces ledit . . . . Demandeur prétend se servir pour Piéces de Comparaison, dans l'Instruction de Faux Incident dont il s'agit ; lesquelles Piéces nous avons représentées audit . . . . Défendeur ; & l'ayant interpellé de convenir desdites Piéces, ou les contester sur le champ, il a déclaré qu'il en convient, *ou* qu'il les conteste, & a signé, *ou* fait refus de signer, de ce interpellé ; *ou* déclaré ne sçavoir signer, de ce enquis ; a aussi ledit . . . . Demandeur signé . . . . . .

Et à l'instant le Procureur du Roi, *ou* Fiscal, &c.

Il faudra aussi faire parapher les Piéces de Comparaison par le Défendeur, si elles sont admises.

ARTICLE XXXV.

Lors dudit Procès-verbal, les Piéces de Comparaison seront représentées au Défendeur, s'il y comparoît, pour convenir desdites Piéces ou les contester, sans que pour raison de ce, il lui soit donné délai ni conseil.

LA Disposition de cet Article a lieu dans le Cas de la *Comparution du Défendeur au Procès-verbal* de Présentation des Piéces de Comparaison. Outre la Formalité du *Paraphe* dont il eſt parlé ſur l'Art. précédent; l'Ordonnance veut., que ces Piéces lui ſoient repréſentées par le Juge, pour convenir ou conteſter ces mêmes Piéces, & cela dans l'inſtant même de cette Repréſentation, ſans qu'il lui ſoit donné aucun Délai ni Conſeil.

Comme le Droit d'aſſiſter au Procès-verbal, eſt une Grace ſpéciale que l'Ordonnance a bien voulu accorder au Défendeur en Faux Incident, préférablement à celui qui eſt pourſuivi pour le Faux Principal, il ne doit pas ſe plaindre de la rigueur avec laquelle elle exige la Déclaration *préciſe* dont il eſt parlé dans le préſent Article; puiſqu'il n'eſt pas traité en cela plus durement que l'Accuſé qui eſt admis à ſes Faits juſtificatifs, & qui, aux termes de l'Art. 4 du Titre dernier de l'Ordonnance de 1670, eſt tenu de nommer ſur le champ ſes Témoins. C'eſt auſſi, ſur les mêmes Motifs que ſont fondées l'une & l'autre de ces Diſpoſitions; *ſçavoir*, d'empêcher que, tant ce Défendeur en Faux, que l'Accuſé, n'abuſent des Délais, & des Secours étrangers, pour ſurprendre la Religion des Juges, & corrompre les Experts.

A R T I C L E XXXVI.

Si les Piéces de Comparaiſon ſont conteſtées par le Défendeur, ou s'il refuſe d'en convenir, le Juge en fera mention, pour y être pourvû, ainſi qu'il appartiendra, ſur les Concluſions de nos Procureurs, ou de ceux des Hauts-Juſticiers, & ce, dans la forme preſcrite par ledit Article XIX du Titre du Faux Principal.

PAR cet Article, l'Ordonnance prévoit le Cas où le Défendeur, comparoiſſant au Procès-verbal enſuite de la Sommation qui lui auroit été faite, viendroit à *conteſter* les Piéces de Comparaiſon qui lui ſeroient repréſentées, ou bien *refuſeroit d'en convenir*. Elle veut que le Juge faſſe Mention dans ce Procès-verbal, non-ſeulement du *Refus* qui ſera fait par ce Défendeur de convenir de ces Piéces, & des *Moyens* qu'il employera pour les faire rejetter, mais encore des *Réponſes* qui ſeront faites à ces Moyens de la part du Demandeur en Faux, comme auſſi des *Réquiſitoires* qui ſeront faits alors par la Partie Publique; afin que ſur le tout il ſoit pourvû, ainſi qu'il appartiendra, ſur les Concluſions de cette Partie Publique, & dans la Forme preſcrite par l'Art. 19 du Titre du Faux Principal: c'eſt-à-dire, qu'à la fin de ce Procès-verbal, le Juge réglera ce qu'il jugera à propos pour l'Admiſſion ou le Rejet des Piéces de Comparaiſon ; ou bien, s'il trouve quelque Difficulté, il ordonnera qu'il en fera *référé* avec les autres Officiers du Siége qui y pourvoiront par Délibération de Conſeil, après que le Procès - verbal aura été communiqué à la Partie Publique, ainſi qu'au Demandeur.

A R T I C L E XXXVII.

En cas que les Piéces de Comparaiſon ne ſoient pas reçûes, il fera ordonné que le Demandeur en rapportera d'autres dans le délai qui ſera preſcrit par le Jugement qui interviendra ſur le vû du Procès-verbal ; & faute par le Demandeur d'y avoir ſatisfait, les Juges ordonneront, s'il y écheoit, que, ſans s'arrêter à l'Inſcription de Faux, il fera paſſé outre à l'Inſtruction & au Jugement de la conteſtation principale. Laiſſons à leur prudence de l'ordonner ainſi, par le Jugement même qui portera que ledit Demandeur ſera tenu de fournir d'autres Piéces de Comparaiſon.

L'O R D O N N A N C E ipreſcrit par cet Article Ce qui doit être ordonné dans le Cas où les Piéces de Comparaiſon *n'auront pas été reçûes* ; elle veut qu'alors, ſur le vû du Procès-verbal, il ſoit ordonné par les Juges du Siége à qui il en ſera référé, que le Demandeur en rapportera *d'autres* dans un certain tems ; & que, faute par lui d'y ſatisfaire dans le tems preſcrit, il ſoit dit par le même Jugement qui aura ordonné le Rapport des nouvelles Piéces de Comparaiſon, ou par un autre (ce que l'Ordonnance laiſſe à la Prudence des Juges) que, *ſans s'arrêter à l'Inſcription de Faux, il ſera paſſé outre à l'Inſtruction & au Jugement de la Conteſtation principale.*

La Diſpoſition de cet Article différe, comme l'on voit, de celle de l'Art. 20 du Tit. précédent, en ces deux Points. L'*un* que, ſuivant cet Art. 20, non-ſeulement la Partie Civile, mais encore la Partie Publique ſont tenues de rapporter d'autres Piéces de Comparaiſon, lorſque celles qu'elles ont produites, ont été rejettées. Au lieu que, par le préſent Article, il paroît qu'il n'y a que le ſeul Demandeur que regarde cette Obligation, puiſqu'il n'y eſt fait aucune Mention de la Partie Publique ; quoique le Jugement qui doit admettre ou rejetter les Piéces de Comparaiſon,

Comparaifon, ne puiffe être rendu que fur les Conclufions de celle-ci, ainfi que nous venons de le voir fur l'Art. précédent.

L'autre, c'eft qu'au lieu d'ordonner fimplement, comme elle a fait par l'Art. 20, que, faute par la Partie Civile de rapporter d'autres Piéces dans le Délai qui lui a été prefcrit, *il y fera pourvû par les Juges du Siége, ainfi qu'il appartiendra*; l'Ordonnance autorife expreffément ces Juges par le préfent Article, à ordonner que, *fans s'arrêter à l'Infcription de Faux Incident, il fera paffé outre au Jugement de la Conteflation Principale.* Elle veut de plus, comme nous verrons fur l'Art. 50 ci-après, que faute d'avoir fatisfait à ce qui lui eft ordonné en pareil Cas, il foit condamné à l'Amende; & même que cette Condamnation ait lieu de plein droit, encore qu'elle ne feroit pas expreffément portée par le Jugement, & que le Demandeur offriroit de pourfuivre le Faux, comme Faux Principal.

Au refte, il ne faut pas s'étonner de la rigueur de ces dernieres Difpofitions qui n'intéreffent particuliérement que le Demandeur en Faux; au lieu que s'agiffant dans celle de l'Art. 20 du Tit. précédent, de la Pourfuite d'un Crime qui intéreffe principalement l'Ordre public, les Juges doivent garder beaucoup plus de Circonfpection dans leurs Jugemens, puifqu'ils doivent avoir des fuites le plus fouvent irréparables, & toujours plus dangereufes que ceux qui fe rendent dans une fimple Inftruction Civile, telle que celle du *Faux Incident;* d'autant plus que celle-ci n'empêche point la Pourfuite extraordinaire de la part de la Partie Publique qui peut l'exercer dans tous les tems.

Article XXXVIII.

Dans les Procès-verbaux qui doivent être faits en préfence du Demandeur & du Défendeur en Faux, fuivant ce qui a été dit ci-deffus, il fera permis à l'un à l'autre d'y comparoître par le Porteur de leur Procuration fpéciale; & fera obfervé, à cet égard, le contenu aux Articles LVII & LVIII du Titre du Faux Principal. Pourront néanmoins les Juges ordonner, s'ils l'eftiment à propos, que lefdites Parties, ou l'une d'elles feront tenues de comparoître en Perfonne audit Procès-verbal.

PAR cet Article, l'Ordonnance permet, *tant* au Demandeur, *qu'*au Défendeur en Faux, de comparoître par des *fondés de Pro-*

curation spéciale, dans tous les Procès-verbaux qui doivent être faits en leur préſence ; & elle renouvelle à ce ſujet les Diſpoſitions des Articles 57 & 58 du Tit. du Faux Principal, auxquels elle ajoute ſeulement une Permiſſion particuliere aux Juges, d'ordonner, lorſqu'ils l'eſtimeront à propos, que les Parties ou l'une d'elles ſeront tenues de comparoître en Perſonne auxdits Procès-verbaux. Ce qui doit avoir lieu principalement dans les quatre Cas ſuivans ; 1°. Lorſqu'il ſe trouve dans l'Enonciation des Piéces, des Faits qui ſont Perſonnels à l'une de ces Parties, & ſur leſquels elle peut ſeule donner des Eclairciſſemens convenables ; 2°. Lorſqu'il s'agit du Procès - verbal au ſujet du *Corps d'Ecriture* dont il eſt parlé ſur les Articles 33 & 34 du Tit. du Faux Principal ; 3°. Lorſqu'il s'agit de dreſſer le Procès-verbal de Préſentation de nouvelles Piéces de Comparaiſon, qui auroient été indiquées par le Défendeur : comme ce Procès - verbal doit être dreſſé en préſence du Défendeur, qui doit, aux termes de l'Art. 50 du même Tit. du Faux Principal, parapher ces Piéces, il eſt néceſſaire qu'il comparoiſſe en Perſonne, pour ſçavoir ſi ces Piéces ſont les mêmes qu'il aura indiqué ; 4°. Enfin, on peut encore obliger le Défendeur à comparoître en Perſonne, toutes les fois que celui qui l'aura chargé de ſa Procuration, ſe mettra en Refus de parapher les Piéces qui lui ſeront repréſentées. C'eſt ce qui réſulte de la derniere Diſpoſition de l'Art. 58 du Titre précédent, qui porte » qu'en Cas que le Porteur de la » Procuration refuſe de parapher les Piéces qui doivent être » paraphées par la Partie Civile, il y ſera pourvû par les Juges, » ſur les Concluſions de la Partie Publique, ainſi qu'il appar- » tiendra.

A l'égard des autres Procès-verbaux, tels que ceux de l'Etat de la Piéce prétendue fauſſe, ou ceux qui ſe font au ſujet de la Préſentation des Piéces de Comparaiſon, tant anciennes que nouvelles, lorſqu'elles ſont produites de la part du Demandeur; il n'eſt pas néceſſaire que le Défendeur, non plus que le Demandeur y comparoiſſent en Perſonne ; il ſuffit, aux termes du préſent Article, que l'un ou l'autre y aſſiſtent par leur fondé de Procuration ; pourvû qu'ils ſatisfaſſent d'ailleurs aux Conditions qui ſont marquées par les Art. 57 & 58 du Titre du Faux Principal ; ſçavoir, 1°. Que la Procuration ſoit ſpéciale pour le Faux dont il s'agit ; 2°. Qu'elle ſoit paſſée devant Notaires ; 3°. Qu'elle ſoit annexée à la Minute de l'Acte pour lequel elle a été donnée, & s'il y en a plusieurs, il suffira qu'elle le soit à la Minute du premier; 4°. Qu'elle soit paraphée, tant par le Juge, que par le Porteur de cette Procuration; 5°. Enfin, que ce Porteur paraphe aussi toutes les Piéces qui doivent être représentées, & paraphées par la Partie pour laquelle il comparoît.

<h3 align="center">A R T I C L E X X X I X.</h3>

En procédant à l'Audition des Experts, la Requête à fin de Permission de s'inscrire en Faux, & l'Ordonnance ou Jugement intervenus sur icelles, l'Acte d'Inscription en Faux, les Piéces prétendues fausses, & le Procès-verbal de l'état d'icelles, les Moyens de Faux, ensemble le Jugement qui les aura admis, & qui aura ordonné l'Information par Experts, les Piéces de Comparaison, lorsqu'il en aura été fourni, le Procès-verbal de Présentation d'icelles, & l'Ordonnance ou le Jugement par lequel elles auront été reçûes, seront remises à chacun des Experts, pour les examiner, sans déplacer; & sera en outre observé tout ce qui est prescrit par les Articles XXII & XXIII du Titre du Faux Principal.

C ET Article concerne l'*Information par Experts*, en *Matiere de Faux Incident*, & il contient trois Dispositions à cet égard. La *premiere*, regarde les *Piéces* qui doivent être remises à chacun des Experts, avant que de procéder à leur Audition. Ces Piéces sont au nombre de huit; sçavoir, 1°. L'Acte d'Inscription de Faux; 2°. Les Piéces prétendues fausses; 3°. Le Procès-verbal de l'Etat de ces Piéces; 4°. Les Moyens de Faux; 5°. Le Jugement qui admet ces Moyens, & qui a ordonné en même-tems l'Information par Experts; 6°. Les Piéces de Comparaison, s'il y en a eu de fournies; 7°. Le Procès-verbal de Présentation d'icelles; 8°. Enfin, l'Ordonnance ou Jugement qui a admis ces Piéces.

La *seconde*, concerne la *Maniere* dont ces Experts doivent procéder à l'*Examen* de ces Piéces. L'Ordonnance veut qu'ils le fassent sans *déplacer*; & de plus *séparément*, & chacun en particulier, conformément à l'Article 23 du Titre précédent. *V.* ce que nous avons dit sur cet Article.

Enfin, par la *troisiéme*, l'Ordonnance prescrit la *Maniere* dont le Juge doit procéder à l'*Audition* de ces Experts; elle veut qu'il fe conforme fur ce Point à la Difpofition de l'Art. 22 du même Titre du Faux Principal, fuivant lequel ces Experts doivent être entendus par Forme de *Dépofition*, comme les autres Témoins, & non par Forme de *Rapport*, comme ils l'étoient auparavant ; & de plus, qu'il foit fait Mention dans leurs Dépofitions, tant de la *Remife* qui leur a été faite des Piéces ci-deffus pour les examiner, que de l'*Examen* qu'ils en ont fait, chacun en particulier ; comme aufli du *Paraphe* qu'il leur a fait faire des Piéces prétendues fauffes, ou du Refus par eux fait de parapher.

V. au furplus ce que nous avons dit fur ces mêmes Art. 22 & 23. *V.* aufli à la fuite de l'Art. 22 la Formule d'Information par Experts, à laquelle on devra feulement ajouter, que l'Expert entendu a déclaré qu'il lui a été remis au Greffe les Piéces ci-deffus mentionnées.

<h3 align="center">A R T I C L E XL.</h3>

Lorfqu'il aura été ordonné aux termes de l'Article XXX du préfent Titre, qu'il fera informé, tant par Titres que par Témoins, feront entendus les Témoins qui auroient connoiffance de la Fabrication, Altération, & en général de la fauffeté des Piéces infcrites de Faux, ou de Faits qui pourroient fervir à en établir la Preuve ; à l'effet de quoi pourra être permis, en tout état de Caufe, d'obtenir & faire publier Monitoires.

Il eft parlé dans cet Art. & dans le fuivant de l'*Information par Témoins*, qui fe fait en vertu du Jugement mentionné dans l'Art. 30 ci-devant. L'Ordonnance prefcrit d'abord ici trois Chofes à cet égard ; 1°. Qu'on doit entendre dans cette Information tous ceux qui ont été Témoins de la Fabrication, Altération, & en général de la Fauffeté des Piéces infcrites de Faux, ou des Faits qui pourroient fervir à en établir la Preuve ; 2°. Que dans le Cas où l'on ne pourroit découvrir aifément ces Témoins, l'on puiffe avoir recours à la Voie du Monitoire ; 3°. Enfin, que l'on puiffe employer cette Voie du Monitoire, ainfi que celle de l'Information en tout, Etat de Caufe.

Toutes ces Difpofitions font abfolument conformes à celles de l'Art. 24 du Titre du Faux Principal. Ainfi, nous ne répéterons rien de ce que nous avons dit sur ce premier Article.

V. sur l'Art. suivant, les autres Formalités qui sont particulieres à cette Information.

Article XLI.

Toutes les Dispositions des Articles XXV, XXVI, XXVII, XXVIII & XXIX du Tit. du Faux Principal, concernant la Représentation des Piéces y mentionnées ausdits Témoins, le Paraphe desdites Piéces, & les Actes dans lesquels on peut suppléer à l'Omission de ladite représentaion & dudit Paraphe, si l'on n'y a pas satisfait lors de la Déposition desdits Témoins, seront aussi exécutées dans le Faux Incident; & si lesdits Témoins représentent quelques Piéces lors de leur Déposition, il sera observé ce qui est prescrit par l'Article XL du même Titre.

PAR cet Article, qui est une suite du précedent, l'Ordonnance prescrit les *autres* Formalités qui doivent être observées par le Juge, en procédant à l'*Audition* des Témoins; elle renouvelle à cet égard les Dispositions des Articles 25, 26, 27, 28, 29 & 40 du Tit. du Faux Principal.

Nous avons vû sur ces différens Articles, que ces Formalités étoient de quatre sortes. Les *premieres* regardent la *Qualité* des Piéces qui doivent être représentées à ces Témoins. Ces Piéces sont 1°. celles inscrites de Faux. (*V. Art.* 25); 2°. Celles servans à Conviction, dont les Témoins peuvent avoir Connoissance. (*V. Art.* 27); 3°. les Piéces de Comparaison, si le Juge l'estime à propos. *V. Art.* 29.

Celles de la *seconde Espéce* regardent le *Paraphe*, que le Témoin doit faire de la Piéce prétendue fausse, lors de la Représentation qui lui en est faite. (*V. Art.* 26,) comme aussi des Piéces de Conviction dont il a Connoissance. (*V. Art.* 27,) & même des Piéces de Comparaison, si le Juge trouve à propos de les lui représenter. (*V. Art.* 29); enfin, au Cas que le Témoin fasse Refus de parapher ces Piéces, lorsqu'elles lui sont représentées, il en doit être fait *Mention*, suivant ces mêmes Art.

Les Formalités de la *troisiéme Espéce* ont lieu singuliérement en Cas d'*Omission* de la Représentation, & du Paraphe des

Piéces prétendues fauſſes & de celles de Conviction. L'Ordonnance veut que, conformément à l'Art. 28 du Tit. du Faux Principal, lorſque cette Omiſſion ſe trouve dans l'Information, elle puiſſe être ſuppléée lors du Récollement ; & que ſi elle ſe trouve dans le Récollement, elle puiſſe être réparée dans la Confrontation ; qu'enfin, ſi elle ſe trouve dans la Confrontation, elle emporte la Nullité de ce dernier Acte ; Nullité qui n'eſt pas néanmoins tellement abſolue, qu'elle ne puiſſe encore être réparée par une nouvelle Confrontation, que les Juges ordonneront, *s'il y écheoit* ; ainſi qu'ils y ſont autoriſés par l'Art. 45 du même Tit. du Faux Principal.

Enfin, les Formalités de la *quatriéme Eſpéce* regardent les Piéces qui ſont *repréſentées par les Témoins* eux-mêmes, lors de l'Information dont il s'agit. L'Ordonnance veut que, conformément à l'Art. 40 du Tit. du Faux Principal, ces Piéces demeurent *jointes* à leurs Dépoſitions, après que le Juge aura pris la Précaution de les leur faire parapher, ou de faire Mention de leur Refus ; elle veut de plus, que ſi ces Piéces ſont de Nature à pouvoir ſervir à Conviction , elles ſoient *repréſentées* à ceux des autres Témoins qui en auroient Connoiſſance, & qui ſeront entendus depuis la Remiſe de ces Piéces ; & qu'elles ſoient auſſi *paraphées* par ces derniers.

Article XLII.

La Diſpoſition de l'Article XXX dudit Titre, aura lieu pareillement dans le Faux Incident, par rapport aux Décrets qui pourront être prononcés, tant contre le Défendeur que contre d'autres, encore qu'ils ne fuſſent Parties dans la Cauſe ou Procès. Laiſſons à la prudence des Juges, lorſqu'il n'y aura point de Charges ſuffiſantes pour décréter, d'ordonner que l'Information ſera jointe à la Cauſe ou au Procès , ou de ſtatuer, ainſi qu'il appartiendra , ſuivant l'exigence des Cas.

Que doit faire le Juge enſuite de l'Information par Experts , ou par Témoins ? C'eſt ce qui nous eſt marqué par le préſent Article. L'Ordonnance renouvelle d'abord à cet égard la Diſpoſition de l'Art. 30 du Titre du Faux Principal, ſuivant lequel le Juge peut, ſur le vû de cette Information ; & même ſans Information précédente lorſqu'il y a d'ailleurs des Charges ſuffifantes, décerner tel DÉCRET qu'il jugera à propos, tant contre le Défendeur en Faux, que contre d'Autres qui auroient été fes Complices, quoique ceux-ci ne fe trouveroient point Parties dans la Caufe ou Procès principal ; le tout fur les Conclufions de la Partie Publique.

Néanmoins, comme il arrive fort fouvent, que l'Inftruction fur le Faux Incident ne produit que des Preuves très-légeres du Crime ; d'autant que, comme nous l'avons obfervé au commencement de ce Titre, ces fortes d'Inftructions peuvent avoir lieu, dans le Cas même où celui qui a produit la Piéce maintenue fauffe, n'auroit eu aucune part à cette fauffeté, & n'en auroit pas même eû Connoiffance. C'eft pour cela que, par une derniere Difpofition du préfent Article, l'Ordonnance a cru devoir apporter un Tempérament à la rigueur de celle de l'Art. 30, que nous venons de citer, en laiffant à la prudence des Juges, lorfqu'il n'y aura point des Charges fuffifantes pour décréter, d'ordonner que l'Information fera *jointe* à la Caufe du Procès, ou de ftatuer, *ainfi qu'il appartiendra,* fuivant l'exigence des Cas. Le tout néanmoins à la Charge, que dans ce dernier Cas, comme dans le premier, il ne puiffe rien être ordonné qu'enfuite des Conclufions de la Partie Publique.

Au refte, il faut obferver que, par la permiffion qu'elle donne au Juge de décréter fans Information préalable lorfqu'il y a d'ailleurs des Charges fuffifantes, l'Ordonnance veut parler principalement des Cas où, fur le vû des Piéces prétendues fauffes, ou de celles fervant à Conviction, ou du Procès-verbal qui auroit été dreffé de leur Etat ; ou enfin, fur le vû des Moyens de Faux qui auroient été fournis de la part du Demandeur, le Juge auroit remarqué des Préfomptions de Faux les plus frappantes.

V. au furplus ce que nous avons dit fur l'Art. 30 ci-devant, & fur l'Art. 3 du Tit. 1er.

A R T I C L E XLIII.

Seront auffi obfervées dans le Faux Incident les Difpofitions des Articles XXXI, XXXII & XLI du Titre du Faux Principal, concernant les Piéces qui doivent être repréfentées aux Accufés, & par eux paraphées lors de leurs Interrogatoires, & celles qui ne doivent l'être qu'à la Confrontation ; comme auffi les Piéces qu'ils repréfenteroient lors de leurfdits Interrogatoires.

PAR cet Article, l'Ordonnance suppose le Cas où le Défendeur en Faux qui à été décrété, prend le Parti de se représenter pour subir Interrogatoire: comme il est devenu par le Décret un véritable Accusé, elle veut qu'on suive aussi à son égard les mêmes Formalités, que celles prescrites par les Articles 31, 32 & 41 du Titre du Faux Principal.

Ainsi, il faut qu'en *premier lieu*, lors de cet Interrogatoire, les Piéces arguées de Faux, & celles servans à Conviction, lui soient représentées, si elles font au Greffe; & qu'elles soient par lui paraphées, sinon que Mention soit faite de son Refus. *V. Art.* 31 du Titre précédent. Ce qui s'entend, lorsque ce Paraphe n'aura pas déja été fait lors du Procès-verbal de l'Etat de ces Piéces, ainsi qu'il est prescrit par l'Art. 25 du présent Titre.

2°. Qu'en Cas d'Omission de la Réprésentation, ou du Paraphe de ces Piéces lors de cet Interrogatoire, il y soit suppléé dans un autre Interrogatoire, que l'on fera subir à ce même Accusé; & ce à Peine de Nullité du Jugement qui seroit rendu, sans avoir réparé cette Omission. *V.* même Art. 31.

3°. Que les Piéces de Comparaison ne lui soient point alors représentées, mais seulement dans le tems de la Confrontation. *V.* Art. 32, *ibid.*

4°. Qu'enfin, si cet Accusé ou autres Coaccusés représentent quelques Piéces lors de leur Interrogatoire, elles y demeurent jointes, après avoir été paraphées par le Juge, & par celui des Accusés qui les aura produit, s'il peut ou veut les parapher; sinon que Mention soit faite de son Refus. *V.* Art. 41, *ibid.*

V. au surplus ce que nous avons dit sur ces Articles.

ARTICLE XLIV.

Le contenu aux Articles XXXIII, XXXIV, XXXV & XXXVI du Titre, aura lieu pareillement dans le Faux Incident, tant par rapport au Corps d'Ecriture, que le Défendeur en Faux ou autre Accusé sera tenu de faire, s'il est ainsi ordonné par les Juges, que par rapport au Cas où ils peuvent ordonner, avant le Réglement à l'Extraordinaire, qu'il sera entendu de nouveaux Experts, ou qu'il sera fourni de nouvelles Piéces de Comparaison.

IL est parlé dans cet Article de trois différens Jugemens *Interlocutoires* qui peuvent être rendus dans le cours de l'Instruction du *Faux Incident* ; fçavoir, 1°. Celui par lequel il eft ordonné que *l'Accufé fera tenu de faire un Corps d'Ecriture fous la dictée des Experts* ; 2°. Celui par lequel il eft ordonné qu'il *fera entendu de nouveaux Experts* ; 3°. Enfin, Celui par lequel il eft ordonné qu'*il fera fourni de nouvelles Piéces de Comparaifon.*

L'Ordonnance veut que l'on obferve dans tous ces Jugemens les mêmes Formalités que celles qu'elle a prefcrites par les Articles 33, 34, 35 & 36 du Tit. du Faux Principal.

Ainfi, 1o. Quant au JUGEMENT *qui ordonnera le Corps d'Ecriture*, il pourra être rendu en tout Etat de Caufe, foit avant, foit depuis le Réglement à l'Extraordinaire. *V. Art.* 33 du Tit. précédent. Il pourra auffi être rendu, tant fur la Requête du Demandeur en Faux, que de la Partie Publique & même d'Office, par le Juge. *V. ibid.* Le Corps d'Ecriture qui fera ordonné par ce Jugement, doit être fait au Greffe ou autre Lieu deftiné à l'Inftruction. *V. Art.* 34. Il doit être dicté par les Experts, en préfence de la Partie Publique & du Demandeur en Faux, où lui dûement appellé. *V.* même *Art.* 34. Il doit être paraphé par le Juge, les Experts, la Partie Publique, le Demandeur en Faux, & même par l'Accufé, en préfence des Experts ; finon Mention doit être faite de ceux qui ne voudront ou ne pourront parapher. *V. ibid.* . . . Enfin, il doit être dreffé à ce fujet un Procès-verbal, à la fin duquel le Juge réglera, *s'il y écheòit,* que ce Corps d'Ecriture fervira de Piéces de Comparaifon avec la Piéce arguée de Faux, & que les Experts feront entendus par Voie de Dépofition, fur ce qui pourra réfulter de ce Corps d'Ecriture comparé avec les Piéces prétendues fauffes. *V. Art.* 35. Au refte, ces Experts pourront être les mêmes qui auront déja dépofé fur les autres Piéces de Comparaifon ; à moins que le Juge ne trouve à propos d'en nommer d'autres, ou d'en ajouter de nouveaux aux premiers ; ce qu'il ne pourra faire en ce dernier Cas, qu'après en avoir référé aux autres Juges, & enfuite de Délibération du Confeil. *V.* même *Art.* 35.

2°. Quant au JUGEMENT *qui ordonnera de nouveaux Experts ;* ce Jugement pourra avoir lieu, non-feulement dans le Cas du *Corps d'Ecriture* dont on vient de parler, mais encore toutes les fois qu'il y aura *Diverfité* dans la Dépofition des Experts, ou qu'il y aura du *Doute* fur la maniere dont ils fe feront expliqués. *V. Art.* 36 du Tit. précédent. Ces Experts feront alors nommés comme les premiers, ou d'*Office* par le Juge, ou sur le *Réquisitoire* de la Partie Publique, ou même sur la Requête de l'Accusé ; avec cette Différence néanmoins, qu'ils pourront être nommés avant le Réglement à l'*Extraordinaire*, si c'est à la Requête de la Partie Publique, ou s'ils sont nommés d'Office par le Juge de l'Instruction ; au lieu que, lorsqu'ils sont demandés par l'Accusé, soit avant, soit depuis le Réglement à l'Extraordinaire, ils ne peuvent jamais être nommés qu'après l'Instruction achevée & par Délibération du Siége, sur le vû du Procès. *V. Art.* 44 du Tit. du Faux Principal.

Au reste, ces nouveaux Experts seront entendus, comme les premiers, *séparément* & par forme de *Déposition* ; & il leur sera remis les mêmes Piéces que celles mentionnées dans l'Art. 39 du préfent Titre, & de plus, le *Jugement qui les aura nommés.*

3°. Enfin, par rapport au JUGEMENT qui *ordonnera de nouvelles Piéces de Comparaifon* ; ce Jugement pourra avoir lieu non-seulement dans les mêmes Cas que ceux qui ordonneront de nouveaux Experts ; mais encore, toutes les fois que les premieres Piéces de Comparaifon qui auront été préfentées par le Demandeur, ou par la Partie Publique, auront été rejettées, fuivant ce qui est prefcrit par l'Art. 20 du Titre du Faux Principal. Au furplus, l'on devra obferver, à l'égard de ces nouvelles Piéces, les mêmes précautions que celles que nous venons de remarquer par rapport aux nouveaux Experts ; *fçavoir,* que, fi c'est à la Requête de la Partie Publique, ou même d'Office, que les nouvelles Piéces font ordonnées, elles peuvent l'être *en tout tems,* soit avant, soit depuis le Réglement à l'Extraordinaire ; avec cette différence néanmoins, que fi c'est depuis le Réglement, ces nouvelles Piéces ne pourront être ordonnées par le Juge de l'Instruction, mais par le Siége entier après l'Instruction achevée, & fur le vû du Procès ; au lieu que, lorfque c'est fur la Requête de l'Accusé, elles ne peuvent jamais l'être qu'après l'Instruction achevée, & par Délibération du Confeil, & fur le vû du Procès, à peine de Nullité.

V. Article 46 du même Titre du Faux Principal ; *V.* auffi l'Art 46 du préfent Titre.

A R T I C L E XLV.

Après le Réglement à l'Extraordinaire, lorsqu'il y aura lieu de le donner, toute l'Instruction du Faux Incident se fera en la même forme que celle du Faux Principal, & ainsi qu'il est prescrit par les Articles XXXVII, XXXVIII, XXXIX, XL, XLI, XLII, XLIII, XLIV & XLV du Tit. précédent de la présente Ordonnance.

CET Article concerne les Procédures qui doivent être faites *ensuite du Réglement à l'Extraordinaire* qui sera prononcé sur le Faux Incident. L'Ordonnance veut que ces Procédures soient les mêmes que celles marquées par les Art. 37, 38, 39, 40, 41, 42, 43, 44 & 45 du Titre du Faux Principal. Elles consistent, suivant ces Articles, dans les Récollemens & Confrontations, & dans les Formalités qui doivent accompagner ces différens Actes. Ces Formalités sont de deux sortes ; les unes sont *générales*, & s'appliquent également à tous les Récollemens & Confrontations, tant ceux des Témoins, que des Experts & des Accusés eux-mêmes, lorsqu'ils représentent quelques Piéces dans le tems de leur Confrontation aux Témoins ; ou bien lorsqu'il est ordonné qu'ils seront récollés sur leurs Interrogatoires, & qu'ils seront confrontés les uns aux autres. Les autres sont *particulieres* à chacun d'eux. Nous allons commencer par celles - ci, pour suivre l'ordre dans lequel elles sont prescrites par l'Ordonnance.

1°. A l'égard des EXPERTS, les Formalités qui les concernent singuliérement, consistent en ce que l'on doit, lors de leur Récollement, leur représenter les Piéces arguées de Faux, & les Piéces de Comparaison, qu'on leur fera parapher, s'ils ne l'ont déja fait lors de l'Information ; & l'on observera au surplus dans ce Récollement, ainsi que dans leur Confrontation à l'Accusé, les mêmes Formalités qui se pratiquent à l'égard des autres Témoins ; avec cette différence seulement, que lors de la Confrontation, ces Experts ne devront pas être interpellés de déclarer, *si c'est de l'Accusé présent qu'ils ont entendu parler,* à moins qu'ils n'ayent déposé de quelques Faits Personnels à cet Accusé. *V.* Art. 37 du Titre du Faux Principal.

2°. A l'égard des TÉMOINS, l'on devra leur repréfenter, lors de leur Récollement, & leur faire parapher, finon Mention de leur refus, les Piéces prétendues fauffes, & en général, toutes celles qui leurs auront été repréfentées lors de leur Dépofition, même celles fervans à Conviction dont ils ont Connoiffance, & qui auroient été remifes au Greffe depuis leur Dépofition; comme auffi, celles dont la Repréfentation auroit été omife lors de leur Audition. *V.* Art. 38.

On doit encore leur repréfenter, lors de leur Confrontation, toutes les Piéces qui leurs auront été repréfentées lors de leurs Dépofitions & Récollemens, même celles fervans à Conviction dont ils ont Connoiffance, & qui n'auroient été remifes au Greffe que depuis le Récollement; comme auffi, Celles dont la Repréfentation auroit été omife lors de leurs Récollemens, & les leur faire parapher, finon Mention de leurs refus. *V.* Art. 39.

Si ces Témoins repréfentoient eux-mêmes quelques Piéces, lors de leurs Dépofitions, Récollemens, ou Confrontations, elles y demeureront jointes après avoir été paraphées par le Juge & par ces Témoins, finon Mention de leurs refus; & fi ces Piéces fervent à Conviction, elles feront repréfentées à ceux des Témoins qui en auront Connoiffance & qui feront entendus, récollés & confrontés depuis la remife de ces Piéces; & par eux paraphées comme deffus. *V.* Art. 40.

Enfin, fi l'Accufé a préfenté quelques Piéces lors de fes Interrogatoires & Confrontations, elles devront être repréfentées à ceux des Témoins qui feront récollés & confrontés depuis la remife qui en aura été faite par l'Acccufé, & qui auront Connoiffance de ces Piéces; & elles feront par eux paraphées, finon Mention de leurs refus. *V.* Art. 41 & 42.

3°. A l'égard de L'ACCUSÉ, l'on doit auffi lui repréfenter, lors de la Confrontation, toutes les Piéces qui auront été repréfentées aux Témoins lors de leur Dépofitions & de leurs Récollement. (*V.* Art. 39). Si cet Accufé repréfente quelques Piéces lors de cette Confrontation, elles demeureront jointes à cet Acte, après avoir été par lui paraphées, finon Mention de fon refus. (*V.* Art. 42.) Enfin, s'il y a plufieurs Accufés dans le même Procès, & qu'il ait été ordonné par le Réglement à l'Extraordinaire, qu'ils feront récollés fur leurs Interrogatoires, & confrontés les uns aux autres; on obfervera à leurs égard, les mêmes Formalités que celles dont on vient de parler à l'égard des Témoins, tant pour la Repréſentation, que pour le Paraphe des Piéces; c'eſt-à-dire, que les mêmes Piéces qui auront été repréſentées à chaque Accuſé lors de ſon Interrogatoire, ou lors de ſon Récollement, feront auſſi repréſentées lors de la Confrontation, tant à lui qu'aux autres Accuſés; & que ces Accuſés devront pareillement les parapher, ſinon il devra être fait Mention de leurs refus. Enfin, ſi le Juge avoit omis de les repréſenter, ou de les faire parapher lors de leur Récollement, il pourra y ſuppléer lors de la Confrontation. *V.* Art. 43.

Les Formalités qui ſont *communes* à tous les Récollemens & Confrontations, dans les différens Cas que nous venons de rappeller, ſont marquées par les Art. 44 & 45 du Titre du Faux Principal. Elles regardent les *Omiſſions* des Formalités de la Repréſentation des Piéces, & du Paraphe, ou Mention du refus dont nous venons de parler; & elles conſiſtent en ces deux points. L'*un*, qu'il n'eſt pas néceſſaire que la formalité du Paraphe ou de la Mention du refus, ſoit réitérée dans chacun des Actes de Procédure où doit ſe faire la Repréſentation des Piéces, tels que les Procès-verbaux, les Informations, les Récollemens & Confrontations; mais qu'il ſuffit de faire parapher ces Piéces, ou de faire Mention du refus dans le premier de ces Actes, lors deſquels ces Piéces auront été repréſentées. (*V.* Art. 44.)

L'*autre*, que la peine de Nullité, que prononce l'Ordonnance en cas de défaut de Repréſentation aux Témoins, ou du Paraphe des Piéces prétendues fauſſes, & de celles ſervans de Conviction, ou de défaut de Mention du refus de parapher, n'a proprement lieu, que lorſque ces Omiſſions ſe trouvent dans la Confrontation : de maniere que pour la faire ceſſer, il faut néceſſairement procéder à une nouvelle Confrontation. *V.* Art. 45.

ARTICLE XLVI.

Si le Défendeur ou autre Accuſé demande qu'il lui ſoit permis de fournir de nouvelles Piéces de Comparaiſon, ou qu'il ſoit entendu de nouveaux Experts, il ne pourra y être ſtatué que dans le tems, & ainſi qu'il eſt preſcrit par les Articles XLVI, XLVII, XLVIII, XLIX, L, LI, LII, LIII, LIV & LV du Faux Principal. Sera auſſi obſervé la Diſ-

*position de l'Article LVI du Titre, au sujet de ce qui pourra
être ordonné dans tous les Cas où il auroit été procédé à une
nouvelle Information, soit sur de nouvelles Piéces de Comparaison, ou par de nouveaux Experts.*

Aprés avoir marqué sur l'Art. 44 ci-devant, les Cas où
les Juges peuvent ordonner, *avant le Réglement à l'extraordinaire*, qu'il sera entendu de nouveaux Experts, ou qu'il sera
fourni de nouvelles Piéces de Comparaison; l'Ordonnance nous
parle ici du Cas particulier, où les Juges peuvent ordonner ces
nouveaux Experts, ou les nouvelles Piéces de Comparaison,
après le Réglement à l'extraordinaire. Elle renvoye pour cet
effet aux Dispositions des Art. 46, 47, 48, 49, 50, 51, 52,
53, 54 & 55 du Titre du Faux Principal.

Ainsi, conformément à ces Articles; 1°. ce n'est qu'après l'Instruction achevée, & par Délibération de Conseil sur le vû du
Procès, que les Juges pourront avoir égard à la Demande de
l'Accusé, pour qu'il soit nommé de nouveaux Experts, ou pour
être admis à indiquer de nouvelles Piéces de Comparaison. *V.
Art.* 46 du Tit. du Faux Principal.

2°. Ces nouveaux Experts doivent être nommés d'Office &
entendus séparément par forme de Déposition, comme les autres Témoins; & lors de leurs Dépositions, on devra leur représenter les Piéces mentionnées dans l'Art. 23 du Tit. du Faux
Principal, pour les voir & examiner en leur particulier & sans
déplacer; faire Mention de cette Représentation, & de l'examen
qu'ils en ont fait; les leur faire parapher, sinon Mention de leurs
Refus. *V. Art.* 55, *ibid.*

3°. Si l'Accusé est admis à indiquer de nouvelles Piéces de
Comparaison, le Jugement qui l'admettra, devra lui être prononcé dans les vingt-quatre heures au plûtard depuis sa Demande; & lors de cette Prononciation, il devra être interpellé par
le Juge d'indiquer ces Piéces sur le champ; & en Cas que le
Juge trouve à propos de lui accorder un nouveau Délai (ce
qui est laissé à sa prudence) ce Délai ne pourra être prorogé.
Pareillement, après que l'Accusé aura indiqué ces Piéces,
il ne pourra être reçu à en indiquer d'autres, & même il sera
libre au Demandeur & à la Partie Publique, de contester les
Piéces qui auront été par lui indiquées. *V. Art.* 47, *ibid.*

4°. L'Accusé ne pourra être reçu à indiquer, pour nouvelles

Piéces de Comparaison de simples Ecritures & Signatures privées, encore qu'elles auroient été reconnues & vérifiées avec lui; à moins que ce ne soit du consentement de la Partie Publique & du Demandeur en faux. *V. Art.* 48 , *ibid.*

5°. Hors le Cas particulier de ce consentement, les Piéces doivent être authentiques par elles - mêmes, tels que des Actes de Notaires, ceux faits en présence du Juge & du Greffier, & généralement par tous ceux qui les ont écrit & signé, comme faisans fonction de personnes Publiques; fût - ce le Défendeur lui-même. *V. Art.* 49 , *ibid.*

6°. C'est à la Requête de la Partie Publique , que ces nouvelles Piéces de Comparaison doivent être apportées & remises au Greffe ; & si elles sont entre les mains des Dépositaires, faute par eux de les apporter & remettre, sur la Sommation qui leur en sera faite, ils pourront y être contraints de la maniere & dans les Délais prescrits par les Art. 5 & 6 du Tit. précédent : sauf aux Juges à y pourvoir autrement, *s'il y écheoit* , pour ce qui concerne les Regîtres de Baptême , Mariages & Sépultures , & autres dont les Dépositaires auroient un besoin continuel pour le Service du Public. *V. Art.* 16 & 49 du même Tit.

7°. Ensuite de l'Apport & de la Remise de ces Piéces au Greffe, il y sera dressé un Procès-verbal de leur Présentation , à la Requête de la Partie Publique, & en présence de l'Accusé, s'il est Prisonnier, lequel sera tenu de le parapher, sinon Mention de son Refus ; & s'il n'est pas Prisonnier, le Procès-verbal sera fait en son absence, après qu'il y aura été dûement appellé , à la Requête de la Partie Publique. A la fin de ce Procès-verbal, le Juge réglera sur les Conclusions de cette même Partie Publique, ce qu'il appartiendra sur l'Admission *ou* le Rejet des Piéces ; *ou bien* il ordonnera qu'il en sera référé aux autres Juges du Siége, pour y être pourvû par Déliberation de Conseil ensuite de la Communication qui aura été faite de ce Procès-verbal à la Partie Publique & au Demandeur en Faux. *V. Art.* 50 , *ibid.*

8°. En Cas d'Admission des nouvelles Piéces de Comparaison , il sera procédé à une nouvelle Information, qui roulera sur ce qui peut résulter de ces Piéces. Dans cette Information, qui sera faite à la Requête de la Partie Publique, seront entendus les mêmes Experts qui l'ont déja été sur les mêmes Piéces de Comparaison ; à moins que le Juge n'estime plus à propos d'en nommer de nouveaux. On leur remettra les *Piéces* mentionnées dans l'Art. 23 du Titre précédent, & en outre, *les nouvelles Piéces de Comparaison, le Procès-verbal de Présentation d'icelles, les Ordonnances ou Jugemens de Réception de toutes ces Piéces.* *V.* Art. 51, *ibid.*

9°. En Cas que le Demandeur en Faux, ou la Partie Publique demandent *de leur côté*, à produire de nouvelles Piéces de Comparaison, soit à l'occasion de celles qui auroient été indiquées par l'Accusé, soit même dans le Cas où il n'auroit pas été permis à celui-ci d'en indiquer de nouvelles, ils pourront y être admis, & même *en tout état de Cause*; à la charge par eux de se conformer aux Dispositions des Art. 13 & suivans du même Tit. du Faux Principal: c'est-à-dire, pourvû que ces Piéces soient d'ailleurs authentiques par elles-mêmes, ou qu'elles ayent été reconnues par l'Accusé: & il sera pour lors dressé un Procès-verbal de Présentation, auquel l'Accusé ou Défendeur en Faux ne pourra assister. *V. Art.* 52, *ibid.*

10°. Dans le Cas où le Demandeur en Faux, ou la Partie Publique auroient produit de nouvelles Piéces de Comparaison à l'occasion de celles indiquées par l'Accusé, les Juges pourront ordonner, s'ils le jugent à propos, que sur les unes & sur les autres il sera procédé à une seule & même Information par Experts. *V. Art.* 53.

11°. Enfin, après que les Informations auront été faites sur ces nouvelles Piéces de Comparaison, ou par de nouveaux Experts, les Juges pourront ordonner la Jonction de ces Informations au Procès-Criminel, pour y avoir tel égard que de raison; *ou bien* décerner de nouveaux Décrets, s'il y échéoit; *ou* même ordonner *sans Décret* que les nouveaux Experts qui ont été entendus, seront récollés & confrontés; *ou enfin*, statuer de telle autre Maniere qu'ils estimeront à propos, suivant l'exigence des Cas. *V. Art.* 56, *ibid.*

Article XLVII.

Lorsque le Faux Incident aura été jugé, après avoir été instruit par Récollement & Confrontation, sera observé tout ce qui est prescrit par les Articles LIX, LX, LXI & LXII dudit Titre du Faux Principal, concernant l'Exécution des Sentences & Arrêts qui contiendroient, à l'égard des Piéces dé-

clarées

*clarées fausses, quelqu'une des Dispositions mentionnées aufd.
Articles, comme aussi ce qui est porté par les Articles LXIII,
LXIV, LXV, LXVI, LXVII & LXVIII dudit
Titre, sur la remise ou le renvoi des Piéces prétendues fausses ; & autres déposées au Greffe, & le tems auquel elles
pourront en être retirées, si ce n'est qu'il en ait été autrement
ordonné à l'égard de celles desdites Piéces qui peuvent servir
au Jugement de la Contestation à laquelle la poursuite du Faux
étoit incidente.*

CET Article & les suivans concernent les *Jugemens définitifs*
qui se rendent sur la Poursuite du Faux Incident. Ces Jugemens sont de deux sortes ; les *uns* se rendent ensuite du Réglement à l'*Extraordinaire*, & après que le Procès a été instruit
par Récollement & Confrontation ; les *autres* se rendent dans
le Cas où il n'y a point eu de Réglement à l'*Extraordinaire* ;
ceux-ci feront la Matiere de l'Article suivant. L'Ordonnance
nous parle ici de ceux de la premiere espéce, & elle les considere sous trois Points de vûe différens ; sçavoir, *ou* lorsqu'ils
contiennent quelque Disposition touchant la Suppression, ou Lacération, ou Radiation, ou Rétablissement, ou Réformation des
Piéces arguées de Faux ; *ou bien* lorsqu'ils sont rendus par Contumace contre un ou plusieurs Accusés ; *ou enfin*, lorsqu'ils ordonnent la Remise ou le Renvoi des Piéces qui ont été déposées au Greffe.

1°. A l'égard des Jugemens qui ordonnent la Suppression,
Lacération ou le Rétablissement des Piéces, l'Ordonnance renouvelle sur ce Point la Disposition des Art. 59 & 60 du Tit.
du Faux Principal, par lesquels elle veut qu'il soit sursis à leur
Exécution, jusqu'à ce qu'il ait été pourvû par les Cours, sur le
vû du Procès & sur les Conclusions des Procureurs Généraux ;
& cela, encore que ce Jugement servît d'ailleurs de nature à être
exécuté, sans avoir été confirmé par Arrêt ; ou qu'il n'y en auroit eû aucun Appel ; ou enfin, que l'Accusé y auroit acquiescé
lui-même dans les Cas où il peut le faire : enforte que l'acquiescement qu'il y donneroit, ne produiroit d'autre effet que de le
faire mettre hors des Prisons, s'il y étoit détenu ; & encore
faudroit-il pour cela, qu'il n'y eût point d'Appel *à minima*
de la part de la Partie Publique. *V.* ce que nous avons dit sur
ces mêmes *Art.* 59 & 60 du Tit. du Faux Principal.

2°. Par rapport aux Jugemens qui se rendent par *Contumace* contr'un ou plusieurs Accusés de Faux Incident, l'Ordonnance veut que, si ces Jugemens sont rendus par les *premiers Juges*, l'on suive à cet égard ce qui est prescrit par l'Art. 61 du Tit. du Faux Principal; c'est-à-dire, que leur Exécution soit sursise, tant que ces Accusés Contumax ne se représenteront point, même après l'expiration des cinq années; & cela sans distinguer ceux de ces Jugemens qui contiendroient quelqu'une des Dispositions ci-dessus, de ceux qui n'en contiendroient aucune. Mais en même-tems elle ajoute que, si ces Accusés venoient à se représenter dans la suite, le Jugement qui interviendra sur les Procédures qui seroient faites en conséquence de cette Représentation, ne sera sujet à la Surséance dont on vient de parler, que dans le seul Cas où il contiendroit quelque Disposition touchant la Suppression, Lacération &c. *V.* aussi ce que nous avons dit sur ce même Art. 61 du Tit. du Faux Principal.

Que si ces Jugemens par Contumace étoient rendus par les *Cours*, l'Ordonnance renouvelle à cet égard la Disposition de l'Art. 62 du même Titre du Faux Principal; suivant laquelle ce n'est que lorsque ces Jugemens contiennent en même-tems quelque Disposition au sujet de la Suppression ou Rétablissement des Piéces &c. que leur Exécution doit être sursise, tant que les Accusés ne se représenteront point; à moins toutesfois que dans la suite il n'en soit autrement ordonné par ces Cours, sur les Conclusions des Procureurs Généraux. Ce qui est laissé à leur prudence, suivant l'exigence des Cas. *V. Art. 62.*

3°. Enfin, quant aux Jugemens dont les Dispositions concernent la Remise ou le Renvoi des Piéces arguées de Faux, & autres qui auront été déposées au Greffe, l'Ordonnance veut qu'on observe à cet égard ce qui est prescrit par les Art. 63, 64, 65, 66, 67 & 68 du même Titre du Faux Principal; c'est-à-dire, que cette Remise ou Renvoi doit être ordonné par le même Jugement qui contient la Condamnation ou l'Absolution de l'Accusé, & non par un Jugement particulier. *V. Art. 63.* Que le même Jugement qui ordonnera cette Remise ou ce Renvoi, doit aussi marquer le Tems dans lequel cette Remise ou ce Renvoi doit être fait. Sur quoi l'Ordonnance distingue trois sortes de Jugemens; 1°. Ceux qui sont rendus sur des Procès qui sont de Nature à être portés de plein droit dans les Cours, sans qu'il y ait appel; elle veut que les Piéces dont ceux-ci auront ordonné la Remise ou le Renvoi, ne puissent être retirées du Greffe, jusqu'à ce qu'il y ait été pourvû par les Cours. *V. Art. 64.*

2°. Les Jugemens qui sont rendus sur des Procès de Nature à ne point emporter dévolution aux Cours; l'Ordonnance veut que, s'il n'y a point d'Appel de la part des Accusés, ou si ces Accusés ont acquiescé à ces Jugemens, les Piéces dont ils auront ordonné la Remise ou le Renvoi, ne puissent être retirées du Greffe que six mois après ces Jugemens, pendant lequel tems, les Procureurs du Roi & des Seigneurs seront tenus d'informer diligemment les Procureurs Généraux, du contenu de ces Jugemens, pour être, par lesdits Procureurs Généraux, fait en conséquence telles réquisitions qu'ils jugeront nécessaires. *V. Art. 65.*

3°. Enfin, les Jugemens qui contiennent quelqu'une des Dispositions mentionnées ci-devant, ou qui auront été rendus par Contumace, contre un ou plusieurs Accusés, l'Ordonnance veut que la surséance de leur Exécution, par rapport aux *Condamnations* qu'ils contiennent, ait également lieu par rapport à la *Remise* des Piéces, à moins qu'il ne soit autrement ordonné par les Cours, sur la Requête des Dépositaires de ces Piéces, ou des Parties qui auroient intérêt d'en demander la Remise; le tout sur les Conclusions des Procureurs Généraux. *V. Art. 67.*

Il y a même un Cas particulier, suivant le présent Article, où les premiers Juges peuvent permettre aux Parties de retirer les Piéces aussi-tôt après le Jugement du Faux Incident, nonobstant la surséance ordonnée par les Articles que nous venons de citer; c'est à l'égard de celles de ces Piéces qui pourroient servir au Jugement de la Contestation, à laquelle la poursuite du Faux a été Incidente; parce qu'en effet, il ne seroit pas juste que le Demandeur en Faux puisse souffrir de cette surséance, par le retardement de la Décision de la Contestation principale, à laquelle peut servir la production de cette Piéce.

V. au surplus ce qui sera dit sur l'Art. 53 ci-après, par rapport aux Expéditions de ces Piéces.

A R T I C L E XLVIII.

Lorsqu'il n'y aura point eu de Réglement à l'Extraordinaire, les Juges statueront, ainsi qu'il appartiendra, sur la Remi-

ſe ou le Renvoi des Piéces inſcrites de Faux , & autres qui auront été dépoſées au Greſſe ; ce qu'ils ne pourront faire , que ſur les Concluſions de nos Procureurs ou de ceux des Hauts-Juſticiers , ſans néanmoins que les Sentences des premiers Juges à cet égard , puiſſent être exécutées au préjudice de l'Appel qui en ſeroit interjetté.

La Diſpoſition de cet Art. concerne particuliérement les Jugemens définitifs qui ſe rendent en Matiere de Faux Incident, *lorſqu'il n'y a point eu de Réglement à l'Extraordinaire.* L'Ordonnance permet aux Juges de ſtatuer par ces Jugemens, ainſi qu'il appartiendra, ſur la Remiſe ou le Renvoi des Piéces inſcrites de Faux, & autres qui auront été dépoſées au Greffe ; avec ces deux reſtrictions néanmoins ; l'*une*, qu'ils ne pourront ordonner cette Remiſe que ſur les Concluſions des Parties Publiques; l'*autre*, qu'ils ne pourront faire exécuter leur Sentence à cet égard, au préjudice de l'Appel qui en ſeroit interjetté.

Il réſulte par conſéquent deux choſes de cet Article ; 1°. Qu'en Matiere de Faux Incident, les Juges peuvent rendre leur Jugement définitif, ſans qu'il y ait eu de Réglement à l'Extraordinaire. Ce qui a lieu toutes les fois qu'il paroît par les Dépoſitions des Experts & des Témoins, que la fauſſeté de la Piéce ne tombe point ſur un endroit eſſentiel à la Déciſion du Procès principal ; c'eſt même alors le Cas de joindre l'Information au Procès principal , ſuivant qu'il eſt porté par l'Art. 42 du préſent Titre : *ou bien* lorſque la fauſſeté n'étant pas du fait du Défendeur en Faux, il s'eſt déſiſté de la Piéce lors de ſon Interrogatoire : à plus forte raiſon, s'il s'en étoit déſiſté auparavant, & ſur la Sommation qui lui auroit été faite de déclarer s'il entendoit s'en ſervir. Il y a même, ſuivant les Auteurs, cette différence entre les Déſiſtemens qui ſe font auſſi-tôt après cette Sommation, & ceux qui ſeroient faits lors des Interrogatoires ; que dans le premier Cas, le Défendeur ne peut être condamné à l'Amende, ni aux dommages & intérêts; mais bien dans le ſecond, pour avoir d'abord ſoutenu comme véritable, une Piéce qu'il a reconnu enſuite être fauſſe. *V.* Papon, Liv. 22, Tit. 12, & Bruneau, Max. 7, Tit. 11.

2°. Une autre conſéquence qui réſulte de cet Article, c'eſt que, quand ſur l'Inſtruction du Faux Incident, il n'y a pas eu de Réglement à l'Extraordinaire, les premiers Juges ne ſont

point obligés de furfeoir l'Exécution de leur Sentence défi-
nitive, en ce qui concerne le Renvoi ou la Remife des Piéces, s'il n'en eft interjetté Appel. Mais, fi les Juges ont ordonné la Suppreffion, ou Lacération, ou la Radiation en tout
ou en partie, même la Réformation ou le Rétabliffement des
Piéces qu'ils auront déclarées fauffes ; il doit alors être furfis à
l'Exécution de ce Chef de leur Jugement, jufqu'à ce que par
les Cours il ait été pourvû fur le vû du Procès, & fur les Conclufions de la Partie Publique ; le tout conformément à l'Art.
59 du Titre du Faux Principal.

<h3 align="center">A R T I C L E   XLIX.</h3>

*Le Demandeur en Faux qui fuccombera, fera condamné en
une Amende applicable, les deux tiers à Nous ou aux Hauts-
Jufticiers, & l'autre tiers à la Partie ; laquelle Amende, y
compris les fommes confignées lors de l'Infcription en Faux,
fera de trois cens livres dans nos Cours, ou aux Requêtes de
notre Hôtel & au Palais, de cent livres aux Siéges qui reffortiffent immédiatement en nofdites Cours, & aux autres de
foixante livres ; & feront lefdites Amendes réglées, fuivant
la qualité de la Jurifdiction, où l'Infcription en Faux aura
été formée, quoiqu'elle foit jugée dans une autre, même Supérieure à la premiere. Permettons à tous Juges d'augmenter ladite Amende, ainfi qu'ils l'eftimeront à propos, fuivant l'exigence des Cas.*

CET Article & les trois fuivans ont pour objet *l'Amende*
à laquelle doit être condamné le Demandeur qui fuccombe dans
la Pourfuite du Faux Incident. L'Ordonnance régle ici la fomme à laquelle cette Amende doit être portée, fuivant les différens Tribunaux où fe pourfuit le Faux.

L'Art. 17 du Tit. 9 de l'Ordonnance de 1670, porte » que
» le Demandeur en Faux qui fuccombera, fera condamné en
» 300 liv. d'amende en nos Cours, 120 liv. aux Siéges qui y
» reffortiffent immédiatement, & aux autres, 60 liv. applica-
» bles, les deux tiers au Roi ou aux Seigneurs à qui il appar-
» tiendra, & l'autre à la Partie, fur lefquelles feront déduites
» les fommes confignées, & pourront les Juges condamner en
» plus grande Amende s'il y écheoit «.

La préfente Ordonnance renouvelle la Difpofition de cet Article , tant pour ce qui concerne *l'application* de l'amende & la *déduction* qui doit être faite fur cette amende , des fommes qui ont été confignées par le Demandeur , lors de fa Requête en Infcription de Faux ; comme auffi quant à la *faculté* qu'elle laiffe aux Juges d'augmenter cette amende , ainfi qu'ils l'eftimeront à propos fuivant l'exigence des Cas ; ce qui doit s'entendre principalement à l'égard des Cours Supérieures , lorfque les premiers Juges n'auroient pas augmenté cette amende dans les circonftances où elle auroit dû l'être. Mais elle s'en eft écartée , comme l'on voit en ces trois points. Le *premier* , en ce que l'Amende de 300 liv. qui , fuivant l'Ordonnance de 1670 ne peut être prononcée que par les Cours Supérieures & en dernier Reffort , peut l'être également , fuivant le préfent Article , par les Juges des Requêtes de l'Hôtel & du Palais , quoique ces Juges reffortiffent par Appel aux Cours.

Le *fecond* ; en ce qu'au lieu que par l'Ordonnance de 1670 , l'Amende qui doit être prononcée dans les Bailliages & autres Siéges reffortiffans nûement aux Cours , eft fixée à 250 liv. la préfente Ordonnance l'a réduit à 100 liv. feulement.

Le *troifiéme* enfin , en ce que , fuivant l'Ordonnance de 1670 , l'Amende dont il s'agit , doit fe régler fuivant la Qualité du *Tribunal* où cette infcription eft jugée : au lieu que , fuivant la préfente Ordonnance , cette Amende doit fe régler fuivant la Qualité de la *Jurifdiction* où l'Infcription de Faux a été portée , encore qu'elle auroit été jugée dans une autre , même Supérieure.

A R T I C L E   L.

La Condamnation d'Amende aura lieu toutes les fois que l'Infcription en Faux ayant été faite au Greffe , le Demandeur s'en fera défifté volontairement , ou aura fuccombé , ou que les Parties auront été mifes hors de Cour , foit par le défaut de Moyens ou de Preuves fuffifantes , foit faute d'avoir fatisfait de la part du Demandeur , aux diligences & formalités ci-deffus prefcrites ; ce qui aura lieu en quelques termes que la prononciation foit conçûe , & encore que le Jugement ne portât pas expreffément la Condamnation d'Amende ; le tout , quand même le Demandeur offriroit de pourfuivre le Faux comme Faux Principal.

Suivant cet Article, la condamnation de l'Amende dont on vient de parler, ne doit pas seulement avoir lieu contre le Demandeur qui succombent dans son Inscription de Faux, mais encore dans deux autres Cas dont il n'est point fait Mention dans l'Ordonnance de 1670. Le *premier*, lorsque ce Demandeur, après avoir formé son Inscription au Greffe, se sera désisté volontairement. Nous avons vû sur l'Art. 48 ci-devant, l'effet que produisoit le Désistement donné par le Défendeur en pareil Cas.

Le *second*, lorsque par le Jugement définitif qui interviendra, les Parties sont mises hors de Cour, soit par le défaut de Moyens ou de Preuves suffisantes, soit faute par le Demandeur d'avoir satisfait aux Diligences & Formalités ci-dessus prescrites ; c'est-à-dire, pour n'avoir point mis ses Moyens de Faux au Greffe, trois jours après que le Procès-verbal de l'état de la Piéce aura été dressé, ou pour avoir négligé de rapporter de nouvelles Piéces de Comparaison, dans le Cas où il lui a été ordonné de le faire ; le tout conformément aux Articles 27 & 37 du présent Titre.

Ce sont sans doute ces deux derniers Cas, que l'Ordonnance a eu en vûe dans la derniere Disposition du présent Article, où elle veut que la condamnation d'Amende ait lieu en quelques termes que la prononciation soit conçûe, & quand même le Jugement ne la porteroit pas expressément ; enforte que le Demandeur ne pourroit s'y souftraire, en offrant même de pourfuivre le Faux comme Faux Principal.

ARTICLE LI.

La Condamnation d'Amende ne pourra avoir lieu, lorsque la Piéce ou l'une des Piéces arguées de Faux aura été déclarée fauffe en tout ou en partie, ou lorsqu'elle aura été rejettée de la Caufe ou du Procès ; comme auffi lorsque la Demande à fin de s'inscrire en Faux n'aura pas été admise, ou suivie d'Inscription formée au Greffe : & ce, de quelques termes que les Juges se soient servis pour rejetter la Demande, ou pour n'y avoir pas d'égard ; dans tous lesquels Cas, la somme consignée par le Demandeur, pour raison de ladite Amende, lui sera rendue, quand même le Jugement n'en ordonneroit pas expressément la restitution.

Aprés avoir marqué fur les deux Articles précédens, les Cas particuliers où la Condamnation d'Amende *doit avoir lieu* contre le Demandeur en Faux, l'Ordonnance nous parle ici de ceux où cette Condamation *ne peut avoir lieu*; mais où au contraire les fommes confignées par le Demandeur, pour raifon de cette Amende, doivent lui être rendues, quand même le Jugement n'en ordonneroit pas la reftitution.

Ces Cas font de quatre efpéces. 1°. Lorfque la Piéce infcrite de Faux aura été déclarée fauffe en partie, ou que s'il y en a plufieurs qui ayent été attaquées, l'une de ces Piéces aura été déclarée fauffe. 2°. Lorfque la Demande à fin de s'infcrire en Faux n'aura pas été admife. 3°. Lorfque cette Demande, après avoir été admife, n'aura pas été fuivie de l'Infcription de Faux formée au Greffe. 4°. Enfin généralement toutes les fois que la Piéce arguée de Faux aura été rejettée de la Caufe ou du Procès, & ce, de quelques termes que les Juges fe foient fervis pour rejetter cette demande, ou pour n'y avoir pas d'égard.

Nous avons vû fur les Articles 12, 13, 14 & 15, les différens Cas où la Piéce doit être rejettée du Procès. Il refte à y ajouter les deux fuivans; *l'un*, c'eft lorfque le Défendeur en Faux, après avoir déclaré qu'il entendoit fe fervir de la Piéce, vient à s'en délifter lors de fon Interrogatoire; mais il faut, pour qu'il y ait lieu de le décharger de l'Amende en ce Cas, qu'il foit prouvé d'ailleurs qu'il n'a eu aucune Connoiffance de la fauffeté de cette Piéce, & que cette fauffeté n'eft point de fon fait, ainfi que nous l'avons obfervé fur l'Art. 48 ci-devant.

L'autre, c'eft lorfque la Piéce eft jugée fauffe *en fon entier*, foit qu'elle foit du Défendeur ou de tout autre; car fi elle ne l'eft qu'en partie, le furplus doit fubfifter, & peut fervir à la Décifion du Procès principal, fuivant ce qui paroît réfulter de la Difpofition du préfent Article,

ARTICLE LII.

Il ne pourra être rendu aucuns Jugemens fur la Condamnation ou la Reftitution de l'Amende, que fur les Conclufions de nos Procureurs, ou de ceux des Hauts-Jufticiers; & aucunes Tranfactions, foit fur l'Accufation de Faux Principal, ou fur la pourfuite de Faux Incident, ne pourront être exécutées, fi elles n'ont été homologuées en Juftice, après avoir été com-
muniquées

muniquées à nosdits Procureurs, ou à ceux des Hauts-Justi-
ciers, lesquels pourront faire à ce sujet telles Réquisitions qu'ils
jugeront à propos, & sera le présent Article exécuté, à peine
de Nullité.

Par cet Article, l'Ordonnance prescrit la nécessité des *Con-*
clusions de la Partie publique, non-seulement pour les Jugemens qui prononcent la Condamnation ou la Restitution de
l'Amende dont il est parlé sur les Articles précédens ; mais encore pour la validité des Transactions qui pourroient se faire,
tant sur l'Accusation du Faux Principal, que sur la Poursuite
du Faux Incident. Elle veut à cet effet, que les Transactions
ne puissent être exécutées en cette Matiere, qu'après avoir été
homologuées en Justice, & que lors de cette homologation, la
Partie Publique puisse faire telles Réquisitions qu'elle jugera convenables.

Ainsi, en partant de cette derniere Disposition, lorsque les
Parties se présentent pour demander l'homologation de ces sortes de Transactions, s'il paroît par les charges & par les Piéces
prétendues fausses, que le Faux soit tellement qualifié qu'il dût
mériter une Peine Capitale ou afflictive, (ce qui doit avoir lieu
toutes les fois que l'une des Parties a commis volontairement
& à mauvais dessein la fausseté, ou qu'elle y a eu quelque part) ;
c'est le Cas où la Partie Publique ne peut s'empêcher de s'opposer à l'homologation des Transactions qui auroient été faites
en conséquence ; & que sur son Réquisitoire, les Juges doivent
ordonner, conformément à l'Art. 19 du Titre 25 de l'Ordonnance de 1670, que nonobstant la Transaction, le Procès sera
poursuivi à la diligence de cette Partie Publique.

Mais si au contraire, il paroît sur le vû des charges & de la
Piéce même, que le Cas ne peut mériter qu'une Peine légere ;
comme si la Partie avoit fait usage d'une Piéce qui auroit été
falsifiée par un autre à son insçu, ou si elle l'avoit falsifié
elle-même sans aucun mauvais dessein, la Partie Publique ne
pourroit alors s'opposer raisonnablement à l'homologation de la
Transaction faite entre les Parties sur ce Faux ; & les Juges
pourroient, nonobstant son Réquisitoire, passer outre à l'Homologation, & ordonner que cette Transaction seroit exécutée selon
sa forme & teneur.

Article LIII.

Voulons au furplus que les Difpofitions de l'Article LXIX du Titre du Faux Principal, fur les expéditions des Piéces qui auront été dépofées au Greffe, foient pareillement exécutées dans le Faux Incident.

Par cet Article qui concerne les devoirs particuliers des Greffiers, relativement aux Piéces qui font dépofées en leur Greffe, l'Ordonnance renouvelle la Difpofition de l'Art. 69 du Tit. du Faux Principal ; c'eft-à-dire, que pendant la furféance ordonnée dans tous les Cas qui font marqués par les Art. 64 & 65 du même Titre du Faux Principal, il eft défendu expreffément aux Greffiers de remettre aucune des Piéces, dont la Remife eft ordonnée par les Jugemens ; & même d'en donner copie, ni délivrer des Expéditions, lorfque ces Piéces font celles *arguées de Faux*, ou qu'elles *fervent à conviction*, à moins qu'ils n'y foient autorifés par un Jugement particulier, qui ne pourra être rendu que fur les Conclufions des Procureurs Généraux ou de leurs Subftituts. L'Ordonnance leur permet feulement, par une derniere Difpofition de ce même Article 69, de délivrer des Expéditions des autres Piéces que celles dont on vient de parler, & dont les Originaux ou Minutes auront été dépofées au Greffe, notamment des Regiftres dans lefquels il y auroit des Actes non argués de Faux ; encore, ne leur donne-t-elle ce pouvoir, qu'avec ces deux Reftrictions remarquables ; *l'une*, qu'ils ne pourront délivrer ces Expéditions qu'aux Parties qui auront droit de les demander ; *l'autre*, qu'ils ne pourront demander, pour ces Expéditions, de plus grands droits que ceux qui feroient dûs aux Dépofitaires, même de ces Originaux & Minutes. Le tout fous les Peines de l'Interdiction, d'Amende arbitraire applicable au Roi ou aux Seigneurs Hauts-Jufticiers, des dommages & intérêts des Parties, & même d'être procédé extraordinairement contr'eux, s'il y écheoit.

TITRE III.

De la Reconnoiſſance des Ecritures & Signatures privées en Matiere Criminelle.

CE troiſiéme & dernier TITRE eſt compoſé de vingt-un Articles.

Dans le *premier*, il eſt parlé de la Repréſentation des Ecritures & Signatures privées à l'Accuſé ; de l'Interpellation qui doit lui être faite, après Serment par lui prêté, de déclarer s'il les a écrites & ſignées, & s'il les reconnoît véritables ; & enfin du Paraphe qui en doit être fait par le Juge & par l'Accuſé ; ſinon mention de ſon refus.

Dans le *ſecond*, du Tems où doivent être faites les Repréſentations & Interpellations ci-deſſus, & des Actes auxquels ces Piéces doivent demeurées jointes.

Dans le *troiſiéme*, du Cas où l'Accuſé convient avoir écrit ou ſigné les Piéces qu'on lui repréſente.

Dans le *quatriéme*, du Cas où l'Accuſé déclare n'avoir écrit ni ſigné ces Piéces ; ou qu'il refuſe de les reconnoître ; ou qu'elles ne peuvent lui être repréſentées, parce qu'il ſeroit en Contumace.

Dans le *cinquiéme*, du Procès-verbal de Préſentation des Piéces de Comparaiſon ; & des Perſonnes qui doivent y aſſiſter.

Dans le *ſixiéme*, de la Maniere dont on doit y appeller l'Accuſé qui n'eſt pas priſonnier, ou dont la Contumace n'eſt pas inſtruite.

Dans le *ſeptiéme*, de la Repréſentation qui ſera faite à l'Accuſé des Piéces de Comparaiſon lors du Procès-verbal, & de leur Paraphe.

Dans le *huitiéme*, des Perſonnes qui peuvent fournir les Piéces de Comparaiſon, des Qualités qu'elles doivent avoir, de leur Apport, de la Maniere dont on doit procéder ſur leur Préſentation, de ce qu'il doit être réglé à la fin du Procès-verbal qui fera dreſſé à ce fujet ; & enfin, de la Communication que le Demandeur, ou ſon Conſeil, pourra en prendre en tout état de Cauſe.

Dans le *neuviéme*, du Cas où les Piéces de Comparaiſon ne feront point reçues, & de ce qui doit être ordonné en conſéquence.

Dans le *dixiéme*, des Experts qui doivent procéder à la vérification, & de la Maniere dont ils doivent être nommés & entendus.

Dans le *onziéme*, de la Qualité des Piéces qui doivent être remiſes à ces Experts, en procédant leur Audition.

Dans le *douziéme*, des Témoins qui peuvent être entendus en pareil Cas.

Dans le *treiziéme*, de la Qualité des Piéces qui doivent leur être repréſentées, du Paraphe de ces Piéces, des Actes dans leſquels on pourra ſuppléer à l'Omiſſion de la Repréſentation & du Paraphe des Piéces ; & enfin, de ce qui doit être obſervé dans le Cas où ces Témoins repréſentent eux-mêmes quelques Piéces, lors de leurs Dépoſitions.

Dans le *quatorziéme*, du Décret qui ſera rendu contre l'Accuſé ou autres, ſur le Vû de l'Information.

Dans le *quinziéme*, de l'Interrogatoire des Accuſés, des Piéces qui doivent leur être repréſentées alors & par eux paraphées, & de celles qu'ils pourront repréſenter eux-mêmes.

Dans le *ſeiziéme*, du Corps d'Ecriture à faire par l'Accuſé, & des Cas où les Juges peuvent ordonner avant le Réglement à l'Extraordinaire, qu'il ſera entendu de nouveaux Experts, ou qu'il ſera fourni de nouvelles Piéces de Comparaiſon.

Dans le *dix-ſeptiéme*, du Récollement & de la Confrontation des Experts, des Témoins, & des Accuſés les uns aux autres.

Dans le *dix-huitiéme*, des nouvelles Piéces de Comparaiſon, & de la Nomination de nouveaux Experts demandés par l'Accuſé.

Dans le *dix-neuviéme*, des Procurations que peut donner la Partie Civile ; des Jugemens qui ſe rendent en cette Matiere, de leur exécution, lorſqu'ils ordonnent la Suppreſſion ou Rétabliſſement des Piéces déclarées fauſſes, de la Remiſe ou Renvoi des Piéces dépoſées au Greffe ; & enfin, des Expéditions qui pourront en être délivrées par le Greffier.

Dans le *vingtiéme*, d'un Réglement général par rapport aux
Délais prescrits par la présente Ordonnance.

Enfin dans le *vingt-uniéme*, d'un Réglement général sur l'Exécution de la présente Ordonnance.

Article Premier.

*Les Ecritures & Signatures privées, qui pourront servir à l'Ins-
truction & à la Preuve de quelque Crime que ce soit, seront
représentées aux Accusés, après Serment par eux prêté ; & ils
seront interpellés de déclarer s'ils les ont écrites ou signées, ou
s'ils les reconnoissent véritables ; après quoi elles seront paraphées par le Juge & par l'Accusé, s'il peut ou veut les parapher, sinon en sera fait mention ; le tout à peine de Nullité.*

PLUSIEURS choses à observer sur cet Article.

1°. Par Ecritures & Signatures privées, dont il est parlé sous ce
Titre, l'on doit entendre seulement des Piéces *servans à conviction,*
tant en Crime de Faux, qu'en autres Crimes ; & non des *Piéces de Comparaison*, qui, aux termes des Articles 13 & 14 du
Titre 1er, doivent être authentiques par elles-mêmes, ou reconnues par l'Accusé ; encore moins, des *Piéces arguées de Faux*,
dont la vérification est défendue par l'Art. 22 du même Titre
1er, l'Art. 39 du Titre précédent.

2°. L'Ordonnance ne parle ici que des *Ecritures privées ;*
parce que les Ecritures faites par Personnes Publiques, & dans
leurs Fonctions, ne sont point sujettes à reconnoissance, comme faisant foi par elles-mêmes ; & qu'elles ne peuvent être
attaquées que par la Voie de l'Inscription de Faux.

3°. Enfin, l'Ordonnance ne parle ici que des Ecritures privées *en Matiere Criminelle*, parce qu'à l'égard de celles en Matiere Civile, il y a une Procédure particuliere pour parvenir à
leur Vérification, laquelle se trouve marquée sous le Titre 12
de l'Ordonnance de 1667.

L'Art. 1er du Tit. 8 de l'Ordonnance de 1670, porte » les
» Ecritures & Signatures privées qui pourront servir à la Preuve,
» seront représentées aux Accusés, après Serment par eux prê-
» té, & ils seront interpellés de reconnoître s'ils les ont écrites

» & signées, après quoi elles feront paraphées par le Juge &
» par l'Accufé, s'il veut & peut les parapher, finon en fera fait
» Mention, & les Piéces demeureront jointes aux Informations.

Il y a par conféquent deux différences remarquables entre cet
Article, & celui que nous expliquons. La *premiere* confifte en
ce que, fuivant l'Ordonnance de 1670, il fuffifoit d'Interpeller
l'Accufé de reconnoître s'il avoit écrit ou figné les Ecritures:
au lieu que la Préfente Ordonnance veut, qu'en outre, l'Accufé foit interpellé de déclarer s'il reconnoît ces Ecritures véritables ; précaution qu'elle a cru devoir ajouter, parce que,
comme nous le verrons fur l'Art. 3 ci-après, l'Accufé peut non-
feulement reconnoître les Ecritures & Signatures qui font de
fa main, mais encore celles écrites ou fignées de main étrangere.

La *feconde* différence confifte, en ce que l'Ordonnance de 1670
veut que les Piéces à vérifier demeurent jointes aux Information ; Formalité dont il n'eft point parlé dans le préfent Article,
par la raifon que, comme nous le verrons fur l'Article fuivant,
la Repréfentation & l'Interpellation peuvent être faites à l'Accufé *en tout état de Caufe* ; & par conféquent être jointes à
d'autres Actes qu'à des Informations. Auffi, nous verrons que par
ce même Article, il eft dit en général, que ces Piéces demeureront jointes à la *Procédure Criminelle.*

Il eft bon d'obferver ici, que fi les Ecritures & Signatures
qu'on veut repréfenter, font en Langue *Etrangere*, il faudra
commencer, avant tout, par les faire traduire par un Interprête, que l'on fera affifter à la Repréfentation qui en fera faite
à l'Accufé, s'il eft néceffaire.

A R T I C L E I I.

*La Repréfentation & Interpellation mentionnées dans l'Article
précédent, pourront être faites aux Accufés, foit lors de leurs
Interrogatoires, ou dans un Procès-verbal qui fera dreffé à
cet effet ; & les Piéces à eux préfentées demeureront jointes à
la Procédure Criminelle.*

SUIVANT cet Art. la Repréfentation & l'Interpellation dont
il eft parlé dans le précédent, peuvent fe faire en différens Tems
& en différens Actes. D'abord, *lors de l'Interrogatoire* qu'on fait
fubir à l'Accufé enfuite du Décret : & fi elles ne peuvent fe

faire dans ce tems-là, parce que les Ecritures n'auroient pas été
produites, l'Ordonnance permet de les faire dans la suite, par
le moyen des *Procès-verbaux* qui feront dreffés à cet effet,
fuivant la Formule qui eft à la fuite de l'Art. 4 ci-après.

Cette Voie des *Procès-verbaux* étoit même la feule qui étoit
ufitée avant la préfente Ordonnance; & c'eft pour cela que, par
l'Art. 1er du Tit. 8 de l'Ordonnance de 1670, que nous avons
cité ci-devant, il n'eft parlé de la Jonction de ces Piéces qu'aux
Informations; au lieu que, fuivant le préfent Article, cette *Jonc-*
tion peut fe faire en général à la *Procédure Criminelle.*

Quant aux Formalités qui doivent accompagner la Repréfentation & l'Interpellation, lors de ces différens Actes, elles fe
trouvent marquées par l'Art. précédent; à la réferve que, fi elles
fe font lors d'un Procès-verbal, ce Procès-verbal doit être fait
au Greffe ou au lieu du Siége deftiné à l'Inftruction, conformément à ce qui eft prefcrit par l'Art. 17 du Titre du Faux Principal, renouvellé par l'Art. 18 ci-après. Ainfi le Juge, en procédant
à ces Actes, doit y faire Mention; 1°. du Serment prêté par
l'Accufé; 2°. de la Repréfentation qui lui eft faite de la Piéce;
3°. de l'Interpellation qui lui eft faite de la reconnoître ; 4°. de
la Lecture qui lui eft faite par le Greffier; 5°. de la Réponfe de
l'Accufé enfuite de l'Examen qu'il a fait de la Piéce; 6°. du
Paraphe qui eft fait, tant par le Juge, que par l'Accufé, ou du
Refus de celui-ci de parapher. C'eft à la fuite de toutes ces Formalités que le Juge ordonnera, conformément au préfent Article, que la Piéce *demeurera jointe au Procès Criminel.*

Au refte, les mêmes Formalités feront réitérées vis-à-vis de
chaque Accufé, s'il y en a plufieurs.

A R T I C L E III.

Si l'Accufé convient avoir écrit ou figné lefdites Piéces, ou fi
lefdites Piéces étant d'une main étrangere, il les reconnoît vé-
ritables, elles feront foi contre lui, fans qu'il en foit faite
aucune Vérification.

IL eft parlé dans cet Article de deux Cas où l'on peut fe difpenfer d'ordonner la Vérification des Ecritures & Signatures
privées. L'*un*, c'eft lorfque l'Accufé convient les avoir écrites ou
fignées de fa main. L'*autre*, c'eft lorfqu'il reconnoît pour véritables les Ecritures d'une main *étrangere* qui lui font repréfentées.

L'Ordonnance veut que, dans l'un & l'autre Cas, les Piéces faffent foi contre lui ; & elle renouvelle fur ce Point les Difpofitions des Art. 2 & 3 du Tit. 8 de l'Ordonnance de 1670, dont le 1er porte, *fi l'Accufé a reconnu avoir écrit & figné les Piéces, elles font foi contre lui, & n'en fera faite aucune Vérification*.... L'autre ajoute, *feront pareillement foi les Ecritures & Signatures de main étrangere, qui feront reconnues par l'Accufé*....

Nous avons obfervé fur l'Art. 1er de ce Titre, que c'eft relativement à la Repréfentation qui peut fe faire à l'Accufé des Ecritures & Signatures de main étrangere comme des fiennes propres, qu'à la fuite de ces mots, *s'ils les ont écrites ou fignées*, l'Ordonnance a cru devoir ajouter ceux-ci, *ou s'ils les reconnoiffent véritables*, qui ne fe trouvent point inférées dans l'Ordonnance de 1670 ; quoique celle-ci accorde d'ailleurs le même degré de Foi à des Ecritures de main étrangere reconnues véritables par l'Accufé, qu'à celles qu'il déclareroit avoir écrites & fignées de fa propre main.

Cependant, il faut convenir que la Preuve, qui réfulte de la Reconnoiffance d'une Ecriture de main étrangere, ne tendant proprement qu'à conftater l'Auteur de l'Ecriture, & non point à affurer la vérité du Fait qu'elles contiennent, elle n'eft point auffi concluante pour la Condamnation, que celle qui réfulte de l'Ecriture & Signature de la main de l'Accufé, laquelle emporte une Confeffion précife du Crime même. C'eft la Remarque de M. TALON, lors du Procès-verbal de Conférence fur l'Art. 3 du Tit. 8 de l'Ordonnance de 1670.

Au refte, par Ecritures de *main étrangere*, l'on ne doit pas entendre généralement toutes fortes d'Ecritures qui font relatives au Crime pour lequel fe fait la Repréfentation ; mais feulement celles qui, étant entiérement écrites & fignées par une autre main que celle de l'Accufé, font quelque Mention de lui relativement au Crime dont il eft prévenu ; *ou bien* de celles dont le corps eft écrit d'une main étrangere, & qui font fignées feulement par l'Accufé.

A l'égard des Piéces qui font écrites en entier, & fignées de la main de l'Accufé, l'on veut parler feulement de celles qu'il a écrites & fignées en Qualité de fimple *Particulier*. Car, s'il les a écrites & fignées, comme faifant fonction de *Perfonne Publique*, elles ne font point fujettes à la Reconnoiffance ni à la Vérification ;

&

& elles font tellement Foi par elles mêmes, qu'elles ne peuvent être détruites que par la Voie de l'Inscription de Faux, ainsi que nous l'avons obfervé fur l'Art. 1er de ce Titre.

A R T I C L E I V.

Si l'Accufé déclare n'avoir écrit ou figné lefdites Piéces, ou s'il refufe de les reconnoître, ou de repondre à cet égard, il fera ordonné qu'elles feront vérifiées fur Piéces de Comparaifon ; ce qui fera pareillement ordonné, s'il y echeoit, à l'égard des Accufés qui feront en défaut ou Contumace, encore que lefdites Piéces n'ayent pû leur être repréfentées.

L'ORDONNANCE nous marque ici les Cas où il y a lieu d'ordonner la *Vérification* des Ecritures & Signatures privées.

Suivant l'Ordonnance de 16;0, Ces Cas étoient feulement au nombre de *deux*, comme il paroit par l'Art. 4 du Tit. 8, qui porte, fi l'Accufé refufe de reconnoître les Piéces, ou déclaré ne les avoir ecrites ou fignées, les Juges ordonneront qu'elles feront vérifiées fur Piéces de Comparaifon. Mais la préfente Ordonnance en ajoute encore *deux* autres, où cette Vérification doit également etre ordonnée. L'*un*, c'eft celui du Refus tacite que feroit l'Accufé de convenir de la Piéce, en ne voulant répondre fur l'Interpellation qui lui feroit faite. L'*autre*, c'eft celui où l'Accufé feroit en Contumace, & que la Piéce ne pourroit lui être repréfentée. A la vérité, il paroit par ces mots, *s'il y echeoit* dont l'Ordonnance fe fert relativement à cet Accufé Contumax, qu'il peut y avoir auffi des Cas, où la Vérification ne doit point avoir lieu à fon égard.

Ces Cas font, par exemple, fi des Témoins irréprochables avoient dépofé avoir vû cet Accufé écrire & figner les Piéces qui leur auroient été repréfentées lors de leurs Dépofitions ; en même-tems qu'il y en auroit d'autres, qui déclareroient bien reconnoître les Ecritures & Signatures de ces Piéces, comme étant de la main de l'Accufé : *ou bien* fi ces Piéces étoient par elles-mêmes inutiles ou fuperflues pour la Conviction du Crime dont il y auroit d'ailleurs des Preuves fuffifantes pour la Condamnation de l'Accufé.

V. au furplus la Diftinction marquée fur les deux Articles fuivans, entre l'Accufé dont la Contumace eft inftruite, & celui qui eſt ſimplement Contumax , ſans qu'il y ait eu de Procédure faite contre lui.

FORMULE de Procès-verbal de Préſentation d'Ecritures privées.

· L'an.... Nous..... étant au Greffe de..... *ou* en la Chambre du Conſeil de.... y avons fait amener.... priſonnier, *ou* eſt comparu... accuſé ſur la Sommation à lui faite , auquel après Serment par lui prêté de dire vérité, avons repréſenté....(*énoncer la Piéce,*) écrite en.... pages de papier, la premiere commençant par ces mots....& finiſſant par ces autres mots.... interpellé de reconnoître s'il n'a pas écrit & ſigné ladite Piéce, ou s'il la reconnoît véritable : lequel après avoir vû, lû, & examiné ladite Piéce, à déclaré l'avoir écrite & ſignée, *ou qu'il la reconnoît véritable,* (*& s'il fait quelqu'autre déclaration, il faut l'énoncer,*) & a été ladite Piéce paraphée par Nous & par ledit.... lecture faite du préſent Procès-verbal audit.... y a perſiſté, & a ſigné *ou* fait refus, de ce interpellé ; *ou* déclaré ne ſçavoir ſigner, de ce enquis.

Surquoi nous ordonnons que ladite Piéce demeurera jointe à la Procédure Criminelle. Fait les jour & an que deſſus.

Si au contraire l'Accuſé déclare n'avoir écrit ou ſigné ladite Piéce, ou s'il refuſe de la reconnoître ou de répondre à cet égard, le Juge dira, Nous ordonnons que ladite Piéce ſera vérifiée ſur Piéces de Comparaiſon, par t....Experts que nous avons nommé d'Office.

Et en cas, que l'Accuſateur n'ait pas les Piéces de Comparaiſon en ſa poſſeſſion, il faut obtenir une Ordonnance ou Jugement pour les faire apporter & remettre au Greffe.

ARTICLE V.

Le Procès-verbal de Préſentation des Piéces de Comparaiſon ſera fait en préſence de nôs Procureurs ou de ceux des Hauts-Juſticiers, enſemble de la Partie Civile, s'il y en a, & de l'Accuſé ; à l'effet de quoi, s'il eſt dans les Priſons , il ſera amené par ordre du Juge, pour aſſiſter audit Procès-verbal , ſans aucune Sommation ou Signification préalable ; & pareillement il n'en ſera faite aucune, lorſque l'Accuſé étant abſent, la Contumace aura été inſtruite contre lui.

CET Article & les deux ſuivans concernent le Procès-verbal de Préſentation des Piéces de Comparaiſon, en Matiere de Vérification d'Ecritures privées. L'Ordonnance commence par déſigner ici les *Perſonnes* qui doivent y aſſiſter, & la *Maniere* dont l'on doit procéder à l'égard de l'Accuſé préſent, ou Contumax.

1°. Les Personnes qui doivent aſſiſter à ce Procès-verbal ſont ; 1°. *la Partie Publique.* (*V.* l'Art. 12 du Tit. du Faux Principal, & l'Art. 33 du Tit. du Faux Incident) 2°. *la Partie Civile,* s'il y en a une ; celle-ci peut même y aſſiſter par un *fondé de Procuration ſpéciale,* conformément à l'Article 38 du Faux Incident ; 3°. enfin, l'*Accuſé* doit auſſi y être appellé, quoique celui-ci ne puiſſe aſſiſter au Procès-verbal des Piéces de Comparaiſon qui ſe fait dans l'Inſtruction du Faux Principal, comme nous l'avons obſervé ſur l'Article 18 du Tit. du Faux Principal.

2°. Quant à la *Maniere* dont on doit procéder à l'égard de cet Accuſé, pour l'obliger de comparoître à ce Procès-verbal ; il faut diſtinguer, ſuivant cet Article, entre l'Accuſé Priſonnier, & celui qui ne l'eſt pas. *S'il eſt Priſonnier,* il doit être amené par Ordre du Juge, au Lieu où ſe dreſſe le Procès-verbal, ſans qu'il ſoit beſoin de lui faire aucune Sommation ni Signification préalable. D'où il ſuit, que ce Procès-verbal ne peut être fait ailleurs qu'au Greffe, ou dans le Lieu deſtiné aux Inſtructions, conformément à l'Art. 17 du Titre du Faux Principal renouvellé ſur ce Point par l'Art. 8 ci-après.

Que ſi l'Accuſé *n'eſt point Priſonnier,* l'Ordonnance veut que l'on diſtingue encore le Cas où la Contumace de cet Accuſé auroit été inſtruite, de celui où elle ne le ſeroit pas. Au premier Cas, elle permet au Juge de procéder au Procès-verbal des Piéces de Comparaiſon, ſans qu'il ſoit fait à cet Accuſé aucune Sommation ni Signification préalable. Mais il n'en eſt pas de même au dernier Cas, comme nous allons le voir ſur l'Art. ſuivant.

V. la Formule du Procès-verbal de Préſentation, & Etat des Piéces de Comparaiſon, à la ſuite de l'Article 34 du Titre du Faux Incident.

A R T I C L E VI.

Si l'Accuſé n'eſt pas dans les Priſons, & ſi la Contumace n'eſt pas inſtruite à ſon égard, il ſera ſommé de comparoître audit Procès-verbal, dans le Délai porté par l'Article VI du Tit. du Faux Principal ; à l'effet de quoi la Sommation lui en ſera faite par Acte ſignifié, dans la forme & aux lieux preſcrits par l'Edit du mois de Décembre 1680, concernant l'Inſtruction de la Contumace ; & faute par l'Accuſé d'y comparoître dans le Délai, il ſera paſſé outre audit Procès-verbal.

Par cet Article, qui eſt une ſuite du précédent, l'Ordonnance régle la Procédure qui doit être faite à l'égard de l'Accuſé qui n'eſt pas Priſonnier, & dont la Contumace n'a point encore été inſtruite, pour l'obliger à comparoître au Procès-verbal des Piéces de Comparaiſon ; & elle preſcrit trois choſes à cet égard.

Elle veut en *premier lieu*, qu'il lui ſoit faite une Sommation par un Acte ſignifié dans la forme & aux Lieux preſcrits par l'Edit du mois de Décembre 1680 ; c'eſt-à-dire, que ſi l'Accuſé n'a point de domicile ordinaire dans le Lieu ni dans le Reſſort de la Juriſdiction où s'inſtruit le Procès, & s'il n'y a qu'une ſimple réſidence, cette Sommation pourra lui être donnée dans le Lieu de cette réſidence, dans les trois mois depuis le Crime commis, paſſé lequel tems, elle ne pourra lui être donnée qu'à ſon domicile ordinaire ; & que ſi cet Accuſé n'a ni réſidence ni domicile, cette Sommation ſera affichée à la porte de la Juriſdiction où le Procès Criminel s'inſtruit.

Au ſurplus, il ne faut dans tous ces Cas, ni Procès-verbal de perquiſition, ni Cri public & proclamation à ſon de Trompe, parce qu'il ne s'agit point ici d'inſtruire une Contumace en forme, mais ſeulement de conſtater juridiquement l'abſence de l'Accuſé lors d'un Procès-verbal de Piéces qui peuvent ſervir à la Preuve & Conviction de ſon Crime. *V*. au ſurplus ce que nous avons dit ſur les Art. 2 & 8 du Tit. 17 de l'Ordonnance de 1670.

L'Ordonnance marque en *ſecond lieu* les Délais qui doivent être portés par cette Sommation ; ou plutôt elle renvoye ſur ce point à la Diſpoſition de l'Art. 6 du Tit. du Faux Principal, ſuivant lequel, ſi l'Accuſé a ſon domicile dans le Lieu de la Juriſdiction, le Délai eſt de trois jours ; & de huitaine, s'il eſt domicilié dans la diſtance de 10 lieues ; & en Cas de plus grande diſtance, le Délai pourra être augmenté d'un jour par 10 lieues ; il pourra même être prorogé à un plus long terme, eu égard à la difficulté des chemins & à la longueur des lieues, ſans néanmoins qu'il puiſſe être porté au-delà de deux jours par 10 lieues.

Enfin l'Ordonnance marque en *troiſiéme lieu* la Peine qu'encourt l'Accuſé qui ne comparoît point dans le Délai porté par la Sommation ci-deffus. Cette Peine eft la privation abfolue de la faculté de contredire les Piéces de Comparaifon ; de maniere que les Juges peuvent paffer outre au Procès-verbal, comme fi l'Accufé y avoit été préfent.

A R T I C L E   V I I.

En procédant audit Procès-verbal, lorfque l'Accufé y fera préfent, les Piéces de Comparaifon lui feront repréfentées , pour en convenir ou les contefter , fans qu'il lui foit donné pour raifon de ce, Délai ni Confeil ; & celles qui feront admifes, feront par lui paraphées, s'il peut ou veut le faire, finon il en fera fait mention : & foit que ledit Accufé foit préfent ou abfent lors dudit Procès-verbal, les Piéces qui feront reçûes, feront paraphées par le Juge, notre Procureur ou celui des Hauts-Jufticiers, enfemble par la Partie Civile, fi elle peut ou les veut parapher, finon il en fera fait mention ; le tout à peine de Nullité.

Nous venons de voir la Procédure qui doit fe faire à l'égard de l'Accufé qui ne comparoît point au Procès-verbal des Piéces de Comparaifon. Voici préfentement celle qui fe fait à l'égard de l'Accufé qui comparoît à ce Procès-verbal, *foit* enfuite de la Sommation dont il eft parlé fur l'Art. précédent, s'il n'eft point Prifonnier , *foit* en vertu de la fimple Ordonnance du Juge, s'il eft dans les Prifons, conformément à ce qui eft prefcrit par l'Art. 5 ci-devant.

Cette Procédure confifte dans les *quatre* Formalités fuivantes, que l'Ordonnance veut être obfervées à peine de Nullité. 1°. Que les Piéces de Comparaifon foient repréfentées à cet Accufé. 2°. Qu'il foit tenu d'en convenir, ou de les contefter fur le champ, fans qu'il puiffe lui être donné pour cela aucun Délai , ni la permiffion de fe faire affifter d'un Confeil. 3°. Qu'on lui faffe parapher celles de ces Piéces qui feront admifes , & que s'il ne veut ou ne peut les parapher , il foit fait Mention de fon Refus. 4°. Enfin, que ces mêmes Piéces foient auffi paraphées par le Juge, par la Partie publique, & même par la Partie Civile, s'il y en a une, finon Mention de fon Refus. Cette derniere Formalité doit également avoir lieu dans tous les Procès-verbaux, tant ceux qui fe font en l'abfence de l'Accufé, que ceux qui fe font en fa préfence.

L'art. 7 du Tit. 8 de l'Ordonnance de 1670 , porte » les
» Piéces de Comparaifon feront repréfentées par le Juge à l'Ac-
» cufé pour en convenir ou les contefter , fans qu'il lui foit don-
» né pour raifon de ce , ni Délai , ni Confeil ; & s'il en con-
» vient , elles feront paraphées par lui & par le Juge qui en
» ordonnera la réception «.

Il n'y a donc , comme l'on voit , d'autre différence entre cet
Article & celui que nous expliquons , finon que la préfente
Ordonnance exige la Formalité du *paraphe* non-feulement de
la part du Juge & de l'Accufé , mais encore de la part des Parties Publiques & Civiles , dont il n'eft point parlé dans l'Article de l'Ordonnance de 1670 que nous venons de citer. En
quoi ce préfent Article renouvelle la Difpofition de l'Art. 21
du Tit. du Faux Principal. *V.* au furplus ce que nous avons
dit fur cet Article.

A R T I C L E   V I I I.

*Sera obfervé au furplus tout ce qui eft prefcrit au fujet des Pié-
ces de Comparaifon par les Articles XII, XIII, XIV,
XVI, XVII & XIX, du Titre du Faux Principal, &
par l'Article XXVI du Titre du Faux Incident.*

P A R cet Article , l'Ordonnance régle généralement tout ce
qui peut concerner les Piéces de Comparaifon , foit par rapport à
la *Qualité* qu'elles doivent avoir , foit par rapport aux *Perfonnes* par qui elles peuvent être fournies , à la *Remife* qui en doit
être faite par les Dépofitaires , au *Procès-verbal* qui en doit être
dreffé , foit enfin par rapport à *l'Admiffion* ou le *Rejet* de ces
Piéces , dans le Cas où elles font conteftées de la part de l'Accufé : & elle renouvelle fur tous ces Points les Difpofitions des
Art. 12 , 13 , 14 , 16 , 17 & 19 du Tit. du Faux Principal ,
& de l'Art. 36 du Tit. du Faux Incident.

Ainfi conformément à ces Articles. 1°. Ces Piéces de Comparaifon ne pourront être que des Piéces *authentiques* par elles-
mêmes , comme des Actes reçus de Notaires ou autres Perfonnes Publiques & des Actes Judiciaires ; *ou bien*, fi ce font des
Ecritures privées , l'on ne devra admettre que celles que l'Accufé aura reconnues en Juftice , & non celles qui auront été
fimplement vérifiées avec lui fur la dénégation qu'il en aura
faite. *V.* Art. 13 & 14 du Titre du Faux Principal.

2°. C'est à la Partie Publique ou à la Partie Civile , s'il y en a une , de fournir ces Piéces de Comparaison ; l'Accusé n'est point reçu à en préfenter , foit par Requête ou autrement , qu'après l'Inftruction achevée & par Délibération du Confeil fur le vû du Procès. *V*. Art. 12 , *ibid.*

3°. Que fi ces Piéces n'étoient pas entre les Mains des Parties Publiques & Civiles , mais entre celles des Dépofitaires publics ou privés , le Juge leur ordonnera , fur l'Indication qui en aura été faite par les Parties Publiques & Civiles , de les apporter au Greffe dans les Délais & fous les Peines qui font marquées par les Art. 5 & 6 du Tit. du Faux ; fauf néanmoins aux Juges à y pourvoir autrement , *s'il y écheoit* , fi ces Piéces étoient de nature que les Dépofitaires en euffent un befoin continuel pour le Service du Public , comme Regiftres de Baptêmes , Mariages & Sépultures. *V*. Art. 16 , *ibid.*

4°. Sur la fimple préfentation de ces Piéces , & fans qu'il foit donné de Requête à cet effet , le Procès-verbal en fera dreffé au Greffe ou autre Lieu deftiné aux Inftructions , en préfence de la Partie Publique & Civile , s'il y en a une , comme auffi en celle de l'Accufé , ainfi que nous venons de le voir fur l'Art. 5 ci-devant. *V*. Art. 17 , *ibid.*

5°. A la fin du Procès-verbal , le Juge réglera ce qu'il trouvera convenable fur l'Admiffion ou le Rejet des Piéces de Comparaifon , enfuite des Conclufions de la Partie Publique ; & s'il y trouve de la difficulté , il en fera fon *référé* aux Juges de fon Siége , pour y être pourvû par un Jugement particulier , qui ne pourra être rendu qu'après communication aux Parties Publiques & Civiles. *V*. Art. 19 , *ibid.*

6°. Si l'Accufé , en préfence duquel fe fera ce Procès-verbal , vient à contefter ces mêmes Piéces de Comparaifon ; ou s'il refufe d'en convenir , le Juge en fera auffi Mention dans fon Procès-verbal , pour y être pourvû ainfi qu'il appartiendra fur les Conclufions de la Partie Publique , & enfuite du référé , aux Juges de fon Siége ; le tout conformément aux Art. 19 du Tit. du Faux Principal , & Art. 36 du Titre du Faux Incident.

V. au furplus les obfervations que nous avons faites fur les différens Articles , dont l'exécution eft ordonnée par celui-ci

Article IX.

En Cas que les Piéces de Comparaison ne soient point reçûes, la Partie Civile, s'il y en a, ou nos Procureurs, ou ceux des Hauts-Justiciers, seront tenus d'en rapporter d'autres dans le Délai qui sera prescrit; autrement les Juges ordonneront, s'il y écheoit, qu'il sera passé outre à l'Instruction & au Jugement du Procès, sauf, en Cas qu'avant le Jugement, ladite Partie Civile ou la Partie Publique rapportent des Piéces de Comparaison, à y être pourvû par les Juges, ainsi qu'il appartiendra.

Cet Article a pour objet le Cas particulier où les Piéces de Comparaison *ne sont point reçûes*.

L'Art. 10 du Tit. 8 de l'Ordonnance de 1670, porte » si » le Juge ordonne le Rejet des Piéces de Comparaison, nos » Procureurs, ou ceux des Seigneurs & les Parties Civiles se- » ront tenues d'en rapporter d'autres dans le Délai qui sera pres- » crit, au rement les Piéces dont la Vérification aura été ordon- » née, seront rejettées du Procès «.

Ainsi la présente Ordonnance ajoute ici deux choses à la Dis- position de cette premiere Loi; 1°. Par ces mots, *s'il y écheoit*, qu'on voit à la suite du pouvoir qu'elle donne aux Juges d'or- donner qu'il sera passé outre à l'Instruction & au Jugement du Procès, l'Ordonnance donne à entendre qu'il y a des Cas où ces Juges ne doivent point passer outre. Ces Cas sont principa- lement, toutes les fois que les Piéces dont la Vérification est ordonnée, sont absolument essentielles à la Preuve du Crime, & qu'il paroît par les Charges & Informations qu'il n'y a pas de Preuves suffisantes pour convaincre l'Accusé d'en être l'Au- teur: alors, faute par les Parties Publiques & Civiles de rap- porter de nouvelles Piéces, il paroît que ce seroit le Cas d'ordonner que l'Accusé fera un *Corps d'Écritures*, dont il sera parlé en l'Art. 16 ci-après. Ce n'est donc, que dans le Cas seulement, où ces Piéces ne seroient pas absolument essentielles pour la Preuve du Crime, & que cette Preuve se trouveroit d'ailleurs suffisamment acquise par les Charges & Informations, que les Juges pourront ordonner qu'il sera passé outre à l'Ins- truction & au Jugement du Procès.

2°. Par

2°. Par cette Clause qu'on voit à la fin de cet Article ; *sauf à être pourvû par les Juges, ainsi qu'il appartiendra , en Cas qu'avant le Jugement la Partie Civile ou la Partie Publique rapportent des Piéces de Comparaison,* l'Ordonnance nous fait voir en même-tems, avec quelle circonspection elle veut que les Juges se comportent en cette occasion ; *soit* pour ne point retarder mal à propos l'Instruction & le Jugement des Procès , en accordant de nouveaux Délais pour l'Apport de nouvelles Piéces qui ne seroient pas au pouvoir des Parties Publiques ou Civiles , ou bien en admettant des Piéces qui ne seroient point concluantes pour la Preuve du Crime ; *soit* pour ne point trop précipiter ce même Jugement , en ôtant aux Parties Publiques & Civiles les moyens de fonder leur Accusation , par le Refus qu'il feroit d'admettre après ce Délai toutes les Piéces indistinctement qui leur seroient présentées , tandis que parmi ces Piéces ils pourroient s'en trouver qui formeroient une Preuve considérable contre l'Accusé. Ainsi, toutes les fois que des Piéces de cette derniere Qualité leur sont présentées, les Juges ne peuvent s'empêcher de les admettre , & ils doivent en conséquence dresser un Procès - verbal dans la forme du premier , ainsi qu'il résulte de la Disposition des Art. 6 & 8 ci-devant.

A R T I C L E X.

Les Experts qui procéderont à la Vérification , seront nommés d'Office , & entendus séparément par forme de Déposition, sans qu'il puisse être ordonné que lesdits Experts feront préalablement leur rapport sur lesdites Piéces , ce que Nous défendons à peine de Nullité ; & sera observé par rapport auxdits Experts , ce qui est préscrit par les Articles VIII & IX du Titre du Faux Principal.

CET Article & le suivant concernent singuliérement les EXPERTS qui doivent procéder à la Vérification des Ecritures & Signatures privées.

L'Art. 9 du Tit. 8 de l'Ordonnance de 1670 , porte que la *Vérification sera faite sur Piéces de Comparaison par Experts & Maîtres Ecrivains nommés d'Office par le Juge* ..... L'Art. 11 du même Titre ajoute, les *Piéces de Comparaison & celles qui devront être vérifiées , seront données séparément à chacun*

Expert, pour les voir & examiner à loisir .... Enfin par l'Art.
13 du Tit. 9 de la même Ordonnance, il est dit que si *les*
Moyens sont pertinens ou admissibles, la Preuve en sera ordon-
née par Titres, par Témoins, & par Comparaison d'Écritures &
Signatures par Experts qui seront nommés d'Office par le mê-
me Jugement, sauf à les récuser.

De ces trois Articles, il n'y a que le *premier* dont le Lé-
gislateur a jugé à propos de renouveller ici la Disposition, en
ordonnant que la Vérification sera faite par Experts, & que les
Experts seront nommés d'Office par le même Jugement qui
ordonnera l'Information par Experts ; si ce n'est, *ajoute* l'Art.
8 du Tit. du Faux Principal, que la Nomination en ait été
renvoyée à un Juge commis sur les Lieux, lequel sera tenu
pareillement de la faire d'Office, conformément à l'Art. 8 du
Tit. du Faux Principal. Mais à l'égard des autres Articles de
l'Ordonnance de 1670, qui admettent la Voie du *Rapport* &
celle de la *Récusation* contre les Experts, nous avons vû sur
l'Art. 9 du Tit. du Faux Principal dont l'exécution est ordonnée par celui-ci, qu'il y a été dérogé formellement par la présente Ordonnance, en ce qu'elle veut *d'une part*, que les Experts ne puissent plus être entendus que par forme de *Dépo-*
sition, comme les autres Témoins ; & de *l'autre*, que les Moyens
de Récusation que l'on peut avoir contr'eux, ne puissent plus
être proposés que par forme de *Reproches*, & dans le tems de
la Confrontation. Nous allons voir sur l'Art. suivant, qu'il a
été dérogé pareillement à la faculté que leur accordoit l'Ordonnance de 1670, d'emporter chez eux les Piéces, & de les examiner à loisir.

V. au surplus la Formule de l'Information par Experts à la
suite de l'Art. 23 du Tit. du Faux Principal.

A R T I C L E   X I.

En procédant à l'Audition desdits Experts, les Piéces qu'il s'a-
gira de vérifier, & le Jugement qui en aura ordonné la Vé-
rification, les Piéces de Comparaison, ensemble le Procès-
verbal de Présentation d'icelles, & l'Ordonnance ou Juge-
ment par lequel elles auront été reçûes, seront remises à cha-
cun desdits Experts ; & sera au surplus observé tout ce qui a
été réglé par l'Article XXIII du Titre du Faux Principal.

Il est parlé dans cet Article de la Maniere dont il doit être procédé à *l'Audition des Experts* sur la Vérification des Ecritures & Signatures privées , & des Formalités qui doivent accompagner cette Audition.

L'Ordonnance preścrit quatre chofes à cet égard , le Nombre & la Qualité des *Piéces* qui doivent leur être remiſes , la *Maniere* dont ils doivent procéder à leur examen , le *Paraphe* qu'ils en doivent faire , ou Mention de leur Refus , & enfin la *Mention* qui doit être faite dans leurs Dépoſitions de la Remiſe & de l'Examen de ces Piéces.

1°. Les *Piéces* qui doivent leur être remiſes , font au nombre de *cinq* ; ſçavoir , la Piéce à vérifier , le Jugement qui en ordonne la Vérification , les Piéces de Comparaiſon , le Procès-verbal de Préſentation de ces Piéces , & le Jugement ou Ordonnance par laquelle ces Piéces de Comparaiſon ont été admiſes. Mais avant que de leur remettre ces Piéces , l'Ordonnance veut qu'il leur ſoit fait lecture de la Requête ou Procès-verbal de Plainte ſur le Crime , ainſi que de la Permiſſion d'informer ; & elle ordonne à cet effet l'exécution de l'Art. 23 du Tit. du Faux Principal.

L'Ordonnance ajoute ici , comme l'on voit , à la Diſpoſition de l'Ordonnance de 1670 qui , par l'Art. 13 du Tit. 8 , ſe contentoit d'ordonner la Repréſentation de la Piéce à vérifier & de celles de Comparaiſon ; & encore ne l'exigeoit-elle que lors du Récollement & de la Confrontation , parce que l'on ne connoiſſoit point alors l'Information par Experts , qui fait l'Objet particulier du préſent Article.

2°. Quant à la *Maniere* dont ces Experts doivent procéder à l'Examen des Piéces à vérifier & de celles de Comparaiſon , L'Ordonn. veut qu'ils faſſent cet Examen ſéparément & en particulier, ſans déplacer. Elle renouvelle encore à cet égard la Diſpoſition de l'Art. 23 du Tit. du Faux Principal , en même tems qu'elle déroge à celle de l'Art. 11 du Tit. 8 de l'Ordonnance de 1670 , qui laiſſoit aux Experts la liberté d'emporter ces Piéces chez eux, pour les voir & examiner à loiſir.

3°. A l'égard du *Paraphe* que doivent faire les Experts de la Piéce à vérifier , ou de la Mention de leurs Refus ; la néceſſité

s'en trouve établie par le même Art. 23 du Tit. du Faux Principal, relativement aux Piéces prétendues fauſſes.

4°. Enfin *Mention* doit être faite dans chaque Dépoſition
des Experts, tant de la *Remiſe* des Piéces dont il eſt parlé
ci - devant, que de *l'Examen* qu'en ont fait ces. Experts,
ainſi que du Paraphe de la Piéce à vérifier ; le tout conformément au même Art. 23 du Tit. du Faux Principal.

V. au ſurplus ce que nous avons dit ſur ce même Art. 23 &
la Formule qui eſt à la ſuite.

A R T I C L E X I I.

*Pourront en outre être entendus comme Témoins, ceux qui auront
vû écrire ou ſigner leſdites Ecritures ou Signatures privées,
ou qui auront connoiſſance en quelqu'autre maniere, des Faits
qui puiſſent ſervir à en établir la vérité.*

SUIVANT cet Article, pour parvenir à la Vérification des
Ecritures privées, l'Ordonnance n'admet pas ſeulement la Dépoſition des Experts, mais encore celle des TÉMOINS qui ont
vû écrire ou ſigner ces Piéces, ou qui ont Connoiſſance en quelqu'autre Maniere, des Faits qui peuvent ſervir à en établir la
vérité.

L'Ordonnance n'a fait que renouveller ſur ce Point la Diſpoſition de l'Art. 14 du Tit. 8 de l'Ordonnance de 1670, qui
porte, *pourront être ouïs comme Témoins, ceux qui auront vû écrire
ou ſigner les Piéces qui pourront ſervir à la Conviction des Accuſés, ou qui en auront Connoiſſance en quelqu'autre Maniere.*
A la vérité, il paroit que cette derniere Diſpoſition a plus d'étendue que celle du préſent Article, où il n'eſt parlé que des Ecritures & Signatures qui ſont à *vérifier*, & non point généralement de toutes les Piéces qui pourroient ſervir à la *Conviction*
des Accuſés, c'eſt-à-dire, qui ſeroient produites au Procès pour
appuyer la vérité des Ecritures & Signatures privées. Mais il
y a lieu de croire que la nouvelle Ordonnance a compris également celles-ci dans ſa Diſpoſition, & qu'elle a voulu confirmer par le préſent Article celle de l'Art. 24 du Tit. du Faux
principal, qui veut que l'on entende généralement tous les Témoins qui auront Connoiſſance de la fauſſeté des Piéces ou
des Faits qui pourront ſervir à en établir la Preuve. Il faut pour-

tant convenir que, comme elle ne renvoye pas nommément
à la Difpofition de cet Art. 24, & qu'elle n'en fait pas même
Mention fur l'Art. fuivant, où il eft parlé des Piéces qui doivent
être repréfentées aux Témoins; il y a lieu de dire qu'elle a
voulu par-là reftraindre la Repréfentation de ces Piéces de Conviction à ceux des Témoins feulement qui en ont connoiffance,
conformément à l'Art. 27 du Tit. du Faux Principal, qui eft
rappellé fur l'Art. fuivant.

<h2 style="text-align:center">A R T I C L E X I I I.</h2>

*En procédant à l'Audition defdits Témoins, lefdites Ecritures ou
Signatures privées leur feront repréfentées, & par eux paraphées, ainfi qu'il a été ordonné pour les Piéces prétendues
fauffes, par les Articles XXV & XXVI du Titre du Faux
Principal; & fera auffi obfervé tout ce qui eft porté par les
Articles XXVII, XXVIII & XXIX du Titre concernant la préfentation des Piéces y mentionnées auxdits Témoins, le paraphe defdites Piéces, & les Actes dans lefquels
on pourra fuppléer à l'Omiffion de la Repréfentation & du
Paraphe, foit defdites Ecritures ou Signatures privées, ou des
autres Piéces, fi l'on n'y a pas fatisfait lors de la Depofi-
tion defdits Témoins; & s'ils repréfentent quelques Piéces lors
de leurs Dépofitions, il fera obfervé ce qui eft prefcrit par
l'Article XL du même Titre.*

CET Art. a pour objet les Formalités particulieres qui doivent s'obferver à l'égard des *Témoins*, lors de *l'Information*.
L'Ordonnance renouvelle à ce fujet les Difpofitions des Art. 25,
26, 27, 28 & 29 du Tit. du Faux Principal, fuivant lefquels
ces Formalités font de trois fortes. Les *unes* regardent les *Piéces* qui doivent leur être repréfentées & par eux paraphées. Les
autres concernent les *Actes* où l'on peut fuppléer à l'Omiffion de
cette Repréfentation & de ce Paraphe. Enfin les *dernieres*
ont lieu dans le Cas où les Témoins *repréfentent eux-mêmes*
quelque Piéce, lors de leurs Dépofitions.

1°. LES PIÉCES qui doivent être repréfentées aux Témoins,
& par eux paraphées, font; 1°. Les Écritures à vérifier (*V.
Art.* 25 du Tit. du Faux Principal); 2°. Les Piéces produites au

Procès fervans à prouver la vérité des Ecritures & Signatures privées; mais celles-ci ne doivent être repréfentées qu'à ceux des Témoins qui en ont Connoiffance. (*V. Art.* 27, *ibid.*) 3°. Les Piéces de Comparaifon, fi les Juges l'eftiment à propos. (*V. Art.* 29, *ibid.*)

2°. LES ACTES où l'Omiffion de la Repréfentation & du Paraphe des Piéces dont nous venons de parler, peut être réparée, font les mêmes que ceux marqués par les Art. 25, 26, 28 & 45 du Tit. du Faux Principal; c'eft-à-dire, que fi les Piéces, dont la Repréfentation & le Paraphe font ordonnés, n'avoient point été repréfentées aux Témoins, ni par eux paraphées, ou Mention de leurs Refus, lors de l'*Information*; foit parce que ces Piéces n'auroient point encore été remifes au Greffe, foit par oubli ou négligence du Juge; ce défaut de Repréfentation & de Paraphe pourra être fuppléé lors du *Récollement*; & fi elles ne l'avoient point été lors du Récollement, il y devra être fuppléé lors de la *Confrontation*; enfin, fi elles ne l'étoient point encore lors de la Confrontation, il pourra en être ordonnée une nouvelle par les Juges, lors de laquelle fe feront les Repréfentations, Paraphes ou Mentions ci-deffus, & ce à Peine de la Nullité de la Confrontation. *V. Art.* 28 & 45, *ibid.*

3°. Enfin, quant aux PIÉCES que les Témoins repréfenteront eux-mêmes, lors de leurs Dépofitions, il fera ordonné que ces Piéces demeureront *jointes* à leurs Dépofitions, après avoir été par eux paraphées, finon Mention de leurs Refus; & de plus, fi ces Piéces fervent à Conviction, elles feront repréfentées à ceux des Témoins qui en auront Connoiffance, & qui feront entendus depuis la Remife de ces Piéces, & elles feront par eux paraphées, finon Mention de leurs Refus: le tout, fuivant ce qui eft prefcrit par l'Art. 40 du Tit. du Faux Principal, dont l'Exécution eft ordonnée par celui-ci.

V. au furplus ce que nous avons dit fur tous les Articles du Tit. du Faux Principal, rappellés dans le préfent Article.

ARTICLE XIV.

Sur le vû de l'Information, foit par Experts ou par autres Témoins, il fera décérné tel Décret qu'il fera jugé à propos, même contre d'autres que l'Accufé, s'il y écheoit, ou fera rendue telle Ordonnance qu'il appartiendra.

Il est parlé dans cet Article de ce qui doit être ordonné par le Juge, sur le vû des Informations par Experts ou par Témoins. L'Ordonnance renouvelle à cet égard les Dispositions des Art. 30 du Tit. du Faux Principal, & 42 du Tit. du Faux Incident, qui permettent au Juge de décerner alors tel Décret qu'il appartiendra, *ou* de rendre telle Ordonnance qu'il jugera à propos.

Les Cas où le Juge peut & doit même décerner de *nouveaux Décrets*, sont principalement ceux-ci. 1°. Lorsque, par la Vérification des Experts, & Audition des Témoins sur ces Ecritures privées, les Preuves du Crime se trouveroient plus fortes. Il y auroit lieu de décerner alors un Décret réel, au lieu d'un Ajournement Personnel, ou d'un simple Assigné pour être oüi, qui auroient d'abord été décernés contre l'Accusé.

2°. Lorsque l'Accusé viendroit à reconnoître les Piéces après les avoir déniées. Comme cette Reconnoissance & Confession le rendroient plus coupable, il y auroit aussi lieu de décerner contre lui un Décret plus fort ou de le faire recommander ; s'il étoit déja Prisonnier en vertu d'un Décret réel.

3°. Ce nouveau Décret pourroit encore être décerné dans le Cas où les Ecritures privées qui seroient représentées à l'Accusé, ne concerneroient point le Crime pour lequel il seroit détenu Prisonnier, mais un autre Crime grave dont la Connoissance seroit survenue pendant l'Instruction du Procès ; par la raison que, comme nous l'avons vû sur l'Art. 11 du Titre 13 de l'Ordonnance de 1670, un Accusé déja décrété pour un Crime, peut encore l'être pour un autre.

4°. Enfin, si par les Preuves résultantes des Charges & Informations, il paroissoit que l'Accusé a eu des Complices qui l'auroient conseillé ou aidé à faire ces Ecritures ; le Juge pourra décerner contr'eux tel Décret qu'il estimera à propos, indépendamment de celui qui auroit été décerné contre l'Accusé.

Le Cas où le Juge ne doit décerner un nouveau Décret, mais rendre *telle autre Ordonnance* qu'il appartiendra, a lieu principalement, lorsque l'Accusé se trouve déja décrété de Prise de Corps, pour le Crime dont on voudroit completter la Preuve contre lui, par la Reconnoissance qu'il feroit des Ecritures privées ; il paroit qu'alors, le Juge devroit ordonner *la Jonction* de la Procédure incidente à la principale, pour faire récoller les

Experts & les Témoins fur leurs Dépofitions, & enfuite les con-
fronter à l'Accufé.

A R T I C L E XV.

Seront au furplus obfervées les Difpofitions des Articles **XXXI,**
XXXII *&* **XLI** *du Titre du Faux Principal, concernant
les Piéces qui doivent être repréfentées aux Accufés, & par
eux paraphées lors de leurs Interrogatoires, & celles qui ne
doivent l'être qu'à la Confrontation ; comme auffi les Piéces
qu'ils repréfenteroient lors de leurfdits interrogatoires.*

L'INTERROGATOIRE dont il eft ici parlé, eft celui qui
fe fait enfuite de l'Information par Experts ou par Témoins en
Matiere de Vérification d'Ecritures. Il peut avoir lieu en quatre Cas différens ; 1°. *Sans qu'il y ait un nouveau Décret,* &
par une fuite de celui qui aura été décerné originairement
contre l'Accufé dans le Procès qui aura donné lieu à la Vérification dont il s'agit ; & cela en vertu du pouvoir qui eft accordé aux Juges par l'Art. 15 du Tit. 14 de l'Ordonnance de
1670, de réitérer les Interrogatoires *toutes les fois que le Cas
le requerra ;* 2°. Cet Interrogatoire peut auffi fe faire *en vertu
d'un Décret plus fort,* que le Juge aura décerné fur ces mêmes Informations, & pour le même Crime ; 3°. Il peut encore
fe faire *enfuite d'un nouveau Décret,* qui aura été décerné
contre le même Accufé pour *un autre Crime* que celui dont le
Procès s'inftruit contre lui ; 4°. Enfin, il peut fe faire en conféquence du Décret qui auroit été décerné contre les *Complices* du même Crime qui a donné lieu à la Vérification des
Ecritures contre l'Accufé.

Pour la validité de l'Interrogatoire dans tous ces différens
Cas, l'Ordonnance veut que le Juge obferve ce qui eft prefcrit par les Art. 31, 32 & 41 du Tit. du Faux Principal.

Ainfi, pour fe conformer à ces Articles, le Juge doit ; 1°.
repréfenter à l'Accufé les Ecritures à *vérifier,* & les Piéces
fervans à *Conviction* qui feront actuellement au Greffe, les lui
faire parapher, finon faire Mention de fon Refus, & en Cas
d'Omiffion de quelqu'une de ces Formalités, il devra y fuppléer par un nouvel Interrogatoire, à peine de Nullité du Jugement qui interviendroit, fans avoir reparé cette Omiffion. *V.*
Art. 31 du Tit. du Faux Principal.

2°. Il

2°. Il ne doit point repréfenter à cet Accufé , lors de fon Interrogatoire , les Piéces de *Comparaifon* , ni les *autres* Piéces mentionnées dans l'Art. 23 du Tit. du Faux Principal , qui doivent être repréfentées aux Experts ; celles-ci doivent feulement lui être repréfentées , lors de la Confrontation. *V.* Art. 32 du même Tit. 1er.

3°. Enfin , fi *l'Accufé repréfente lui-même* quelques Piéces lors de cet Interrogatoire , le Juge devra ordonner qu'elles y demeureront *jointes* , après qu'elles auront été *paraphées* , tant par lui que par l'Accufé , finon *Mention* du Refus de ce dernier. Ces mêmes Piéces pourront aufli être repréfentées aux *Témoins* qui feront entendus depuis cet Interrogatoire , fi le Juge l'eftime à propos ; & dans ce Cas , il devra les leur faire parapher , finon faire Mention de leurs Refus. *V.* Art. 41 , *ibid.*

Il en doit être de même par rapport aux Interrogatoires qui fe font vis à-vis des COMPLICES de l'Accufé , qui ont été décrétés fur le vû des mêmes Informations. Il y a feulement cela de remarquable , relativement à ces Complices , que s'ils ont été décrétés pour avoir aidé ou fabriqué en tout ou en partie les Ecritures qui fervent à la Preuve du Crime , il faudra que le Juge ait foin , lors de leur Interrogatoire , de les *interpeller* après Serment par eux prêté , *de reconnoître ces Ecritures* ; & s'ils déclarent ne les avoir écrites ni fignées , où s'ils refufent de les reconnoître ou de répondre à ce fujet ; il paroît que c'eft le Cas où il pourra ordonner la Vérification à leur égard par d'autres Experts & d'autres Piéces de Comparaifon , fi l'on prétendoit que ces Ecritures feroient de leur Main ; à moins qu'il n'y eut Preuve fuffifante , par les Dépofitions des Témoins ou par des Piéces de Conviction , de la vérité de ces Piéces.

V. au furplus , quant à la Formule des Interrogatoires , ce qui a été dit fur l'Art. 31 du Tit. du Faux Principal.

A R T I C L E   XVI.

*Le contenu aux Articles **XXXIII, XXXIV, XXXV** & **XXXVI** du Titre , fera pareillement exécuté , tant par rapport au Corps d'Ecriture que l'Accufé fera tenu de faire , s'il eft ainfi ordonné par les Juges , que par rapport au Cas où ils pourront ordonner avant le Réglement à l'Extraordi-*

naire , qu'il sera entendu de nouveaux Experts , ou qu'il sera fourni de nouvelles Piéces de Comparaison.

INDÉPENDAMMENT des Jugemens *Interlocutoires* qui se rendent sur le vû des Informations , & dont il est parlé sur l'Art. 14 ci-devant, il y en a encore d'autres qui peuvent se rendre dans le cours de la Procédure sur la Vérification. Ces Jugemens sont de *trois* sortes suivant le présent Article ; le *premier* , est celui par lequel il est ordonné à l'Accusé de faire un *Corps d'Ecriture , tel qu'il lui sera dicté par les Experts ;* le *second* , est celui qui ordonne qu'il *sera entendu de nouveaux Experts ;* enfin le *troisiéme* , est celui par lequel il sera ordonné qu'il sera *fourni de nouvelles Piéces de Comparaison.* L'Ordonnance veut que dans tous ces Cas , le Juge se conforme à ce qui est prescrit par les Art. 33 , 34 , 35 & 36 du Tit. du Faux Principal.

Ainsi ; 1°. Quant au *Corps d'Ecriture* , le Juge pourra l'ordonner en tout état de Cause ; soit avant , soit après le Réglement à l'extraordinaire , à la Requête de la Partie Civile , ou sur le Réquisitoire de la Partie Publique , ou même d'Office. *V.* Art. 33 de ce 1er Titre.

Au surplus , ce Corps d'Ecriture doit être dressé au Greffe , ou autre Lieu du Siége destiné aux Instructions , en présence de la Partie Publique , & de la Partie Civile , s'il y en a , où elle dûement appellée à la Requête de la Partie Publique. Il doit être paraphé par le Juge , par les Experts qui le dicteront , & par l'Accusé en présence des Experts ; & en Cas que celui-ci refuse de parapher , il en doit être fait Mention. *V.* Art. 34 , *ibid.*

Toutes ces Formalités doivent être constatées par un Procès-verbal , à la fin duquel le Juge pourra statuer de quelqu'une de ces trois Manieres , en ordonnant , *ou* que le Corps d'Ecritures sera reçu pour Piéces de Comparaison ; *ou* bien qu'il sera procédé à une nouvelle Information par Experts , sur ce qui pourra résulter de ce Corps d'Ecritures comparé avec les Piéces de Comparaison ; *ou enfin* , si le Juge ne trouvoit pas à propos d'ordonner que l'Information seroit faite par les mêmes Experts qui auroient déja déposé dans la *premiere* , mais d'en nommer d'autres , ou d'en ajouter de nouveaux aux premiers ; il devra dans ce Cas ordonner qu'il en fera par lui référé aux Officiers du Siége , pour y être pourvû par Délibération du Confeil. *V.* Art. *35* , *ibid.*

2°. Par rapport aux Jugemens Interlocutoires qui ordonnent qu'il *fera entendu de nouveaux Témoins* , ou qu'il *fera fourni de nouvelles Piéces de Comparaifon* , l'Ordonnance diftingue les Cas & les Tems où ces fortes de Jugemens peuvent être rendus. Les *Cas* font , toutes les fois qu'il y a *diverfité* dans la Dépofition des Experts, ou du *doute* fur la Maniere dont ils fe font expliqués. A l'égard du *Tems* , l'Ordonnance permet aux Juges de rendre ces fortes de Jugemens , avant ou après le Décret , jufqu'au Réglement à l'extraordinaire ; mais après ce Réglement , elle ne veut pas qu'ils puiffent les rendre , que lorfque l'Inftruction aura été achevée , & en jugeant le Procès. *V.* Art. *36* , *ibid.*

V. au furplus ce que nous avons dit fur les Articles , dont l'Ordonnance renouvelle ici les Difpofitions.

ARTICLE XVII.

Lors du Récollement & de la Confrontation des Experts & autres Témoins , ou du Récollement des Accufés , & de la Confrontation des uns aux autres , il fera obfervé ce qui eft prefcrit par les Articles XXXVII, XXXVIII, XXXIX, XL, XLII, XLIII, XLIV & XLV du Titre du Faux Principal.

DANS cet Article qui concerne les RÉCOLLEMENS & CONFRONTATIONS en *Matiere de Vérification* , l'Ordonnance en diftingue de trois fortes ; 1°. Les Récollemens & Confrontations des *Experts* à l'Accufé ; 2°. les Récollemens & Confrontations des *Témoins* à ce même Accufé ; 3°. Enfin les Récollemens & Confrontations des *Accufés les uns aux autres ;* & elle veut que l'on obferve à l'égard des uns & des autres tout ce qui eft prefcrit par les Art. 37 , 38 , 39 , 40 , 42 , 43 , 44 & 45 du Tit. du Faux Principal.

Ainfi , conformément à ces différens Articles , il faut ; 1°. A l'égard des EXPERTS, que le Juge en procédant à leur Récollement , leur repréfente les Ecritures à vérifier , & les Piéces de Comparaifon. Il faut qu'il leur repréfente auffi ces mêmes Piéces lors de la Confrontation, ainfi qu'aux Accufés, à Peine de Nullité. Au furplus, il doit obferver à l'égard de ces Experts les mêmes Formalités qui font prefcrites par le Titre 14 de l'Ordonnance de 1670, pour les Récollemens & Confrontations qui fe font à l'égard des autres Témoins; avec cette différence néanmoins, qu'il ne fera pas néceffaire dans la Confrontation qui fe fera de ces Experts à l'Accufé, de les interpeller comme les autres Témoins, de déclarer fi *c'eft de l'Accufé préfent qu'ils ont entendu parler*, à moins que ces Experts n'ayent dépofé des Faits qui feroient perfonnels à l'Accufé. *V.* Art. 37 du Tit. du Faux Principal.

2°. A l'égard des TÉMOINS, en procédant à leur Récollement, le Juge devra leur repréfenter les Piéces fuivantes, fçavoir; 1°. les Piéces *à vérifier;* 2°. les Piéces fervans *à Conviction* à ceux de ces Témoins qui en auront Connoiffance; 3°. généralement toutes celles qui auront été repréfentées à ces mêmes Témoins, lors de l'Information; ou bien qui auront été remifes au Greffe depuis ce tems-là; ou enfin, dont la Repréfentation auroit été omife, lors de leur Audition. *V.* Art. 38.

Les mêmes Piéces qui auront été repréfentées aux Témoins, lors de l'Information & du Récollement, devront l'être pareillement, lors de leur Confrontation à l'Accufé; comme auffi celles dont la Repréfentation auroit été omife dans ces premiers Actes, foit par oubli, foit parce qu'elles n'auroient été remifes au Greffe que depuis ce tems-là. Il en fera de même des Piéces fervans à Conviction, qui n'auroient été remifes au Greffe que depuis le Récollement, ou qu'on auroit omis de repréfenter, lors de l'Information & du Récollement, à ceux des Témoins qui en auroient Connoiffance. *V.* Art. 39, *ibid.*

Que fi ces Témoins avoient repréfenté eux-mêmes quelque Piéce lors de l'Information, le Juge devra les leur repréfenter lors du Récollement, & s'ils les ont repréfentées feulement lors du Récollement, le Juge les leur repréfentera lors de la Confrontation, & les leur fera parapher, finon Mention de leurs Refus. Au furplus ces Piéces doivent demeurer *jointes* aux Actes, lors defquels elles feront repréfentées. *V.* Art. 40.

Si l'Accufé a produit des Piéces lors de fon Interrogatoire; le Juge pourra auffi les repréfenter aux Témoins lors de leurs

Récollemens, & les leur faire parapher, finon Mention de leurs Refus. Mais fi l'Accufé ne les a repréfentées que lors de la Confrontation, ces Piéces ne feront repréfentées & paraphées que par ceux des Témoins qui feront confrontés à l'Accufé depuis la production qu'il en aura faite : & dans tous ces Cas les Piéces demeureront *jointes* aux Actes, lors defquelles elles auront été repréfentées. *V.* Art. 41 & 42.

Que fi le Juge avoit omis, lors du Récollement de ces Témoins, de leur repréfenter ou faire parapher les Piéces dont on vient de parler, ou en Cas de Refus de leur part de parapher, d'en faire Mention ; l'Ordonnance lui permet de réparer ces Omiffions dans le tems de la Confrontation ; & même s'il avoit encore omis de fatisfaire à ces Formalités, lors de ce dernier Acte, elle veut qu'il puiffe ordonner une nouvelle Confrontation. *V.* Art. 44 & 45, *ibid.*

3°. Enfin à l'égard des Accusés qui font récollés fur leurs Interrogatoires, & confrontés les uns aux autres, l'Ordonnance veut, que conformément à l'Art. 31 du Tit. du Faux Principal, le Juge en procédant à leur Récollement, repréfente à chaque Accufé les mêmes Piéces qui lui auront été repréfentées, & qu'il aura repréfenté lui-même lors de fon Interrogatoire ; ..... elle veut auffi que ces mêmes Piéces leur foient repréfentées, ainfi qu'aux autres Accufés dans le tems de la Confontation ; & que dans tous ces Cas le Juge les leur faffe parapher, finon Mention de leurs Refus; ....Enfin elle veut qu'au furplus l'on obferve dans les Récollemens & Confrontations qui fe font des Accufés les uns aux autres, les mêmes Formalités qui font prefcrites pour les Récollemens & Confrontations qui fe font des Accufés aux Témoins ; & notamment qu'en Cas d'Omiffion, de Repréfentation & de Paraphe, lors du Récollement & de la Confrontation, il puiffe y être fuppléé par une nouvelle Confrontation ....

V. au furplus ce que nous avons dit fur l'Art. 47 du Titre du Faux Incident.

A R T I C L E XVIII.

Si l'Accufé demande qu'il foit admis à fournir de nouvelles Piéces de Comparaifon, ou qu'il foit entendu de nouveaux Experts ;

*il ne pourra y être statué que dans le tems, & ainsi qu'il est
prescrit par les Articles XLVI, XLVII, XLVIII, XLIX,
L, LI LII, LIII, LIV & LV dudit Titre : sera aussi observée la Disposition de l'Art. LVI du même Titre, au sujet
de ce qui pourra être ordonné dans tous les Cas où il auroit
été procédé à une nouvelle Information, soit sur de nouvelles
Piéces, ou par de nouveaux Experts.*

La Disposition de cet Article a deux Parties, dont la premiere
regarde le Tems & la Maniere dont il pourra être statué, dans
le Cas où l'Accusé demanderoit à ce qu'il soit remis de *nouvelles Piéces de Comparaison* entre les mains des Experts, ou
bien qu'il soit entendu de *nouveaux Experts* ; l'autre, Ce qui doit
être ordonné en conséquence de l'Information qui sera faite sur
ces nouvelles Piéces, ou par ces nouveaux Experts.

L'Ordonnance veut que, dans le premier Cas, l'on suive ce
qui est prescrit par les Art. 46, 47, 48, 49, 50, 51, 52, 53,
54 & 55 du Tit. du Faux Principal ; c'est-à-dire, 1°. que les
Juges ne pourront avoir égard à cette Demande, qu'après l'Instruction achevée, & par Délibération du Conseil sur le vû du
Procès, à peine de Nullité. *V.* Art. 46 du Tit. du Faux Principal. *V.* aussi l'Art. 54, *ibid.*

2°. Que si les Juges, après avoir examiné le Procès, trouvert
à propos d'admettre la Demande de l'Accusé, tendante à ce qu'il
soit entendu de *nouveaux Experts*, soit sur les anciennes Piéces
de Comparaison, soit sur de nouvelles ; ils doivent rendre un
Jugement, par lequel ils nommeront d'Office ces nouveaux Experts. Ceux-ci seront entendus dans une nouvelle Information
qui se fera en conséquence, dans la même forme que la premiere, sur ce qui pourra résulter de ces différentes Piéces. *V.*
Art. 51, 54 & 55, *ibid.*

3°. Que si la Demande de l'Accusé tend à être admis à indiquer
de *nouvelles Piéces de Comparaison*, le Jugement qui l'admettra,
devra lui être prononcé dans les vingt-quatre heures ; & lors de
cette Prononciation, l'Accusé sera interpellé par le Juge d'indiquer ces nouvelles Piéces ; ce qu'il devra faire sur le champ,
ou dans tel Délai qu'il plaira aux Juges de lui accorder ; & il ne
pourra dans la suite en présenter d'autres que celles qu'il aura
indiquées. *V. Art.* 47, *ibid.*

4°. L'Admission de ces nouvelles Piéces n'empêchera pas que

les Parties Civiles & Publiques ne puissent les contredire : ce qui aura lieu principalement, si ces Piéces sont des Écritures privées qui auront seulement été vérifiées avec l'Accusé ; parce que celles-ci ne peuvent être reçûes que du consentement de ces mêmes Parties Publiques & Civiles. *V. Art.* 48, *ibid.*

5°. Ces nouvelles Piéces devront être, ou authentiques par elles-mêmes, telles que celles écrites par des Personnes Publiques, & par l'Accusé lui-même faisant Fonction de Personne Publique ; ou du moins, s'il les a écrites comme Personne Privée, elles doivent être par lui reconnues. *V. Art.* 49, *ibid.*

6°. Que si ces nouvelles Piéces n'étoient point dans le pouvoir de l'Accusé, mais entre les mains des Dépositaires, ceux-ci seront tenus de les apporter au Greffe dans le Délai, & sous les Peines marquées par les Art. 5 & 6, & 16 du même Titre ; sçavoir, dans *trois jours* après la Signification qui leur sera faite du Jugement qui l'ordonne, s'ils demeurent dans le Lieu de la Jurisdiction (dans ce Délai ne seront compris les jours *fériés*, ainsi que nous le verrons sur l'Art. 20 du présent Titre) ; & si ces Dépositaires demeurent dans les 10 lieues de la Jurisdiction, le Délai sera de *huitaine* ; enfin, en Cas de plus grande distance, le Délai sera *augmenté d'un jour* par 10 lieues ; ou tout au plus, de *deux jours*, eu égard à la difficulté des Chemins & à la longueur des lieues. Le tout à peine d'y être contraints *par Corps*, si ce sont des Dépositaires *publics* ; par toutes *Voies dûes & raisonnables*, & même *par Corps*, s'il y écheoit, si ce sont des Dépositaires *privés* ; & enfin par *Saisie de leur Temporel*, si ce sont des *Ecclésiastiques*. Toutes ces Significations & Contraintes se feront à la Requête de la Partie Publique. *V. même Art.* 49, *ibid.*

7°. Ces Piéces étant apportées au Greffe, elles devront y rester pour servir à l'Instruction, hors les Cas néanmoins, où les Juges trouveroient à propos d'en ordonner autrement, par rapport à celles dont les Dépositaires auroient besoin continuellement pour le Service du Public, telles que des Regîtres de Baptêmes, Mariages, Sépultures & autres. *V. même Art.* 49, *ibid.*

8°. Pour constater l'Apport ou la Présentation qui sera faite de ces Piéces, il en sera dressé *Procès-verbal* à la diligence de la Partie Publique, en présence de l'Accusé, s'il est dans les Prisons, & on les lui fera alors parapher, sinon mention de son Refus ; & s'il n'étoit pas Prisonnier, il sera procédé en son abfence, après qu'il aura été dûement appellé à la Requête de la même Partie Publique. L'on obfervera au furplus dans ce Procès-verbal, les mêmes Formalités qui auront été employées dans celui de *Préfentation* des anciennes Piéces de Comparaifon, pour ce qui concerne le Rejet ou l'Admiffion de ces Piéces & Procédures à faire en conféquence. *V. Art.* 50.

9°. Dans le Cas où ces nouvelles Piéces auront été admifes, il fera procédé à une nouvelle Information fur ce qui pourra en réfulter. Cette Information fera faite à la Requête de la Partie Publique; l'on y entendra les mêmes Experts, à moins que les Juges n'eftiment à propos d'en nommer d'autres; & il leur fera remis, lors de leurs Dépofitions, les *anciennes* Piéces de Comparaifon, ainfi que les *nouvelles*, & de plus, les Procès-verbaux de Préfentation, & les Ordonnances ou Jugemens de Réception de toutes ces Piéces, pour les examiner féparément & fans les déplacer. *Art.* 51.

10°. Les Juges pourront auffi, dans le Cas où à l'occafion de ces nouvelles Piéces de Comparaifon indiquées par l'Accufé, les Parties Publiques & Civiles en auroient auffi produit de leur côté, ordonner que fur les unes & les autres il fera procédé à une feule & même Information. *V. Art.* 53.

2°. à l'égard de l'autre Partie de la Difpofition du préfent Article qui concerne la MANIERE dont il fera ftatué fur les nouvelles Informations qui feront faites, foit fur les nouvelles Piéces de Comparaifon, foit par de nouveaux Experts qui feront entendus fur les anciennes, l'Ordonnance nous renvoye à la Difpofition de l'Article 56 du Tit. du Faux Principal; & parlà elle permet aux Juges de ftatuer, fuivant l'exigence des Cas, *ou* en ordonnant la Jonction de ces Informations au Procès Criminel, *ou* en ordonnant de nouveaux Décrets, *ou bien* en ordonnant que les nouveaux Experts feront récollés & confrontés: mais ce Réglement à l'extraordinaire ne doit avoir lieu que dans le Cas où les nouveaux Experts, & les nouvelles Piéces qui feroient repréfentées, feroient charge confidérable contre l'Accufé, ou contre d'autres qui feroient décrétés.

ARTICLE XIX.

Toutes les Difpofitions des Articles LVII, LVIII, LIX, LX, LXI, LXII, LXIII, LXIV, LXV, LXVI, LXVII, LXVIII & LXIX du Tit. du Faux Principal, concernant les Procurations qui peuvent être données par la Partie Civile, l'exé-cution des Sentences & Arrêts qui contiendroient les Difpofitions mentionnées dans ledit Article LIX, la Remife ou le Renvoi des Piéces dépofées au Greffe, & les Expéditions qui pour-ront en être délivrées, feront exécutées par rapport auxdites Ecritures ou Signatures privées, ou autres Piéces qui auroient fervies à l'Inftrudion.

LA Difpofition de cet Article roule fur 4 Objets différens; 1°. Sur les *Procurations* qui font données par les Parties Civiles, lorfqu'elles ne peuvent affifter en Perfonne aux Procès-verbaux, en Matiere de Vérification. 2°. Sur l'*Exécution* des Jugemens définitifs qui font rendus en cette Matiere. 3°. Sur la *Remife* ou *Renvoi*, qui doit être fait en conféquence, des Piéces dépo-fées au Greffe. 4°. Enfin, fur les *Expéditions* qui peuvent être délivrées de ces Piéces par le Greffier, en attendant cette Re-mife.

1°. Pour cé qui concerne les PROCURATIONS, l'Ordon-nance renvoye aux Formalités qu'elle a prefcrites par les Art. 57 & 58 du Titre du Faux Principal, fuivant lefquelles ces Pro-curations doivent être *fpéciales* & paffées devant *Notaires*. De plus, elles doivent être *annexées* à la Minute des Adtes pour lef-quels elles ont été données; & fi elles en concernent plufieurs, il fuffira de les annexer à la Minute du *premier* de ces Adtes, lors duquel elles auront été repréfentées. Enfin, elles doivent être *paraphées*, tant par le Porteur de ces Procurations, que par le Juge: ce Porteur doit en outre, parapher les mêmes Piéces qui devroient l'être par la Partie Civile qu'il repréfente; & s'il fait refus de les parapher, il ne fuffira pas de faire mention de fon refus, mais il devra y être pourvû par les Juges, fur les Conclufions de la Partie Publique, *ainfi qu'il appartiendra;* c'eft-à-dire, que les Juges pourront ordonner à la Partie Ci-vile d'en nommer un autre dans un certain délai, faute de quoi il fera ordonné que, fans s'arrêter à fa Demande en Vérification, il fera paffé outre à l'Inftruction & au Jugement du Procès ; le tout conformément à l'Article 15 du Titre du Faux Principal.

2°. Quant à L'EXÉCUTION des Jugemens définitifs qui fe rendent en Matiere de Vérification; l'Ordonnance veut que l'on fe conforme fur ce point aux Difpofitions des Articles 59, 60, 61 & 62 du Titre du Faux Principal, fuivant lefquels il faut diftinguer, comme nous l'avons vû, trois fortes de Jugemens ; 1°. Les Sentences rendues *Contradictoirement* par les premiers Juges, qui contiennent quelque Difpofition concernant la Suppreffion, Lacération, Radiation, en tout ou en partie, même la Réformation ou le Rétabliffement des Piéces dont la Vérification a été ordonnée ; 2°. Les Sentences rendues contre les Accufés *Contumax* ou quelqu'un d'eux, & qui ne contiennent d'ailleurs aucune des Difpofitions dont on vient de parler; 3°. Enfin, les Arrêts des Cours Supérieures qui font auffi rendus par *Contumace*, & qui contiennent en même-tems quelqu'une des Difpofitions ci-deffus.

L'Ordonnance veut que dans tous ces Cas, l'Exécution des Jugemens foit furfife ; fçavoir, 1°. Quant aux *Sentences Contradictoires* qui contiennent quelque Difpofition relativement aux Piéces, jufqu'à ce qu'il ait été pourvû par les Cours, fur le vû du Procès & fur les Conclufions des Procureurs Généraux; & cela, quand même ces Sentences feroient d'ailleurs de nature à être exécutées fans avoir été confirmées par Arrêt, & qu'il n'y en auroit aucun Appel, ou que l'Accufé y auroit acquiefcé dans les Cas où il peut le faire ; fauf néanmoins que, s'il eft prifonnier, il pourra, en vertu de fon acquiefcement dans ces derniers Cas, être mis en liberté, s'il n'y a pas d'Appel *à minima* interjetté par la Partie Publique. *V.* Art. 59 & 60 du Tit. du Faux Principal.

2°. Quant aux SENTENCES rendues *par Contumace*, leur Exécution doit pareillement être furfife, tant que ces Accufés ne fe repréfenteront point, ou ne feront pas arrêtés, même jufqu'après l'expiration des cinq années ; & cela, encore qu'elles ne contiendroient d'ailleurs aucune Difpofition touchant la Suppreffion ou le Rétabliffement des Piéces. Mais fi ces Accufés viennent à fe répréfenter, la furféance ne doit avoir lieu que dans le Cas où le Jugement qui fera rendu contradictoirement avec eux depuis leur Repréſentation, contiendroit, à l'égard des Piéces à vérifier, quelqu'une des Diſpoſitions dont il a été parlé ci-devant. *V.* Art. 61.

3°. Enfin, quant aux ARRESTS des Cours Supérieures rendus *par Contumace*, leur Exécution ne doit être ſurſiſe que lorſqu'ils contiennent en même-tems quelqu'une des Diſpoſitions ci-deſſus ; & même en ce dernier Cas, la ſurféance doit ceſſer toutes les fois que les Cours jugent à propos d'en ordonner autrement, ſur les Concluſions des Procureurs Généraux, & ſuivant l'exigence des Cas· *V.* Art. 62.

3°. Par rapport à la REMISE ou *Renvoi* des Piéces qui ont été dépoſées au Greffe, ſoit de la part des Parties Civiles ou des Témoins, ou de l'Accuſé lui-même ; l'Ordonnance veut qu'on obſerve, à cet égard, les mêmes Formalités & précautions que celles qui ſont preſcrites par les Articles 63, 64, 65, 66, 67, 68 & 69 du Titre du Faux Principal.

Ainſi, d'après ces Articles, dans tous les Jugemens, ſoit d'*Abſolution*, ſoit de *Condamnation*, qui interviendront en Matiere de Vérification d'Ecritures, il devra être ſtatué en même-tems & ſans qu'il puiſſe être rendu un Jugement particulier à cet effet, ſur la Remiſe ou le Renvoi des Piéces, à ceux qui les auront repréſentées ; & même des Ecritures privées, lorſque celles-ci auront été jugées véritables ; comme auſſi des Piéces qui auront été tirées d'un Dépôt Public, à l'égard deſquelles il ſera ordonné aux Greffiers de les renvoyer aux Dépoſitaires d'icelles, par les Voies en tel Cas requiſes & accoutumées. *V.* Art. 63.

Néanmoins, cette Remiſe & ce Renvoi devront être ſurſis dans les quatre Cas ſuivans ; 1°. Lorſqu'il y aura Appel des Jugemens qui les auront ordonnés, ou que ces Jugemens auront été rendus ſur des Procès Criminels qui ſeront de nature à être portés de plein droit dans les Cours, & ſans qu'il y en ait Appel. Dans ce Cas, les Piéces dont la Remiſe ou le Renvoi auront été ordonnées, ne pourront être retirées du Greffe, juſqu'à ce qu'il y ait été pourvû par les Cours. *V.* Art. 64 ; 2°. Lorſque les Procès ſur leſquels les Jugemens ordonnent cette Remiſe ou Renvoi des Piéces, ne ſeront pas de nature à être portés de plein droit dans les Cours, & que l'Accusé n'aura pas interjetté Appel de ces Jugemens. Alors, les Piéces dont la Remise ou le Renvoi auront été ordonnées, ne pourront être retirées du Greffe, que *six mois* après le Jugement. *V.* Art. 65 ; 3°. Lorsque le Procès sur la Vérification d'Ecritures aura été instruit dans les Cours ; ou bien qu'il y aura été porté par Appel, ou même sans Appel dans les Cas où il y a lieu à la Dévolution de plein droit. Dans tous ces Cas, la Remise ou le Renvoi des Piéces ne pourront être fait qu'après l'Arrêt définitif qui les aura ordonné. *V.* Art. 66 ; 4°. Enfin, la surséance ordonnée ci-devant pour l'exécution des Jugemens qui ordonnent la Radiation ou le Rétablissement des Piéces, ou qui sont rendus par Contumace, doit avoir pareillement lieu par rapport à la Remise des Piéces de Comparaison, ou autres Piéces ; si ce n'est qu'il en soit autrement ordonné par les Cours, sur la Requête des Dépositaires des ces Piéces, ou des Parties qui auront intérêt d'en demander la Remise, & sur les Conclusions des Procureurs Généraux. *V.* Art. 67.

V. au surplus ce que nous avons dit sur tous ces différens Articles.

4°. Enfin, pour ce qui concerne les EXPÉDITIONS qui pourront être délivrées par les Greffiers, des Piéces qui demeureront au Greffe ; l'Ordonnance nous renvoye à ce sujet à la Disposition de l'Art. 69 du Tit. du Faux Principal. Ainsi, d'après cet Article, les Greffiers ne peuvent délivrer aucune Copie ni Expédition des Piéces dont on a demandé la Vérification, non plus que des Piéces servans à Conviction, à moins qu'ils n'y soient autorisés par des Jugemens particuliers, lesquels ne pourront être rendus que sur les Conclusions de la Partie Publique : enforte que ce n'est qu'à l'égard des autres Piéces qui auront été déposées au Greffe, qu'il est permis aux Greffiers d'en délivrer des Expéditions aux Parties qui ont droit de les demander. Ils peuvent néanmoins, lorsque l'Ecriture privée, dont on a demandé la Vérification, se trouve insérée dans un Registre, délivrer des Expéditions des Actes particuliers de ce Registre, autres que ceux dont on a demandé la Vérification : mais cette Permission ne leur est accordée dans tous ces Cas, qu'à la charge qu'ils ne pourront prendre de plus grands Droits, que ceux qui seroient dûs aux Dépositaires de ces Originaux & Minutes ; & en Cas de contravention de leur part, foit aupréfent Article, foit aux précédens en ce qui concerne la Remife ou le Renvoi des Piéces, ils encourront la peine de l'Interdiction, d'Amende arbitraire, appliquable au Roi ou aux Seigneurs Hauts-Jufticiers, & des dommages & intérêts des Parties ; de plus, ils pourront être pourfuivis extraordinairement, s'il y écheoit. *V*. Art. 68 & 69.

A R T I C L E   X X.

Dans tous les Délais prefcrits pour les Procédures mentionnées au préfent Titre & aux deux précédens, ne feront compris le jour de l'Affignation ou Signification, ni celui de l'échéance : & à l'égard de ceux defdits Délais feulement, qui ont été fixés à trois jours ou au-deffous, les jours fériés auxquels il n'eft pas d'ufage de faire des Significations, n'y feront point comptés.

Par cet Article, l'Ordonnance établit deux Régles générales, relativement aux Délais qui font prefcrits, tant fous ce Titre, que fous les deux précédens.

La *premiere* confifte en ce que dans ces Délais, le jour de l'Affignation ou Signification, ni celui de l'Echéance, ne doivent point être compris. C'eft auffi la Difpofition de l'Art. 6 du Titre 3 de l'Ordonnance de 1667, fondée fur la Maxime, *dies termini non computatur in termino.*

L'*autre* qui regarde finguliérement *le Délai de trois jours, ou au deffous* (c'eft-à-dire de vingt-quatre heures) confifte en ce qu'on ne doit comprendre dans ces fortes de Délais, les jours *Fériés* auxquels il n'eft pas d'ufage de faire des Significations, & il ne fe fait aucune Expédition de Juftice.

Par là, l'Ordonnance s'eft écartée de la Difpofition de l'Art. 7 du même Tit. 3 de l'Ordonnance de 1667, fuivant lequel hors les jours de la Signification & ceux de l'Echéance, tous les autres jours intermédiaires font *continus* & utiles, même les Dimanches & Fêtes Solemnelles ; & cette diftinction eft fondée fans doute fur l'extrême *briéveté* de ces Délais, dans une Inftruction Criminelle, telle que celle en Matiere de Faux & de Vérification d'Ecritures, qui eft beaucoup plus importante que celle qui fe fait en Matiere Civile, où les Défauts peuvent aifément fe réparer, & n'intéreffent d'ailleurs que la fortune des Particuliers.

ARTICLE XXI.

Voulons que la présente Ordonnance, à compter du jour de la Publication qui en sera faite, soit gardée & observée dans toute l'étendue de notre Royaume, Terres & Pays de notre obéissance, pour y tenir lieu à l'avenir des Dispositions contenues dans les Titres VIII & IX de l'Ordonnance du mois d'Août 1670, auxquels à cet effet, Nous avons dérogé & dérogeons en tant que besoin seroit : abrogeons pareillement toutes Ordonnances, Loix, Coutumes, Statuts, Réglemens, Styles & Usages différens, ou qui seroient contraires à notre présente Ordonnance ; sans néanmoins que les Procédures qui auroient été faites avant sa Publication, suivant les Régles établies par ladite Ordonnance du mois d'Août 1670, puissent être déclarées nulles, sous prétexte qu'elles ne seroient pas conformes à ce qui a été ordonné de nouveau par ces Présentes.

PAR cet Article, qui contient une Régle générale sur l'exécution de la présente Ordonnance, l'on voit qu'elle ne doit point avoir d'effet rétroactif ; & que les Contestations qui se font élevées en Matiere de Faux, & de Reconnoissance des Ecritures privées avant sa Publication, doivent être jugées suivant la Disposition des Tit. 8 & 9 de l'Ordonnance de 1670, auxquels elle ne déroge que pour l'avenir.

SI DONNONS EN MANDEMENT à nos amés & féaux, les Gens tenans nos Cours de Parlement, Grand-Conseil, Chambre des Comptes, Cours des Aydes, Baillifs, Sénéchaux, & tous autres nos Officiers, que ces Présentes ils gardent, observent, entretiennent, fassent garder, observer & entretenir ; & pour les rendre notoires à nos Sujets, les fassent lire, publier, & regiftrer : CAR tel est notre plaisir : Et afin que ce soit chose ferme & stable à toujours, Nous y avons fait mettre notre Scel. DONNÉ à Versailles, &c.

FIN de la seconde Partie.

INSTRUCTION

CRIMINELLE

SUIVANT LES LOIX ET ORDONNANCES

DU ROYAUME.

TROISIEME PARTIE.

INSTRUCTION

INSTRUCTION
CRIMINELLE
SUIVANT LES LOIX ET ORDONNANCES
DU ROYAUME.

PARTIE TROISIEME.

INSTRUCTION conjointe entre le Juge d'Eglise & le Juge Royal, pour le Cas Privilégié.

POUR donner une juste Idée de l'INSTRUCTION CON-JOINTE, qui fait l'Objet de cette troisiéme Partie, ce n'est point assez de tracer des Régles sur la Maniere dont on doit y procéder ; mais il faut encore déterminer Quels sont les JUGES D'EGLISE par qui doit se faire cette Instruction, les ECCLÉSIASTIQUES qui en doivent être l'Objet, LES CAS PRIVILÉGIÉS qui peuvent y donner lieu, & enfin les JUGEMENS qui en doivent être le terme.

Ce sont tous ces différens Points , dont nous avons déja donné une Notion Sommaire dans nos INSTITUTES au Droit Criminel, que nous allons tâcher de développer sous les cinq Titres suivans.

Dans le *premier*, nous traiterons de la JURISDICTION des

Juges d'Eglife en Matiere Criminelle, fuivant les Loix du Royaume.

Dans le *fecond*, de la COMPÉTENCE de ces Juges, ou des Perfonnes & des Cas Particuliers dont ils peuvent connoî-tre.

Dans le *troifiéme*, de l'INSTRUCTION, ou de la Maniere dont ils doivent procéder dans tous ces différens Cas.

Dans le *quatriéme*, des JUGEMENS qu'ils peuvent rendre & de leur Exécution par rapport aux Peines qu'ils peuvent pro-noncer.

Dans le *cinquiéme* enfin, de L'APPEL de ces Jugemens, ou des différentes Voies par lefquelles on peut les faire ré-tracter.

Nous aurons foin d'apporter, dans cette Difcuffion, toute l'exactitude que l'importance & la délicateffe de la Matiere paroiffent demander ; & nous tâcherons fur-tout, en nous renfermant dans la fimple expofition des Principes & des Faits que nous avons puifés dans les four ces les moins fufpectes, d'éviter le double Écueil, ou de donner trop d'étendue à cette Jurif-diction, ou de la refferer dans des bornes trop étroites.

TITRE PREMIER.

De la Jurifdiction des Juges d'Eglife en Matiere Criminelle, fuivant les Loix & Ordonnances du Royaume.

L'HOMME étant compofé d'une Ame & d'un Corps, doit néceffairement tendre à deux fins, l'une *Spirituelle*, qui eft la Béatitude éternelle, l'autre *Temporelle*, qui eft la Paix & la tranquillité publique.

Pour le diriger dans ces deux fins, il falloit par conféquent deux fortes de Puiffances. La *premiere*, eft celle qui appartient à l'Eglife, & qui eft exercée par le Pape, les Evêques & autres Miniftres qui en ont reçu le Pouvoir. L'autre eft celle qui appartient aux Rois & aux Princes Souverains.

Quoique ces deux Puiffances foient différentes de leur natu-re, fuivant ces belles Paroles du Sauveur du Monde, *reddite*

Cæsari quæ sunt Cæsaris & quæ sunt Dei Deo; elles procédent néanmoins d'un même Principe qui est DIEU, *à quo omnis Potestas;* & elles ont aussi le même Objet, qui est de conserver sa Religion & de faire observer en paix ses Commandemens. C'est pour cela, qu'elles doivent nécessairement entretenir entr'elles une mutuelle Correspondance; sçavoir, la Puissance Temporelle pour faire exécuter par la terreur des Châtimens les Loix de la Puissance Spirituelle, & celle-ci, pour réunir les affections des Peuples à l'Obéissance qu'ils doivent à leurs Souverains; de maniere qu'elles ne peuvent entreprendre l'une sur l'autre, sans violer l'Ordre établi par la Sagesse Divine; *Idem Mediator Dei & Hominum Jesus Christus, sic actibus propriis & Dignitatibus distinctis Officia Potestatis utriufque discrevit, ut & Christiani Imperatores pro vita æterna Pontificibus indigeant, & Pontifices pro caufa temporalium tantummodò rerum Imperialibus Legibus uterentur.* Ce font les belles Paroles du Pape NICOLAS, dans la Lettre qu'il écrit à l'Empereur MICHEL, & qui se trouve rapportée dans le Canon *Cum ad verum,* Dist. 96.

De la distinction des deux Puissances qui régissent les Peuples, suit naturellement celle de deux sortes de Jurisdictions, par lesquelles ces Puissances font administrer la Justice à ceux qui leur font Sujets; l'une *Eccléfiastique,* l'autre *Séculiere.* Celle-ci s'exerce par les Princes eux-mêmes, ou par des Magistrats qu'ils préposent pour l'exercer sous leur nom.

La Jurisdiction *Eccléfiastique* est distinguée par les Canonistes en trois Classes différentes, la *Pénitentielle,* la *Volontaire* & la *Contentieuse.*

La PÉNITENTIELLE regarde le for intérieur de la Conscience; elle consiste dans le droit de conférer les Sacremens, d'imposer des Pénitences pour les Péchés confessés, d'en donner l'Absolution, d'appliquer les Indulgences. En un mot elle prend sa source dans la Million que J. C. donna à ses Apôtres, lorsqu'il les envoya enseigner ses Misteres & la Doctrine des Mœurs, de juger les Pécheurs, & leur donna le pouvoir de *lier* & de *délier.*

LA JURISDICTION VOLONTAIRE consiste dans l'administration extérieure de la Puissance Spirituelle; elle est appellée autrement *gracieufe,* parce qu'elle s'exerce fans l'appareil des Formalités ufitées dans l'Ordre Judiciaire, & fur des chofes non

Deux sortes de Jurisdictions.

Jurisdiction Pénitentielle; ce que c'est?

Jurisdiction volontaire; en quoi consiste?

A ij

conteftées. Parmi les Droits qui dépendent de cette Jurifdiction, il y en a, dont l'exercice eft réfervé au PAPE feul, tel que l'Etabliffement des Ordres Religieux, l'Erection des Evêchés, la Sécularifation des Monafteres, l'Union des Bénéfices, l'Admiffion des Réfignations en faveur, la Prévention dans la Collation des Bénéfices ; ... Il y en a d'autres, qui appartiennent aux EVESQUES, exclufivement à tous Miniftres d'un Ordre Inférieur, à qui ils ne peuvent même les communiquer, comme étant inféparables du Caractere Epifcopal, tels que ceux de conférer les Ordres & de confacrer le Saint Chrême : on les appelle par cette raifon *Jura Ordinis* ..... Il y en a enfin, qui quoiqu'appartenans originairement au Pape & aux Evêques, peuvent néanmoins être exercés par des Eccléfiaftiques d'un *Ordre Inférieur*, à qui ils jugent à propos de le communiquer. De ce nombre, font les Collations des Bénéfices, le droit de donner des *Vifa*, d'accorder des Démiffions, bénir des Eglifes, donner des Difpenfes, &c : on appelle ceux-ci *Jura Jurifdictionis*. Les Perfonnes qui les exercent fous le nom du Pape, font appellés NONCES ou LÉGATS DU SAINT SIÉGE, celles qui l'exercent fous le nom des Evêques, GRANDS VICAIRES, ou Vicaires Généraux.

Enfin la JURISDICTION CONTENTIEUSE, dont il s'agit principalement ici, s'exerce comme la Volontaire, dans le for extérieur ; mais avec cette différence, qu'ayant pour Objet de décider des Conteftations qui s'élévent, foit pour le *Spirituel*, foit pour le *Temporel*, elle eft fujette aux Formalités de l'Ordre Judiciaire ; & elle doit par conféquent s'exercer à l'*Inftar* de la Jurifdiction Séculiere ; c'eft-à-dire, qu'elle doit avoir un *Tribunal* particulier, être compofée de différens *Degrés*, & d'un certain nombre d'*Officiers* néceffaire pour affurer la validité & l'exécution des Jugemens qui en font émanés.

Nous aurons lieu de déterminer fous les Titres fuivans, la Qualité & l'Etendue de cette Jurifdiction, en diftinguant les *Officiers* qui la compofent, les *Perfonnes* & les *Matieres* qui y font fujettes, & les *Formalités* qui lui font particulieres. Nous nous arrêterons feulement, quant à préfent, à donner une Idée générale de fa Nature & de fon Origine, en rappellant les Loix particulieres fur lefquelles elle eft fondée : car en cette Matiere, comme en toute autre, ce n'eft point tant par les Exemples, que par les Loix, qu'il faut régler fon Jugement ; *Legibus, non*

Exemplis judicandum eſt. L. Nemo 13, Cod. *de Legibus.*

Or, ſur cela deux Points eſſentiels, que je ſupplie mes Lecteurs de ne point perdre de vûe, dans le Plan que je me ſuis formé, en traitant de cette Juriſdiction. L'*un*, que je n'en dois parler que relativement aux Matieres *Criminelles*, qui font l'objet particulier de cet Ouvrage ; & par conſéquent, qu'il faut écarter d'ici, non-ſeulement tout ce qui regarde la Juriſdiction Pénitentielle & la Volontaire, mais même ce qui regarde la Juriſdiction Contentieuſe *Civile*, dont l'Objet ne roule uniquement que ſur le Domaine Temporel de l'Egliſe.

L'*autre*, que je n'en dois parler que ſuivant les Loix & Ordonnances du Royaume ; & par-là je me crois diſpenſé, non-ſeulement d'entrer dans le détail des Réglemens particuliers, dont l'Autorité eſt bornée aux Lieux même pour leſquels ils ont été faits ; mais encore de remonter aux Loix primitives où cette Juriſdiction a pris ſa Source ; c'eſt-à-dire, que ſans être obligé de rappeller ici ce qui s'eſt paſſé à cet égard dans l'Empire Romain, dès les premiers tems de l'Etabliſſement de la Religion Chrétienne, il me ſuffira de ſuivre cette Juriſdiction dans les Progrès particuliers qu'elle a eu, depuis l'Introduction du Chriſtianiſme dans ce Royaume, juſqu'à préſent.

Ainſi, conformément à ce Plan, je ne m'arrêterai point à rappeller ici les Diſpoſitions des anciens CONCILES d'Orient, non plus que les CONSTITUTIONS des premiers Empereurs Chrétiens, qui concernent cette Juriſdiction ; ou du moins je ne parlerai de ces Loix, qu'autant qu'elles ſe trouvent confirmées par celles du Royaume qui peuvent ſeules leur donner vigueur parmi nous. Je crois même devoir d'autant plus me renfermer dans les Diſpoſitions de ces dernieres Loix, que la FRANCE, quoique réunie avec les autres Royaumes Catholiques ſur la Matiere du *Dogme*, a néanmoins, ſur le Fait de la *Diſcipline*, certains Uſages qui s'y ſont établis & perpétués dès les premiers Tems de la Monarchie juſqu'à nos jours ; à la réſerve ſeulement de certaines Provinces, qui ne faiſoient point Partie des anciennes Gaules, & qui ſont appellées *Pays d'Obédience.*

Ces Uſages ſont connus ſous le nom de LIBERTÉS DE L'EGLISE GALLICANE. Voici l'Idée que nous en donne ANTOINE HOTMAN, dans ſon Traité inſéré à la ſuite des Preuves de ces Libertés. » Ces Libertés ne ſont point, *dit-il,*

Deux Obſervations Préliminaires.

Libertés de l'Egliſe Gallicane. Leur Origine.

» Conceffion des Papes, ne font point Droit acquis contre le
» Droit Commun : car, pour s'être la France confervée en Li-
» berté plus qu'aucune autre Nation Catholique, on ne peut pas
» dire qu'elle ait été affranchie ; elle eft franche & libre dès fa
» premiere Origine ; elle s'eft mieux confervée que les autres
» dans fon premier Etat, fans s'être abandonnée à la preftation
» de plufieurs Droits qui fe recueillent dans les Pays qu'on ap-
» pelle d'*Obédience*. La Liberté de l'Eglife Gallicane peut com-
» patir avec la Dignité du S. Siége, & ne font point deux cho-
» fes contraires l'une à l'autre ; elles font tcutes deux légitimes :
» & cette Propofition maintient l'Eglife, & détruit l'Héréfie «.

Loix par-
iculieres
ur lefquel-
es elles
ont fon-
dées.

    Parmi les Articles de ces Libertés, tels qu'ils ont été recueillis
par Pierre PITHOU, l'on voit entr'autres » que nos Rois, en
» Qualité de Protecteurs de l'Eglife Catholique, & Conferva-
» teurs en leur Royaume des Saints Canons, Conciliaires & Dé-
» crets... ont de tout tems, felon les Occurrences & Né. effité
» de leur Pays affemblé, ou fait affembler Synodes ou Conciles
» Provinciaux, efquels, entr'autres chofes importantes à la confer-
» vation de leur état, fe font auffi traité les Affaires concernant
» l'Ordre & la Difcipline Eccléfiaftique de leur Pays, dont ils
» ont fait faire *Régles, Chapitres, Loix, Ordonnances & Pragma-
» tiques-Sanctions*, fous leur Nom & Autorité, & s'en lifent en-
« core plufieurs ès Recueils des Décrets reçus par l'Eglife Uni-
» verfelle, & aucuns approuvés par les Conciles Généraux. *V.*
» Art. 7, 10, 34 & 68.

Or d'après ces Difpofitions, qui font regardées comme formant le Droit Commun du Royaume en cette Partie, l'on voit
qu'il y a cinq fortes de Loix fur lefquelles eft fondée principalement la Jurifdiction Eccléfiaftique parmi nous ; 1°. Les anciens
Canons reçus en France ; 2°. Les Décrets des Conciles tenus
en ce Royaume ; 3°. Les Capitulaires de nos Rois ; 4°. Les
Pragmatiques-Sanctions ; 5°. Enfin les Ordonnances, Edits &
Déclarations.

Anciens Canons reçus en France.

    L'Article 41 des Libertés, porte... » *Auffi l'Eglife Galli-*
» *cane n'a pas reçu indifféremment tous Canons & Épîtres Dé-*
» *crétales, fe tenant principalement à ce qui eft contenu en l'an-*
» *cienne Collection, appellée* Corpus Canonum.

    Pierre PITHOU, dans fon Commentaire fur cet Article, nous

explique ainfi ce que l'on doit entendre par ce *Corpus Canonum* ;
» C'eft, *dit il*, celui dont l'Eglife Romaine & l'Eglife Latine,
» par la Communication que lui en a faite le Pape, ont ufé,
» jufqu'à ce que le Corps du Droit Canon, compofé du Décret
» de Gratien, a ôté l'ufage de celui-ci, qui différe beaucoup de
» celui de Gratien. Ce Corps Canonique ne fut jamais chargé
» de Glofe ni de Commentaire. C'eft celui que le Pape Adrien
» envoya à Charlemagne pour le faire garder en fon Royaume,
» & dont parle Gratien, Dift. 19, formant cette Queftion, *De*
» *Epiftolis vero Decretalibus quæritur an vim Authoritatis ha-*
» *beant cum in Corpore Canonum non inveniantur.* C'eft celui que
» les Evêques de France, du tems de Nicolas premier, difoient
» être le feul Droit Canonique qu'ils devoient reconnoître, &
» en cela confiftent les Liber.és de l'Eglife Gallicane ; ce qu'ils
» maintenoient contre le Pape, qui lors leur mettoit en avant
» des Epitres qu'ils difoient être des anciens Papes, non com-
» prifes en ce Corps, contre lefquels Priviléges il fe défend
» (Can. 1, Dift. 19). C'eft auffi celui par lequel le Pape Leon
» IV, récrivant aux Evêques d'Angleterre, (Can. 1, Dift. 21),
» dit que les Evêques jugeoient & étoient jugés. Celui auffi que
» le Roi Saint Louis en fa Pragmatique, & les Rois & 'Prélats
» anciens en endoient toujours fous le nom de Sacrés Canons.
» C'eft enfin celui qui fut imprimé à Mayence, l'an 1425, pour
» fe défendre contre Luther, & celui dont l'Autorité eft recon-
» nue en la Préface du Décret au Lecteur, reçue par les Dépu-
» tés de Grégoire XIII, qui commence *in Ecclefia Romana,*
» & laquelle fait part du Corps Canonique, tel qu'il eft aujour-
» d'hui «.

M. BOSSUET, dans le beau Sermon qu'il fit, lors de l'Af-
femblée du Clergé en 1681, & qui fe trouve imprimé dans le
Procès verbal de la même année, dit que les *Canons que le Pape Adrien envoya à Charlemagne, n'étoient qu'un abrégé de l'ancienne difcipline, que l'Eglife de France regarde toujours comme la fource & le foutien de fes Libertés.*

Ce feroit ici, le lieu de rappeller les Difpofitions de ces anciens Canons, qui font relatives à la Jurifdiction Eccléfiaftique
Criminelle ; mais comme ces Difpofitions fe trouvent fondues
ou renouvellées par celles des Conciles, Capitulaires, Pragmatiques Sanctions & autres Loix du Royaume, nous croyons devoir réferver ce détail dans l'Analife exacte que nous allons

donner de ces dernieres Loix , suivant leur ordre Chronologique.

*Disposition des Conciles tenus en ce Royaume, touchant
la Jurisdiction Ecclesiastique Criminelle.*

IL faut d'abord distinguer ces Conciles, en deux Classes différentes. Les *uns* ont été tenus dans les premiers tems de l'Etablissement de la Religion Chrétienne dans les Gaules , & avant qu'elle eût été embrassée par nos Rois. Les *autres* ont été tenus sur la Convocation de nos Rois.

Il paroît que les premiers sont beaucoup plus favorables à la Jurisdiction Ecclésiastique que les derniers ; mais cela ne doit point paroître étonnant, lorsqu'on considére l'Etat où se trouvoient les choses dans ces premiers tems. Personne n'ignore que les Gaulois auxquels nous avons succédé , & qui avoient le malheur d'être plongés dans les Ténébres de l'Idolatrie , étoient alors gouvernés principalement par de certains Prêtres qu'on appelloit D R U I D E S , pour qui ils avoient la vénération la plus singuliere : que ces Druides avoient l'Intendance du Culte des Dieux & de la Religion, avec la Direction des Affaires tant Politiques que Particulieres ; qu'ils jugeoient les Crimes ; que cette Administration de la Justice , conjointement avec l'Administration des Choses Saintes leur fut conservée , jusqu'à leur chûte arrivée par l'Etablissement du Christianisme. Cet usage fut sans doute une des Dispositions qui préparerent les Peuples, lorsqu'ils furent éclairés des Lumieres de la Foi , à soumettre leurs Différens à l'Autorité des Evêques ; à quoi ils furent d'ailleurs engagés par la capacité & les éminentes Vertus de ces Prélats, & par les défenses que fait Saint Paul en sa premiere Epître aux Corinthiens , aux Fidéles de porter leurs Causes devant les Juges Payens. Lorsque les François les conquirent , (ce qui arriva environ deux cent ans après que les Gaulois eurent embrassé le Christianisme) , ils ne firent plus qu'un Peuple avec eux & suivirent leur exemple , à l'égard de la part qu'ils donnoient aux Prélats dans l'Administration de la Police de l'Etat & dans les Affaires des Particuliers. A la vérité , la Loi nouvelle qui n'impose à ses Ministres que la Douceur & la Charité , fut cause qu'ils n'eurent pas le même pouvoir sur la vie & la fortune des Particuliers , que la Loi ancienne avoit donné aux Sacrificateurs. L'on va même voir par la Disposition des Conciles qui se font

tenus

tenus depuis ce tems-là , que bien loin que ces Prélats ayent conſervé la même étendue de pouvoir que les Druides , leur Autorité ſur le Temporel a éprouvé divers changemens ſuivant les circonſtances.

Par le Canon 32 du Concile d'AGDE , en la Province Nar-bonnoiſe , tenu ſous le Régne de CLOVIS en 506 , il eſt dit » qu'un Clerc ne peut citer perſonne devant un Juge Laïc , ſans » permiſſion de l'Evêque , s'il y eſt cité , il peut répondre , mais » il ne doit pas intenter d'accuſation en Matiere Criminelle. Le » Laïc , qui injuſtement & calomnieuſement oblige un Clerc de » plaider devant un Juge Laïc , eſt excommunié «. *V.* L'HISTOIRE DE L'EGLISE Gallicane du Pere LONGUEVAL , Tom. 2 , Pag. 279.

Concile tenus en France ſu la Convo cation d nos Rois.

Par le Canon 9 du Concile D'ORLÉANS , tenu en 511 ſur la Convocation de ce même Prince , il eſt dit « que le Diacre » & le Prêtre qui ont commis un Crime capital ſeront dégradés & » excommuniés «.

L'on voit à la ſuite de ce Concile une LETTRE que les Evêques écrivirent à ce Prince , en lui envoyant leurs Réponſes aux Ar-ticles qu'il leur avoit propoſés , & où ils finiſſent par lui dire , » que *s'il juge ces Réglemens dignes de ſon approbation , l'Auto-* » *rité d'un ſi grand Roi concourant avec celle de tant d'Evêques ,* » *en aſſurera l'obſervation* «. *V.* même Hiſt. p. 279.

Par le Canon 11 du ſecond Concile D'ORLÉANS , tenu ſous CHILDEBERT en 538 , il eſt dit » que les Clercs qui s'autoriſe-» ront de la protection des Laïcs , pour ſe diſpenſer de leurs de-» voirs ou pour s'élever contre leur Evêque , ſeront retranchés » du Canon où ſont les autres Clercs , & n'auront plus de part » aux rétributions de l'Egliſe. *V. ibid* , p. 440 «.

Par le Canon 20 du quatriéme Concile D'ORLÉANS , ſous CLOTAIRE Fils de CLOVIS , en 541 , il eſt dit » qu'aucun » Laïc n'ait la hardieſſe d'empriſonner , d'interroger ou de con-» damner un Clerc , ſans l'autorité de l'Evêque ou du Supérieur » Eccléſiaſtique , mais que le Clerc averti par le Supérieur Ec-» cléſiaſtique ſe trouve à l'Auditoire , & n'aye point recours à » la chicanne pour décliner ſa Juriſdiction ; & qu'enfin , quand » il y a un Procès entre un Clerc & un Laïc , le Juge Laïc ne

» donne Audience qu'en préfence d'un Prélat ou d'un Archidia-
» cre. *V. ibid*, p. 462 «.

Par le Canon 28 du même Concile, il eft dit » que les Homici-
» des qui auront obtenu Grace de la Juftice Séculiere, ne laif-
» feront pas que d'être foumis à la Pénitence au gré de l'Evê-
» que. *V. ibid*, p. 462 «.

Par le fecond Concile de P a r i s, tenu en 1554 fur la Convocation de C h i l d e b e r t, Saffarace, Evêque de Paris, fut
dépofé, & Eufebe fut ordonné en fa place. *V. ibid*, p. 528.

Par le cinquiéme Concile de P a r i s, en 577 fous C h i l p e r i c,
Saint Pretextat, Archevêque de Rouen, accufé par ce Prince
d'avoir voulu confpirer contre lui, fut dépofé & enfuite exilé.
V. G r e g. d e T o u r s, Liv. 5, Ch. 19.

A la vérité, lorfque ce Prince renvoya le Prélat au Concile
pour y être jugé, ce fut, comme dit A y r a u t, avec *cette Pré-*
face, » jaçoit que nous en puiffions bien connoître, étant Cri-
» me de Lèze-Majefté, dont il eft prévenu; toutefois, parce que
» nous fommes Partie, afin qu'on n'eftime point que nous y
» vouluffions apporter autre chofe que de Juftice & de Raifon,
» nous vous en laiffons faire. *V.* A y r. Ord. Jud. Liv. 2, Art. 2, n. 7.

Par un Concile tenu à M a c o n en 581, fur la Convocation
du Roi G o n t r a n, il eft fait défenfes (Can. 7.) » fous peine
» d'excommunication aux Juges Laïcs, de faire emprifonner des
» Clercs, fi ce n'eft pour Caufes Criminelles, comme Homicide,
» Larcin, Maléfice «. *V.* Hift. de l'Egl. Gallic. tom. 3, p. 141.

Par le cinquiéme Concile tenu à P a r i s en 614, fur la Convocation de C l o t a i r e II, il eft fait défenfes (Can. 4.) à
» tous Juges Laïcs de condamner un Clerc, quel qu'il foit, fans
» la participation de l'Evêque.

A la fuite de ce Concile, l'on voit un Edit du même Prince,
par lequel il ordonne l'exécution des Canons de ce Concile, &
» fait défenfes, entr'autres chofes, aux Juges Laïcs de juger les
» Caufes des Clercs en Matiere Civile, leur permet feulement
» de les juger & condamner en Matiere Criminelle, excepté les
» Prêtres & les Diacres; & enfin il ordonne que les Clercs qui
» feront convaincus de quelque Crime Capital, feront punis felon
» les Canons & Coutume, de concert avec les Evêques. « *V.*
Hift. de l'Egl. Gallic. *ibid.* p. 416.

Par un Concile tenu à ROUEN en 1581 , sous HENRI III, (Chap. 11 ,) il eſt défendu, ſuivant les Loix Canoniques & du Royaume, aux Juges Laïcs, de s'arroger les Cauſes perſonnelles des Eccléſiaſtiques. *Cum & Canonicis & Regiis Conſtitutionib. Juriſdictio Eccleſiaſtica , ſemper fuerit à Seculari ſejuncta…… monemus in Domino dictos Judices Seculares , ut dictis Canonibus pareant , nec falcem in alienam meſſem mittant.* V. Collect. des Concil. par le P. LABBE , Tom. 15 , p. 862.

Par un Concile tenu à RHEIMS en 1683 , sous HENRI III, il eſt défendu , (Chap. 25 , n. 2.) sous les peines portées par les Canons , à tous Clercs de plaider pardevant les Juges Séculiers, ſoit en demandant, ſoit en défendant , ſi ce n'eſt dans les Cas permis dans le Droit , & jamais dans des Cauſes Perſonnelles, pour leſquelles ils ont leur Juge particulier. *Caveant Eccleſiaſtici ne coram Judice Seculari , litem intendant ſive agentes , ſive deffendentes partes ſuſcipiant niſi in caſibus à Jure permiſſis ; in Perſonalibus autem meminerint ſuos habere Judices alioqui pœnas à Sacris Canonibus impoſitas non effugiant.* V. LABBE , *ibid,* p. 912.

Par un Concile tenu à TOURS en la même année 1583 , sous le même Prince, il eſt défendu sous peine d'excommunication , à tout Eccléſiaſtique de quelque dignité & condition qu'il ſoit, de traduire des Clercs , ſur-tout ceux qui ſont dans les Ordres Sacrés , pardevant les Tribunaux Séculiers , pour des Cauſes dont la Connoiſſance & le Jugement appartient à leurs Evêques. *Omnibus Eccleſiaſticis cujuſcumque ſint Dignitatis Status Qualitatis, aut Conditionis , ne Clericis ſaltem in Sacris Ordinibus Conſtitutos , in Actionibus quarum Cognitio & Judicium fori eſt Eccleſiaſtici relicto proprio Epiſcopo , ad Judices Seculares trahat ſub pœna Anathematis prohibemus.* V. LABBE , *ibid,* p. 1044.

Par un Concile tenu à THOULOUSE en 1590, (Chap. 2 ,) ſont confirmés tous les Priviléges accordés aux Eccléſiaſtiques par les Saints Canons & les Conciles Œcuméniques de Latran & de Trente , & il eſt dit qu'on ne doit rien négliger , pour prévenir les entrepriſes de ceux qui voudroient les violer. *Nos itaque Eccleſiæ Dignitati & eorum qui impudenter forſan eam comminuunt , ſaluti conſulere volentes ea omnia ſingula ex Sacris Canonibus Generalibus Conciliis Apoſtoliciſque aliis Conſti-*

tutionibus ; Œcumenica illa Laterani & Tridentini Concilia , in Ecclesiasticarum Personarum gratiam religiosissimè sanxerunt, in eos omnes qui Jurisdictionem Ecclesiasticam objectis avocant & impediunt aut occupant , quique Ecclesiasticos in suo Jure interpellant promulgamus , diligenterque animadvertenda proponimus. V. L A B B E , ibid , p. 1411.

Enfin, par un Concile tenu à N A R B O N N E en 1609 , fous H E N R I IV , il eſt défendu , (Chap. 42 ,) aux Eccléſiaſtiques de comparoître devant les Juges Laïcs pour Caufes Perſonnelles , fi ce n'eſt pour démander leur renvoi devant le Juge d'Eglife.... *Non compareant vocati Clerici coram Judice Sæculari ut caufas fuas agant , fi Perſonales fint , aut de rebus Ecclefiaſticis quarum Judici Ecclefiaſtico Jurifdictio eſt attributa , niſi ut ad Superiorum Ecclefiaſticum remittuntur petituri. V. L A B B E , ibid. p. 1618.*

Diſpoſition des CAPITULAIRES touchant la Juriſdiction Eccléſiaſtique Criminelle.

L E S C A P I T U L A I R E S font, fuivant L E S C H A S S I E R , en fon Traité des *Libertés de l'Eglife Gallicane* , des Loix extraites des Saints Canons & Décrets des Papes , que nos Rois ont autorifés , ou ont voulu être obfervées en leur Royaume pour y maintenir la Dignité Eccléſiaſtique & affermir l'état de la Religion.

On appelle principalement de ce nom , les Ordonnances des Rois de la feconde Race , notamment de Pepin , Charlemagne , Louis le Débonnaire ou le Pieux , Charles le Chauve , Louis & Carloman , Louis le Begue , Charles III , & Lothaire.

Ces Capitulaires ont toujours été en grande vénération & employés dans les meilleures Collections qui nous reſtent. G R A T I E N , dans fon Corps du Droit Canon en a rapporté un grand nombre & les a mis au rang des Autorités & Conſtitutions les plus authentiques. L'on y voit entr'autres (Diſt. 10, Chap. 10 ,) le Témoignage avantageux qu'en a rendu le Pape Leon IV au Roi Lothaire , en ces termes : *De Capitulis vel Præceptis Imperialibus veſtris , veſtrorum etiam Prædeceſſorum irrefragabiliter cuſtodiendis & conſervandis, quantum valuimus & valemus Chriſto propitio, nos conſervaturos, modis omnibus profitemur, & fi fortaſſè quilibet vobis aliter dixerit vel dicturus fuerit, fciatis eum pro certo eſſe Mendacem.*

Parmi les Capitulaires, où il eſt parlé de la Juriſdiction Eccléſiaſtique Criminelle, nous remarquons principalement ceux de
Charlemagne, de Louis-le-Pieux, de Louis & Carloman.

M. Bossuet, dans le beau Sermon dont nous avons parlé,
fait mention des Capitulaires de Charlemagne des années 811
& 813, où ce Prince déclare » qu'il ne pouvoit tenir pour de
» fidéles Sujets ceux qui n'étoient pas fidéles à Dieu, ni en eſ-
» pérer une ſincere Obéiſſance, lorſqu'ils ne la rendoient pas
» aux Miniſtres de J. C. dans ce qui regarde les Cauſes de Dieu
& les Intérêts de ſon Egliſe. *V.* Baluze, Tom. 1, p. 437.

Loyseau, en ſon Tr. *des Seigneuries & Juſtices Eccléſiaſt.*
Ch. 5, n. 48, obſerve que, dans le Liv. 6, Ch. 181 des Capitulaires de Charlemagne, & dont parle Gratien, Queſt.
1, Can. *Quicumque*, ſe trouve renouvellée la Célébre Conſti-
tution de l'Empereur Constantin, qu'on voit à la fin du
Code Théodoſien, & qui eſt, *dit-il*, » la plus avantageuſe qui ait
» jamais été faite pour la Juſtice Eccléſiaſtique ; tellement qu'il
» y a des Gens qui l'ont cru ſuppoſée, d'autant qu'à la ſuite de
» cette Loi il s'en trouve une toute contraire, qui porte que les
» Evêques n'auront Juſtice que des Matieres de Religion, & que
» les autres Procès des Eccléſiaſtiques ſeront terminés par les Ju-
» ges ordinaires.

» Le Capitulaire qui renouvelle cette Conſtitution, porte qu'en
» toutes Matieres, & même en toutes les Parties de la Cauſe,
» ſoit en demandant ou en défendant, on peut demander le Ren-
» voi devant l'Evêque, qui ne peut être refuſé, encore que l'au-
» tre Partie l'empêche, & veut, que par après la Sentence de
» l'Evêque ſoit exécutée par le Magiſtrat ordinaire, ſans Con-
» tredit ou Empêchement quelconque &c.

» Toutesfois, *ajoute* Loyseau, n. 54, il y a grande appa-
» rence que ce Capitulaire 181, renouvellant la Conſtitution de
» Constantin, n'a pas été long-tems obſervé en France,
» non plus que la Loi de Conſtantin en l'Empire Romain à l'égard
» des Cauſes des Laïcs ; car nous trouvons en la Chronique de
» S. Denis, que Louis-le-Débonnaire, ſon fils, ſur le murmure
» du Peuple, à l'occaſion des entrepriſes des Eccléſiaſtiques, ré-
» duiſit leur Juriſdiction à l'ancienne Coutume.

Par un Capitulaire de Louis-le-Débonnaire, de
l'an 816, ce Prince ordonne à ſes Comtes d'honorer les Mi-

» niſtres de la Sainte Egliſe , & de conſerver la Paix avec les
» Evêques , & de les ſoutenir dans les choſes qu'ils entreprennent
» relatives à leur Fonction. *V.* Ch. 7. De plus il leur ordonne de
punir ceux qui reſiſteront aux Remontrances , ſur l'Infraction des
Régles établies par les Miniſtres de l'Egliſe. *V.* Ch. 23. *V.* auſſi
Cap. 4 *Tit.* 2 *Conc. Gall.*

Capitulaires de Carloman.   Enfin , par un Capitulaire de CARLOMAN , de l'an 884 , il
eſt dit (*Art. 9.*) » qu'il faut , pour réprimer les Violences , que
» l'Autorité Epiſcopale ſoit appuyée de celle du Magiſtrat ; c'eſt
» pourquoi les Comtes & autres Officiers , prêteront Main - forte
» aux Evêques dans le beſoin «. *V.* Hiſt. de l'Egliſe Gall. Tom. 6 ,
Liv. 17 , p. 360.

Pragmatiques - Sanctions.

PRAGMATIQUE-SANCTION eſt un Réglement fait par
le Prince , du conſentement des Evêques , ſur les Choſes Eccléſiaſtiques de ſon Royaume. *Apud Gallos autem Pragmatica-*
Sanctio Lex quædam de Negotiis Eccleſiaſticis , fuit Epiſcopo-
rum Conſenſu , & Regis Edicto Formula. C'eſt l'Idée que nous
en donne ŒNEUS SILVIUS , qui a été depuis Pape , ſous le
nom de Pie II , au Liv. 6 de ſes Commentaires. *V.* auſſi CUJAS
in Paratit. du Cod. Tit. *de Diverſ. Reſcript.*

Nous ne connoiſſons que deux Loix dans ce Royaume , à qui
l'on ait proprement attribué ce Nom ; la Pragmatique-Sanction de
SAINT LOUIS en 1268 , & celle de CHARLES VII , en 1438 ,
qui a été tirée des Décrets du Concile de Baſle. Quoique l'Objet principal de ces Loix étoit , comme l'on ſçait , de favoriſer
les *Elections* contre les Entrepriſes de la Cour de Rome ; l'on
voit néanmoins , par leur Préambule , que l'Intention particuliere des Princes , ſous l'Autorité deſquels elles ont été publiées ,
étoit de confirmer à l'Egliſe Gallicane , tous les Droits & Prérogatives dont elle avoit joui ſous leurs Prédéceſſeurs.

Pragmatique de S. Louis.   Par la Pragmatique de S. Louis , qui commence par ces mots :
Pro ſalubri & tranquillo Statu Eccleſiæ Regni noſtri , necnon
pro Divini Cultus augmento & Chriſti Fidelium animarum Sa-
lute , ut gratiam & auxilium Omnipotentis Dei conſequi valea-
mus ; ce Saint Roi déclare , qu'il entend que l'Egliſe ſoit conſervée dans ſa pleine & entiere Juriſdiction , ſuivant la Diſpoſition du Droit Commun , des Conciles Généraux & des Inſti-

tutions des Saints Peres, en ces termes : *Statuimus & ordinamus ut Ecclesiarum Regni nostri Prælati Patroni, & Beneficiorum Collatores ordinarii, Jus suum plenarium habeant, & unicuique sua Jurisdictio debitè servetur, secundùm Dispositionem Juris Communis Sacrorum Conciliorum Ecclesiæ Dei & Statutorum Sanctorum antiquorum Patrum.* » Ne demandez plus, dit M.
» BOSSUET, en parlant de cette *Pragmatique*, ne demandez
» plus ce que c'est que les Libertés de l'Eglise Gallicane ; les voilà
» toutes dans ces précieuses paroles de l'Ordonnance de Saint
» Louis ; nous n'en voulons jamais connoître d'autres ; nous met-
» tons notre Liberté à être sujets aux Canons..... *V.* Procès-
» verb. de l'Assemblée du Cl. en 1687.

Les mêmes Droits ont aussi été conservés à l'Eglise, par la Pragmatique-Sanction de CHARLES VII, en ces termes : *Inscru-
tabilis Divinæ Altitudinis Providentia, per quam Reges regnant, Rerumque Publicarum Gubernacula, possident Potestatem Regiam ad hoc, inter cætera, ordinavit in Terris, ut Ecclesiam Sanctam pretioso Christi Sanguine fundatam, ejusque Ministros fideliter protegeret, atque tueretur, & Sanctorum antiquorum Patrum Decreta saluberrima Spiritu Dei promulgata, quibus nervus Disciplinæ Ecclesiasticæ, salutarisque Doctrinæ viget, ac solidatur, sinceriter exequi facere, illibatamque observari, sed & speciali debito Juramenti in nostri Diadematis susceptione insigni, & aliàs Regni Delphinatus nostrorum præstiti, ad ipsum astringimur pariter & obligamur.*

Pragma-
tique de
Charles
VII.

ORDONNANCES, *Edits & Déclarations, touchant la Jurisdiction Ecclésiastique Criminelle.*

PARMI les Ordonnances, Edits & Déclarations, qui concernent la Jurisdiction Ecclésiastique, il y en a de deux sortes.
Les *unes*, qui confirment en général cette Jurisdiction dans ses
anciens Priviléges. Les *autres*, qui ne regardent que l'Exercice
de cette Jurisdiction, relativement à la Procédure. Nous aurons
lieu de rappeller les Dispositions de celles-ci, sous le Titre de
l'Instruction ci-après. Nous nous arrêterons seulement ici aux
premieres, comme faisant Partie des Preuves de la Jurisdiction
Ecclésiastique, dont il s'agit sous le présent Titre.

PHILIPPES-LE-LONG, par son Ordonnance de l'an 1320,

s'explique ainfi : *Perfonæ Ecclefiaflicæ non compelluntur in foro Seculari fuper actionibus merè Perfonalibus litigare, quamquàm per Litteras noftras aut Miniftrorum noftrorum ad hoc fuerint obligatæ. V.* Confér. de Guenois, Liv. 1, Part. 2, Tit. 4, p. 84.

CHARLES VI, par deux Ordonnances en 1406, après avoir expofé les Entreprifes faites fur les Eglifes de fon Royaume, au préjudice des Saints Décrets des Conciles & Libertés de l'Eglife, il déclare » qu'il remet les Eglifes & Perfonnes Ecclé- » fiaftiques de fon Royaume en leur ancienne Liberté, telle qu'elle » devoit être par les Difpofitions de Droit, & qu'en icelles il veut » les maintenir & conferver.

CHARLES VII, par un Edit qu'il fit à Bourges, la premiere année de fon Regne, a confirmé ceux de CHARLES VI, fon Pere, & il fit enfuite la Pragmatique-Sanction dont il a été parlé ci-devant.

FRANÇOIS Ier, par fon Ordonnance du mois d'Août 1539, régla la Jurifdiction Eccléfiaftique d'une maniere plus précife qu'elle ne l'avoit été jufqu'alors. Après avoir fait Défenfes par les trois premiers Articles de cette Loi, de citer les Laïcs par-devant les Juges d'Eglife, en actions pures Perfonnelles, ce Prince ajoute cette Exception remarquable par l'Article 4 » fans » préjudice toutes-fois de la Jurifdiction Eccléfiaftique ès Matieres » de Sacremens & autres pures Spirituelles Eccléfiaftique dont » ils peuvent connoître contre lefd. purs Laïcs, felon la Forme de Droit.

Le même PRINCE, par un autre Edit du 23 Juillet 1543, regiftré le 30 du même mois, déclare » que voulant, comme » Patron & Protecteur de notre Eglife Gallicane, conferver aux » Prélats, garder & entretenir leurs Droits, Autorités & Préé- » minences, & aucunement ne les diminuer : avons déclaré & » déclarons, & nous plaît qu'ils puiffent, enfemble les Inquifi- » teurs de la Foi en notre Royaume ; & chacun d'eux en fon » regard, en tous Cas d'Héréfie, contre toutes Perfonnes, tant » Eccléfiaftiques, que Laïques, procéder felon les Cenfures & » Conftitutions Canoniques, à faire informer à l'encontre d'elles, » & les Informations rapportées pardevant eux, leurs Officiaux » ou Vicaires, les décréter d'Ajournement Perfonnel ou de Prife » de Corps, felon l'exigence des Cas contre les Délinquans.

FRANÇOIS II, par fon Edit du mois de Mai 1560, renouvelle

velle la Difpofition du précédent, en ces termes : » avons, par
» notre Edit irrévocable, délaiflé & délaiffons l'entiere Connoif-
» fance de tout Crime d'Hérélie aux Prélats de notre Royaume ;
» comme naturels Juges d'icelui Crime, & ainfi qu'ils l'avoient
» anciennement, interdifant à nos Cours, Baillifs & Sénéchaux
» de n'entreprendre aucune Connoiffance defdits Crimes d'Hé-
» rélie, ni fur autre aucunement, finon en tant qu'ils en feront
» requis par les Juges d'Eglife, de leur prêter & bailler fecours
» pour les Exécutions de leurs Ordonnances & Jugemens.

CHARLES IX. par fes Lettres-Patentes du 16 Avril 1571,
concernant les Immunités du Clergé, regiftrées le 7 Septembre
1571, s'explique ainfi, Art. 6. » N'entendons pareillement que
» les Juges Eccléfiafliques foient aucunement troublés ou em-
» pêchés en la Jurifdiction & Connoiffance des Caufes qui leur
» appartiennent.

HENRI III, par l'Art. 58 de l'Ordonnance de Blois, leur
confirme pareillement leurs anciens Priviléges, en ces termes.
» Nous entendons que tous les Priviléges, Franchifes, Libertés
» & Immunités octroyées auxdits Eccléfiafliques, tant en géné-
» ral, qu'en particulier, par les feus Rois nos Prédéceffeurs, &
» vérifiés en nofdites Cours de Parlement, leur foient entiére-
» ment gardés, fans qu'il foit befoin d'obtenir Lettres particu-
» lieres ou de Confirmation, que les Préfentes.

HENRI IV, par l'Art. 8 de l'Edit de Décembre 1606, veut,
» que les Eccléfiaftiques, tant Séculiers, que Réguliers, confli-
» tués ès Ordres de Prêtrife, Diaconat, Soufdiaconat ne puif-
» fent, étant prévenus de Crimes, dont la Connoiffance doit ap-
» partenir aux Juges d'Eglife, s'exempter de leur Jurifdiction,
» fous quelque prétexte que ce foit, ni même fous prétexte de
» Liberté de Confcience. Et il fait à cet effet Inhibition & Dé-
» fenfes à fes Juges, d'en prendre aucune Connoiffance, encore
» que lefdits Accufés & Prévenus le vouluffent confentir.

LOUIS XIII, par l'Art. 4 de fon Edit de Septembre 1610,
vérifié en Parlement le 30 Mai 1612, » fait Défenfes à fes Offi-
» ciers, de connoître directement ou indirectement, fous pré-
» texte de Poffeffion, Complainte & de Nouvelleté, d'aucunes
» Caufes Spirituelles & concernans les Sacremens, Offices,
» Difcipline de l'Eglife & autres Eccléfiaftiques ; & il veut que

les Ordonnances des Rois, ses Prédécesseurs, qui ont attribué
» aux Officiers Royaux ce qui est de leur Connoissance, & réglé
» aussi la Jurisdiction Ecclésiastique, soient observées & gardées ;
» ensorte que chacun se tienne à son Devoir, & dans les bor-
» nes de ce qui lui appartient, sans rien entreprendre.

Le même PRINCE, par son Ordonnance de 1629, non enregistrée en la Cour » fait Défenses (Art. 31) à ses Cours & autres
» Juges de prendre aucune Connoissance & Jurisdiction des Cau-
» ses Spirituelles, ni de celles qui concernent l'Administration
» des Sacremens & autres qui appartiennent aux Juges Ecclésiasti-
» ques, ni d'entreprendre directement ou indirectement sur leur
» Jurisdiction, même sous prétexte de Complainte ou Possession
» appliquée auxdites Causes, conformément à l'Art. 4 de l'Edit
» de 1620 ; ni plus avant, qu'ès Cas portés par les Ordonnances
» des Rois, ses Prédécesseurs, & les siennes de l'an 1620.

LOUIS XIV, par une premiere Déclaration du mois de Février 1657, fait pareilles Défenses (Art. 4.) » à ses Cours de Par-
» lement & à tous autres Juges, de prendre Connoissance direc-
» tement ou indirectement d'aucunes Causes Spirituelles & pu-
» rement Ecclésiastiques, des Sacremens & Offices Divins, sous
» prétexte de Possession, Complainte, Nouvelleté, pour quelle
» Cause & occasion que ce soit, ni de troubler ou empêcher les
» Juges Ecclésiastiques en la Jurisdiction des Causes qui leur ap-
» partiennent de Droit ; & il ordonne au surplus à l'égard des
» Causes Personnelles, l'Exécution de l'Ordonnance de 1539.

Par l'Art. 14 de la même Loi, ce PRINCE ajoute » n'en-
» tendons par nos Ordonnances, èsquelles il est fait Mention des
» Choses Ecclésiastiques & Spirituelles, attribuer aucune nou-
» velle Jurisdiction & Connoissance à nos Juges, autre que
» celle qui leur appartient de Droit, sinon pour les faire plus
» exactement observer & empêcher les Contraventions aux Saints
» Décrets, dont nos Juges seuls, sous notre Autorité, sont les
» Conservateurs & des Personnes Ecclésiastiques ; & ce par la
» Voie de l'Appel comme d'abus seulement.

Le même PRINCE, par l'Article 13 du Tit. 1er de son Ordonnance du mois d'Août 1670, sur les Matieres Criminelles,
confirme en général tous les Priviléges accordés aux Ecclésiastiques par les Loix précédentes, en ces termes ». N'entendons dé-

» roger par le précédent Article aux Priviléges dont les Ecclé-
» fiaftiques ont accoutumé de jouir.

Enfin, par une Loi générale qui a réuni les Difpofitions de toutes les précédentes, relativement à la Jurifdiction Eccléfiafti-que, le même Prince a pourvû à toutes les Conteftations & Difficultés qui s'étoient élevées jufqu'alors à ce fujet. L'on veut parler du fameux Edit du mois d'Avril 1695, regiftré au Parle-ment le 14 Mai fuivant.

L'Art. 1er porte » que les Ordonnances, Edits & Déclarations » faites par Nous & par les Rois, nos Prédécefleurs, en faveur » des Eccléfiaftiques de notre Royaume, Pays, Terres & Sei- » gneuries de notre Obéiflance, concernant leurs Droits, Rangs, » Honneurs, Jurifdiction Volontaire & Contentieufe foient exé- » cutés &c.

Par l'Article 30, il eft dit » la Connoiffance & le Jugement » de la Doctrine, concernant la Religion, appartiendra aux Ar- » chevêques & Evêques; enjoignons à nos Cours de Parlement & » à tous nos autres Juges, de la renvoyer auxdits Prélats, de leur » donner l'aide dont ils auront befoin, pour l'Exécution des Cen- » fures qu'ils en pourront faire, & de procéder à la Punition » des Coupables, fans préjudice à nofdites Cours & Juges, de » pourvoir, par les autres Voies qu'ils eftimeront convenables, » à la Réparation du Scandale & Trouble de l'Ordre & Tran- » quillité Publique, & Contravention aux Ordonnances, que la » Publication de ladite Doctrine aura pu caufer.

L'Art. 34 ajoute » la Connoiffance des Caufes concernant les » Sacremens, les Vœux de Religion, l'Office Divin, la Difci- » pline Eccléfiaftique & autres purement Spirituelles, appartien- » dra aux Juges d'Eglife; enjoignons à nos Officiers, & même » à nos Cours de Parlement, de leur en laiffer, & même de » leur en renvoyer la Connoiffance, fans prétendre aucune Ju- » rifdiction ni Connoiffance des Affaires de cette Nature, fi ce » n'eft qu'il y eût Appel comme d'abus interjetté en nofdites » Cours, de quelques Jugemens, Ordonnances ou Procédures » faites à ce fujet, ou qu'il s'agît d'une Succeffion ou autres » Effets Civils, à l'occafion defquels on traiteroit de l'Etat des » Perfonnes décédées, ou de celui de leurs Enfans.

Tels font les Articles de cet Edit, qui concernent principa-lement la Jurifdiction Eccléfiaftique, en Matiere Criminelle. Il y en a encore d'autres, qui concernent l'Inſtruction & les Appels comme d'abus ſur ces mêmes Matieres, & que nous aurons lieu de rappeller ſous les Titres particuliers qui les concernent.

L'on voit, d'après les Diſpoſitions des Loix générales & particulieres que nous venons de rapporter, l'Origine, la Gradation, & enfin l'Etat actuel de la Juriſdiction Eccléſiaſtique Criminelle parmi Nous. Il réſulte de leur réunion, que cette Juriſdiction remonte juſqu'aux premiers Tems de l'Etabliſſement du Chriſtianiſme dans ce Royaume; qu'elle n'a jamais varié par rapport à la Connoiſſance des Matieres Spirituelles, comme étant de Droit Divin; qu'à l'égard du Temporel, comme cette Juriſdiction n'étoit que l'Effet de la Conceſſion des Souverains, elle a éprouvé divers Changemens, ſuivant les Circonſtances; qu'après avoir d'abord été exercée ſur les Laïcs comme ſur les Eccléſiaſtiques, & pour les Affaires Civiles comme pour les Crimin. les Abus qui en ont été faits, ont enfin forcé les Souverains à en reſtraindre les Bornes, & à ne plus en tolérer l'Exercice que ſur les Matieres Perſonnelles des Eccléſiaſtiques, ſoit Civiles, ſoit Criminelles. Mais Quels ſont les Juges qui peuvent l'exercer? Quels ſont les Eccléſiaſtiques qui y ſont ſujets? Et enfin, Quelles ſont les Actions Perſonnelles des Eccléſiaſtiques, ſur leſquelles cette Juriſdiction peut s'exercer en Matiere Criminelle? C'eſt ce qui nous reſte à développer ſous le Titre ſuivant.

TITRE II.

De la Compétence des Juges d'Eglise, en Matiere Criminelle.

QUE L'EGLISE ait une Jurifdiction, c'eſt ſur quoi les Diſpoſitions des Loix que nous venons de rapporter ſous le Titre précédent, paroiſſent ne laiſſer aucun doute. Mais en quoi conſiſte l'Exercice de cette Jurifdiction ? Quelle eſt ſa Compétence ? C'eſt ici le Point le plus critique & le plus difficile à traiter, parce qu'il s'agit de poſer des limites entre deux Puiſſances, qui étant également Souveraines dans leur Origine, ne reconnoiſſent ſur la Terre aucun Tribunal, qui puiſſe prononcer en dernier reſſort ſur les Entrepriſes reſpectives qu'elles peuvent faire l'une ſur l'autre. Eſſayons cependant de prévenir, autant qu'il eſt en nous, les Abus dangereux qui peuvent réſulter de ces ſortes de Conflits, par l'application des Loix que nous venons de citer aux Cas particuliers qui peuvent ſe préſenter.

Mais avant que d'entrer dans aucun détail à ce ſujet, qu'il nous ſoit permis de rappeller ici la réflexion judicieuſe que fait LOYSEAU à cette occaſion ; c'eſt que ſi *d'une part*, conclud cet Auteur, Ch. 15 des *Seign.* » les Juges d'Egl. ne doivent point oublier » qu'il leur eſt recommandé expreſſément par les Canons mêmes, » de ne rien entreprendre contre la Jurifdiction Séculiere, ſous » prétexte de la Liberté Eccléſiaſtique, mais de rendre exacte- » ment à Céſar ce qui eſt à Céſar, comme ils doivent rendre » à Dieu ce qui eſt à Dieu ; il faut auſſi que de *leur côté* les Juges » Séculiers faſſent attention, que comme les Entrepriſes des Ec- » cléſiaſtiques au-delà des Conceſſions des Princes ont été juſte- » ment retranchées ; d'ôter à préſent, ou diminuer à l'Egliſe » la Juſtice dont elle jouit, ce ſeroit faire injure à Dieu même, » s'il eſt permis d'ainſi parler ; & je dirai franchement, *pourſuit* » *cet Auteur*, que toutes les Entrepriſes ſont grandement dange- » reuſes entre le Sacerdoce & l'Etat ; mais celles de l'Etat ſur le » Sacerdoce ſont plus à craindre, tant pour ce qu'elles peuvent plu- » tôt arriver à cauſe de la force de l'Etat, que pour ce qu'elles tou-

« chent l'Ame qui eſt plus précieuſe que le Corps & les Biens » ;

La Compétence ou l'exercice de la Jurifdiction Eccléſiaſtique en Matiere Criminelle , ſe régle de quatre manieres , *ou* par la Qualité du JUGE qui veut l'exercer , *ou* par la Qualité des PERSONNES ſur leſquelles il peut l'exercer , *ou* par la Qualité des DÉLITS dont il peut connoître , *ou* enfin par la Qualité des PEINES qu'il peut prononcer.

Nous allons traiter ſucceſſivement tous ces Objets , à la réſerve de celui concernant les PEINES, que nous placerons ſous le Titre des JUGEMENS dont elles ſont partie ; & c'eſt dans le cours de cette Difcuſſion , que nous aurons lieu de remarquer en même tems les différentes Cauſes qui font ceſſer cette Compétence , telles que les Exemptions , la Perte du Privilége Clérical , les Récuſations & Priſes à Partie.

CHAPITRE PREMIER.

Qualités & Conditions néceſſaires de la part du Juge d'Egliſe , pour être Compétent en Matiere Criminelle.

AVANT que de fixer les Qualités que doit avoir un Juge d'Egliſe , il faut d'abord déterminer ce qu'on doit entendre ſous le nom de JUGE D'EGLISE en général ; & pour cela , il eſt néceſſaire de diftinguer les différens *Ordres* qui compoſent le Clergé.

On appelle ſous le nom de CLERGÉ en général , une certaine Claſſe de Perſonnes qui ſont confacrées au Service des Autels , *quæ Divino Cultui Miniſteria Religionis impendunt.* C'eſt la définition que nous en donne la Loi 2 au Code Theod. *de Epiſc.*

On trouve dans la Loi 6 du Code de JUSTINIÉN *de Epiſc. & Cleric.* & dans la Novelle 2 , Ch. 1 , du même Prince , un détail des différens Ordres qui compoſent le Clergé , & des Fonctions qui y ſont attachées. Mais nous croyons devoir nous arrêter particuliérement aux Notions qui nous en ſont données par LOYSEAU , en ſon Traité des *Ordres* , comme étant les plus conformes à nos Uſages.

Une premiere diftinction ſuivant cet Auteur , eſt celle du Clergé *Séculier* & du Clergé *Régulier.*

Le Clergé Séculier se divise en plusieurs Degrés ou Clergé Séculier.
Branches différentes ; sçavoir , la simple *Tonsure* , les *Ordres*
Mineurs qui sont au nombre de quatre, Portiers , Lecteurs ,
Exorcistes , Acolytes ; les *Ordres Majeurs* ou Sacrés , qui sont les
Soudiacres , les Diacres & les Prêtres.

Parmi les P R E S T R E S , l'on distingue encore deux Ordres
différens, les *Inférieurs* , que l'on appelle autrement Ministres
du second Ordre , ou le bas Clergé ; les *Supérieurs* , ainsi appellés , parce qu'ils ont une Jurifdiction qui leur est propre , quoiqu'elle puisse être subordonnée à celle d'autres Supérieurs en
Dignité , à l'exemple de ce qui se pratique dans la Jurisdiction
Séculiere. De ce nombre font ; 1°. les É V E S Q U E S , qui n'ont
Jurifdiction qu'en leur Diocèse ; 2°. les A R C H E V E S Q U E S ,
qui outre la Jurifdiction Primitive de leur Diocèse , ont encore
celle du Ressort des Evêques de leur Province ; 3°. les P R I M A T S
ou P A T R I A R C H E S , qui en même tems qu'ils ont la Jurifdiction sur leur propre Diocèse , ont encore celle du Ressort
Supérieur sur plusieurs Provinces & Archevêchés ; 4°. Enfin
L'É V E S Q U E D E R O M E , que nous appellons par Excellence ,
P A P E , ou V I C A I R E & L I E U T E N A N T D E D I E U en l'E-
glise Universelle , à qui ressortissent toutes les Jurifdictions dont
nous venons de parler , & qui pour cela est appellé l'*Ordinaire des Ordinaires*. Nous aurons lieu de traiter plus amplement
de tous ces différens Degrés de Jurifdictions, sous le dernier Titre
qui concerne L'A P P E L des Jugemens.

Nous n'avons point compris dans le Clergé Supérieur, les
C A R D I N A U X , parce que, comme dit L O Y S E A U , c'est un
Ordre ajouté après les autres , » qui néanmoins est plutôt Or-
» dre qu'Office , tant à cause qu'il donne aptitude à plusieurs
» Offices en la Cour de Rome , & notamment à la Suprême
» Dignité de P A P E , que parce que le Sacré Consistoire des
» Cardinaux représente dans l'Eglise le Sénat Romain , qui étoit
» Ordre, & non pas Corps d'Officiers. Aussi les Cardinaux en
» tant que Cardinaux n'ont aucune Jurifdiction , ni autre Fonc-
» tion Publique , *fors* d'opiner au Consistoire , ainsi que les Sé-
» nateurs au Sénat , quoique la plûpart ayent des Titres , c'est-
» à-dire , certaines Paroisses , ou Eglises de Rome , esquelles
» ils ont toute Jurifdiction comme les Evêques en leur Dio-
» cèse «.

A l'égard du CLERGÉ RÉGULIER, nous aurons lieu d'en parler fous le Chap. fuivant, en traitant des Exemptions & du Privilége Clérical. Nous obferverons feulement en paffant, que l'on diftingue dans ce Clergé, comme dans le Clergé Séculier, des *Inférieurs* & des *Supérieurs*; que ceux-ci ont une Jurifdiction *correctionnelle* fur leurs Religieux pour ce qui concerne la Difcipline Clauftrale, & que même il y a parmi eux des Chefs d'Ordres, tels que *l'Abbé de Cîteaux*, qui jouiffent d'une Jurifdiction *quafi Epifcopale* fur les Monafteres où ils réfident. *V.* Art. 44 de l'Edit de 1695.

Cela préfuppofé, fous le nom de JUGE D'EGLISE en général, l'on doit donc entendre proprement le CLERGÉ SUPÉRIEUR, c'eft-à-dire, les Evêques, Archevêques, Primats, & le Pape pour le Clergé *Séculier*; & les Abbés, Prieurs Conventuels & Supérieurs des Monafteres pour le Clergé *Régulier.* Voyons préfentement, quelles font les Qualités & Conditions néceffaires pour rendre ces Juges Compétens en Matiere Criminelle.

Quant aux QUALITÉS requifes pour les Juges d'Eglife; nous obfervons d'abord, que quoique fuivant le Droit Commun la Jurifdiction foit attachée effentiellement à l'Ordre Epifcopal, néanmoins cette Maxime a reçu plufieurs modifications remarquables parmi nous.

Une premiere *Modification* concerne la Jurifdiction particuliere des Chapitres, Abbés & autres Prélats d'un Ordre Inférieur, à qui les Papes en ont fait Conceffion, & qui y ont été confirmés par les Ordonnances du Royaume que nous aurons lieu de rappeller ci-après, en traitant des Exemptions de la Jurifdiction Epifcopale.

Une feconde *Modification* confifte, en ce qu'à l'exemple des Seigneurs Hauts-Jufticiers qui ne peuvent exercer par eux-mêmes la Juftice attachée à leurs Terres, les Evêques ne peuvent

auffi exercer par eux-mêmes leur Jurifdiction contentieufe, mais doivent en confier l'exercice à des Officiaux, par la raifon, comme dit LOYSEAU, d'après le Ch. 2 EXTR. *ne Cler. vel Mon.* qu'ils ne doivent s'entremettre des Négoces Séculiers. *Les Evêques » ne pouvant entendre les Caufes par eux-mêmes, ni en décider, » prendront des Officiaux dans la Ville, ou dans les Campagnes, » & Eccléfiaftiques & Juges, qu'ils inftitueront en leur place «.* C'eft la Difpofition du Chap. 42, du Concile tenu à NARBONNE

en

en 1609 fous le Régne D'HENRI IV, & qui a été confirmée en dernier lieu par l'Article 31 de l'Edit de 1695, en ces termes ; » les Archevêques & Evêques ne feront tenus d'établir » des *Vicaires Généraux*, mais feulement des *Officiaux*, pour » exercer la Jurifdiction contentieufe dans les lieux de leur Diocè- » fe, ou Provinces qui font dans le Reffort d'un Parlement, au- » tre que celui dans lequel eft établi le Siége ordinaire de leur » Officialité «.

Il y a cependant de certains Evêques, qui fe font confervés dans l'ufage d'exercer cette Jurifdiction par eux-mêmes, notamment l'Archevêque de Cambrai, les Evêques de Provence, & Ceux des Pays-Bas. *V.* MORNAC, fur la Loi 1, au ff. *De eo cui mand. eft Jurifd.* & DUPERRAY, fur l'Edit de 1695. Il faut encore excepter le Cas où les Archevêques & Evêques font dans le cours des Vifites de leur Diocèfe, lors defquelles ils peuvent rendre telle Ordonnance ou Jugement qu'ils trouvent à propos fur la Correction des Mœurs & des Perfonnes Eccléfiaftiques, en quoi ils font autorifés expreffément par l'Art. 36 du même Edit de 1695, que nous aurons lieu de rappeller fous le Titre de l'APPEL. Enfin, il faut auffi excepter les Cas où les Caufes leur font adreffées nommément, ou par Refcrit du Pape, ou par Arrêt du Confeil, ou des Cours Supérieures.

Au refte, quoique l'Evêque n'exerce point par lui-même la Jurifdict. contentieufe, c'eft à lui, & non à fon Official, de pourvoir & inftituer tous les Officiers qui doivent compofer fa Jurifdiction, comme en étant le vrai Juge, l'Official ne devant l'exercer que fous fon nom & autorité. *V.* LOYSEAU, *ibid*, Ch. 6, n. 40.

Une troifiéme *Modification*, c'eft qu'indépendamment de l'obligation où font les Evêques d'avoir un Official pour exercer leur Jurifdiction dans le Siége ordinaire de leur Officialité, ils font encore tenus d'en avoir d'autres hors la Ville Epifcopale en certains cas, favoir ; 1°. lorfque leur Diocèfe eft de trop grande étendue ; & cela, afin que les Caufes foient plus promptement terminées, & pour ne pas jetter les Parties en de trop grands frais. C'eft la Difpofition du Concile de NARBONNE dont nous venons de parler ; 2°. lorfque leur Diocèfe s'étend d'un Parlement, à un autre dont ne dépend point la Ville Epifcopale ; ils doivent alors établir un Official dans la Ville principale foumife à la Jurifdiction de ce dernier ; & cela,

Officiaux de plufieurs fortes.

afin que les Parlemens foient à portée d'y faire exécuter leurs Arrêts, & d'empêcher l'oppreſſion que les Sujets du Roi pourroient fouffrir de la part des Officiaux ordinaires. *V.* Ordonnance de MOULINS, Art. 76; Ordonnance de BLOIS, Art. 61, & l'Art. 31 de L'EDIT de 1695. Ces Officiaux font appellés FORAINS *quaſi fòris degens.* Ils font diftingués principalement des OFFICIAUX ORDINAIRES, en ce qu'ils ne peuvent exercer leur Jurifdiction que dans la Portion du Diocèfe à laquelle ils font prépofés ; au lieu que les Officiaux ordinaires ont droit d'exercer la Jurifdiction Diocèfaine dans tout le Diocèfe, même dans le Diftrict de l'Official Forain : de plus ceux-ci font délégués pour la fulmination des Bulles & Referits de Cour de Rome, lefquels ne font jamais adreffés aux Officiaux Forains. Mais ils ont cela de commun, qu'ils peuvent être également deftitués à volonté de la part de l'Evêque, fuivant la Déclaration du 17 Août 1700, regiftrée au Parlement le 29 Janvier 1701 ; & qu'au furplus, ils doivent avoir les mêmes Qualités & font aftreints aux mêmes devoirs, relativement à l'exercice de leur Jurifdiction. *V.* même Déclaration du 17 Août 1700.

Il y a encore une troifiéme efpéce d'Officiaux, qu'on appelle PRIVILÉGIÉS, parce qu'ils font exempts de la Jurifdiction de l'Evêque & qu'ils reffortiffent immédiatement à la Cour de Rome : ce font ceux qui font nommés par les Abbés & Chapitres, qui jouiffent d'une Jurifdiction quaſi Epifcopale dans le Royaume, & qui ont été confirmés dans ce droit par plufieurs Arrêts.

Lettres de Vicariat.

Une quatriéme *Modification* qui a été introduite en faveur des Cours de PARLEMENT, c'eft que les Evêques font tenus de donner des Lettres de VICARIATS aux Confeillers Clercs de ces Cours, pour l'Inftruction & le Jugement des Procès Criminels qui y font pendans. Ces Cas font marqués par l'Art. 39 de l'Edit de 1695, que nous aurons lieu de rapporter fous le Titre de L'INSTRUCTION ci-après.

Archidiacres. Leur Jurifdiction.

Une cinquiéme *Modification* regarde les ARCHIDIACRES, qui prétendent avoir une Jurifdiction particuliere attachée à leur Office. Par un Arrêt de la Cour du 19 Janvier 1619, portant Réglement entre l'Archidiacre & l'Official de Paris fur la Jurifdiction Contentieufe, il eft dit » que pour le regard des » Caufes Criminelles, la Cour fait défenfes auxdits Archidiacres

» d'entreprendre aucune Cour ni Jurifdiction , fi ce n'eft qu'en
» faifant leurs Vifitations au Cours d'icelle , fe préfentent quel-
» ques Caufes de *Riottes* & Chaleur pour Injures & Excès , qui
» fe puiffent juger promptement par quelqu'Amende ou Peine
» Pécuniaire , Répréhenfion, ou légere Correction : & enjoint
» auxdits Archidiacres , à l'iffue des Vifites , de rapporter leurs
» Procès - verbaux au Greffe de l'Officialité de Paris , Charges
» & Informations , fi aucunes ont été faites au cours defdites
» Vifites fans dépens. *V.* Défin. du Dr. Can. p. 72 «.

L'on voit par-là , que la Jurifdiction de ceux-ci eft abfolument
fubordonnée à celle des Evêques , ou plutôt qu'ils ne font ,
comme les Officiaux , que de repréfenter ces Prélats dans leurs
Fonctions. C'eft auffi ce qui nous eft marqué expreffément par
l'Art. 14 de l'Edit de 1695 en ces termes , » *les Archevêques &*
» *Evêques vifiteront tous les ans au moins une partie de leurs*
» *Diocéfes , & feront vifiter par leurs* ARCHIDIACRES *, ou*
» *autres Eccléfiaftiques ayant droit de le faire fous leur Autorité ,*
» *les Endroits où ils ne pourront aller en Perfonne ; à la char-*
» *ge par lefdits Archidiacres ou autres Eccléfiaftiques , de re-*
» *mettre aux Archevêques ou Evêques , dans un mois , leurs Pro-*
» *cès - verbaux des Vifites , après qu'elles feront achevées , afin*
» *d'ordonner fur iceux ce qu'ils eftimeront néceffaire* «. Cette
Difpofition eft fondée fur les Chap. 5 & 7 des Décrétales *de*
Offic. Archidiac. où l'on voit que fuivant l'Ufage de l'Eglife
Romaine , les Archidiacres font les Vicaires des Evêques , chargés en particulier du foin des Paroiffes , & de préfenter aux
Evêques des Clercs pour les deffervir , de les corriger & de
vuider leurs Différends.

Hors les Cas particuliers que nous venons de remarquer ,
c'eft aux OFFICIAUX , chacun dans leur Diftrict , qu'appartient
l'exercice de la Jurifdiction Contentieufe ; tellement que les
Evêques ne pourroient fans Abus commettre d'autres Eccléfiaftiques pour l'exercer , ainfi qu'il a été jugé par deux Arrêts de
la Cour , rapportés par MORNAC , fur la Loi 2 , ff. 1 , ff. *De*
eo cui mand. eft Jurifd. Mais ils peuvent feulement , pour fuppléer en cas d'abfence , récufation ou autre empêchement légitime de l'Official , nommer un VICE - GÉRENT , ou PRO-
OFFICIAL , qui doit avoir les mêmes Qualités ; & remplir
les mêmes Fonctions que l'Official même , dans les Cas où il
eft employé.

Vice-
Gérens. Ce
que c'eft ?

D ij

Ces QUALITÉS font de deux fortes, les unes concernent les Capacités perfonnelles de l'Official, les autres font relatives à fa Jurifdiction.

Qualités que doivent avoir les Officiaux.

1°. Les Qualités qui regardent la *Perfonne*, font ; 1°. qu'il doit être *Prêtre*. *V*. Ch. *Cum omni* EXTR. *de vita & Honeft. Cler. V.* auffi l'Art. 45 de l'Ordonnance de Blois ; 2°. qu'il doit *être Chanoine* & même avoir un Perfonat, ou Dignité dans l'Eglife Cathédrale qui donne du poids à fes Sentences. C'eft la Difpofition du Concile de Tours tenu en 1583 fous le Régne d'Henri III : mais cette derniere Qualité n'eft proprement requife que pour les Officiaux ordinaires. *V*. Ch. 42 ; 3°. il doit de plus être *Licentié, ou Docteur en Théologie, ou Droit Canon*, fuivant la Difpofition du Chap. 16 de la Seff. 24 du Concile de Trente, confirmée par les Déclarations des 26 Janvier & 22 Mai 1681 qui prononcent la Peine de Nullité contre les Sentences & Jugemens rendus par des Officiaux qui ne feroient point revêtus des ces Qualités ; 4°. il ne peut être pris parmi les Réguliers. *V*. FEVRET, Tr. de l'Abus, Liv. 4, Ch. 3, Article 6; 5°. enfin aux termes de la Déclaration du mois d'Août 1700, que nous avons cité plus haut, » les Evêques font tenus de » pourvoir gratuitement fuivant les Régles de l'Eglife, des Per- » fonnes capables par leur probité & par leur Doctrine, d'exer- » cer les Fonctions d'Officiaux, Vice-gérens, même de ceux » qu'on appelle Forains, en leur Officialité «.

2°. Les Qualités de l'Official, relativement à la *Jurifdiction Criminelle*, font ; 1°. qu'il doit être l'Official du Diocèfe dans lequel le Délit a été commis, fuivant la Maxime établie par le Droit Canonique, notamment par le Chap. *Poftulafti* EXTR. *de Foro compétente*, mais principalement par l'Art. 1er du Tit. 1er de l'Ordonnance de 1670, & par la Difpofition de l'Edit de 1678 ; que nous aurons lieu de rappeller fous le Titre de L'INSTRUCTION; 2°. Cependant fi l'Official du lieu du Délit négligeoit de punir le Clerc Délinquant, l'Official du lieu où il réfide pourroit le punir, par la raifon que les Fonctions du Miniftere faites par l'Eccléfiaftique chargé de Crime, font autant de Profanations qui contiennent un renouvellement du Crime commis dans le Lieu même où chaque Fonction eft faite, c'eft la Remarque de L'AUTEUR de la *maniere de pourfuivre les Crimes*, Tom. 1., Ch. 13, p. 103.

Il faut néanmoins excepter à cet égard, le Privilège particu-

lier qu'a M. l'Archevêque de Paris , & qui lui a été confirmé par
plufieurs Arrêts , de juger les Eccléfiaftiques Délinquans qui
font pris à Paris , fans être tenu de les renvoyer à leurs Evêques… Ces Arrêts font rapportés par BRILLON , *verbo* Clercs , n.
25 , d'après *Joan. Gall.* Qu. 276 , & *Papon* , Liv. 7 , Tit. 7 ,
n. 11.

A l'égard DES CONDITIONS néceffaires , pour que les
Officiaux puiffent exercer leur Jurifdiction , elles confiftent ; 1°.
en ce qu'ils doivent , comme tous les autres Juges , avoir un
Auditoire , ou Lieu Public deftiné à l'Inftruction & au Jugement
des Affaires qui fe traitent devant lui. Ce Lieu s'appelle PRÉTOIRE
ou OFFICIALITÉ , & il eft tellement effentiel à l'exercice
de cette Jurifdiction , que , comme nous le verrons ci-après en
parlant des Peines qu'il peut prononcer , c'eft le feul Territoire où l'Eglife ait le droit de faire exécuter ce Jugement. Auffi ,
doit-il être établi dans le Palais Epifcopal , ou *Pourpris* d'icelui.
V. Tr. de l'Abus , Liv. 7 , Ch. 3.

2°. Que ce Tribunal doit être compofé d'un certain nombre
d'*Officiers* néceffaire pour affurer la validité & l'exécution des Jugemens qui s'y rendent. Ces Officiers font le PROMOTEUR ,
le GREFFIER , L'APPARITEUR , ou Huiffier. Il y a auffi des
PROCUREURS qui font deftinés fpécialement à poftuler dans ce
Siége , mais qui néanmoins n'y font pas tellement attachés , qu'ils
ne puiffent poftuler auffi dans d'autres Tribunaux.

Les PROMOTEURS font ainfi appellés à *Promovendo* , parce qu'ils font tenus de pourfuivre les Jugemens , & qu'ils font
dans les Tribunaux Eccléfiaftiques les mêmes Fonctions que
les Procureurs du Roi dans les Bailliages. On eft dans l'ufage ,
fur-tout dans les grands Diocèfes , de leur donner des VICE-
PROMOTEURS , pour les remplacer dans les Cas d'Abfence ,
Récufation , ou autre empêchement légitime. Suivant le Concile
de TOURS ci-devant cité , le Promoteur doit être Prêtre ,
ou du moins dans les Ordres Sacrés ; & s'il s'en trouve qui
n'ayent pas un Ordre , ils doivent être deftitués , à moins qu'ils
ne fe faffent inftituer dans l'année. Suivant le Chapitre 42 du
Concile de NARBONNE , auffi rapporté ci-devant , les Promoteurs font tenus de faire preffer les Jugemens des Prêtres-
vicieux. Ils doivent même , aux termes de l'Art. 28 de l'Ordonnance de 1629 , les pourfuivre jufqu'au Jugement , encore qu'ils

n'y ait aucune Partie Civile, ni Plaignante. Au reste, ils doivent être institués gratuitement comme les Officiaux. *V.* Can. *Salvator* 1, Qu. 3, & peuvent aussi être destitués à volonté comme eux, suivant la Déclaration du 17 Août 1700, que nous avons citée plus haut.

Greffier de l'Officialité. Ses fonctions,

Le GREFFIER de l'Officialité ne doit point être marié, suivant le Concile de Rouen en 1582, Ch. 11. Il ne peut non plus être Procureur, ni Notaire dans le même Siége, suivant un Arrêt de la Cour du 29 Novembre 1568, rapporté par *Horry.* Il doit au surplus, remplir les mêmes Fonctions que les Greffiers des Tribunaux Laïcs, & avoir comme eux des Regîtres, le tout conformément aux Dispositions de l'Ordonnance de 1670, Tit. 13. *V.* au surplus ce qui sera dit ci-après, sous le Titre de l'INSTRUCTION.

Apparîteur. Ce que c'est.

L'APPARITEUR, ou Huissier de l'Officialité est tenu de remplir, dans ses Fonctions, toutes les Formalités qui sont prescrites par l'Ordonnance aux Huissiers des Tribunaux Laïcs, & notamment en ce qui concerne l'Exécution des Décrets : ce qui s'entend dans l'Enceinte de l'Officialité, car ils ne peuvent le faire dehors sans la permission du Juge Royal, comme nous le verrons sous le Tit 3, Ch. 1er.

3°. Par une suite de la Jurisdiction Criminelle qu'exercent les Officiaux, ils doivent avoir une PRISON, & un Concierge, ou GEOLIER qui aye les Capacités & remplisse les mêmes devoirs qui sont prescrits par le Titre 13 de l'Ordonn. de 1670 ; & cela avec d'autant plus de raison, que, comme nous le verrons sous le Titre des JUGEMENS, la Prison est réputée une Peine dans les Tribunaux Ecclésiastiques.

4°. Enfin pour l'exercice de cette Jurisdiction, les Officiaux sont astreints par les Ordonnances, & notamment par l'Art. 1er du Titre 1er de l'Ordonnance de 1667, d'observer les mêmes Formalités que celles prescrites par les Tribunaux Laïcs ; & conséquemment, ils sont tenus de rédiger les Actes de Procédures en Langue Françoise, à la réserve seulement de ceux qui doivent être envoyés à Rome, qu'il leur est permis par l'Art. 279 de l'Ordonnance de 1629, de faire *expédier en Latin, comme de coutume.*

Ce seroit ici le lieu de traiter des Moyens D'INCOMPÉTENCE, de RÉCUSATION & de PRISE A PARTIE, qui peuvent être proposés contre les Officiaux. Mais, comme ces Moyens sont les mêmes que ceux qui s'employent contre les Juges Séculiers, à la réserve de ceux qui résultent naturellement des Principes que nous venons d'établir, il nous suffira de renvoyer à ce que nous avons dit sur tous ces Points, soit dans nos Instĭtutes Criminelles, soit dans la premiere Partie de ce Volume, & spécialement sous les Titres de la Compétence & du Monitoire. Nous ajouterons seulement, quant à la PRISE A PARTIE, une Disposition particuliere de l'Edit de 1695, qui la concerne, c'est celle de l'Art. 43, qui porte, » les Archevêques, » Evêques, ou leur Grands Vicaires, ne pourront être pris à » partie pour les Ordonnances qu'ils auront rendues dans les » Matieres qui dépendent de la Jurisdiction Volontaire ; & à » l'égard des Ordonnances & Jugemens que lesdits Prélats ou » leurs Officiaux auront rendus, & que leurs Promoteurs auront rendus dans la Jurisdiction Contentieuse, ils ne pourront » pareillement être pris à partie, ni intimés en leur propre & » privé nom, si ce n'est en Cas de Calomnie apparente, & » lorsqu'il n'y aura aucune Partie capable de répondre des dépens, dommages & intérêts, qui ait requis ou qui soutienne » leurs Ordonnances, & ne seront tenus de défendre à l'Intimé, » qu'après que nos Cours l'auront ainsi ordonné en connoissance » de Cause «.

Prise à Partie du Juge d'Eglise. Quand peut avoir lieu.

CHAPITRE II.

Sur quelles Personnes la Jurisdiction Ecclésiastique peut-elle s'exercer ?

NOUS avons vû, par la Disposition des Loix rapportées sous le Titre précédent, qu'il falloit distinguer la Jurisdiction Ecclésiastique en Spirituelle & Temporelle ; qu'à l'égard de la premiere, elle pouvoit s'exercer par les Juges d'Eglise contre toutes sortes de Personnes, même les purs Laïcs ; mais que quant à la Jurisdiction Temporelle, ils ne pouvoient l'exercer que contre les *Clercs* seulement, & même qu'il y avoit de certains Cas où ceux-ci étoient sujets, comme les Laïcs, à la Jurisdiction Séculiere. Cette distinction est principalement fondée sur la Disposition des Art. 1er & 4 de l'Ordonnance de François 1er en

Jurisdiction Spirituelle, son Etendue.

1539 , dont le premier porte , *Avons défendu & défendons à tous nos Sujets de ne faire citer ni convenir les Laïcs pardevant les Juges d'Eglise, ès Actions pures Personnelles, sur Peine de perte de Cause & d'Amende arbitraire ....* le second ajoute , *sans préjudice toutefois de la Jurisdiction Ecclésiastique ès Matieres de Sacremens & autres pures Spirituelles, Ecclésiastiques , dont ils pourront connoître contre lesdits purs Laïcs selon la forme de droit, & aussi sans préjudice de la Jurisdiction Temporelle & Séculiere contre les Clercs mariés & non mariés , faisans & exerçans Etats ou Négociation , pour raison desquels ils sont tenus & accoutumés de répondre en Cour Séculiere , où ils seroient contraints de ce faire , tant ès Matieres Civiles que Criminelles , ainsi qu'ils ont fait ci-devant.*

Ainsi , d'après les Dispositions de cette Loi, qui, comme nous l'avons observé , a servi de base à toutes celles qui l'ont suivi , & notamment à l'Article 34 de l'Edit de 1695 , que nous avons rapporté sous le Titre précédent, l'on voit donc, que hors les Cas où il s'agit de Sacremens & autres Matieres purement Spirituel-les pour lesquelles les Laïcs sont, comme les Clercs, sujets à la Jurisdiction de l'Eglise , cette Jurisdiction ne peut s'exercer que sur les seuls Clercs : ensorte que dès-lors la simple Qualité de *Clerc* est devenue un Titre suffisant pour les soustraire à la Ju-risdiction Séculiere dont ils devroient naturellement dépendre en Qualité de Sujets du Roi.

C'est aussi pour cela, que ce Droit qu'ils ont d'être jugés par les Juges d'Eglise , dont on sçait que les Peines sont moins rigoureuses que celles des Tribunaux Séculiers, a été appellé PRIVILÉGE CLÉRICAL ; Privilége dont l'Objet particulier a été de ne point les distraire des Fonctions des Autels & de conserver le respect dû à la Sainteté de leur Etat. Aussi, ne consiste-t-il pas seulement, comme nous verrons dans la suite , à donner aux Ecclésiastiques le droit d'être renvoyés pardevant le Juge d'Eglise, lorsqu'ils sont traduits pardevant les Juges Séculiers , mais encore à les faire jouir de plusieurs autres avantages que nous avons remarqués sous le Tit. 1er de l'Ordonnance de 1670 , notamment de ceux de pouvoir être jugés sur l'Appel en la Grand-Chambre des Parlemens , & d'être Exempts de la Jurisdiction Prévôtale.

Au reste, comme ce Privilége a été accordé à l'Ordre Clé-rical, l'on ne peut y renoncer suivant les Canons qui ont été

adoptés

adoptés fur ce Point par la Jurifprudence des Arrêts : tellement que le Clerc qui auroit été condamné par le Juge Laïc,
fans avoir demandé fon renvoi, & fans qu’il ait apparu de fa Qualité, peut le demander & doit l’obtenir du Juge d’Appel, à
la charge du Cas Privilégié : c’eft ainfi qu’il a été jugé par un
Arrêt du Parlement de Paris du 3 Septembre 1609, rapporté
aux Mémoires du Clergé, d’après CHENU, Cent 2, Qu. 13.

L’on oppofe à la vérité les Difpofitions de l’Edit de 1678
& de la Déclaration de 1684, qui paroiffent fuppofer qu’il y
ait un Renvoi demandé pardevant le Juge d’Eglife, foit par
l’Accufé, foit par le Promoteur. Mais ne pourroit-on pas répondre à cela, que ces Loix n’ont fait que confirmer l’Art. 22
de l’Edit de Melun, qui porte formellement & fans aucune
reftriction, que les Procès Criminels des Eccléfiaftiques pour le
Cas Privilégié, feront inftruits conjointement par les Officiaux
& par les Juges Royaux, fans parler de Révendication ni de
Demande en renvoi pour le Délit commun ; & qu’en un mot,
ce n’eft point fur de fimples Argumens qu’on doit fe fonder
pour la réfolution d’un Cas auffi important que celui où il s’a-
git de fixer le fort d’un Privilége qui eft de droit public &
auquel on ne peut renoncer ; mais qu’il faut pour en dépouiller, des Difpofitions expreffes & précifes.

Quoi qu’il en foit, indépendamment du Privilége Clérical dont
on vient de parler, il y a encore un Privilége particulier qu’ont
certains Eccléfiaftiques, d’être affranchis de la Jurifdiction de
l’Evêque Diocéfain, pour n’être foumis directement qu’à celle
du Pape, ou autres Supérieurs Eccléfiaftiques. Tels font certains
Chapitres, Colléges, Monafteres & Communautés Religieufes
qui ont été déclarées exemptes de la Jurifdiction Ordinaire par
des Refcrits & Bulles particulieres de la Cour de Rome.

Ainfi, en confidérant les Clercs fous l’un & l’autre de ces
Points de vûe, nous avons deux chofes à examiner dans ce
Chapitre ; en *premier* lieu, quels font les Clercs qui doivent
jouir du Privilége d’être jugés par les Juges d’Eglife en général ? & en *fecond* lieu, quels font les Clercs exempts de la Jurifdiction Épifcopale ?

§. P R E M I E R.

Qui font ceux qui peuvent jouir du Privilége Clérical ?

NOUS avons diftingué, fur le Chapitre précédent, le Clergé en Séculier & en Régulier. Nous avons compris dans le CLERGÉ SÉCULIER, non-feulement Ceux qui font dans les Ordres Sacrés tels que le Soufdiaconat , le Diaconat & la Prêtrife , mais encore Ceux qui n'ont que les Ordres Mineurs & même la fimple Tonfure.

Quant au CLERGÉ RÉGULIER, dont il nous refte à parler ici, nous le diviferons, d'après LOYSEAU, en cinq Claffes différentes ; 1°. les Religieux & Religieufes ; 2°. les Hermites ; 3°. les Chanoines Réguliers ; 4°. les Mendians ; 5°. enfin les Freres Chevaliers.

Les RELIGIEUX font ceux qui ont une certaine Régle de vivre en Communauté. Ce fut Saint Bafile qui, le premier, les obligea aux trois Vœux d'Obéiffance, de Chafteté & de Pauvreté. Anciennement, ces Religieux n'étoient point promus aux Ordres Eccléfiaftiques, & ils en étoient même formellement exclus ; de maniere qu'y étant promus, il falloit qu'ils quittent le Monaftere. *V*. le Can. *Nemo* 17, *Queft.* 1.

Les HERMITES font les plus anciens Solitaires, ils n'ont jamais été aftreints aux trois Vœux ; & ils quittent quand ils veulent.

Les CHANOINES RÉGULIERS font ceux qui font demeurés aftreints à leur ancienne Régle de Vie , laquelle étoit mêlée de Cléricature & de la pure Vie Monaftique, en ce qu'ils gardoient la Clôture, & faifoient les trois Vœux ; & en outre ils adminiftroient les Sacremens.

Les MENDIANS font ceux qui, outre le Vœu de Pauvreté lequel ne lie les Religieux qu'en particulier, fans empêcher qu'en Commun ils ne puiffent tenir tant de Poffeffions qu'ils en trouvent, font encore le Vœu de Mendier, & de ne vivre que d'Aumônes, c'eft-à-dire, qu'ils voüent la Pauvreté, tant en particulier qu'en commun, leur Ordre étant incapable de poffédér aucun immeuble.

Enfin, les FRERES CHEVALIERS, foit de S. Jean de Jérufalem, que nous appellons *Hofpitaliers* ou *Chevaliers de Mal-*

te, foit Chevaliers *Teutons*, Chevaliers *de Saint Lazare*, ou autres femblables, fuivant leur Origine, font en même-tems & *Moines* en ce qu'ils font aftreints aux trois Vœux & qu'ils ne peuvent fuccéder, & *Chevaliers*, en ce qu'ils font Profeffion de faire la Guerre pour la Défenfe de la Religion Chrétienne.

Ces différens Ordres ainfi diftingués, il ne refte plus qu'à déterminer préfentement Ceux d'entr'eux, qui peuvent ou ne peuvent pas jouir du Privilége Clérical, fuivant les Loix du Royaume.

1°. Quant au CLERGÉ SÉCULIER, l'on voit, que dès les premiers tems, Ceux qui le compofoient, jouiffoient indiftinctement du Privilége Clérical, ne fuffent-ils que fimplement tonfurés. Ce fut même un des principaux fujets de Plainte qui excita le zèle de Pierre DE CUGNIERES, dans le fameux Plaidoyer qu'il fit en préfence de PHILIPPE DE VALOIS, contre BERTRANDY Evêque d'Autun, où il obferva, que ceux qui vouloient commettre de grands Crimes, prenoient la Précaution de fe munir auparavant de la Tonfure ou des Ordres Mineurs, afin de fe fouftraire à la Jurifdiction Laïque, & fe ménager par-là l'Impunité ; après quoi, ils ne manquoient pas de quitter l'Habit Eccléfiaftique pour fe marier, & fuivre la Profeffion des Armes.

Ce qu'il y a de certain, c'eft que les Abus fréquens qu'on a fait de ce Privilége, ont forcé en différens tems nos Souverains de les réprimer, comme il paroît par les Difpofitions des Loix fuivantes.

Par l'Article 4 de l'Ordonnance de 1539, que nous avons rapporté ci-devant, il eft dit, *fans préjudice de la Jurifdiction Temporelle & Séculiere contre les Clercs mariés & non mariés ; faifans & exerçans Etat ou Négociation, pour raifon defquelles ils font tenus, & ont accoutumé de répondre en Cour Séculiere.* L'Article 20 de l'Ordonnance de Rouffillon porte, *que nul ne pourra jouir du Privilége de Cléricature, ni requérir Renvoi pardevant l'Official, s'il n'eft pour le moins Soufdiacre.* L'Art. 40 de l'Ordonnance de Moulins ajoute, *les Clercs actuellement réfidens & fervans aux Offices & Bénéfices qu'ils tiennent en l'Eglife.* La Déclaration du 10 Juillet 1566, en interprétation de cet Article 40 de l'Ordonnance de Moulins, comprend auffi *les Ecoliers actuellement étudians fans fraude, & autres Clercs-Bé-*

néficiers. L'Article 14 de l'Edit de 1571, porte, *que ceux qui servent actuellement à l'Eglise, jouiront du Privilége de Cléricature & Tonsure.* Enfin, l'Art. 38 de l'Edit de 1695, commence par ces mots : *Les Procès Criminels, qu'il sera nécessaire de faire à tous Prêtres, Diacres, Soufdiacres ou Clercs vivans cléricalement, résidens & servans aux Offices, ou aux Ministéres & Bénéfices qu'ils tiennent en l'Eglise.*

Or, en partant des termes de cette derniere Loi, qui a réuni sur ce Point toutes les Dispositions des précédentes ; de ce qu'il faut nécessairement, pour pouvoir jouir du Privilége Clérical, être dans les Ordres Sacrés, tels que la Prêtrise, le Diaconat & le Soufdiaconat ; ou du moins, lorsqu'on n'a que la simple Tonsure ou les Ordres Mineurs, vivre cléricalement, résider & servir aux Offices ou au Ministere & Bénéfices que l'on tient dans l'Eglise, il en faut conclure, 1°. que les simples Clercs qui sont sans Bénéfice, ne peuvent jouir du Privilége Clérical. En quoi cet Edit paroît ajouter à l'Ordonnance de 1539, qui n'excluoit les simples Clercs, que lorsqu'ils étoient mariés, ou que, sans être mariés, ils exerçoient des Etats pour lesquels ils devoient répondre en Justice Séculiere. 2°. Que les Clercs même, qui ont des Bénéfices, & qui n'y résident point, & ne servent point aux Offices ou Ministère & Bénéfices qu'ils tiennent, ne peuvent pareillement jouir de ce Privilége : par conséquent, les Clercs-Ecoliers qui ne peuvent satisfaire à aucune de ces Conditions, ne peuvent reclamer ce même Privilége, à moins qu'ils n'en ayent été dispensés expressément pour Cause d'Etude. C'est l'Exception qu'on trouve marquée dans un Article de l'Ordonnance de 1670, qui a été supprimé lors du Procès-verbal de Conférence, c'étoit l'Art. 20 du Tit 1er. 3°. Qu'enfin ceux même qui ayant les Ordres Sacrés, ou qui étant résidens actuellement à leurs Bénéfices, & servans aux Offices ou au Ministère & Bénéfices qu'ils tiennent en l'Eglise, ne vivroient point *cléricalement* & d'une maniere convenable à leur Etat, ne pourroient encore reclamer ce Privilége. Ainsi, les Clercs qui seroient mariés, ou qui, sans être mariés, feroient & exerceroient quelqu'Etat pour lesquels ils seroient tenus de répondre en Justice Séculiere, tels que des Marchands, Artisans, Soldats, Cabaretiers, Batteleurs, ou même, qui seroient trouvés en Habit Laïc, dans le tems qu'ils commettroient le Délit, ne pourroient demander leur Renvoi par-devant le Juge d'Eglise, sur le fondement de ce Privilége. *V.*

l'Article 4 de l'Ordonnance de François Ier en 1539, & l'Art. de l'Ordonnance de 1670, dont nous venons de parler, qui ont confirmé fur ce Point la Difpofition du Droit Canonique, notamment du Chapitre *ex Parte Extr. de Privil.* & du Ch. 1, *de Vita. & Honeft. Cleric. in* 60, & du Ch. *in Audientia* 25 *de Sent. Excommun.*

Par une fuite du même Principe, les Clercs qui exercent des Offices dans les Tribunaux Séculiers, deviennent par-là jufticiables du Juge Laïc. C'eft aufli la Difpofition de l'Art. 38 des Libertés de l'Eglife Gallicane. A plus forte raifon, s'ils étoient pourfuivis pour un Crime qu'ils auroient commis, avant que d'avoir embraflé l'Etat Eccléfiaftique. *V.* CAROND. Liv. 7, *Rep. Cap.* 7, PAPON, Tit. 7 des Jurifd. Liv. 7, n. 31.

2°. A l'égard du CLERGÉ RÉGULIER, quoiqu'il n'en foit fait aucune Mention expreffe dans les Loix que nous venons de rapporter, il eft certain néanmoins que, comme par leur Etat, ceux qui le compofent, fe trouvent réunir les Conditions prefcrites par ces mêmes Loix, en ce qu'ils fervent à l'Eglife, & qu'ils font attachés, par une perpétuelle Réfidence, aux Offices & Miniftère qu'ils y exercent, on ne peut leur contefter la Participation au Privilége Clérical, lorfqu'ils ne s'en font point d'ailleurs rendus indignes de quelqu'une des manieres que nous venons de remarquer ; c'eft-à-dire, qu'ils doivent, comme les Clercs Séculiers, être jugés par les Evêques, ou par leurs Supérieurs dans les Cas où ils font exempts de la Jurifdiction de l'Evêque.

Il y a feulement eu quelque Difficulté par rapport à Ceux qui par leur Etat ne font fufceptibles d'aucun Ordre, tels que les *Religieufes* & les *Freres de la Charité :* mais cette Difficulté a été levée par l'Art. 8 de l'Edit de Décembre 1606, qui appelle indiftinctement à ce Privilége, tous ceux qui ont fait des Vœux conformément à la Loi 32, au Code *de Epifcopis & Cleric.* & à la Novelle 79 AUTHENT. *quod oportet.*

Mais la Queftion paroît plus problématique, à l'égard des *Hermites* & des *Chevaliers des Ordres Hofpitaliers* qui ne font aucun Vœu Solemnel. Cependant, comme d'un autre côté ceux-ci vivent fous la Foi d'une Régle & des Statuts qui font approuvés par l'Evêque, qu'ils font fujets à fa Vifite, & que leurs Fonctions font deftinées au bien particulier de l'Eglife ; il paroît que, tant qu'ils demeurent attachés à leur Etat, ils doivent jouir du Privilége de Cléricature, comme en étant une Récompenfe; & avec d'autant plus de raifon, que l'Edit de Décembre 1606, que nous venons de citer, y appelle également tous ceux qui ont fait des Vœux, fans diftinguer les Vœux Simples de ceux qui font Solemnels; & que d'ailleurs aux termes de l'Art. 14 de l'Edit de 1571, *ceux qui fervent actuellement à l'Eglife, doivent jouir du Privilége de Cléricature & de Tonfure &c.*

Auffi voit-on dans le Recueil de DESCOMBES, plufieurs Jugemens rendus dans l'Officialité, contre des *Hermites.* On y trouve auffi deux Arrêts de la Cour, qui ont jugé que c'étoit à l'Archevêque de Paris, & non aux Supérieurs de l'Ordre, de connoitre des Délits communs, contre les *Chevaliers de S. Jean de Jérufalem.* Ces Arrêts font des 26 Août 1606 & 6 Septembre 1694. Il eft fait mention dans le premier, de deux Bulles; l'une de Pie V; l'autre de Grégoire XIII, qui déclarent ceux qui deffervent les Cures dépendantes de cet Ordre, & généralement toutes Perfonnes employées au fervice dudit Ordre, fujettes à la Jurifdiction, Vifite & Correction de l'Evêque Diocéfain.

§. I I.

Quels font les Eccléfiaftiques exempts de la Jurifdiction ordinaire des Evêques ?

LES Auteurs diftinguent deux fortes d'Exemptions Eccléfiaftiques, l'une qu'ils appellent *Temporelle*, parce qu'elle eft émanée de l'Autorité du Prince, telle que celle qu'ont les Clercs & Religieux de ne pouvoir être emprifonnés pour Dettes Civiles, & de ne pouvoir être jugés en certains Cas, que par le Juge d'Eglife.

L'autre *Spirituelle*, qu'ils appellent ainfi, parce qu'elle eft donnée par l'Eglife. Celle-ci confifte principalement à n'être pas foumis à la Jurifdiction de l'Ordinaire, c'eft-à-dire, du Supérieur à qui de droit commun l'on devroit être foumis. Telle eft l'Exemption de la plûpart des *Monafteres*, & de certains *Chapitres* des Eglifes Cathédrales ou Collégiales. Telle eft encore celle de certains *Colléges, Univerfités, Hôpitaux*, & autres Endroits Pieux qui ont des Juges Confervateurs de leurs Priviléges. Telle eft enfin, celle des EVESQUES eux-mêmes lorfqu'ils

font accufés & jugés en Matiere Criminelle. Nous allons reprendre toutes ces différentes Exemptions, pour y appliquer les
Modifications particulieres, fous lefquelles elles doivent s'entendre parmi nous.

1°. Quant aux MONASTERES, Perfonne n'ignore que leur
Exemption eft prefqu'auffi ancienne que leur Inftitution ; elle
fe pratiquoit d'abord avec une telle étendue, que pour réprimer les Abus qui en étoient réfultés, le Concile de TRENTE
a cru devoir foumettre généralement tous les Monafteres exempts
à la Vifite des Ordinaires des Lieux ; c'eft la Difpofition du
Ch. 8 de la Seff. 7 de Réform. qui a été adoptée par l'Art.
18 de l'Edit de 1695, en ces termes, » les Evêques qui, en
» procédant à la Vifite des Monafteres exempts, y trouveront
» quelque défordre touchant la Célébration du Service Divin,
» le défaut de nombre des Religieux néceffaire pour s'en acquit-
» ter, la Difcipline Réguliere, l'Adminiftration des Sacremens,
» la Clôture des Monafteres de Femmes, & l'Adminiftration
» des Biens & Revenus Temporels ; ordonneront à leurs Su-
» périeurs Réguliers d'y pourvoir dans *trois mois*, même dans
» un moindre délai s'ils jugent abfolument néceffaire d'y appor-
» ter un reméde plus prompt «.

Par la Déclaration du 29 Mars 1696, donnée en interprétation de ce même Article 18 de l'Edit de 1695, ce délai de
trois mois a été prorogé à *fix mois* » fi ce n'eft, *eft-il dit*, que
» le fcandale foit fi grand & le mal fi preffant, qu'il y ait un
» befoin indifpenfable d'y apporter un reméde plus prompt, au-
» quel Cas les Archevêques & Evêques pourront obliger les
» Supérieurs Réguliers d'y pourvoir plus promptement ; ... &
» même faute par les Supérieurs d'y donner ordre dans le tems
» prefcrit, ils y pourvoiront eux-mêmes, ainfi qu'ils l'eftime-
» ront néceffaire fuivant les Régles & Inftitutes de chacun def-
» dits Monafteres «.

Comme cette Déclaration parle feulement du Cas où les
Archevêques ou Evêques auront eu *avis* du défordre, &
qu'ils en auront connu autrement que par la Vifite, il paroît
qu'on pourroit inférer de-là, que les Evêques n'ont pas le droit
de vifiter uniquement dans la vûe de connoître s'il y a des défordres. mais il en faut conclure auffi, que fi les Supérieurs Réguliers, après qu'ils auront été avertis par les Archevêques &

Evêques ne faisoient pas leur devoir dans le tems preferit , ces Prélats feroient alors autorifés à fuppléer à leur défaut ; & comme la Vifite peut être néceffaire à cet effet , il eft fans doute, que cette Déclaration la permettroit dans ce dernier Cas, en conformité de la Difpofition du Chap. 8 de la Seff. 21 du Concile de Trente , qui veut que les Monafteres donnés en Commende , où la Régle eft obfervée , ne foient pas foumis à la Vifite de l'Evêque , fi ce n'eft qu'il y arrive quelque défordre, auquel Cas l'Evêque ayant averti les Supérieurs Réguliers d'y remédier , & ceux-ci n'y ayant pas remédié dans fix mois , il a droit de les vifiter; mais que fi, dans les Monafteres donnés en Commende , l'Obfervance Réguliere n'eft pas en vigueur, ils foient alors foumis à la Vifite de l'Evêque.

Il faut néanmoins excepter , fuivant le Chap. 20 de la Seff. 25 de ce même Concile , les Monafteres de cette derniere efpéce qui dépendent des Monafteres *Chefs d'Ordre* , foit médiatement, foit immédiatement. L'art. 18 de l'Edit de 1695 n'admet cette Exception qu'en faveur de ceux de ces Monafteres où les Chefs d'Ordre font leur réfidence ordinaire. Mais la Déclaration de 1696 y comprend en général tous les Monafteres dont les Supérieurs ont Jurifdiction légitime fur d'autres du même Ordre ; » voulons pareillement , *ce font les termes de cette Dé-* » *claration* , que les Monafteres où demeurent des Supérieurs » Réguliers qui ont une Jurifdiction légitime fur d'autres Mo- » nafteres & Prieurés defdits Ordres foient exempts de la Vi- » fite defdits Archevêques & Evêques , ainfi que les Abbés » & Abbeffes qui font Chefs & Généraux defdits Ordres ..... Au furplus, cette Déclaration veut que l'Art. 18 de l'Edit de 1695 foit exécuté, *fans préjudice*, eft-il dit, *des Droits, Priviléges & Exemptions des Monafteres & de ceux qui font fous des Congrégations , &c.*

Ainfi, d'après ces Loix, on peut regarder comme une Maxime conftante parmi nous , que les Lieux qui font foumis à la Jurifdiction de l'Evêque , doivent être foumis à fa Vifite. Or comme les Monafteres même exempts, font foumis à la Jurifdiction de l'Evêque dans plufieurs Cas , il faut par une conféquence néceffaire qu'ils foient auffi foumis à fa Vifite , à raifon de ces mêmes Cas.

Les Cas où les Réguliers quoiqu'exempts , font fujets à la Jurifdiction de l'Evêque , font ; 1°. lorfqu'il s'agit de défordres

commis

commis dans l'intérieur des Cloîtres & auxquels les Supérieurs Réguliers *négligent* de remédier dans le tems prescrit par la Déclaration de 1695 , après qu'ils en ont été avertis de la part de l'Evêque. 2°. En fait de Crimes commis hors *du Cloître.* L'Auteur de la *maniere de pourfuivre les Crimes,* Ch. 13 , p. 96, rapporte un Arrêt du 14 Juillet 1703 , par lequel il a été jugé qu'une Procédure faite en l'Officialité de Paris contre un *Carme* , pour un fcandale par lui commis hors de fon Cloître , n'étoit point abufive , parce que les Religieux ni les Chapitres n'ont pas , *dit-il* , une vraie Jurifdiction Criminelle , mais une fimple Cenfure , Correction ou Difcipline. 3°. Lorfque les Religieux font *Curés* & qu'ils commettent quelques Fautes qui regardent les Fonctions Curiales. *V.* Conc. de Trente , Ch. 15 , Seff. 23 , & Ch. 11 , Seff. 25 *de Regularib.* 4°. lorfqu'en général, ils commettent des fautes en *adminiflrant les Sacremens* aux Séculiers , ou dans la *Prédication* en Public , comme s'ils font quelqu'Exercice public des Ordres Sacrés pendant la fufpenfe par eux encourue ..... s'ils célébrent des Mariages fans permiffion légitime ..... s'ils abfolvent des Cas réfervés fans en avoir la faculté ... s'ils confeffent fans avoir été approuvés dans le Diocèfe ; ... s'ils prêchent fans permiffion ; ... s'ils fe font ordonner par des Evêques *in partibus* , hors des Cas permis , ou par d'autres dans les Cas défendus par les Réglemens du Clergé ; ... ou enfin s'ils célébrent la Meffe dans un Lieu interdit. Dans tous ces Cas & autres femblables, qui concernent purement le Miniftere Eccléfiaftique que les Religieux tiennent de l'Evêque , il eft certain qu'ils font foumis à fa Jurifdiction , fans qu'ils puiffent s'en défendre , fous prétexte de leur Exemption. C'eft auffi la Difpofition du Concile de Trente dans la Seff. 3 , Ch. 14 *de Reform.* & dans la Seff. 23 , Ch. 12 , *ibid* ; & enfin dans la Seff. 25 , Ch. 14 , *ibid. V.* encore le Réglement des Réguliers, Art. 31 , n. 16.

2°. Pour ce qui concerne l'Exemption des CHAPITRES , l'on fçait qu'elle s'eft introduite de la même maniere que celle des Monafteres ; parce qu'anciennement les Chanoines vivoient comme les Religieux , qu'ils gardoient la Clôture & qu'ils étoient aftreints aux trois Vœux. C'eft la remarque de LOYSEAU, en fon Tr. des Ordres du Clergé , p. 27 , & de GIBERT dans fes Inftit. Eccl. p. 978. Ce dernier ajoute » qu'il eft fans difficul-

Exemptions des Chapitres.

» té que quelques Exemptions ont été obtenues par les Chapitres,
» fur ce qu'ils étoient Réguliers, & l'Evêque ordinairement Sécu-
» lier, & que par cette raifon il paroiffoit moins propre pour les
» gouverner, mais que la plûpart ont été Sécularifés.

Quoi qu'il en foit, il eft certain qu'il a fallu, même dans l'Origine, pour la validité de ces Exemptions, qu'elles ayent été fondées fur des Caufes de Néceffité ou d'Utilité évidente, qui tendif-
fent à rendre ces Chapitres moins expofés au relâchement. Les
Caufes les plus ordinaires qui y ont donné lieu, font, comme
l'on fçait, d'une part les *Exactions* que les Evêques exerçoient fur
leurs Chapitres, & de l'autre les *Schifmes* qui fe font élevés dans
l'Eglife, à l'occafion de l'Election des Papes. Ces fortes d'E-
xemptions font les moins favorables, parce qu'elles devoient
ceffer naturellement avec leurs Caufes, c'eft-à-dire, ou par la
Mort des Evêques Oppreffeurs, ou par l'Extinction du Schifme.
Ainfi, pour qu'elles puiffent fe foutenir aujourd'hui, il faut
qu'elles foient fondées fur des Titres authentiques, tels que
des Bulles de Cour de Rome dûement fulminées, avec les Parties intéreffées ou celles-ci dûement appellées; car elles ne
peuvent s'acquérir par la Prefcription, fuivant le Chap. 19, Extr.
de Præfcript. Il faut de plus, le concours de l'Autorité Royale,
fuivant l'Art. 71 de nos Libertés, qui porte que *nul Monaftere, Eglife, Collége ou autre Corps Eccléfiaftique, ne peut être
exempté de fon Ordinaire, pour fe dire dépendre immédiatement du
S. Siége, fans Licence & Permiffion du Roi.*

Au refte, ces Exemptions ne peuvent avoir d'effet, non plus
que celle des Monafteres, que par rapport à la Jurifdiction
Contentieufe des Evêques, & non quant à la *Volontaire*. Car
c'eft une Régle générale fuivant GIBERT, qu'on reçoit en ce
Royaume toutes les dérogations qu'a fait le Concile de Trente, relativement aux Exemptions concernant le foin des Ames,
particuliérement la Prédication, l'Adminiftration des Sacremens
réfervée aux Curés, Baptême, Confeffion, Communion Paf-
cale, Viatique, Extrême-Onction, Mariage, Approbation des
Confeffeurs non Curés, ni Pénitenciers en Titre, la Célébration de la Meffe, Vifite des Eglifes & autres Lieux deftinés
au Culte Divin, &c.

 3°. Quant aux Exemptions particulieres de certains COLLÉGES,
UNIVERSITÉS & HÔPITAUX, elles confiftent finguliére-

ment, fuivant le Droit Canonique (Ch. *ult. de Off. deleg.*) & le Concile de Trente (Ch. 5 , Seff. 14 , *de Reform.*) dans le Privilége d'avoir leurs Caufes commifes pardevant des Juges délégués par le Pape , & qu'on appelle pour cela *Confervateurs des Priviléges Apoftoliques.* L'Univerfité de Paris en a trois, qui font délégués par une Bulle du Pape Clement V , rapportée par CHOPIN, *de Polit. Ecclef.* Liv. 2 , Tit. 4 , n. 10 ; fçavoir, les Evêques de Beauvais, de Meaux , & de Senlis.

Par l'Ordonnance de LOUIS XII à Romorantin en Mai 1499 , le pouvoir des Juges Confervateurs des Priviléges Apoftoliques a été borné aux Cas y contenus ; fçavoir pour préferver les Ecoliers , des Violences , Injures & Oppreffions , *fans que ces Juges ,* eft-il dit , *puiffent entreprendre fur les autres Caufes Ecclefiaftiques appartenantes aux Ordinaires.* Mais par l'Ordonnance de FRANÇOIS 1er en 1515 , le pouvoir de ces mêmes Juges a été étendu à toutes Caufes d'Ecoliers fur Actions Perfonnelles. HOTMAN qui fait mention de cette Loi , dans fon Traité des *Libertés de l'Egl. Gall.* obferve que le Parlement y a ajouté une Modification, qui ne fe trouve point imprimée dans le Volume des Ordonnances.

4°. Enfin , par rapport aux Exemptions Perfonnelles des EVESQUES , lorfqu'ils font jugés en Matiere Criminelle ; il paroît que, fuivant le Concile de Trente (Seff. 3 , Ch. 6 & 7 , & Seff. 24 , Ch. 5 ,) les Accufations contre les Evêques doivent être portées directement à Rome. Mais ce Décret, fuivant COQUILLE , n'a point été reçu en France , où l'on tient pour Maxime que le Jugement des Evêques accufés appartient aux Métropolitains ou Primats affemblés en Synode avec les Evêques Comprovinciaux. » Nous avons, *dit cet Auteur ,* pour con-
» firmer cette Liberté de l'Eglife de France , les anciens Décrets
» épanchés en divers Lieux au Décret de Gratien , & en parti-
» culier l'exemple de Saffarace , Evêque de Paris , qui pour les
» Crimes par lui commis , fut retenu à perpétuité en un Mo-
» naftere par les Prélats de France affemblés en Concile à Pa-
» ris , fous l'Autorité du Roi Childebert, & d'Euphratus Arche-
» vêque de Cologne. « Enfin , après avoir cité d'autres Exemples & s'être appuyé fur les Décrets des anciens Conciles auxquels l'Eglife de France eft reftée attachée , cet Auteur *conclud* en ces termes , » auffi femble être raifonnable que ces anciens Dé-

» crets foient obfervés felon lefquels les accufations des Evêques
» ne doivent être facilement reçues, ni toutes fortes de Perfon-
» nes admifes à les accufer, comme il eft dit, *in Can. Accufa-*
» *tores* 3, Qu. 8. . . . . INNOCENT III, *in Cap. qualiter 2, extra de*
» *Accufat.* en rend une raifon affez pertinente, parce que les Evê-
» ques par devoir de leurs Charges étant tenus de blâmer & cor-
» riger les Délinquans, ne peuvent pas plaire à tous, & peu-
» vent encourir l'inimitié de plufieurs... Comme auffi eft très-rai-
» fonnable que le Roi ni fes Juges n'entreprennent de juger
» les Evêques ès Crimes Communs & Eccléfiaftiques, & qu'il
» en laiffe le Jugement aux Evêques de la Province affemblés
» en Synode. L'annotation qui eft en l'émendation Grégorienne
» fur le Canon *Omnib.* 2, Qu. 5, dit que Charlemagne ès Ca-
» pitulaires, Liv. 7, Cap. 281, émenda à l'Eglife l'Entreprife
» qu'il avoit faite de juger les Evêques ; à quoi fait le Canon
» *Epifcoporum*, qui eft de S. Grégoire 21, Qu. 5. . . . *V.* COQUIL.
» Traité des Libert. de l'Egl. de Fr. p. 107 & 167 «.

FLEURY dans fes *Inftit. Ecclef.* p. 362, attefte auffi la même
Maxime ; & il obferve à ce fujet, que durant les huit premiers
fiécles de l'Eglife, les Evêques étoient fouvent accufés & que
leurs Caufes étoient examinées par les Conciles Provinciaux,
qu'ils y étoient jugés, condamnés aux dépens s'il y avoit lieu, &
les Jugemens des Conciles étoient exécutés. . . . Qu'à la vérité,
l'on trouve dans les fauffes Décrétales comprifes dans le Recueil
d'Ifidore, une nouvelle Difpofition fur ce Point, qui a été adoptée par le Concile de Trente : mais qu'en FRANCE on s'en
tient à l'ancien Droit, fuivant lequel les Evêques ne devoient
être jugés que par les Evêques de la Province affemblés en Concile, y appellant ceux des Provinces voifines jufqu'au nombre
de douze, fauf l'Appel au Pape, fuivant le Canon 7 du Concile de *Sardique* tenu en 347 . . . . . Que le Pape étant le Chef
de l'Eglife de Droit Divin, avoit toujours été en droit de corriger les Evêques quand ils n'obfervoient pas la Difcipline ;
mais qu'il ne s'enfuivoit pas que le Saint Siége dût être regardé comme Tribunal ordinaire au-deffus de tous les Conciles
particuliers . . . . Que c'étoient des remédes extraordinaires contre des vexations où toute l'Eglife étoit intéreffée, comme en
la Caufe de S. Athanafe, de S. Jean Chrifoftome & de S. Fla-
vien de Conftantinople.

Effectivement, l'on trouve, dans les Mémoires du Clergé, des

Exemples récens , qui confirment la Maxime attestée par ces Auteurs, notamment celui de l'Evêque de Leon en Bretagne ; & celui du Cardinal de Rets , dont le Procès ayant d'abord été porté au-Parlement , en vertu d'une Commission du Grand Sceau, fut renvoyé, ensuite d'une Déclaration obtenue par le Clergé , le 26 Avril 1657, pardevant les Juges Ecclésiastiques , suivant les anciens Décrets. A la vérité cette Déclaration n'a point été enregistrée en la Cour.

CHAPITRE III.

Des Cas qui sont de la Compétence du Juge d'Eglise en Matiere Criminelle.

NOUS avons vû, d'après l'Art. 4 de l'Ordonnance de 1539 qui doit servir principalement de Régle en cette Matiere , que la Compétence des Juges d'Eglise avoit deux OBJETS principaux ; le premier , qui concerne les choses purement *Spirituelles* , comme en Matiere de Sacremens & de Doctrine ; l'autre , les *Actions Personnelles* des Clercs, tant en Matiere Civile que Criminelle. Il nous reste présentement à déterminer, Quels sont les Cas particuliers qui peuvent donner lieu aux Actions Personnelles des Clercs en Matiere Criminelle , l'on veut dire, les différentes espéces de *Délits*, que ces mêmes Clercs peuvent connoître.

Parmi ces DÉLITS , l'on en distingue d'abord de deux Espéces. Les *uns* qu'on appelle purement *Ecclésiastiques* , parce qu'ils sont commis à l'occasion des Fonctions Ecclésiastiques , & qu'ils sont tels de leur nature , qu'ils ne peuvent être commis par des Laïcs. Les *autres*, qui peuvent être commis par des Laïcs comme par des Ecclésiastiques : ceux-ci sont de deux sortes ; il y en a qui sont tellement légers de leur nature , qu'ils peuvent être suffisamment punis par des Peines Canoniques , quoiqu'ils puissent l'être aussi par les Loix du Royaume : ce sont ceux que nous appellons proprement *Délits communs*. Il y en a d'autres, qui à cause de leur atrocité, ne peuvent être suffisamment punis par les Peines Canoniques, & demandent une Punition

Exemplaire , comme troublans l'Ordre public ; & ce font ceux qu'on appelle *Délits Privilégiés.*

L'Origine de ce Mot *Privilégié ,* contre lequel fe recrient fi fort nos Auteurs François , vient , comme le remarque FLEURY dans fes *Inflit. Eccléfiaft.* de ce que dans les premiers tems le Privilége Clérical avoit paffé en Droit Commun , de maniere qu'on a regardé comme Privilége , la Reftriction qu'on y a apportée depuis , quoiqu'en effet elle fe rapportât au Droit Commun.

On pourroit auffi s'étonner , que dans la Divifion que nous venons de faire des différens Délits qui peuvent être commis par les Eccléfiaftiques , nous nous foyons écartés de celle que font la plûpart des Auteurs , en deux fortes de Délits feulement ; fçavoir *Délits Communs , Délits Privilégiés.* Pourquoi , dira-t-on fans doute , ajouter une troifiéme Claffe fous le nom de *Délits Eccléfiaftiques ,* puifque tous ceux qui ne font pas Délits Privilégiés, font cenfés Délits Communs ? Je pourrois d'abord répondre à cela que cette derniere Divifion n'eft point nouvelle , que non-feulement elle a été adoptée par plufieurs Auteurs tant anciens que modernes , notamment par PITHOU , dans l'Art. 33 des Libertés ; & qu'elle eft même fondée fur des Difpofitions expreffes du Droit , que nous aurons lieu de rappeller dans un moment. Mais fans être obligé de recourir à des Autorités ; la Raifon feule fuffit pour me juftifier entiérement à cet égard.

En effet, il faut convenir que la fimple Diftinction en Délits communs & privilégiés, eft infuffifante, s'il eft vrai qu'elle n'embraffe point généralement tous les différens Caracteres des Délits où les Clercs peuvent tomber. Or, il eft certain que, parmi les Délits que ceux-ci peuvent commettre, il y en a qui leur font tellement propres, qu'ils ne peuvent être commis que par des Perfonnes de leur Etat, comme, par exemple, la *Célébration de la Meffe au préjudice de l'Interdit* ... *l'Adminiftration du Sacrement de Pénitence, fans Approbation de l'Evêque &c.* tandis qu'il y en a d'autres qui peuvent être également commis par des Perfonnes de cet Etat, comme par des Laïcs; & qui néanmoins ne peuvent être réputés Privilégiés, en ce qu'ils ne troublent point directement l'Ordre Public, & qu'ils peuvent être fuffifamment punis par des Peines Canoniques, tels que les *Injures verbales, l'Ivrognerie &c.* Il falloit donc néceffairement ,

pour fixer les Idées d'une maniere nette & précife fur tous ces
Points, diftinguer, comme nous l'avons fait, les fimples Délits
communs, des Délits Eccléfiaftiques.

Mais, la Néceffité de cette Diftinction ne deviendra que plus
fenfible, par les Exemples que nous allons donner de tous ces
différens Délits, fous les trois Paragraphes fuivans, où nous mar-
querons en même-tems la Maniere dont la Compétence doit fe
régler à cet égard.

§. PREMIER.

*Des Délits purement Eccléfiaftiques, & des Juges qui en
doivent connoître.*

CES DÉLITS confiftent, comme nous venons de le dire,
dans les Contraventions que font les Clercs, aux Obligations particulieres qui leur font prefcrites par les Canons, les Décrets
des Souverains Pontifes, les Statuts Synodaux & autres Réglemens Eccléfiaftiques.

Nous les appellons *Délits Eccléfiaftiques*, parce qu'ils ne peuvent être commis que par des Perfonnes d'Eglife ; ou bien, parce
qu'ils font tellement propres aux Eccléfiaftiques, qu'ils cefferoient
d'être Délits, s'ils étoient commis par les Laïcs. Ainfi, par exemple, les Canons ayant défendu aux Clercs de *chaffer*....*de jouer*..
d'exercer la Chirurgie.....*de faire le Négoce*.... *de tenir des
Hôtelleries* .... *de faire les Proxenetes* .... *de faire les Fonctions
de Tuteurs* .... *d'aller aux Spectacles* .... *de faire le Métier de
Comédien & Batteleur*.... *d'habiter avec des Perfonnes du Sexe,
*...*de fe marier, lorfqu'ils font dans les Ordres* .... *de monter &
gouverner des Vaiffeaux de Guerre* .... *d'exercer le Tabellionage
*.... *d'être Officiers de Juftice des Princes & Seigneurs Séculiers
*.... *de fuivre les Ecoles de Droit & de Médecine, ayant des
Perfonats* .... *de faire les Fonctions d'Avocats ou Procureurs
contre les Eglifes dont ils tiennent des Bénéfices, ou contre des
Criminels accufés de Crimes Capitaux, pardevant les Tribunaux
Laïcs* ..... *de traduire d'autres Clercs devant les Tribunaux
Laïcs &c.* il s'enfuit que toutes les fois que les Clercs contre-
viennent à quelqu'une de ces Défenfes, ils commettent autant
de DÉLITS ECCLÉSIASTIQUES qui font punis par des Peines particulieres marquées par ces mêmes Canons : tandis que
fi des Laïcs faifoient les mêmes Actes, qui font l'objet de ces

Défenses, ils ne commettroient aucun Délit puniſſable.

Mais ce ne ſont point-là cependant, les *Délits Eccléſiaſtiques* proprement dits : nous entendons principalement comprendre, ſous ce nom, certaines Aĉtions qui ne peuvent être commiſes que par des Clercs, & qui regardent eſſentiellement les Fonĉtions du Miniſtère Eccléſiaſtique, telles, par exemple, que la CÉLÉBRATION *que feroit un* PRESTRE *du S. Sacrifice de la Meſſe, au préjudice d'un* INTERDIT .... *l'Adminiſtration qu'il feroit du Sacrement de* PÉNITENCE, *ſans* ESTRE AP-PROUVÉ DE L'EVESQUE, *& hors les Cas de Néceſſité .....* la RÉVÉLATION *de la* CONFESSION ..... la SIMONIE *&* CONFIDENCE *qu'il commettroit, pour acquérir ou ſe défaire d'un Bénéfice.*

On peut auſſi mettre de ce nombre, toutes les OMISSIONS *&* DÉFECTUOSITÉS *dans le Service Divin ou ſur le Rit Eccléſiaſtique,* telles, par exemple, que celle d'un CURÉ qui omettroit ſans raiſon de dire la Meſſe, ou de faire le Service Divin, les jours de Fête ou de Dimanche ... ou qui négligeroit d'adminiſtrer les Sacremens à ſes Paroiſſiens .... d'un PRESTRE qui célébreroit ſans être revêtu des Habits Sacerdotaux .... d'un BÉNÉFICIER qui ne réſideroit point dans un Bénéfice qui demande Réſidence .... d'un CHANOINE qui manqueroit aux Aſſiſtances qui ſont preſcrites par les Statuts .... d'un RELIGIEUX qui contreviendroit à ſa Régle ..... enfin l'Inobédience d'un CLERC INFÉRIEUR à l'égard de ſon SUPÉRIEUR.

Comme tous ces différens Délits ſont autant de Tranſgreſſions des Devoirs particuliers attachés à l'Etat Eccléſiaſtique, & qu'il n'y a d'autres Loix que celles de l'Egliſe, qui prononcent des Peines contre ceux qui en ſont coupables; & qu'enfin, les Peines qu'elles prononcent, ſont par elles-mêmes ſuffiſantes pour les punir. Ce n'eſt auſſi, que par des Juges d'Egliſe qui ſont chargés ſpécialement de faire obſerver ces Loix, & de prononcer ces Peines, que doivent être jugés les Eccléſiaſtiques qui ont le malheur d'y tomber. *Si verò Eccléſiaſticum ſit Deliĉtum,* porte la NOVELLE 83, Ch. 1er, *Egens Caſtigatione Eccléſiaſtica, & Multa Deo amabilis, Epiſcopus hoc diſcernat, nihil communicantibus clariſſimis Provinciæ Judicibus ; neque enim volumus talia Negotia omninò ſcire Civiles Judices. Cum oporteat*

talia

talia ecclefiafticè examinari animas Delinquentium per Eccle-
fiafticum, nec etiam fecundùm Sacras & Divinas Regulas, quas
etiam noftræ fequi non dedignantur Leges .... Ce qui s'entend
néanmoins, pourvû que ces Délits ne foient d'ailleurs accompagnés de Scandale & d'un Trouble extérieur qui intéreffe l'Ordre
Public, & les faffe dégénérer en Délits *Privilégiés*, dont les Juges Royaux peuvent connoître conjointement, ainfi que nous
le verrons ci-après. Il en eft de même, fi dans l'Accufation de
ces Crimes, il fe trouve quelque Laïc compliqué, fuivant l'Auteur de la Glofe, fur la NOVELLE, que nous venons de citer.

C'eft fans doute de ces Délits, que veut parler l'Art. 34 de l'Edit
de 1695 fous le nom de *Matieres de Difcipline & autres pures*
Spirituelles, dont il eft enjoint à tous Juges Royaux, même aux
Cours de Parlement, de laiffer & même de renvoyer la Connoiffance aux Juges d'Eglife, fans prendre aucune Jurifdiction
ni Connoiffance des Affaires de cette Nature. Cet Article excepte feulement le Cas où il y auroit Appel comme d'abus,
c'eft à dire qu'il y auroit Contravention aux Saints Canons, dont
le Roi eft le Protecteur. Au refte, nous verrons fous le Titre
dernier, quel eft l'effet de l'Appel comme d'abus en pareil Cas.

Nous verrons auffi, fous le Titre fuivant, que les Juges d'E-
glife font tenus, quant à l'Inftruction de ces Délits, de fe conformer, comme les autres Juges, aux Loix du Royaume.

§. II.

Des Délits Communs & des Juges qui en peuvent connoître.

LE DÉLIT COMMUN eft défini par les Auteurs, tout Excès de Fait ou de Paroles ou par Ecrit, qui ne concerne pas
l'Intérêt ou la Vengeance Publique, mais feulement celui de
la Perfonne offenfée ou léfée, & dont la Peine ne confifte qu'en
des Réparations Pécuniaires, ou autres qui ne foient ni afflictives
ni infamantes.

On l'appelle *Commun*, tant, parce que les Eccléfiaftiques peuvent y tomber comme les Laïcs, que parce qu'il peut être jugé concurremment par toutes fortes de Juges, foit Eccléfiaftiques, foit Séculiers.

Il différe par conféquent du Délit *Eccléfiaftique* en ces trois
Points; 1°. qu'il ne concerne pas effentiellement, comme celui

ci , les Fonctions Eccléfiaftiques , quoique la Qualité de l'Eccléfiaftique qui le commet, le rende plus condamnable; 2°. qu'il
n'eft pas feulement défendu par les Loix de l'Eglife, comme le
Délit Eccléfiaftique , mais encore par les Loix du Royaume ;
c'eft pourquoi on l'appelle auffi *Délit Mixte*; 3°. enfin que le
Juge Laïc peut fe retenir la connoiffance du Délit Commun ,
tant que le Renvoi n'eft pas requis, au lieu qu'en fait de Délit
Eccléfiaftique , il doit faire ce Renvoi fans attendre qu'il en
foit requis. *V.* Ayraut , *Ord. Judic.* Liv. 3 , Art. 3 , n. 33.

On en peut donner les Exemples fuivans ; 1°. les Injures
verbales ; 2°. l'Yvrognerie ; 3°. les fimples Rixes ou Voies de
Fait ; 4°. le Concubinage ; 5°. l'ouverture des Lettres adreffées
à autrui ; 6°. le Vol fimple ; 7°. l'Irrévérence commife en la
préfence du Juge féant en fon Tribunal , ou la Contravention
faite à fes défenfes ; 8°. le Sacrilége & le Trouble au Service
Divin , lorfqu'ils ne font point accompagnés de Scandale ou
d'Emotion Publique ; 9°. enfin , l'on peut comprendre généralement fous ce nom, tous les Délits qui ne font de leur nature
purement *Eccléfiaftiques*, ni *Privilégiés. V.* Ayraut , Liv. 2,
Art. 2 , n. 93.

Il faut néanmoins obferver , par rapport aux *Injures* verbales
ou réelles, que nous ne voulons parler ici, que de celles qui fe
font d'Eccléfiaftique à Eccléfiaftique ; car pour celles qui fe
commettent d'Eccléfiaftique à Laïc, il n'eft pas douteux que le
Juge Laïc ne doive en connoître préférablement & même à
l'exclufion du Juge d'Eglife ; fur-tout fi cette Injure étoit telle
qu'elle pût donner lieu à une Provifion alimentaire & à des
Réparations Pécuniaires. C'eft auffi ce qui a été jugé par deux
Arrêts rapportés par Brillon , d'après Bouchel & Basnage ,
le 1ᵉʳ, du mois de Janvier 1605, l'autre, de Novembre 1664.
Cependant par un Arrêt plus récent du 11 Septembre 1679 ,
rapporté par Boniface, Tom. 3., Liv. 7, Tit. 10, Ch. 1 ,
il a été jugé que la Connoiffance d'un *Libelle diffamatoire* fait
par un Eccléfiaftique contre un Laïc appartenoit au Juge d'E-
glife, & qu'il n'y avoit point d'Abus dans la Sentence de l'Official qui en avoit connu.

Il paroît que l'on ne peut concilier ces Arréts, qu'en établif-
fant pour Maxime, que lorfque l'Injure eft de nature à donner
lieu à une Provifion alimentaire ou Réparation Civile, l'on peut
s'adreffer pour cet effet au Juge Laïc , mais que cela ne doit

pas empêcher!, que fi cette Injure ne méritoit d'ailleurs aucune Peine affli&ctive ni infamante, le Juge d'Eglife ne puiffe en connoître concurremment & par prévention, comme étant du nombre des A&ctions Perfonnelles dont la Connoiffance lui appartient fur les Eccléfiaftiques : d'autant plus que, comme nous le verrons ci-après fous le Titre des JUGEMENS, ce Juge peut condamner à des Réparations d'honneur dans fon Prétoire, ou à de certaines fommes applicables à des Œuvres pies, lefquelles pourroient fuffire pour la punition de ces fortes d'Injures. Cette Maxime paroît réfulter de la Difpofition de l'Art. 4 de l'Ordonnance de 1539, qui, en permettant aux Juges *Laïcs* de connoître des A&ctions Perfonnelles des Clercs qui font mariés, ou qui fans être mariés exercent des états pour lefquels ils font tenus de répondre en Cour Séculiere, a voulu par-là les exclure néceffairement de la Connoiffance des A&ctions Perfonnelles de ces mêmes Clercs, lorfqu'ils ne font point mariés, ou qu'ils n'exercent aucun état pour lefquelles ils foient tenus de répondre en Cour Séculiere.

Ainfi, toute la Difficulté qui pourroit refter à cet égard, feroit de fçavoir, quel eft le Juge Laïc qui pourroit connoître des Délits Communs, dans le Cas où les Clercs ne demanderoient pas leur Renvoi, ou qu'ils ne feroient point revendiqués par le Promoteur? s'il n'y auroit que le Juge Royal qui eût ce Droit, ou bien fi les Juges des Seigneurs pourroient en connoître concurremment avec eux, quoique ceux-ci ne puiffent connoître des Délits privilégiés, ainfi que nous aurons lieu de l'établir dans un moment.

Suivant l'Art. 46 de l'Ordonnance de Blois, il paroît que la Connoiffance des Délits communs doit appartenir aux Juges Royaux privativement à ceux des Seigneurs, en ce qu'il y eft enjoint *aux Baillifs & Sénéchaux* de faire la Recherche & Punition du Crime de Simonie (qui eft du nombre des Délits communs) tant contre les Laïcs qui tombent en ce Cas, que contre les Evêques &c. Mais cela paroît décidé encore plus formellement par un Arrêt du Confeil d'Etat du Roi, du 13 Janvier 1657, rapporté aux Mémoires du Clergé, par lequel Défenfes générales font faites aux Seigneurs Hauts-Jufticiers, de prendre Connoiffance, informer & décréter contre les Prêtres & Bénéficiers, à peine de Nullité, Dépens, Dommages & Intérêts.

Cependant, quoique les Juges des Seigneurs ne puiſſent connoître, c'eſt-à-dire, *juger* les Eccléſiaſtiques accuſés de Délits communs, ils peuvent néanmoins, ſuivant l'Art. 21 de la nouvelle Déclaration du mois de Février 1731, informer, décréter & même interroger ces Eccléſiaſtiques, lorſqu'ils ſont traduits pardevant eux, à la Charge d'en avertir inceſſamment les Baillifs & Sénéchaux, ou de les renvoyer pardevant les Officiaux, dans le Cas où le Renvoi auroit été requis par les Promoteurs. Telle étoit auſſi l'ancienne Pratique, ſuivant la Remarque de M. Liset, en ſa Prat. Liv. 1er, p. 33.

§. I I I.

Des Délits Privilégiés, & des Juges qui en peuvent connoître.

Nous avons obſervé que le Délit Privilégié avoit trois Caractères particuliers, qui le diſtinguoient des Délits Communs & Eccléſiaſtiques. Le *premier*, en ce qu'il intéreſſoit l'Ordre Public en Matiere conſidérable, & qu'il demandoit une Punition exemplaire. Le *ſecond*, en ce qu'il ne pouvoit être ſuffiſamment puni, que par des Peines afflictives & infamantes, que le Juge Laïc étoit ſeul en droit de prononcer. Et le *troiſiéme* enfin, que nous aurons lieu d'établir plus particuliérement ſur le Titre ſuivant, en ce qu'il ne pouvoit être inſtruit que conjointement entre le Juge Royal & le Juge d'Egliſe.

Nous diſons le Juge *Royal* & non *Seigneurial*, parce que, comme nous venons de le voir d'après l'Arrêt du Conſeil rapporté ci-devant, les Juges de Seigneurs ſont abſolument exclus de la Connoiſſance de ces Cas. C'eſt même ce qui a fait confondre, par de certains Auteurs, les Délits Privilégiés avec les Cas Royaux ; quoiqu'à la vérité ce ſentiment ne ſoit pas abſolument exact, puiſqu'il y a pluſieurs Délits, & notamment le *ſimple Homicide ſans préméditation*, qu'on a toujours mis au nombre des Cas Privilégiés, & qui n'eſt cependant point Cas Royal.

L'on voit par-là, que ce n'eſt proprement que par les Exemples que l'on peut s'aſſurer de la Qualité du Délit Privilégié, & que bien qu'on puiſſe dire que la Juriſdiction Royale étant autoriſée par le Droit Commun à connoître généralement de tous les Crimes, hors ceux dont la Connoiſſance eſt ſpécialement réſervée aux Juges d'Egliſe, il eſt inutile de faire l'énumé ration de ces Délits, après celle que nous venons de donner des Délits Communs & Ecclésiastiques, mais qu'il suffit d'obferver en général, que tous les Crimes, qui ne font ni de l'une ni de l'autre de ces efpéces, font cenfés Délits Privilégiés : néanmoins, comme les Juges ne font pas toujours d'accord fur la Qualité de ces Délits, d'autant qu'il y en a plufieurs qui, quoique Communs ou Ecclésiastiques de leur Nature, peuvent devenir Privilégiés par les Circonftances dont ils font accompagnés, nous croyons que, pour prévenir tous ces Conflits auffi fcandaleux pour le Public que ruineux pour les Parties, nous ferons plaifir à nos Lecteurs de particularifer ici ces Délits, tels que nous les avons recueillis d'après les Canons, les Ordonnances, la Jurifprudence des Arrêts, & les Auteurs.

Délits Privilégiés fuivant les CANONS.

CE font tous ceux pour lefquels le Juge d'Eglife étoit obligé de livrer le Coupable au Bras Séculier : *funt quædam enormia Flagitia quæ potiùs per Mundi Judices, quàm per Antiftites & Rectores Ecclefiarum vindicantur. V.* Can. 39, Queft. 5, Cauf. 23.

Il y en a trois principaux, qu'on trouve marqués par l'ancien Droit Canonique ; fçavoir, 1°. l'*Homicide fait avec préméditation* ; 2°. l'*Apoftafie* d'un Clerc qui délaiffe la Vie Ecclésiaftique, & en quitte l'Habit pour porter les Armes ou exercer quelque Profeffion contraire à fon État ; 3°. enfin, l'*Incorrigibilité* du Clerc qui retourne au Crime, après avoir été condamné. *V. Cap. Cum non ab Homine EXTR. de Judiciis.*

Mais dans la fuite, on y en a ajouté plufieurs autres, comme l'on voit dans le Chapitre 1er *de Homicid. in* 60, notamment le *Parricide*, l'*Affaffinat*, le *Poifon*, la *Confpiration, Conjuration, Brigandage, Sédition Publique, Affemblées illicites*, les *Infultes*, & *Violences* pour empêcher ou troubler *le Service Divin.* En un mot, l'on y a compris généralement tous les Crimes atroces, pour lefquels l'Eglife n'a pas de Peines fuffifantes, & qu'il feroit dangereux de laiffer impunis. *Cum Ecclefia non habeat ultrò quod faciat, ne poffit effe ultrà Perditio plurimorum, per Sæcularem comprimendus eft Poteftatem.* V. Cap. 10. *EXTR. de Judic.* . . . *Ut quod non prævalent Sacerdotes per doctrinæ Sermonem, hæc Sæcularis Poteftas per Difciplinæ terrorem.* C'eft la Raifon qu'en rend le Canon *Principes*, Cauf. 23, Queft. 5.

L'Auteur de la Glose sur le Canon *Principes* va plus loin, il prétend que le Juge Royal peut connoître indistinctement de tous les Délits, sur lesquels les Canons n'ont prononcé aucunes Peines particulieres, *Ubicumque Potestas Ecclesiastica deficit, Potestas Sæcularis se intromittere potest.*

Délits Privilégiés, suivant les ORDONNANCES *du Royaume.*

1°. TOUS CAS ROYAUX, tels qu'ils sont énoncés dans l'Art. 11 du Titre 1er de l'Ordonnance de 1670.

2°. Les CAS ROYAUX, non énoncés dans cet Article 11 de l'Ordonnance, & pour lesquels elle renvoye aux Ordonnancés & Réglemens antérieurs. On peut voir l'énumération que nous avons faite de ces Cas particuliers, à la suite de ce même Article.

3°. Le DUEL. *V.* la Décl. contenant Ampliation sur l'Edit des Duels du 30 Décembre 1679.

4°. Le BLASPHESME. *V.* Ordonnance d'Orléans, Art. 23, & celle de Blois, Art. 35.

5°. L'HÉRÉSIE. *V.* les Edits & Déclarations rendues contre les Hérétiques, depuis la Révocation de l'Edit de Nantes. Néanmoins par ces Loix, qui ont été confirmées sur ce Point par l'Art. de l'Edit de 1695, l'on a réservé spécialement aux Juges d'Eglise le Droit de déclarer si l'Opinion soutenue par l'Ecclésiastique, est véritablement Hérétique, & de le punir des Peines Canoniques, en Cas d'Opiniâtreté.

6°. Le FAUX *commis dans les Lettres Apostoliques, Royales & autres Lettres de Justice scellées du Sceau Royal. V.* les Ordonnances & Déclarations rapportées dans la seconde Partie de ce Volume. *V.* aussi l'Art. 331 des Libertés.

7°. La PUBLICATION des *Libelles diffamatoires contre les Ordonnances ou Arrêts. V.* l'Ordonnance de 1629, Art. 19.

8°. Les EXACTIONS & *V*IOLENCES *commises dans la Perception des Dixmes. V.* l'Edit de Melun, Art. 30, 31 & 32.

9°. L'USURPATION *des Héritages des Communautés, ou des Paroisses. V.* l'Ordonnance d'Orléans, Art. 106, & celle de Blois, Art. 283.

10°. INFRACTION DE SAUVEGARDE & *de Protection. V.* l'Ordonnance de 1629, Art. 72, 73

11°. VOLS DE GRAND-CHEMIN. *V.* l'Ordonnance d'Orléans, Art. 72, celle de Moulins, Art. 46, & celle de Blois, Art. 200.

12°. Le MARIAGE *d'un Mineur fait par un Prêtre, fans le Confentement du Pere, & fans Publication de Banc. V.* les Edits & Déclarations au fujet des Mariages Clandeftins, notamment la Déclar. du 22 Novembre 1730.

13°. CHASSE AVEC PORT D'ARMES. *V.* Ordonnance des Eaux & Forêts, de Janvier 1600, Art. 21.

14°. CRIMES *commis au fujet de la* MONNOIE. *V.* l'Edit d'Henri II en 1549 ; fuivant cet Edit , les Clercs coupables de ces Crimes ne peuvent même alléguer ni s'aider d'aucune Lettre de Cléricature. Mais par un Arrêt du Confeil du 11 Août 1692 , rendu fur la Requête des Agens Généraux du Clergé , le Jogement de Compétence qui avoit été rendu préfidialement au Châtelet de Paris , fur le fondement de cet Edit , contre un Prêtre accufé de ce Crime , a été caffé , & il a été ordonné que le Prifonnier feroit transféré en l'Officialité de Paris , pour lui être fon Procès fait & parfait , conformément aux Déclarations de 1678 & 1684 , à la charge de l'Appel de la Sentence pour le Cas Privilégié.

15°. Enfin , CONTRAVENTION *aux Ordonnances du Royaume. V.* l'Ordonnance de Blois, Art. 39.

Délits Privilégiés ,fuivant la JURISPRUDENCE *& les Auteurs.*

1°. LE CONCUBINAGE PUBLIC ET SCANDALEUX. *V.* l'Arrêt du Parlement de Bordeaux du 13 Août 1520 , rapporté dans les Notes fur IMBERT, par lequel , il fut ordonné à l'Eccléfiaftique de renvoyer fa Concubine , avec défenfe de la fréquenter à peine d'Amende. A la vérité , ce n'eft que dans le Cas où l'Eccléfiaftique viendroit à enfraindre ces défenfes , qu'il feroit Jufticiable du Juge Royal.

2°. LA SÉDUCTION OU CORRUPTION DES RELIGIEUSES. *V.* Arrêt de Laval du 16 Mars 1573.

3°. L'INCENDIE VOLONTAIRE. *V.* Arrêt de Sens , en Janvier 1556 & 16 Mars 1574.

4°. LA PUBLICATION DES LIVRES DÉFENDUS *par les Saints Canons & fans la Permiffion du Roi. V.* Arrêt de Laval du 16 Mars 1573.

5°. La Diffamation *des Mariages bien unis. V.* même Arrêt de Laval.

6°. L'Homicide de soi-mesme. *V.* Arrêt de Sens de 1550. Joan. Gall. Qu. 138.

7°. L'Insulte *faite à un Sergent pour l'empêcher de mettre à exécution un Jugement. V.* l'Arrêt rapporté par Bouvot 2 Not. ff. Sergent, Qu. 1 , par lequel un Clerc a été condamné à l'Amende , Réparation d'Honneur & Banniſſement perpétuel pour un pareil Délit.

8°. Le Stupre. *joint au Rapt de Séduction. V.* Tournet , Lett. 1 , p. 991.

9°. L'Adultere , lorſque le Mari s'en plaint. *V. Boer. Deciſ.* 297 , *in fine* , Guipape Qu. 178. , Bruneau Titre 2. Max. 10 , *V.* auſſi l'Art. 31 des Libertés.

10°. L'Usure. *V.* Guenois ſur Imbert Liv. 3. *Forenſ.* Ch. dernier n. 27. *V.* Art. 31 des Libertés. Chopin *de Sacr. Polit.* t. 2 , Carond. Rep. 661 & 775.

11°. L'Empoisonnement. *V.* Imbert Prat. Liv. 3 , Ch. 8.

12°. Le Parjure. *V.* Art. 31 des Libertés.

13°. Le Faux témoignage & la Calomnif. *V.* Guil. Benedict. *in repet. Cap.* Raynut ff. *& uxor.*

14°. Le Sortilége & Maléfice. *V.* Guenois , Tit. 12 , ff. 1 & 2 Charond. ſur Liset , Liv. 1 , *Cap.* 67 , Imbert , *Forenſ.* 3 , Ch. 22. Joann. Gall. Qu. 294 , Chopin *de Sacr. Polit.* Ch. 2, n. 10. *V.* Ayraut , Liv. 2 , p. 133.

15°. La Polygamie. *V.* Imbert 3 , *Forenſ.* Joann. Gall. C. 8.

16°. La Violation des Sépulchres. *V.* Farin , Qu. 2 *de Inquiſ.*

17°. La Violation de l'Ambassade publique. *V.* Ayraut , Liv. 2 , Ord. Jud. p. 132.

18°. La Violence publique. *V.* Ayraut , *ibid.*

19°. La levée de Subsides *& Péages ſans Permiſſion du Roi. V.* Chopin de Doman 1 , Tit. 1.

20°. L'Attentat *au Privilége des Egliſes de l'ondation Royale , des Univerſités , Académies , Collégas & Officiers Royaux , & de ceux commis par le Souverain Pontifè.*

21°. La Dégradation *des Vignes & Arbres Fruitiers. V.* Farin. *de delict.* Qu. 20 , n. 113.

22°. Le Monopole. *V.* Jules Clar. ff. fin. Qu. 36 ff. *hac autem.* Farin. Qu. 8. *dé Inquiſit.* n. 60.

23°.

23°. Sédition & Perturbation du Repos public. *V.* Art. 31 des Libertés.

24°. Les Crimes contre nature. *V.* Defcomb. Part. 3, Ch. 1, p. 325.

25°. L'Inceste Spirituel ou la Séduction *des Pénitentes par leurs Confeffeurs.* V. *ibid.* p. 295.

26°. La Révélation *de la Confeffion par fignes ou par paroles.*

27°. L'Infraction *des Murs, Portes, Foffés & Remparts des Villes.*

28°. Banqueroute *Frauduleufe. V.* Defc. Part. 2, Ch. 2.

Tels font les Cas Privilégiés qui nous ont paru les plus conftans ; quoiqu'il y en ait une infinité d'autres qu'il n'eft pas poffible de rappeller ici, parce qu'ils dépendent principalement des *circonftances* ; car nous avons dit que les Délits Communs & Eccléfiaftiques de leur nature pouvoient devenir Privilégiés par leurs circonftances, tels par exemple que la *Fornication*, lorfqu'elle eft fuivie de *l'Avortement* procuré par l'Eccléfiaftique auteur de la groffeffe, ou bien de *l'Expofition* de l'Enfant après la naiffance ; ou bien, lorfque ce Crime eft commis avec la Mere & la Fille, ou avec les deux Sœurs : ce qui le fait dégénérer en *Incefte.* Il en faut dire de même, de toute *Contravention* aux Statuts & Réglemens Eccléfiaftiques, lorfqu'il s'y joint du *Trouble* & du *Scandale public.*

Dans tous ces Cas & autres femblables, il y a lieu d'inftruire conjointement le Procès, entre le Juge Royal & le Juge d'Eglife, de la maniere que nous le verrons fous le Titre fuivant.

Il refte feulement deux chofes à obferver à cet égard. *L'une* qu'il y a de certains Délits Privilégiés, qui font tellement de la Compétence du Juge Royal, que le Clerc qui a le malheur d'y tomber, ne peut demander fon Renvoi pardevant le Juge d'Eglife. De ce nombre font les Crimes *de Lèze-Majefté au premier Chef*, la *Prévarication dans les Offices Royaux*, & généralement tous les *Cas qui font décheoir du Privilége Clérical. V.* l'Art. 4 de l'Ordonnance de Fr. 1er en 1539, & l'Art 38 des Libertés de l'Egl. Gall.

L'autre, que dans le doute fi le Cas eft Privilégié ou non, comme s'il y avoit Conteftation entre le Juge Royal & le Juge d'Eglife pour fçavoir fi l'Eccléfiaftique étoit en Habit Séculier ou Eccléfiaftique lors du Délit, c'eft au Juge Royal que doit appartenir la Connoiffance du Déclinatoire ; tellement que s'il fait défenfes au Juge d'Eglife d'en connoître , celui-ci ne peut aller en avant. *V.* GIBERT , *Inflit. Eccl. V.* JULES CLAR. *Lib.* 5 , *Sentent.* Qu. 36 , n. 14. Ce qui eft fondé fur la Maxime , que le *Délit Privilégié entraîne le Délit Commun.*

C'eft auffi fur le fondement de la même Maxime , que fi l'Eccléfiaftique avoit été renvoyé abfous par le Juge Laïc , le Juge d'Eglife ne pourroit plus lui faire fon Procès pour le Délit Commun , pourvu qu'il s'agiffe de la même Action ; & qu'au contraire , l'Abfolution , que prononceroit le Juge d'Eglife en jugeant le Délit Commun , n'empêcheroit pas le Juge Laïc de faire le Procès pour le Cas Privilégié. *V.* TOURNET , lett. P, n. 191.

TITRE III.

De l'Inftruction dés Procès Criminels qui fe font aux Eccléfiaftiques.

DEUX fortes d'Inftructions dans les Procès Criminels qui fe font aux Eccléfiaftiques. L'une *fimple*, qui fe fait par le Juge d'Eglife feul , en Matiere de Délits Communs ou Eccléfiaftiques. L'autre *conjointe*, qui fe fait entre le Juge d'Eglife & le Juge Royal pour les Cas Privilégiés.

L'une & l'autre de ces Inftructions fe font fuivant les Formalités prefcrites par les Ordonnances du Royaume ; c'eft-à-dire par l'Ordonnance de 1670 , pour ce qui concerne l'Inftruction *fimple* ; & à l'égard de l'Inftruction *conjointe* , elle fe régle , tant par cette Ordonnance , que par les Édits & Déclarations particulieres qui ont été rendues à ce fujet.

C'eft pour traiter de l'une & l'autre de ces Inftructions , d'après les Loix qui leur font propres , que nous croyons devoir les diftinguer ici par deux Chapitres particuliers : d'autant plus que l'uniformité des Procédures , à laquelle la Juftice Eccléfiaftique a été affujettie , ne regardant que les Formalités les plus effentielles , n'a point empêché qu'elle ne confervât de certains

Ufages, qu'il eft important de fçavoir pour en bien connoître l'efprit ; & que d'ailleurs Perfonne n'ignore, qu'elle a beaucoup contribué par la netteté de fes Régles, à la perfection des Loix du Royaume qui ont été rendues fur cette Matiere.

CHAPITRE PREMIER.

De l'Inftruction fimple qui fe fait pour les Délits Communs & Eccléfiaftiques.

LORSQUE l'Evêque a Connoiffance de quelque maniere, foit par la Voix publique, foit par le Renvoi qui lui eft fait de la part du Juge Royal, qu'un Eccléfiaftique eft tombé dans un Délit Commun ou Eccléfiaftique, il doit avoir foin de faire procéder juridiquement contre cet Eccléfiaftique par fon Official. Cela lui eft recommandé expreffément par le Concile de Trente, Seff. 25, Ch. 14, *de Reform.*

Mais cet Official ne peut de fon côté, agir lui même fans une Plainte ou Réquifitoire préalable du Promoteur, dont le Miniftere eft abfolument indifpenfable pour l'Inftruction des Procès Criminels qui fe font aux Eccléfiaftiques. C'eft ce qui a été jugé par un Arrêt de Réglement du 17 Juillet 1632 contre l'Official d'Amiens, & par un autre du 7 Janvier 1708 contre l'Official de Poitiers. Enforte que nous ne fuivons pas fur ce point la Difpofition du Droit Canonique, qui autorife les Officiaux à procéder d'Office en certains Cas, notamment en fait de Diffamation publique ou de Notoriété évidente du Crime. *V. Cap. Evidentia, de Accufat.* aux DÉCRÉTALES.

Il y a même de certains Délits, tels que le *Concubinage public* & le *Défaut de réfidence* dans un Bénéfice, pour lefquels il faut que la Plainte foit fuivie de trois *Monitions.*

L'ufage de ces MONITIONS eft recommandé par la PRAGMATIQUE SANCTION au Titre *de Concubinariis*, fi. *nec non.* La premiere de ces Monitions fe fait verbalement par l'Evêque, ou autres Supérieurs, dans le *fecret* fuivant le Précepte de l'Evangile ; quoique le plus fur, pour éviter les Appels comme d'Abus, feroit de les faire par *Actes Judiciaires*, de l'Ordre de l'Evêque ou de l'Official, à la Requête du

Promoteur , fuivant la Formule qui en eft donnée par Descombes , Part. 1 , Ch. 1er.

Par ces Actes , on fixe aux Eccléfiaftiques un certain Délai
qui eft ordinairement de vingt-quatre heures ; & s'ils ne fe mettent pas en devoir de venir à *réfipifcence*, après que la premiere
& la feconde Monition leur ont été fignifiées , l'on inftruit alors
contr'eux le Procès ; ils font décrétés fur l'Information qui fe
fait pendant le cours de ces Monitions ; & en même tems que ce
Décret leur eft fignifié , on leur fait donner la 3eme Monition.

Si après l'Interrogatoire fubi , l'Accufé obéit aux Monitions ,
les Procédures en reftent là , conformément à l'Efprit de
l'Eglife qui ne veut pas la mort du Pécheur , mais qu'il fe
convertiffe. Si au contraire , malgré les Monitions , l'Accufé per-
févére dans fes défordres , on continue l'Inftruction du Procès à
l'extraordinaire de la maniere qui fera marquée ci-après.

Il y a auffi de certains Cas , où fur la Plainte du Promoteur ,
l'Official doit dreffer Procés-verbal , pour conftater le corps
du Délit , comme en fait de *Sacrilége* ou de *Vol* &c. Ces Procès-verbaux ont principalement lieu, dans le cours des Vifites
des Evêques , fur les Plaintes qui leur font faites contre des
Eccléfiaftiques fcandaleux & négligens : c'eft pourquoi ils doivent avoir la précaution de mener avec eux un Promoteur.
Auffi-tôt que ces Procès-verbaux font rédigés & que les Informations ont été faites en conféquence , ils doivent les renvoyer
à l'Official pour les décréter, & continuer l'Inftruction, s'il y a
lieu.

L'Ufage des Procès-verbaux a auffi lieu dans le Cas de *défaut de réfidence*. A la vérité, ce foin regarde principalement les
Juges Royaux , à qui il eft enjoint expreffément par les Ordonnances du Royaume , & notamment par celle d'Orléans , Art.
5 & 21 de faire pourvoir à la defferte des Bénéfices qui font à
charge d'Ames , & aux Evêques de pourvoir à cette defferte ,
enfuite des Procès-verbaux de non-réfidence qui leur en feront
envoyés par les Juges Royaux , à qui il eft auffi enjoint de faire
faifir les revenus du Bénéfice avec toute la retenue & circonfpection convenable. Mais lorfque le Bénéfice n'eft point à charge d'Ames , la pourfuite fe fait à la Requête du Promoteur ,
qui en fait la dénonciation au Juge Royal par la voie du Procureur du Roi , pour qu'il faffe procéder par voie de faifie. *V.*

Art. 14 de l'Ordonnance de BLOIS. *V.* auſſi l'Edit de MELUN, Art. 4 & 5 , & l'Edit de 1695 , Art. 23.

Hors les Cas de Procédures particulieres que nous venons de remarquer , l'Inſtruction ſe fait dans les Tribunaux Eccléſiaſtiques de la même maniere que dans les Tribunaux Laïcs , pour ce qui concerne les Actes eſſentiels de la Procédure , tels que la *Plainte* , *l'Information* , *le Décret* , *l'Inſtruction par Contumace* , *le Réglement à l'extraordinaire* , *le Recollement* , *la Confrontation* , *les Concluſions définitives du Miniſtere public* , & le *dernier Interrogatoire.* Le tout conformément à ce qui eſt preſcrit par l'Ordonnance de 1670 , à l'exécution de laquelle les Juges d'Egliſe ſont aſſujettis comme les autres, ainſi que nous venons de l'obſerver ci-devant. Néanmoins, comme il y a de certaines Formalités qui ſont preſcrites aux Juges d'Egliſe par des Loix particulieres , relativement à ces différens Actes , nous croyons devoir les rappeller ici ſommairement , ſuivant l'ordre que ces mêmes Actes doivent tenir dans la Procédure.

1°. Quant à la PLAINTE , nous venons de voir qu'elle doit être dans la même forme que celle marquée ſous le Tit. 3 de l'Ordonnance de 1670, c'eſt-à-dire, qu'elle peut ſe faire , ou par *Requête* , ou par *Procès-verbal* dreſſé par le Greffier en préſence de l'Official , ou ſur le *Réquiſitoire* du Promoteur , enſuite de la *Dénonciation* qui lui aura été faite. Nous avons auſſi remarqué en même tems, que cet Acte eſt tellement eſſentiel dans les Procès Criminels qui ſe font aux Eccléſiaſtiques , que l'Official ne peut procéder d'*Office* aux Informations dans aucun Cas.

De Plainte pardevant le Juge d'Egliſe.

2°. Pour ce qui concerne les INFORMATIONS , l'Official doit , avant que d'y procéder , donner ſon Ordonnance pour aſſigner les Témoins qui ſeront adminiſtrés par les Parties Plaignantes, ou par le Promoteur. Il ſera dit par cette Ordonnance, que ces Témoins ſeront tenus de comparoir ſous peine d'être *mulctés* d'aumône , ou empriſonnés par imploration du Bras Séculier. *V.* FLEURY , *Inſtit. Ecclef.*

De l'Information pardevant le Juge d'Egliſe.

Suivant D'HERICOURT , l'Official peut contraindre les Témoins Eccléſiaſtiques par Corps, en Cas de Contumace ; mais s'ils ſont Laïcs , il doit s'adreſſer au Juge Laïc pour les faire contraindre par la même voie, à la Requête du Promoteur.

S'il ne ſe préſente aucun Témoin pour dépoſer, c'eſt le Cas

où l'Official peut ordonner un MONITOIRE, conformément à l'Art. 1er du Tit. 5 de l'Ordonnance de 1670 , qui permet à toutes fortes de Juges de recourir à cette voie, lorfqu'ils la jugent néceffaire.

Lorfque les Témoins comparoiffent , l'Official doit les entendre en perfonne , & fi ces Témoins font dans des lieux fort éloignés & hors du Diocèfe , il peut les faire entendre par l'Official le plus prochain du lieu de leur réfidence. *V. Cap. cum clamor EXTR. de Teftib.*...Ce qui fe fait par une Commiffion *Rogatoire* qu'il lui adreffera , fuivant la Formule que nous en avons donnée fous le Tit. 6 de l'Ordonnance de 1670.

Suivant le Droit Canonique , l'on ne peut entendre des *Laïcs* en témoignage contre des Eccléfiaftiques. (*V.* Chap. *cœterum EXTR. de Teftibus*) , ... mais ils font admis parmi nous comme les autres.

Le Témoin , s'il eft *Prêtre* , doit prêter ferment en mettant la main fur la poitrine ou fur les Saints Evangiles ... s'il eft de la Religion *Pretendue Réformée* , il doit lever la main , jurer & promettre à Dieu qu'il dira la vérité , conformément à la Difpofition de l'Art. 24 de l'Edit de Nantes.

Le Témoin dans fa dépofition , doit s'expliquer d'une maniere claire & intelligible , (*Cap. cum clamor de Teftib.*) ... il doit auffi dépofer précifément fur le fait , fans rien ajouter du fien , (*Can. Teftés, & Can. pura Cauf. 3 , Qu. 9*) ... l'Official peut les aider pour cela , en les interrogeant fur le bruit commun , fur le nom , les Perfonnes , les Lieux , tems , jours & heures , & en leur faifant fpécifier toutes les circonftances néceffaires , fuivant qu'il eft prefcrit au *Ch. cum caufam EXTR. de Teftib.* Mais il doit fur-tout les entendre & interroger féparément , *quia aliter unus inftrueret alium & fequéretur.* C'eft la raifon qu'en rend le CHAP. *venerabilis EXTR. de Teftib.*

Si le Témoin qui s'eft trompé ou eft tombé en contradiction veut fe rétracter , il doit le faire incontinent , avant qu'il fe foit retiré de la préfence du Juge & qu'il ait pu parler à l'Accufé , autrement fa Dépofition feroit nulle , comme fufpecte de fubornation , fuivant le CHAP. *Prætereà, ff. hujufmodi EXTR. de Teftib. cogend.*

Si le Témoin venoit à manquer de refpect , & à commettre quelqu'irrévérence en préfence de l'Official , ce Juge pourroit le punir d'amende ou d'emprifonnement, fût - il même Laïc , il y eſt autoriſé par la Loi *nullum*, au Code *de Teſtibus.*

Enfin, quant au ſurplus des Formalités qui concernent la RÉDACTION de la Dépoſition par le *Greffier*, & la MENTION qui y doit être faite de la *repréſentation de l'Exploit*, du *nom*, *ſurnom*, *âge*, *qualité* du Témoin, s'il eſt *Serviteur*, *Domeſtique*, *Parent* ou *allié des Parties*, du *degré* de la Parenté, …. du *ſerment* par lui prêté, … de la *ſignature* de la Dépoſition, tant par le *Témoin*, que par le *Juge* & le *Greffier*, … ou du *Refus du Témoin de ſigner*, en cas qu'il ne voulût ou ne pût le faire ; … de la *Cotte* & *Signature* de chaque *page* par le *Juge*, ou de la *lecture* qui doit être faite au Témoin de ſa Dépoſition … & enfin L'ATTENTION à n'y mettre aucune *interligne* & à faire *approuver les ratures* & *ſigner les renvois.* Tout cela doit ſe faire conformément à ce qui eſt preſcrit ſous le Titre 6 des Informations de l'Ordonnance de 1670.

3°. L'Information étant ainſi faite, & communiquée au Promoteur, il interviendra ſur ſes Concluſions un DÉCRET d'aſſigné *pour être* oui, ou *d'ajournement perſonnel*, ou de *Priſe de Corps :* le tout ſuivant la qualité des Crimes, des Preuves & des Perſonnes, conformément à l'Art. 2 du Tit 10 de l'Ordonnance de 1670. Il y a néanmoins pluſieurs choſes à obſerver, relativement aux Décrets qui ſont décernés par des Juges d'Egliſe, ſçavoir ; *(Du Décret décerné par le Juge d'Egliſe.)*

1°. Qu'en général, il faut une plus *ample & claire preuve*, pour décréter de Priſe de Corps un Eccléſiaſtique ayant les Ordres Sacrés, que pour un ſimple Clerc. C'eſt la remarque de LISET, en ſa *Prat. Crim.* qui excepte ſeulement le Cas où il y a quelque ſuſpicion de *fuite* de la part des premiers.

2°. Que dans les Décrets *d'Ajournement Perſonnel* que rend le Juge d'Egliſe, il doit en *exprimer la cauſe*, ſuivant la Déclaration du mois de Décembre 1680, que nous avons rapportée ſur l'Art. 2 du Tit. 26 de l'Ordonnance do 1670.

3°. Qu'il y a des Auteurs, & entr'autres D'HERICOURT, qui prétendent, d'après le Canon *Preſbiter* 13, Cauſ. 2, Queſt. 5, & le Chapitre *inter* EXTRA *de purg. Canon.* que le Décret d'Ajournement Perſonnel décerné par le Juge d'Egliſe emporte' Interdiction contre les Eccléſiaſtiques, ſur le fondement que ce Décret ſuppoſant un Crime grave & des Preuves très-fortes, entraîne avec lui une eſpéce d'Infamie qui, ſuivant l'Eſprit de

l'Eglife ; rend l'Accufé fufpens des Fonctions de fon Ordre ;
en quoi il différe du Décret d'Ajournement Perfonnel qui eft
prononcé dans les Tribunaux Laïcs, lequel n'emporte Interdiction que lorfqu'il eft rendu contre un Officier de Juftice, fuivant la Difpofition de l'Art. 11 du Tit. 10 de l'Ordonnance
de 1670. D'où il faut conclure, par argument à fens contraire,
qu'il n'y a que le Décret de Prife de Corps qui puiffe opérer
l'Interdiction de l'Eccléfiaftique lorfqu'il eft décerné par le Juge
Laïc. C'eft auffi ce qui réfulte de la Difpofition de l'Art. 40
de l'Edit de 1695, qui porte ; » *les Eccléfiaftiques qui font*
» *Appellans de Décret de Prife de Corps ne pourront faire aucunes*
» *Fonctions de leurs Bénéfices & Minifteres, en conféquence des*
» *Arrêts de défenfe qu'ils auront obtenus, jufqu'à ce que les Ap-*
» *pellations ayent été jugées définitivement , & que par les Ar-*
» *chevêques , Evêques & leurs Officiaux il en ait été autrement*
» *ordonné* «.

La raifon de cette différence vient fans doute de ce que, les
Juges d'Eglife ne pouvant condamner à des Peines afflictives,
l'on fuppofe qu'ils ne décretent d'Ajournement Perfonnel, que
dans les mêmes Cas pour lefquels le Juge Laïc doit décréter
réellement. C'eft auffi, ce qui paroît réfulter de l'Art. 40 de
l'Edit de 1695, fuivant lequel, les Cours Supérieures ne peuvent
accorder des Défenfes fur l'Appel de ces Décrets d'Ajournement
Perfonnel , fans avoir vû les Charges & Informations ; Formalité que l'Ordonnance n'exige que relativement aux Décrets de
Prife de Corps qui font décernés contre les Laïcs. *V.* Art. 4
du même Tit. 26 de l'Ordonnance de 1670.

4°. Que les Décrets de Prife de Corps prononcés par les Juges d'Eglife doivent être exécutés fans *Pareatis* du Juge Royal,
c'eft la Difpofition de l'Art. 44 de l'Edit de 1695.

A la vérité, cette Difpofition ne doit s'entendre, fuivant D'HE-
RICOURT, que par rapport à l'exécution des Décrets qui font rendus en Matieres Spirituelles, & non par rapport au Temporel,
de maniere qu'on ne peut faire, *dit-il*, une Saifie Mobiliaire
fans la Permiffion du Juge Laïc, & il rapporte un Arrêt de la
Cour du 10 Février 1699, qui paroît l'avoir préjugé, en ré-
fervant à la Partie à fe pourvoir devant le Juge des Lieux pour
l'exécution des Sentences. Cependant, fuivant FLEURY, dans
fon INSTIT. p. 357, les Juges d'Eglife peuvent faire les cap-
tures de leur Autorité dans leur Prétoire, ou dans les Maifons
Epifcopales;

Episcopales ; mais pour les faire mettre dehors , ou transférer les Prisonniers , ils ont besoin du Bras Séculier.

Au surplus , les Officiaux sont tenus de se conformer aux Formalités prescrites par le Tit. 10 de l'Ordonnance de 1670 , soit par rapport à la *Conversion* des Décrets. (*V. Art.* 3 & 4)... soit par rapport à leur *Exécution* , notamment en ce qu'ils ne peuvent ordonner que les Parties *feront amenées fans fcandale* , ainfi qu'ils étoient en ufage de le faire avant cette Ordonnance. (*V. Art.* 17)... qu'ils ne peuvent non plus ordonner l'élargiffement de l'Accufé qui a été conftitué Prifonnier , que fur le vû des Charges & fur les Conclufions du Promoteur. (*V.* Art. 22)... Au furplus pour l'exécution de ces Décrets, les Officiaux peuvent prendre toutes fortes d'Huiffiers Royaux, quoique le plus fûr & le plus ordinaire eft de confier ce foin à leurs *Appariteurs* qui ont prêté ferment à l'Officialité , & qui fe font affifter de Cavaliers de Maréchauffée , en cas de befoin.

4°. Après que le Décret a été dûement fignifié à l'Accufé , ou il comparoît, ou il ne comparoît point. S'il ne comparoît pas, & qu'il ait des Caufes légitimes pour s'en difpenfer, comme *Maladie, Force Majeure*, il doit faire propofer fon E X O I N E , & l'on fait à cet égard la Procédure marquée par le Titre 12 de l'Ordonnance de 1670. Mais s'il n'a aucune raifon valable, & qu'il fe foit évadé ; alors, on lui fait fon Procès par C O N T U M A C E de la Maniere portée par le Titre 17 de la même Ordonnance de 1670 ; & par la Déclaration de Décembre 1680 pour ce qui concerne la Perquifition de l'Accufé, la Signification des Exploits, & les Délais qui doivent être obfervés en pareil Cas. *V.* aufli, ce que nous avons dit fous ce même Tit. 17, relativement à la *Contumace de préfence*, c'eft-à-dire, celle qui s'inftruit contre l'Accufé qui s'évade des Prifons depuis l'Interrogatoire , ou qui ayant été élargi à Caution , ou ayant pour Prifon le Lieu ou l'Etendue de la Jurifdiction, ou le Grand Chemin, ne fe repréfente point lors du Jugement.

De l'Exoine & de la Contumace dans le Tribunal Ecclésiaft[ique]

Il y a néanmoins deux Chofes à obferver, relativement à l'Inftruction par Contumace qui fe fait en Cour d'Eglife. La *premiere,* que pour l'Exécution de la *Saifie & Annotation* qui fe fait enfuite de la Perquifition de l'Accufé, le Juge d'Eglife doit implorer le *Bras Séculier* ; & pareillement, lorfqu'il s'agit de faire appofer le *Scellé* dans la Maifon de l'Accufé : c'eft la Remarque d'Imbert, en sa Prat. Liv. 3, Ch. 3, & de Guypape, en ses Décis. Qu. 429, qui se fondent sur la Maxime que l'Eglise n'a ni Fisc, ni Territoire, ni Exécution en ce Royaume. Par la même raison, s'il étoit question d'adjuger une *Provision alimentaire* à une Personne blessée, le Juge d'Eglise ne pourroit la régler, mais il devroit renvoyer les Parties à cet effet, pardevant le Juge Royal, lequel, sur le vû des Procédures de l'Official & du Rapport des Médecins & Chirurgiens, pourra adjuger cette Provision.

La *seconde* Observation, c'est par rapport au *Cri Public* & au *Son de Trompe* : l'on a douté si le Juge d'Eglise pouvoit l'ordonner. Il y a des Auteurs qui ont prétendu qu'il ne le pouvoit, sur le Fondement de la Maxime que nous venons de citer ; quoique ce Sentiment paroisse combattu par l'Art. 44 de l'Edit de 1695, qui veut que les Juges d'Eglise puissent faire exécuter leurs Décrets sans *Pareatis* du Juge Royal.

Au reste, l'Instruction par Contumace est fort rare dans les Tribunaux Ecclésiastiques ; parce que, comme dit Fleury, ces Tribunaux ne pouvant prononcer des Peines afflictives, on ne craint pas tant de s'y représenter ; & que ceux qui sont poursuivis pour Délits Communs, ne sont pas d'ordinaire des Vagabonds & des Fugitifs. A quoi il faut ajouter que, suivant les Canons, la Fuite & Contumace de la part d'un Ecclésiastique, sur-tout lorsqu'il jouit d'un Bénéfice sujet à Résidence, est beaucoup plus condamnable que celle des Laïcs, & qu'elle est regardée comme une forte Présomption du Crime, qui doit faire servir à augmenter sa Peine : *Nam manifestum est confiteri eum de crimine qui indulto & toties delegato Judicio purgandi se occasione non utitur.... Absens qui negligit comparere personaliter tenetur pro Confesso, & debet condemnari. V.* Can. *Decernimus,* Caus. 3, Qu. 9.

5°. Mais, si au contraire l'Accusé vient à se représenter volontairement pour obéir au Décret, dans le Délai marqué par l'Assignation ; ou s'il est constitué Prisonnier, il doit subir Interrogatoire dans les vingt-quatre heures, conformément à l'Art. 1er du Tit. 14 de l'Ordonnance de 1670.

L'Official doit au surplus, observer dans cet Interrogatoire toutes les Formalités prescrites sous ce même *Titre* 14 ; c'est-à-dire, qu'il doit y vaquer en Personne, assisté de son Greffier,

Art. 2... qu'il doit faire prêter Serment à l'Accusé, avant que de l'interroger, *Art.* 7... que l'Accusé doit être oüi par sa propre bouche, sans ministere d'Avocat ni de Conseil, *Art.* 8... que le Promoteur ni la Partie Civile n'y peuvent être présens, mais qu'ils peuvent seulement donner des Mémoires à l'Official pour servir à l'Interrogatoire, *Art.* 3... que si l'Accusé est Sourd & Muet, de maniere qu'il ne puisse entendre ni répondre, on doit lui donner un Curateur. *V. Tit.* 18 *de la même Ordonnance*... que si n'étant ni Sourd ni Muet, il se met en refus de répondre, on lui fera des Interpellations ; après quoi, s'il persiste encore, on lui fera son Procès comme à un Muet volontaire. *V. même Titre* 18, *Art.* 8... que s'il n'entend pas la Langue Françoise, on lui donnera un Interprête. *V. Art.* 11, *Tit.* 14... que les Piéces & Effets servans à Conviction, devront lui être représentés, *Art.* 10, *ibid....* qu'il ne doit être fait aucune Rature ni Interligne dans la Minute de cet Interrogatoire, *Art.* 12... qu'il doit être lû à l'Accusé, & par lui signé & paraphé, ainsi que par l'Official, à la fin de chaque Séance, *Art.* 13... qu'il pourra être réïtéré par l'Official, toutes les fois que le Cas le requerra, *Art.* 15... que l'Accusé pourra, après l'Interrogatoire subi, prendre Droit par les Charges, *Art.* 19... que le Promoteur, à qui il devra être communiqué incessamment, pourra aussi prendre Droit par cet Interrogatoire, *Art.* 20... qu'il sera aussi communiqué aux Parties Civiles, si elles le souhaitent, *Art.* 18... enfin, que l'Official pourra, si l'Accusé est Prisonnier, ordonner son Elargissement provisoire, en baillant Caution, de se représenter toutes & quantes fois qu'il sera cité pardevant lui. Ce qu'il ne doit faire néanmoins que dans le Cas où il trouvera que l'Accusation est devenue plus légere par les Confessions de l'Accusé, & qu'il n'y aura pas lieu de craindre pour son Evasion. *V. Art.* 21 & 22, *Titre* 10.

Il reste seulement à observer, par rapport à cet Interrogatoire, qu'il y a cette Différence entre la Confession faite par un Clerc accusé devant le Juge d'Eglise, & celle faite par un Laïc dans les Tribunaux Séculiers, que celle-ci ne peut servir de Preuve suffisante pour opérer la Condamnation, attendu que cette Condamnation peut tendre à Peine afflictive & à la Mutilation de ses Membres dont l'Accusé n'est pas le Maître : au lieu que ces sortes de Condamnations n'étant point à appréhender dans les Tribunaux Ecclésiastiques, les Clercs peuvent, sur les Confessions

judiciaires qu'ils font pardevant un Juge Compétent, être condamnés à des Peines Canoniques, comme *Suspense & Interdiction de leur Ordre*, & autres, dont il sera parlé sous le Titre
suivant. *V.* Can *Quoties* 1, *Quest.* 7. Cependant, suivant JULES
CLARE, ff. Final. Qu. 55, *Versic. Si autem*, cela ne doit point
dispenser de faire entendre les Témoins, pour que l'Accusé n'ait
point à se plaindre d'avoir été condamné injustement, *ne se in-
justè damnatum quératur, nam contrà propriam Confessionem multæ
opponi possunt.* D'ailleurs les Condamnations, que l'on prononceroit ensuite de pareilles Confessions, ne devroient point être aussi
rigoureuses que celles qui seroient prononcées sur la Preuve des
Témoins récollés & confrontés, ainsi qu'il résulte de la Disposition de la Loi Unique au CODE *de his qui se deferunt.*

De la Con-
version en
Procès or-
dinaire.

6°. L'Interrogatoire ainsi fait, si l'Official estime, tant sur le
vû de cet Acte, que des Charges & Informations, que le Crime
n'est pas de Nature à donner lieu aux Peines les plus graves,
qu'il a droit de prononcer, il doit recevoir les Parties en PROCÉS
ORDINAIRE; & pour cet effet convertir les Informations en En-
quêtes, permettre à l'Accusé d'en faire de sa part; le tout conformément à ce qui est prescrit par le Titre 20 de l'Ordonnance
de 1670.

Cependant, s'il n'y avoit d'autre Partie que le Promoteur,
cette Conversion ne pourroit avoir lieu que dans le Cas où il
auroit pris *Droit par les Interrogatoires*, & que l'Accusé auroit
de son côté pris *Droit par les Charges*. Au reste, cette Conversion n'empêcheroit pas qu'on ne reprît l'Extraordinaire, s'il sur-
venoit de nouvelles Preuves contre l'Accusé, conformément à
l'Art. 5 du Tit. 20 de l'Ordonnance de 1670.

Du Régle-
ment à
l'extraor-
dinaire.

7°. Si au contraire l'Official, sur le vû des Charges & Informations, trouvoit que le Délit mérite une Instruction Criminelle, il ordonnera le RÉGLEMENT A L'EXTRAORDINAIRE, c'est-
à-dire, que le Procès sera instruit par Récollement & Confrontation.

Ce RÉCOLLEMENT & cette CONFRONTATION se feront dans la même Forme & Maniere que celle marquée sous
le Titre 15 de l'Ordonnance de 1670. L'Official aura soin sur-
tout, en procédant au Récollement, de faire prêter Serment au
Témoin. *V.* Art. 5 ... & à la Confrontation, tant à ce Témoin

qu'à l'Accusé, & de les interpeller l'un & l'autre, de déclarer s'ils se connoissent. *V.* Art. 14... Après quoi il sera faire Lecture à l'Accusé des premiers Articles de la Déposition du Témoin, concernant son âge, Qualité & Demeure, & la Connoissance que le Témoin aura dit avoir des Parties, s'il est leur Parent ou Allié. *V.* Art. 15... Il interpellera ensuite l'Accusé de fournir sur le champ ses Reproches, s'il en a, contre ce Témoin, & il l'avertira qu'il n'y sera plus reçu, après qu'il aura entendu la Lecture de sa Déposition, *Art.* 16... Cependant, si cet Accusé avoit la Preuve par écrit de ses Reproches, il pourroit être admis à les fournir, non-seulement après la Lecture de la Déposition du Témoin, mais encore depuis la Confrontation achevée, & en tout État de Cause, *Art.* 20... Enfin, il interpellera aussi le Témoin sur les Remarques que l'Accusé lui sera faire des Contrariétés, Reconnoissances & autres Circonstances tendant à sa Décharge, qui pourront se trouver dans la Déposition de ce Témoin. *Art.* 22. ... Que s'il y avoit plusieurs Accusés dans le même Procès, l'Official observera à leur égard les mêmes Formalités dans les Confrontations qui seront faites des uns aux autres, après qu'ils auront été récollés dans leurs Interrogatoires. *V.* Art. 23.

8°. Le Récollement & la Confrontation étant faits, le Procès est censé instruit, & il devra être communiqué au Promoteur, pour donner ses Conclusions définitives; celui-ci pourra toutefois en prendre de *Préparatoires*, soit pour demander une *Addition* d'Information, ou la *Perquisition* d'un Témoin, ou même que l'Accusé soit mis à la *Question :* car la Question peut être ordonnée dans les Tribunaux Ecclésiastiques, comme nous le verrons dans un moment.

Des Conclusions du Promoteur.

9°. Les Conclusions définitives étant données, l'Official procédera à la Visite du Procès, & à cet effet il se fera assister de Conseils, qu'il choisira parmi des Ecclésiastiques doctes & vertueux, ou même des Jurisconsultes & Officiers d'un Siége Royal, afin, comme dit Fleury, de juger avec plus de *sûreté & d'autorité.* Ce n'est pas qu'il ne puisse juger valablement lui-seul.

De la Visite du Procès.

Après la Visite faite & le dernier Interrogatoire subi derriere le Barreau, conformément à la Déclaration du 12 Janvier 1681, interviendra le Jugement définitif, dont il sera parlé sur le Titre suivant.

CHAPITRE II.

De l'Inſtruction Conjointe entre le Juge d'Egliſe & le Juge Royal, pour le Cas Privilégié.

Diſpoſition de l'Edit de 1695 au ſujet de l'Inſtruction conjointe.

L'ARTICLE 38 de l'Edit ſur la Juriſdiction Eccléſiaſtique de 1695, porte » les Procès Criminels qu'il ſera néceſſaire » de faire à tous Prêtres, Diacres, Souſdiacres, ou Clercs vi- » vans cléricalement, réſidens ou ſervans aux Offices & Bénéſi- » ces qu'ils tiennent en l'Egliſe, & qui ſeront accuſés des Cas » qu'on appelle Privilégiés, ſeront inſtruits conjointement par » les Juges d'Egliſe & par nos Baillifs & Sénéchaux ou leurs » Lieutenans, en la forme preſcrite par nos Ordonnances, & » particuliérement par l'Art. 22 de l'Edit de Melun, par celui » du mois de Février 1678, & par notre Déclaration du mois de » Juillet 1684, leſquels nous voulons être exécutés ſelon leur » forme & teneur «.

D'après cette Diſpoſition, pour pouvoir ſe former une juſte Idée de l'Inſtruction Conjointe dont il s'agit, il faut donc, d'a- bord remonter aux anciennes Loix dont l'exécution eſt ordon- née par cet Article, & enſuite remarquer les Changemens ſucceſſifs que les dernieres y ont apporté.

Différentes loix qui ont réglé l'Inſtruction conjointe.

La premiere Loi qui ait donné des Régles ſur l'Inſtruction des Procès Criminels des Eccléſiaſtiques, dans les Cas où le Délit Commun ſe trouve joint au Privilégié, c'eſt l'Ordonnan- ce de MOULINS en 1566, qui a été renouvellée ſur ce point par l'Edit D'AMBOISE en 1572. Mais c'eſt l'Edit de MELUN du mois de Février 1580, qui a le premier fixé les Régles de l'Inſtruction conjointe, telle qu'elle ſe pratique aujourd'hui parmi nous. Les Loix qui l'ont ſuivi, telles que L'EDIT de 1678 & la DÉCLARATION de 1684, & en dernier lieu la DÉCLARATION du mois de Février 1711, n'ont fait que de donner plus de développement à cette premiere Loi, en décidant les Queſtions particulieres auxquelles ſon exécution avoit donné lieu.

Ainſi, avant que d'entrer dans le détail de la Procédure qui doit ſe faire en exécution de ces différentes Loix, nous croyons devoir donner ici une Analyſe exacte de leurs Diſpoſitions , & des Circonstances particulieres qui leur ont servi de Motif.

Par l'Article 39 de l'Ordonnance de MOULINS, *il est dit* »pour obvier aux difficultés qui se sont ci-devant présentées »en la confection des Procès Criminels des Personnes Ecclé-»siastiques, mémement pour le Cas Privilégié ; ordonnons que »nos Officiers instruiront & jugeront en tous Cas les Délits »Privilégiés contre les Personnes Ecclésiastiques , avant que »de les délaisser au Juge d'Eglise pour le Délit Commun, le-»quel délaissement sera fait , à la charge de tenir Prison pour »la Peine du Délit Privilégié, où elle n'auroit été satisfaite , de »quoi les Officiers de l'Evêque devront répondre en Cas d'é-»largissement «.

Dispofi-
tion de
l'Ordon-
nance de
Moulins à
ce sujet.

L'Art. 11 de l'Edit D'AMBOISE , porte , » à ce que pour » la différence des Jurisdictions la poursuite des Crimes ne soit »retardée , nous, en confirmant l'Art. 39 de l'Ordonnance de » Moulins sur le Réglement des Cas Privilégiés, ordonnons aux » Juges Royaux d'instruire & juger en tout Cas les Délits Privilé-»giés contre les Personnes Ecclésiastiques , avant que d'en faire » le délaissement à leur Juge d'Eglise pour le Délit Commun «.

Difpofi-
tion de l'E-
dit d'Am-
boife.

Pour l'Intelligence de l'un & l'autre de ces Articles, il faut remarquer avec M. BOURDIN , dans sa Paraphrase sur l'Art. 2 de l'Ordonnance de 1539 , que dans le tems de cette Loi , les Ecclésiastiques accusés devoient toujours être renvoyés devant leurs Juges, lesquels, s'ils les trouvoient chargés d'un si grand Délit qu'ils méritassent d'être *dégradés*, le pouvoient faire suivant la Régle prescrite par les Canons ; & ce n'étoit qu'a-près la Dégradation qu'ils les abandonnoient à la Jurisdiction Séculiere , laquelle en ce Cas avoit sur eux pleine Puissance & Autorité Royale , sans être obligée de leur faire le Procès de nouveau , mais pouvoit les condamner sur le Procès qui avoit été instruit par le Juge Ecclésiastique. C'est à cet ancien Usage qu'ont dérogé l'Ordonnance de Moulins & l'Edit d'Amboise, par les Articles que nous venons de citer , en permettant au Juge Royal d'instruire & de juger le Délit Privilégié avant que d'en faire le délaissement au Juge d'Eglise pour le Délit Commun , lorsque l'Accusation se trouve incidente dans un Procès pendant pardevant lui.

Ancien
Ufage à cet
égard.

Mais l'Expérience ayant fait voir les Abus & les longueurs dangereuses qu'entraînoit une Instruction faite ainsi séparément

Motifs de
l'Etablisse-
ment de

par les deux Juges ; & ſur-tout dans les Cas où le Délit commis par l'Eccléſiaſtique ſe trouvoit digne de Mort, ou des Galeres, en ce que ces ſortes de Peines rendoient abſolument
inutile le Renvoi au Juge d'Egliſe, ainſi que le Jugement qu'il
pouvoit rendre en conſéquence : on a cru avec raiſon, qu'il ſeroit plus à propos de faire faire l'Inſtruction par les deux Juges
en même tems, à la charge que le Juge Royal ſeroit tenu de
ſe rendre à cet effet dans le Siége de l'Officialité, & que le
Juge d'Egliſe rendroit ſa Sentence ſéparément, & avant le Juge Royal qui pourroit faire ceſſer les Peines Canoniques de ce
premier Juge par des Condamnations capitales.

C'eſt ce qui a été établi par l'Art. 22 de l'Edit de Melun
du mois de Février 1580, qui porte que » l'Inſtruction des Pro-
» cès Criminels contre les Perſonnes Eccléſiaſtiques pour les Cas
» Privilégiés, ſera faite conjointement, tant par les Juges Ecclé-
» ſiaſtiques que par les Juges Royaux, & en ce Cas ſeront ceux
» deſdits Juges Royaux qui ſeront commis pour cet effet, tenus
» d'aller au Siége de la Juriſdiction Eccléſiaſtique «.

Les choſes ont reſté dans cet état juſqu'à L'ORDONNANCE CRI-
MINELLE de 1670, lors de laquelle il paroît par le PROCÉS-
VERBAL *de Conférence*, qu'on avoit d'abord voulu inſérer
dans le Titre 1er deux Articles qui étoient bien moins favorables aux Eccléſiaſtiques que ceux que nous venons de citer,
en ce que par le *premier*, » les Baillifs & Sénéchaux étoient
» autoriſés à juger les Cas Privilégiés, ſans être obligés de ren-
» voyer aux Juges d'Egliſe, leſquels ne pouvoient connoître
» ſeulement que des Crimes qui ne pouvoient être punis
» que par des Peines Canoniques... & que par le *ſecond*, il
» étoit défendu aux Juges d'Egliſe d'inſtruire & juger les Cas
» Privilégiés pour y appliquer les Peines Canoniques, ſi ce n'eſt
» dans le Cas où le Jugement qui auroit été rendu par le Juge
» Royal n'emporteroit point de Peine de Mort naturelle, mais
» ſeulement le Banniſſement, l'Amende Honorable ou autre
» Peine afflictive ; & cela, ſans que cette nouvelle Inſtruction
» du Juge d'Egliſe puiſſe retarder ni ſurſeoir l'exécution du Ju-
» gement du Juge Royal «. Mais l'on voit auſſi en même tems,
que ſur les Repréſentations qui furent faites alors par M. le
premier Préſident DE LAMOIGNON & par M. l'Avocat Général TALON, ces deux Articles, qui étoient les 20 & 21, furent ſupprimés ; & qu'on laiſſa les choſes dans le même état
qu'elles

qu'elles étoient auparavant, par cette Difpofition générale qu'on voit dans l'Art. 13 du même Titre , *n'entendons déroger aux Priviléges , dont les Eccléfiaftiques ont accoutumé de jouir dans le Royaume.*

Cependant, cette Difpofition indéfinie ayant donné lieu à diverfes interprétations de la part des Juges Royaux ; les *uns* voulant s'en tenir à ce qui étoit porté par l'Art. 39 de l'Ordonnance de M o u l i n s , qui défendoit l'Inftruction conjointe ; les *autres* à l'Article 22 de l'Edit de M e l u n qui l'ordonnoit : ce fut pour faire ceffer ces difficultés qui expofoient les Eccléfiaftiques à des Conteftations prefque continuelles fur la jouiffance de leurs Priviléges , & même à l'impunité de leurs Crimes lorfqu'ils fe trouvoient réfidens dans des Diocèfes enclavés dans le Reffort de divers Parlemens, qu'intervint l'Edit du mois de Février 1678 , enregiftré en la Cour le 29 Août de la même année , qui établit une Jurifprudence uniforme en cette Matiere.

Cette Loi contient plufieurs Difpofitions remarquables.

» Par la *premiere*, elle ordonne l'exécution de l'Art. 22 de l'Edit » de Melun , relativement à la *Procédure conjointe* & à la né- » ceffité du *Tranfport* des Juges Royaux au Siége de la Jurifdic- » tion Eccléfiaftique.

» Par la *feconde* , elle veut que ces Juges étant affemblés, » faffent rédiger les Dépofitions des Témoins , Interrogatoires , » Récollemens & Confrontations, par leurs Grefliers en des Ca- » hiers féparés , pour être le Procès inftruit & jugé par ces » Juges fur les Procédures rédigées par leurs Grefliers, fans que » les Juges Royaux puiffent, fous quelque prétexte que ce foit, » juger les Eccléfiaftiques fur les Procédures faites par les Offi- » ciaux pour raifon du Délit Commun.

» Par une *troifiéme* Difpofition , elle veut que, dans le Cas où » les Officiaux auront informé auparavant que les Juges Royaux » foient appellés pour le Cas Privilégié ; les Informations qu'ils » auront faites fubfiftent en leur force & vertu , à la charge de » récoller les Témoins par le Juge Royal.

» Par la *quatriéme* , elle ordonne pareillement , que dans le » Cas où les Juges Royaux auroient informé ou fait d'autres » Procédures contre des Eccléfiaftiques accufés devant eux , avant » que ceux - ci ayent demandé leur Renvoi ou qu'ils ayent été » révendiqués par le Promoteur pour le Délit Commun , les

Difpofitions de l'Edit de 1678.

» Informations & autres Procédures faites par ces Juges , de-
» vront subsister selon leur forme & teneur , & le Procès sera
» fait , parachevé & jugé contre lesdits Ecclésiastiques pour rai-
» son du Délit Commun , sur ce qui aura été fait par les Juges
» Royaux avant le Renvoi & Déclinatoire.

» Par une *cinquiéme*, qui concerne le Cas où le Procès seroit
instruit dans une des Cours de Parlement, contre des Ecclésiastiques accusés de Cas Privilégiés , *il est dit* » que les Evê-
» ques seront alors obligés de donner leurs Vicariats à l'un des
» Conseillers Clercs desdits Parlemens , pour conjointement avec
» celui des Conseillers Laïcs de ces Cours qui sera commis à
» cet effet , être le Procès fait & parfait auxdits Ecclésiasti-
» ques.

» Par la *sixiéme* , il est enjoint, tant à ces Vicaires nommés
» par l'Evêque, qu'aux Officiaux, & aux Juges Royaux d'obser-
» ver le contenu en la présente Loi, à peine de Nullité des
» Procédures qui seront refaites à leurs frais, & de tous Dépens,
» Dommages & Intérêts.

» Enfin par une *septiéme* , il est ordonné en outre , que lors-
» que dans l'Instruction des Procès qui se feront aux Ecclésiasti-
» ques , les Officiaux connoîtront que les Crimes dont ils sont
» accusés & prévenus, sont de la nature de ceux pour lesquels il
» écheoit de renvoyer aux Juges Royaux , ils seront tenus d'a-
» vertir incessamment les Substituts des Procureurs Généraux du
» Ressort où le Crime aura été commis , à peine contre ces
» Officiaux de tous Dépens, Dommages & Intérêts , même la
» Procédure être refaite à leurs dépens «.

L'ordre de la Procédure étant ainsi réglé entre les Officiaux
& les Juges Royaux , il ne restoit plus qu'à déterminer pareillement celui qui devoit se garder entre les Juges Royaux eux-
mêmes, en Cas de *concurrence*, c'est-à-dire , lorsqu'il arriveroit
que le Crime auroit été commis hors de la Jurisdiction du Juge
Royal, dans le Ressort duquel seroit situé l'Officialité , sçavoir,
si ce Juge en pourroit connoître , préférablement à celui dans
le Ressort duquel auroit été commis le Délit. Il s'agissoit aussi
de déterminer le *Lieu* où devoit se faire l'Instruction conjointe , si ce seroit toujours dans le Siége de l'Officialité. Enfin il
falloit encore fixer le *Tems* dans lequel le Juge Royal seroit tenu de se transporter en l'Officialité après l'avertissement de
l'Official.

Ce fut à l'occafion de pareilles difficultés qui s'étoient élevées entre ces différens Juges, qu'intervint principalement la DÉCLA-RATION du mois de Juillet 1684, regiftrée le 20 Août fuivant. Cette nouvelle Loi après avoir ordonné l'exécution de celle de 1678, ajoute les Difpofitions fuivantes ;

1°. Elle veut, » que lorfque les Baillifs & Sénéchaux & les » Lieutenans Criminels du Siége , dans le Reffort duquel le » Crime aura été commis, encore qu'ils ne foient Officiers du » Siége dans le Reffort duquel eft fituée l'Officialité , auront » commencé d'inftruire le Procès Criminel à des Eccléfiaftiques, » & qu'ils auront accordé le Renvoi pardevant l'Official dont » ils font Jufticiables pour le Délit Commun , foit fur la Re-» quête des Accufés , foit fur celle du Promoteur, le Procureur » du Roi ès Siéges Royaux en donne avis à l'Official, afin qu'il » fe tranfporte fur les Lieux pour l'Inftruction du Procès , s'il » l'eftime à propos pour le bien de la Juftice ;

» 2°. Qu'au Cas que l'Official déclare qu'il entend inftruire » le Procès dans le Siége de l'Officialité , les Accufés foient » transférés dans les Prifons de l'Officialité dans la huitaine après » cette Déclaration, aux frais & à la diligence de la Partie Ci-» vile s'il y en a, ou à la pourfuite du Procureur du Roi aux » frais du Domaine, s'il n'y a point de Partie Civile ;

» 3°. Que le Lieutenant Criminel , & à fon défaut un autre » Officier du Siége dans lequel le Procès aura été commencé , » fe tranfporte dans le même tems de huitaine au Siége de » l'Officialité , quand même il feroit hors du Reffort de ce » Siége , pour y achever l'Inftruction dudit Procès , à l'effet de » quoi toute Cour, Jurifdiction & Connoiffance eft attribuée à » ces Officiers, fans qu'ils foient obligés de demander Territoi-» re , ni prendre *Pareatis* des Officiers des Lieux.

» 4°. Que faute par le Juge Royal du Lieu du Délit , ou au-» tre Officier du même Siége de fe rendre dans la huitaine en » l'Officialité où l'Accufé aura été transféré , le Procès fera alors » inftruit conjointement avec l'Official, par le Lieutenant Cri-» minel, ou autre Officier en fon abfence ou légitime empê-» chement , du Bailliage dans le Reffort duquel le Siége de » l'Officialité eft fitué , pour être enfuite jugé en ce dernier » Siége : après quoi l'Accufé fera ramené dans les Prifons du Ju-» ge Royal où le Procès aura été commencé , pour y être jugé » à l'égard du Cas Privilégié.

» 5°. Que le même ordre fera obfervé dans les Procès qui
» auront été commencés dans les Officialités , c'eft-à-dire , que
» les Officiaux feront tenus dans huitaine d'avertir les Juges
» Royaux dans le Reffort defquels les Crimes du Cas Privilé-
» gié auront été commis , & que ces Juges Royaux feront te-
» nus de leur côté de fe tranfporter dans huitaine , après la
» Sommation à eux faite , à la Requête des Promoteurs , pour être
» par eux procédé à l'Inftruction & Jugement defdits Cas Pri-
» vilégiés en la forme expliquée ci-devant ; & faute par ces Ju-
» ges de s'y rendre dans ledit tems , le Procès fera inftruit &
» jugé par les Juges Royaux dans le Reffort defquels eft le
» Siége de l'Officialité.

» 6°. Enfin par une derniere Difpofition , cette Loi conferve
» les Cours dans le droit de commettre d'autres Juges Royaux
» pour les Inftructions dont on vient de parler , & même de
» renvoyer en d'autres Siéges les Jugemens des Procès , lorf-
» qu'elles le jugeront à propos «.

Après des Réglemens auffi précis & auffi multipliés , il fem-
bloit qu'il ne pouvoit plus refter aucun doute fur la forme de
l'Inftruction conjointe dans les différens Cas qui pouvoient fe
préfenter. C'eft par cette raifon , que par l'Article 38 de l'Edit
de 1695 que nous avons rapporté en commençant , l'on fe
contenta d'ordonner l'exécution de ces Réglemens , fans y ajouter aucune Difpofition particuliere. Cependant , fous prétexte
que par ces Réglemens il n'étoit point dit expreffément par lequel des deux Juges , ou de l'Official , ou du Juge Royal , devoit être pris le ferment des Témoins , & devoient être rédigés
les Informations , Interrogatoires , Récollemens & Confrontations , il s'éleva encore à ce fujet de nouvelles conteftations
entre ces Juges , qui donnerent lieu à une derniere Loi. C'eft
la DÉCLARATION du 4 Février 1711 , regiftrée en la Cour le 3
Mars fuivant.

Difpofi-
ons de la
éclar. de
11.
Par cette Loi , la préférence a été accordée à l'Official par
refpect pour l'Eglife , & il *eft dit* » que lorfque les Juges Royaux
» fe tranfporteront dans les Siéges des Officialités pour l'Inftruc-
» tion des Procès qui fe feront aux Eccléfiaftiques conjointe-
» ment , par les Juges d'Eglife pour le Délit Commun , & par
» lefdits Juges Royaux pour le Cas Privilégié , les Juges d'Eglife
» auront la parole ; qu'ils prendront le Serment des Accufés &

» des Témoins ; qu'ils feront en préfence des Juges Royaux les
» Interrogatoires, Récollemens & Confrontations, & toutes les
» autres Procédures qui fe font par les deux Juges ; deforte
» néanmoins que les Juges Royaux pourront requérir les Juges
» d'Eglife d'interpeller les Accufés fur tous les Faits qu'ils ju-
» geront néceffaires, foit dans les Interrogatoires, foit lors de
» la Confrontation & du refte de la Procédure : lefquelles In-
» terpellations, ainfi que les Réponfes des Accufés feront tranf-
» crites par les Grefliers, tant des Juges d'Eglife, que des Ju-
» ges Royaux, dans les Cahiers des Interrogatoires & des Con-
» frontations ; & de plus, qu'en Cas de refus de la part du
» Juge d'Eglife de faire aux Accufés ces Interpellations, les
» Juges Royaux pourront les faire eux-mêmes directement aux
» Accufés ; & ces Interpellations, ainfi que les Réponfes des
» Accufés feront tranfcrites par les Grefliers des Juges Royaux,
» dans les Cahiers des Interrogatoires & Confrontations & des
» autres Piéces de l'Inftruction, lors defquelles elles feront fai-
» tes, pour après l'Inftruction faite conjointement par les Juges
» d'Eglife & par les Juges Royaux, être par eux procédé au
» Jugement définitif des Eccléfiaftiques, conformément aux
» Edits de MELUN 1580, de Février 1678, de Juillet 1684
» & d'Avril 1695, dont l'exécution eft ordonnée felon leur for-
» me & teneur «.

L'ON VOIT PAR CE TABLEAU GÉNÉRAL des Loix qui
ont été rendues fucceffivement fur cette Matiere, l'Origine,
les Progrès, & enfin le dernier Etat de l'Inftruction conjointe
parmi nous.

Réfultat des Difpo-fitions des Loix ci-deffus.

Il en réfulte ; 1°. qu'avant l'Ordonnance de Moulins, les
Eccléfiaftiques étoient renvoyés à leurs Juges, même pour les
Cas Privilégiés qui pouvoient donner lieu à la Dégradation ; &
ce n'étoit qu'après l'Inftruction achevée & la Dégradation faite,
que ces Juges abandonnoient l'Eccléfiaftique au Juge Séculier,
lequel n'étoit pas obligé de leur faire le Procès de nouveau,
mais pouvoit rendre fon Jugement fur le Procès fait par le Juge Eccléfiaftique ; 2°. que cet ordre a été changé par l'Ordonnance de Moulins & par l'Edit d'Amboife, qui ont voulu que
le Procès fût fait par le Juge d'Eglife pour le Cas Privilégié,
avant que de renvoyer l'Eccléfiaftique à fon Juge, pour le Délit
Commun ; 3°. que la Difpofition de ces premieres Loix a elle-

même été changée par l'Edit de Melun, qui ordonne que l'Instruction se feroit conjointement par les deux Juges, l'Ecclésiastique & le Séculier ; 4°. que depuis cet Edit, l'Instruction conjointe a continué d'avoir lieu jusqu'à présent : ensorte que les Edits & Déclarations qui l'ont suivi n'ont fait que de prescrire les Formalités qui devoient être observées par l'un & l'autre de ces Juges, suivant les circonstances ; 5°. qu'enfin, suivant ces dernieres Loix, il y a deux sortes de Formalités qui distinguent l'Instruction conjointe des Instructions ordinaires : les *unes* qui doivent précéder cette Instruction, les *autres* qui doivent l'accompagner.

Nous allons reprendre toutes ces Formalités suivant l'ordre de la Procédure, afin de leur appliquer les Dispositions des Loix particulieres qui les concernent.

§. PREMIER.

Formalités qui doivent précéder l'Instruction Conjointe.

Ces Formalités sont différentes, suivant la QUALITÉ des Juges pardevant qui la Plainte du Cas Privilégié est d'abord portée ; c'est-à-dire, qu'il faut distinguer, si c'est pardevant le *Juge Laïc*, ou pardevant le *Juge d'Eglise*.

Lorsque la Plainte est portée devant le JUGE LAÏC, il faut encore distinguer, si c'est un Juge *Royal*, ou un simple Juge *Seigneurial*. Quant à ces derniers, nous avons observé, d'après un Arrêt du Conseil d'Etat de 1657, rapporté sur le Chapitre dernier du Tit. précédent, qu'ils étoient absolument exclus de la connoissance des Délits commis par les Ecclésiastiques ; & cette Disposition se trouve confirmée, singuliérement par rapport aux Délits Privilégiés dont il s'agit, par tous les Edits & Déclarations concernans l'Instruction conjointe, où il n'est parlé que des Juges & Officiers Royaux. Mais aussi, nous avons observé en même tems, qu'aux termes de l'Art. 21 de la nouvelle Déclaration de Février 1731, ces Juges de Seigneurs sont autorisés à informer, décréter, & même interroger les Ecclésiastiques accusés, sauf le Renvoi.

Si c'est un Juge *Royal* ; ou il est Ordinaire, ou Extraordinaire. Sous le nom de Juges *Royaux ordinaires*, sont compris,

les Prévôts Royaux, les Baillifs & Sénéchaux, les Préfidiaux &
les Parlemens. L'on entend par Juges *Royaux extraordinaires*,
les Prévôts de Maréchaux ; les Lieutenans Généraux de Police ; Commiffaires du Confeil ; Juges des Eaux & Forêts, Election, Grenier à Sel, de la Connétablie, de l'Amirauté ; Chambre
des Comptes ; Cour des Aydes ; Cours des Monnoies ; & Grand-
Confeil.

Il faut d'abord retrancher, en cette Matiere, les *Prévôts
des Maréchaux*, qui aux termes de l'Article 13 du Titre 1er
de l'Ordonnance de 1670, renouvellé par l'Art. 42 de l'Edit
de 1695, & par l'Art. 11 de la Déclaration de Février 1731,
ne peuvent connoître dans aucun Cas, des Crimes commis par
les Eccléfiaftiques, mais peuvent feulement informer, décréter contr'eux & les arrêter à la charge du Renvoi, fuivant
l'Art. 15 de la Déclaration de 1731 : enforte qu'ils n'ont pas
même le Pouvoir de les *interroger*, qui eft accordé par l'Art.
21 de la même Loi, aux Juges des Seigneurs Hauts-Jufticiers.

Il en faut dire de même, des *Lieutenans Généraux de Police*, qui ne peuvent aulli connoître en aucune maniere des
Eccléfiaftiques, quand même il s'agiroit de Faits de *Débauche*, mais font renus de renvoyer les Parties à fe pourvoir pardevant les Juges qui en doivent connoître. D E S C O M B E S, Part.
2, Chap. 1er, p. 25, rapporte un Arrêt de la Cour du 11 Août
1677, par lequel, fur l'Appel *d'Incompétence* interjetté par un
Eccléfiaftique accufé de Débauche & de Rapt de Séduction,
des Informations & Décret décerné contre lui par le Lieutenant
Général de Police au Châtelet de Paris, la Cour le renvoya en
état d'Ajournement Perfonnel, pardevant l'Official de l'Arche-
vêché de Paris, pour y être le Procès inftruit & jugé pour le
Délit commun, *fans préjudice*, eft-il dit, *du Cas Privilégié, fi
aucun y a, pour lequel affiftera le Lieutenant Criminel du Châtelet.*

Pour ce qui concerne les autres Juges Royaux *Extraordinaires*, dont nous venons de parler ; il paroît que, fi la Plainte, qui
feroit portée devant eux contre un Eccléfiaftique, avoit pour objet
quelqu'un des Crimes dont la Connoiffance leur a été fpécialement attribuée par les Edits de leur Création, rien ne pourroit les
empêcher de la recevoir, & de faire en conféquence la même
Inftruction que les Juges Royaux ordinaires. A plus forte raifon,
fi le Crime n'étoit pas de Nature à donner lieu à une Inftruc-

tion conjointe ; comme, par exemple, s'il ne s'agissoit que de simples Contraventions aux Ordonnances pour le Port des Armes, la Police des Bois & Rivieres, la Pêche & la Chasse au Tems défendu, le Faussonage, Contrebande, & autres de cette espéce, qui ne peuvent mériter de Peine afflictive ni infamante. Ces Juges pourroient même, dans ces derniers Cas, instruire & juger le Procès, sans être tenus au Renvoi pardevant le Juge d'Eglise ; attendu que de pareils Délits emportent la Privation du Privilége Clérical, & que les Eccléfiastiques, comme Sujets du Roi, font tenus d'obferver les Edits & Ordonnances concernans la Police de son Royaume.

Par rapport aux Juges Royaux *Ordinaires*, il faut aussi écarter les simples *Prévôts Royaux*, qui, aux termes de l'Art. 21 de la Déclaration de Février 1731, font exclus, de même que les Juges Seigneuriaux, de la Connoissance des Crimes commis par les Eccléfiastiques, mais peuvent feulement informer, décréter contr'eux, & les interroger, à la Charge de Renvoi.

Il n'y a donc proprement que les *Baillifs & Sénéchaux*, les *Préfidiaux*, & *les Parlemens*, que l'on peut appeller les véritables Juges Royaux Ordinaires, en cette Matiere.

Quand nous difons les Baillifs & Sénéchaux, & les Préfidiaux, nous voulons parler des *Lieutenans Criminels des Bailliages & Sénéchauffées*; & des *Lieutenans Criminels des Préfidiaux*, autrement appellés, *de Robe-Courte*, qui, par l'Art. 14 de la Déclaration de 1731, font autorisés à connoître des Accufations portées contre les Eccléfiastiques, pour les juger à la Charge de l'Appel.

Quant aux COURS DE PARLEMENT, nous avons vû qu'aux termes de l'Edit de Février 1678 (*a*), lorfque la Plainte est portée pardevant ces Cours, ou que fur l'Appel des Sentences des Juges Royaux, il survient une Accufation pour le Cas Privilégié qui demande une Instruction conjointe, les Evêques font tenus de donner des LETTRES DE VICARIAT à l'un des

---

(*a*) « Et en Cas que le Procès s'inftruifit » auxdits Eccléfiastiques en l'une de nos » Cours de Parlement, voulons que les » Evêques & Supérieurs defdits Eccléfiaf- » tiques foient tenus de donner leur Vi- » cariat à l'un des Confeillers Clercs def- » dits Parlemens, pour, conjointement avec » celui des Confeillers Laics defdites Cours, » qui fera pour cet effet commis, être le » Procès fait & parfait aux Eccléfiastiques » accufés, & feront tenus, tant nofdits Ju- » ges, que les Vicaires & Officiaux des E- » véques, obferver le contenu en notre » préfente Ordonnance, à peine de Nullité » de Procédures, qui feront refaites aux » Dépens des Contrevenans, & de tous » Dépens, Dommages & Intérêts ... EDIT de Février 1678.

Confeillers

Confeillers Clercs de ces Cours qu'ils jugeront à propos, pour,
avec un Confeiller Laïc de ces mêmes Cours qui fera commis à
cet effet, inftruire conjointement le Procès. Ce qui ne doit avoir
lieu néanmoins, que dans les deux Cas fuivans. L'un, c'eft lorfque les Parlemens l'ordonnent ainfi, pour éviter la *Recouſſe*
des Accuſés durant .leur Tranſlation, ou pour quelques raiſons
importantes à l'ordre ou bien de la Juſtice ; c'eft la Difpofition
de l'Art. 3 de l'Edit de 1695. L'autre, c'eft lorfque l'Officialité
ne feroit point fituée dans la Ville où le Parlement tiendroit
fa Séance ; car fi elle y étoit fituée, comme il arrive ordinairement, la Procédure devroit alors fe faire conjointement avec
l'Official, par le Commiffaire Laïc qui feroit nommé par cette
Cour. Il y en a plufieurs exemples qui font rapportés par L'A u-
T e u r, de la *Maniere de pourſuivre les Crimes,* Ch. 13, p. 115.

Au furplus, ces Confeillers C l e r c s font tenus, aux termes
du même Edit de 1678, d'obferver, en procédant à l'Inftruction
conjointe, les mêmes Formalités que celles prefcrites pour les
Officiaux, & ils font auffi fujets aux mêmes Peines, en Cas de
Contravention ; fçavoir, Nullité des Procédures qui feront refaites à leurs Frais, avec tous Dépens, Dommages & Intérêts.

Pareillemeat, les Confeillers L a ï c s qui font commis par les
Cours, font affujettis aux mêmes Formalités & aux mêmes Peines
que les Lieutenans Criminels des Bailliages & Siéges Préfidiaux.
Il ne refte donc plus qu'à fçavoir en quoi confiftent les Formalités que ces derniers doivent obferver, lorfque la Plainte eft portée devant eux, contre un Eccléfiaftique.

Ces Juges doivent d'abord confidérer la *Qualité* du Délit qui
leur eft déféré. Ou ce Délit eft purement Eccléfiaftique ; ou bien
c'eft un Délit commun de fa Nature, mais dont les Circonftances
paroiffent le faire dégénérer en Cas Privilégié ; ou enfin, c'eft un
Délit Privilégié de fa Nature.

Si c'eft un Délit purement *Eccléfiaftique,* le Juge Royal doit
auffi-tôt en ordonner le Renvoi, ainfi que nous l'avons obfervé
fur le Titre précédent, en parlant de ces fortes de Délits.

Si c'eft un Délit *Commun,* qui par fes Circonftances femble
participer du Délit Privilégié, ce Juge doit alors procéder à
l'Information, & même au Décret & à l'Interrogatoire de l'Accufé, pour fçavoir fi les Circonftances, qui peuvent le rendre privilégié, font bien prouvées ; & au Cas qu'il ne trouve point cette
Preuve fuffifante, il doit, après l'Interrogatoire, fur les Conclu-

sions de la Partie Publique, délaisser la Connoissance de l'Affaire à l'Official, sans attendre que celui-ci le fasse révendiquer par le Promoteur, ni que cet Accusé requiere lui - même son Renvoi, parce qu'il s'agit d'un Privilége attaché à l'Ordre Clérical, auquel les Particuliers ne peuvent donner atteinte par leur Fait.

Mais, si par le Titre d'Accusation, ou par les Preuves survenues, il paroît que le Délit forme un Cas *Privilégié :* alors, ce Juge peut non-seulement informer, décréter & interroger, mais encore continuer tous les autres Actes de la Procédure, jusqu'à ce que le Renvoi soit demandé de la part de l'Accusé ou du Promoteur. Mais dès qu'une fois ce Renvoi a été demandé, en quel tems de la Procédure que ce soit, le Juge Royal ne peut s'empêcher d'y déférer ; c'est ce qui a été jugé contre le *Lieutenant Criminel de Montmorillon*, par Arrêt de la Cour du 30 Mai 1696, qui infirma une Sentence de ce Juge par laquelle il avoit dénié le Renvoi de l'Accusé pardevant *l'Official de Gueret* nonobstant que la Révendication en eût été faite par le Promoteur, déclara toute la Procédure nulle, ordonna qu'elle seroit refaite aux Frais & Dépens de ce Juge, auquel il fut enjoint d'observer l'Ordonnance de 1670 dans les Incidens de Faux, & lorsqu'il instruiroit le Procès Criminel à des Ecclésiastiques, soit pour un Incident de *Faux ou autres Crimes*, de les renvoyer à l'Official dont ils seroient Justiciables pour le Délit Commun, à la charge du Délit Privilégié pour lequel il assisteroit à l'effet d'instruire le Procès conjointement avec l'Official, conformément aux Edits & Déclarations, & sous les Peines y portées &c. *V.* aussi l'Arrêt de Réglement de la même Cour, du 31 Janvier 1702, conforme sur ce Point à l'Art. 38 de l'Edit de 1606.

Ainsi, lorsque ce Juge se met en refus de déferer au Renvoi demandé, on doit commencer par lui faire signifier la Requête de Révendication avec Sommation de la répondre ; & s'il ne veut la répondre, on attachera la Sommation à une Requête que l'on présentera au Parlement, pour obtenir un Arrêt de Renvoi aux dépens de ce Juge, conformément aux Ordonnances. Il y a cependant, comme nous l'avons observé sur le Titre précédent, de certains Cas où ce Juge pourroit être autorisé à dénier le Renvoi, comme en fait de Crime de Lèze-Majesté au premier Chef, de Prévarication de l'Ecclésiastique dans les Fonctions d'un Office Royal , & autres qui emportent la privation absolue du Privilége Clérical.

Dans le Cas où le Juge accorde le Renvoi, le Procureur du Roi de son Siége doit aussitôt en donner avis à l'Official dont l'Accusé est Justiciable, c'est-à-dire, à l'Official du Lieu où le Délit a été commis, par un Acte qu'il fera signifier au Greffe de l'Officialité, ainsi qu'à la Partie Civile, s'il y en a une, suivant la Formule marquée par DESCOMBES, Part. 2, p. 4.

Par ce même Acte, auquel sera joint la Requête de Révendication & l'Ordonnance de Renvoi, l'Official sera requis par le Procureur du Roi de se transporter sur les Lieux pour l'Instruction du Procès, *s'il le juge à propos*, c'est-à-dire, que l'Official a le choix de se transporter dans la Jurisdiction Royale, ou d'exiger que le Juge Royal se transporte lui-même en son Officialité. Il ne prend guères le premier de ces Partis, que lorsqu'il y a danger évident de *recousse* ou d'évasion du Prisonnier, & autres semblables où le bien de la Justice paroît le demander : le tout conformément à la Déclaration du mois de Juillet 1684 (*a*).

Mais s'il veut user de son droit à la rigueur, comme il arrive ordinairement, il faut qu'il fasse signifier de son côté, par le Ministere de son Promoteur, un Acte au Greffe du Siége Royal, par lequel il déclarera qu'il entend instruire le Procès dans le Siége de l'Officialité. Par cet Acte ou Sommation, qui sera aussi signifiée à la Partie Civile s'il y en a une, ou au Procureur du Roi, l'Official requerra en même-tems, que l'Accusé, s'il est Prisonnier, soit transféré dans la huitaine des Prisons du Juge Royal en celles de l'Officialité, & que les Procédures commencées seront apportées en son Greffe. Si c'est à la Partie Civile qu'est signifiée la Sommation, il y sera déclaré que le Promoteur fera transférer l'Accusé & apporter le Procès aux frais & dépens de cette Partie Civile, dont il prendra Exécutoire contre lui en la maniere accoutumée. Si c'est au Procureur du

<hr>

(*a*) » Lorsque nos Baillifs & Sénéchaux, » ou leurs Lieutenans Criminels instruiront » le Procès Criminel à des Ecclésiastiques, . » & qu'ils accorderont leur Renvoi par- » devant l'Official dont ils sont Justiciables » pour le Délit commun, soit sur la Re- » quête des Accusés, soit sur celle du Pro- » moteur en l'Officialité, nos Procureurs » esdits Siéges en donneront Avis à l'Offi- » cial, afin qu'il se transporte sur les Lieux » pour l'Instruction du Procès, s'il l'estime » à propos pour le bien de la Justice ; & » en cas qu'il déclare qu'il entend instruire » ledit Procès dans le Siége de l'Officia- » lité, ordonnons que lesdits Accusés feront » transférés dans les Prisons de l'Officia- » lité dans huitaine après ladite Déclara- » tion aux Frais & à la diligence de la Par- » tie Civile, s'il y en a, & en cas qu'il » n'y en ait pas, à la Poursuite de nos » Procureurs & aux Frais de nos Domai- » nes.... DÉCL. de Juillet 1687.

Roi, il faudra lui déclarer que le Promoteur se pourvoira en déni de Justice, à ce qu'il n'en ignore, dont Acte.

En cas de refus de la part de la Partie Civile, le délai de huitaine expiré, le Promoteur pourra faire transférer l'Accusé dans les Prisons de l'Officialité, & mettre le Procès au Greffe de ce Siége, & en avancer les frais nécessaires dont il prendra Exécutoire du Juge Royal contre cette Partie Civile. Il aura soin de faire écrouer le Prisonnier dans le Registre, afin de constater le tems de sa Translation.

Si c'est le Procureur du Roi qui se met en refus, le Promoteur pourra se pourvoir au Parlement, lui présenter Requête en déni de Justice, y attacher la Requête de Révendication & la Sommation, & y obtenir un Arrêt aux dépens du Refusant. Cette Procédure se trouve marquée par DESCOMBES, Part. 2, p. 46 & suiv.

Si dans la huitaine après que l'Accusé aura été transféré dans les Prisons de l'Officialité, le Juge Royal dans le Ressort duquel le Délit auroit été commis, ou à son défaut les autres Officiers de son Siége, suivant l'ordre du Tableau, se mettoient en refus de se rendre en l'Officialité : alors, aux termes de la Déclaration de 1684 (a), si ce Juge ne se trouvoit point Celui dans le Ressort duquel le Siége de l'Officialité seroit situé, il sera privé, ainsi que les Officiers de son Siége qui feroient pareillement Refus, du droit d'instruire conjointement avec l'Official : ce Droit sera dévolu au Juge Royal, dans le Ressort duquel le Siége de l'Officialité sera situé, & en Cas d'absence ou légitime empêchement de celui-ci, à l'un des Officiers de son Siége, suivant l'ordre du Tableau.

Mais si au contraire, le Juge Royal ne faisoit aucune difficulté de déférer à la Déclaration faite par l'Official qu'il entend instruire le Procès en son Officialité, il devra, en ce Cas, conformément à la même Déclaration de 1684 (b), rendre d'abord une

(a) » ... Et au Cas que ledit Lieutenant Criminel, ou à son défaut, un autre Officier dudit Siége Royal ne se rende dans le Délai de huitaine au Siége de l'Officialité où l'Accusé aura été transféré : Voulons en ce Cas que le Procès fût instruit conjointement avec ledit Official, par le Lieutenant Criminel, ou en son absence ou légitime empêchement, par l'un des Officiers du Bailliage & Sénéchaussée, suivant l'Ordre du Tableau, dans le Ressort duquel le Siége de l'Officialité est situé, pour être ensuite jugé audit Siége, auquel nous attribuons toute Cour, Jurisdiction & Connoissance.... V. DECL. de Juillet 1684.

(b) » Et que le Lieutenant Criminel, & à son défaut, un autre Officier du Siége, dans lequel le Procès a été commencé, se transporte dans le même-tems de

Ordonnance qui portera, que l'Eccléſiaſtique, s'il eſt Priſonnier, ſera transféré dans les Priſons de l'Officialité, dans la huitaine après la Déclaration de l'Official, aux frais & diligence de la Partie Civile, s'il y en a une, ou du Domaine du Roi & ſur la pourſuite du Procureur du Roi, s'il n'y en a point. Dans ce même tems de huitaine, ce Juge Royal ſe tranſportera dans le Lieu où eſt le Siége de l'Officialité, quand même il ſeroit hors du Reſſort de ſon propre Siége, pour achever l'Inſtruction du Procès conjointement avec l'Official.

Pareillement ſi l'Official, ſur la Sommation qui lui ſera faite par le Procureur du Roi, déclaroit qu'il entend ſe tranſporter dans le Siége Royal, il devra ſe tranſporter dans le même Délai de huitaine pour achever l'Inſtruction.

L'on dit pour *achever l'Inſtruction*, parce que, comme nous l'avons vû, d'après l'Edit de 1678, (*a*) les Procédures faites par le Juge Royal, juſqu'à la demande en Renvoi, doivent ſubſiſter ſelon leur forme & teneur ; de maniere que ſi les Récollemens & Confrontations avoient été faits auparavant la demande en Renvoi, l'Official ſeroit tenu de rendre ſa Sentence définitive ſur cette Procédure ; & après cette Sentence, l'Accuſé qui aura été transféré dans ſes Priſons, ſera ramené en celle du Juge Royal du Siége où le Procès aura été commencé, pour y être jugé à l'égard du Cas Privilégié.

Telles ſont les Procédures préliminaires, qui concernent le Juge Royal, dans les Cas où la Plainte a d'abord été portée devant lui. Voyons préſentement quelles ſont celles qui doivent être gardées par le Juge d'Egliſe, dans le Cas où la Plainte lui a été adreſſée.

Sous le nom de JUGES D'EGLISE, nous entendons parler, non-ſeulement des *Officiaux* & des *Conſeillers Clercs des Cours*,

Formalités Préliminaires dans le Cas où la Plainte eſt portée d'abord devant le Juge d'Egliſe.

» huitaine dans le Lieu où eſt le Siége de » l'Officialité, quand même il ſeroit hors » le Reſſort dudit Siége pour achever l'Inſ- » truction dudit Procès conjointement avec » l'Official, attribuant à cet effet toute » Cour, Juriſdiction & Connoiſſance, & » ſans qu'ils ſoient obligés de demander » Territoire ni prendre *Pareatis* des Offi- » ciers Ordinaires des Lieux..... même » DECL. de 1684.

(*a*) » Voulons pareillement qu'en Cas » que leſdits Eccléſiaſtiques euſſent été ac-

» cuſés devant nos Juges, & vinſſent à être » révendiqués par les Promoteurs des Offi- » cialités, ou renvoyés pour le Délit Com- » mun ; en ce Cas, les Information & au- » tres Procédures faites par noſdits Juges, » ſubſiſteront ſelon leur forme & teneur, » pour être leur Procès fait, parachevé & » jugé contre leſdits Eccléſiaſtiques, pour » raiſon dudit Délit Commun, ſur ce qui » aura été fait par nos Juges, du Renvoi » & Déclinatoire. V.... EDIT de Janvier 1678.

à qui les Evêques font tenus de donner des Lettres de Vicariat, dans les Cas que nous avons remarqués ci-devant ; mais encore des *Supérieurs Réguliers* des Monasteres, qui font *Chefs d'Ordre* & ont une Jurifdiction *quaſi Epiſcopale* ſur les Religieux qui les compoſent. Ceux-ci doivent nommer un Supérieur ſubalterne de leur ordre, pour procéder à l'Inſtruction conjointe des Procès qui ſe font à leurs Religieux, pour des Cas Privilégiés.

Lorſqu'il y a une Plainte rendue pardevant un Juge d'Egliſe, qui réunit d'ailleurs toutes les Qualités néceſſaires pour le rendre Compétent, telles que celles que nous avons remarqués ſur le Chap. 1ᵉʳ du Titre précédent ; ce Juge doit, conformément aux Diſpoſitions de l'Edit de 1678 (*a*), & de la Déclaration de 1684 (*b*), obſerver les mêmes Formalités préliminaires que celles preſcrites à l'égard des Juges Royaux, c'eſt-à-dire que s'il reconnoît par les termes de cette Plainte que le Crime qui fait le Titre de l'accuſation eſt du nombre des Cas Privilégiés, il doit avertir inceſſamment le Procureur du Roi du Siége Royal, avant que de commencer les Informations. L'Avertiſſement ſe fait par une Sommation que le Promoteur fait donner au Juge Royal & au Procureur du Roi, ſuivant la FORMULE marquée par DESCOMBES, Part. 2, p. 208.

Mais, ce n'eſt pas indifféremment à toutes ſortes de Juges Royaux, que doit être donné cet Avertiſſement. La même Déclaration de 1684 (*c*), veut qu'il ſoit d'abord donné au Juge

---

(*a*) » Ordonnons en outre que, lorſ-
» que dans l'Inſtruction des Procès qui ſe
» feront aux Eccléſiaſtiques, les Officiaux
» connoîtront que les Crimes dont ils ſe-
» ront accuſés & prévenus, feront de la
» Nature de ceux pour leſquels il écheoit
» de renvoyer à nos Juges pour le Cas Pri-
» vilégié, les Officiaux feront tenus d'en
» avertir inceſſamment les Subſtituts de
» nos Procureurs Généraux du Reſſort où
» le Crime aura été commis, à peine,
» contre leſdits Officiaux, de tous Dépens,
» Dommages & Intérêts, même d'être la
» Procédure refaite à leurs Dépens. *V*. EDIT
» de Février 1678.

(*b*) » Voulons que le même Ordre ſoit
» obſervé dans les Procès qui auront été
» commencés dans les Officialités, & que
» les Officiaux ſoient tenus d'en avertir
» les Lieutenans Criminels de nos Baillia-
» ges & Sénéchauſſées, dans le Reſſort deſ-

» quels les Crimes ou Cas Privilégiés, dont
» leſdits Eccléſiaſtiques ſeront accuſés, au-
» ront été commis. *V*. DÉCL. de Juillet
» 1684.

(*c*) Enjoignons auxdits Lieutenans Cri-
» minels, ou en leur abſence & légitime
» Empéchement, aux autres Officiers deſ-
» dits Siéges, ſuivant l'Ordre du Tableau,
» de ſe tranſporter dans les Lieux où ſont
» les Siéges deſdites Officialités, dans hui-
» taine après la Sommation qui leur en
» aura été faite à la Requête des Pro-
» moteurs, pour être par eux procédé à
» l'Inſtruction & Jugement deſdits Procès
» pour le Cas Privilégié, en la forme ex-
» pliquée ci-deſſus ; & à faute par leſdits
» Juges de ſe rendre dans ledit Délai dans
» les Lieux où ſont leſdites Officialités,
» leſdits Procès ſeront inſtruits & jugés par
» les Officiers du Bailliage ou Sénéchauſ-
» ſée, dans le Reſſort duquel eſt le Siége

Royal du Lieu du Délit, encore qu'il ne feroit pas celui du Lieu où eſt ſitué le Siége de l'Officialité ; & que ce Juge ne puiſſe ſe difpenſer de ſe rendre en l'Officialité, dans la huitaine après cet Avertiſſement, lui attribuant à cet effet toute Cour, Jurif-diction & Connoiſſance, de maniere qu'il n'eſt obligé de de-mander Territoire ni prendre *Pareatis* des Officiers ordinaires des Lieux. Mais ſi ce Juge du Lieu du Délit, ou à ſon dé-faut les autres Officiers de ſon Siége, ſuivant l'ordre du Ta-bleau, faiſoient Refus de ſe tranſporter en l'Officialité, dans le Délai de huitaine après l'Avertiſſement donné par le Juge d'Egliſe ; celui-ci eſt autoriſé par la même Déclaration à s'adreſſer au Juge Royal, dans le Reſſort duquel l'Officialité ſe trouve ſituée, & à qui elle attribue pareillement toute Cour & Jurifdiction à cet effet.

Que ſi ce dernier, ou à ſon défaut les autres Officiers de ſon Siége à qui l'on s'adreſſeroit ſucceſſivement ſuivant l'ordre du Tableau, ſe mettoient pareillement en Refus de ſe tranſpor-ter dans la huitaine, malgré les Sommations du Promoteur. Alors, ſuivant une derniere Difpoſition de la même Loi, le Juge d'Egliſe devra s'adreſſer au Parlement pour faire com-mettre un autre Juge Royal. Il faudra pour cet effet attacher les Sommations à une Requête, ſur laquelle la Cour rendra Arrêt, par lequel elle commettra un autre Juge. Il y en a plu-ſieurs exemples rapportés dans DESCOMBES, & entr'autres deux Arrêts, l'un du 12 Décembre 1640, & l'autre du 2 Septem-bre 1659. L'on peut auſſi, ſuivant cet Auteur, ſe pourvoir au Conſeil en pareil Cas, & y faire intervenir M. M. les Agens du Clergé pour ſoutenir les Priviléges du Clergé. Le Parlement peut auſſi commettre de ſon propre mouvement, & lorſqu'il le juge à propos, en jugeant les Appellations ſur les Procédu-res inſtruites conjointement par le Juge d'Egliſe & le Juge Royal. Ce qui a lieu principalement, lorſqu'il ſe trouve des différences eſſentielles & inconciliables, dans les Procédures & Ordonnan-ces qui auroient été rendues par l'un & l'autre de ces Juges, pendant le cours de l'Inſtruction.

Que ſi le Cas Privilégié ne paroiſſoit point évidemment dans

» de l'Officialité : le tout ſans préjudice à » nos Cours, de commettre d'autres de nos » Officiers pour leſdites Inſtructions, & de » renvoyer en d'autres Siéges le Jugement » deſdits Procès, lorſqu'elles l'eſtimeront à » propos, pour des raiſons que nous laiſ-» ſons à leur arbitrage. *V.* DÉCL. de Juil-» let 1684.

la *Plainte* , mais feulement dans les *Informations* , le Juge d'E-
glife pourra les continuer, & décréter l'Accufé, avant que d'a-
vertir le Juge Royal. C'eft ce qui réfulte de la Difpofition de
la même Déclaration de 1684 que nous venons de citer , lorfqu'elle veut que le *même Ordre foit obfervé* dans les Procès
qui auront été commencés en l'Officialité, que celui qu'elle a
prefcrit à l'égard de ceux commencés par les Juges Royaux : or,
comme aux termes de l'Edit de 1678 , dont l'exécution eft ordonnée par cette même Déclaration , tous les Actes de Procédure qui ont été faits par le Juge Royal avant la Révendication
du Promoteur doivent fubfifter , il paroît qu'on en doit dire de
même à l'égard de ceux qui font faits par le Juge d'Eglife avant
la Connoiffance juridique qu'il a pu avoir du Cas Privilégié.
C'eft auffi ce que ce même Edit de 1678 paroît donner fuffifamment à entendre , par cette Difpofition qu'on voit à la fuite de celle dont nous venons de parler... *n'entendons néanmoins
annuller les Informations faites par les Officiaux , auparavant
que nos Officiers ayent été appellés pour le Cas Privilégié , lefquelles Informations fubfifteront en leur force & vertu , à charge
de faire récoller nos Témoins par nos Officiers....*

Par une fuite du Principe établi par cette Loi, il paroît qu'on
en pourroit dire de même de l'Interrogatoire & du Récollement
qui auroient été faits par l'Official fur le Délit Commun , avant
qu'il eût connoiffance du Cas Privilégié ; c'eft-à-dire , que l'un
& l'autre de ces Actes devroient également fubfifter en leur force
& vertu , avec cette différence feulement , que l'Interrogatoire
pourra être réitéré par le Juge Royal s'il le juge à propos , au
lieu que le Récollement ne peut jamais être réitéré fuivant la
Difpofition de l'Art. 6 du Tit. 15 de l'Ordonnance de 1670.

Ainfi, tous les Témoins qui auroient été recollés par le Juge
d'Eglife feul , avant que le Juge Royal ait été appellé , le feroient valablement , pourvû que ce Juge d'Eglife ait eu foin
d'appeller ce Juge Royal auffitôt qu'il a eu connoiffance du
Délit Privilégié ; & il n'y auroit que les Témoins qui n'auroient
point été récollés depuis cette Connoiffance , qui devroient l'être
conjointement avec le Juge Royal : à plus forte raifon , ceux
qui pourroient être entendus dans la fuite , en Cas d'addition
d'Information.

Cependant, il faut convenir, qu'à moins qu'il ne s'agiffe d'un
Flagrant Délit , & autres circonftances preffantes où il y auroit
ieu

lieu de craindre l'évafion de l'Accufé ; ou bien que le Siége de l'Officialité fe trouvât fort éloigné du Lieu de fa Jurifdiction Royale dans le Reffort de laquelle le Cas Privilégié feroit arrivé ; il feroit plus régulier que l'Official, qui, en procédant à l'Information, à l'Interrogatoire ou au Récollement, viendroit à découvrir le Cas Privilégié, furfeoie auffi-tôt fa Procédure, & faffe appeller le Juge Royal, afin de procéder conjointement à la confection de ces différens Actes.

Au refte, fi malgré la Connoiffance qu'auroit l'Official du Cas Privilégié, foit par le Titre même de la Plainte, foit par les Informations & autres Actes de la Procédure, il continuoit l'Inftruction fans appeller le Juge Royal du Lieu du Délit ; ou fi après l'avoir appellé, il n'attendoit pas que le Délai de huitaine qui eft accordé à ce Juge pour fe rendre au Siége de l'Officialité, fût expiré ; ou bien fi, fur le Refus formel de ce Juge ou des autres Officiers de fon Siége auxquels on s'adrefferoit fucceffivement à fon défaut, il ne s'adreffoit pas au Juge du Lieu où l'Officialité eft fituée ; ou enfin fi, fur le Refus de celui-ci & des autres Officiers de fon Siége, il ne recouroit pas au Parlement pour faire commettre un autre Juge, il encourroit alors les Peines qui font portées par l'Edit de 1678, fçavoir, la Nullité de la Procédure qui feroit refaite à fes frais avec tous Dépens, Dommages & Intérêts. Il y en a plufieurs Exemples rapportés par l'Auteur *de la maniere de pourfuivre les Crimes*, Part. 2. L'on trouve même dans le Journal des Audiences, Tom. 5, Liv. 7, Ch. 26, un Arrêt du 13 Avril 1709, par lequel il a été jugé qu'il y avoit Abus dans une Procédure faite par l'Official feul, même depuis la Sommation qu'il avoit fait donner au Juge Royal qui n'étoit pas venu, & cette Procédure a été déclarée nulle.

<h2 style="text-align:center">§. II.</h2>

Formalités qui doivent accompagner l'Inftruction Conjointe.

APRÉS que le Juge d'Eglife, & le Juge Royal ont été informés du Cas Privilégié, de quelqu'une des Manieres que nous venons de remarquer ; & que Celui d'entr'eux qui aura commencé feul fur la Plainte qui lui aura été rendue, aura fait délivrer par fon Greffier une Groffe en forme des Informations & autres Actes de Procédures qu'il aura faites ; & qu'enfin l'Accufé, s'il a d'abord été traduit devant le Juge Royal, aura été transféré de fes Prifons en celles de l'Officialité, y aura été *écroüé* en vertu d'un Décret particulier de l'Official pour conftater qu'il y a été transféré dans le tems néceffaire ; le Juge Royal doit, dans le Délai de huitaine qui lui eft prefcrit par l'Edit de 1678, fe tranfporter en l'Officialité, y amener avec lui fon *Greffier* dont il doit être néceffairement affifté, aux termes du même Edit qui veut que toutes les Procédures qui feront faites en conféquence foient rédigées par les Greffiers de chaque Juge en des Cahiers féparés (*a*).

Il doit auffi pour la validité de l'Inftruction être accompagné de fon *Procureur du Roi*, de même que l'Official de fon *Promoteur*, afin qu'ils donnent chacun de leur côté leurs Conclufions dans les Cas où elles feront néceffaires. C'eft même, comme nous l'avons obfervé, fur les Pourfuites de ceux-ci que fe font tous les Actes d'Inftruction dans les Cas où il n'y a pas de Partie Civile. Il faut feulement obferver à l'égard du Procureur du Roi, que ce ne doit pas être celui du Siége dont le Juge a fait Refus de fe tranfporter, mais celui du Siége dont le Juge Royal préfide à l'Inftruction.

Ces Juges étant ainfi affemblés, ils doivent fe faire repréfenter par les Greffiers du Siége où le Procès a été commencé, des Expéditions des Piéces de la Procédure, pour les continuer dans l'état où elles fe trouvent & fuivant les derniers erremens. Ainfi, s'il y a déja eu des Informations, Décrets & Interrogatoires faits par l'un ou l'autre de ces Juges avant l'Inftruction conjointe ; cette Inftruction ne commencera qu'au Récollement, ainfi que nous l'avons obfervé d'après la Difpofition de l'Edit de 1678, rapporté fur le §. précédent.

Ce n'eft pas, que fi le Juge Royal trouvoit que le Décret qui auroit été décerné par le Juge d'Eglife étoit trop léger, il ne puiffe l'augmenter, ainfi qu'il y eft autorifé par l'Art. 7 du Tit. 10 de l'Ordonnance de 1670.

(*a*) » Seront tenus pour cet effet nofdits » Juges d'aller au Siége de la Jurifdiction » Eccléfiaftique, fituée dans leur Reffort, » fans aucune difficulté pour, y étant, faire » rédiger les Dépofitions des Témoins, In- » terrogatoires, Récollemens & Confron- » tations par leurs Greffiers, en des Cahiers » féparés de ceux des Greffiers des Offi- » ciaux, pour être le Procès inftruit & jugé » par nofdits Juges, fur les Procédures ré- » digées par leurs Greffiers, fans que, fous » quelque prétexte que ce puiffe être, lefdits Juges puiffent juger lefdits Eccléfiaf- » tiques fur les Procédures faites par les » Officiaux, pour raifon du Délit Commun. » EDIT de 1678,

Il pourra aussi, suivant l'Art. 15 du Tit. 14 de cette même Ordonnance, s'il y a quelques Faits essentiels sur lesquels l'Accusé n'aura point été interrogé par l'Official, procéder à un nouvel Interrogatoire ; à plus forte raison, si l'Interrogatoire avoit seulement été commencé par l'Official qui l'auroit sursis aussitôt qu'il auroit eu Connoissance du Cas Privilégié, pour appeller le Juge Royal : ou bien il pourra continuer cet Interrogatoire conjointement avec l'Official ; & ainsi, des autres Actes de la Procédure.

Pareillement, si dans les Interrogatoires & Confrontations qui auroient été faits par le Juge Royal avant la Réquisition du Renvoi, l'Official remarquoit des Omissions essentielles qui auroient été faites de la part du Juge Royal, singuliérement par rapport à la Représentation des Piéces de Conviction ; il pourra, sur la Requête de son Promoteur, procéder de nouveau à ces Interrogatoires & Confrontations, conjointement avec le Juge Royal. DESCOMBES assure en avoir vû plusieurs exemples ; & cela paroît en effet conforme à la Disposition de la nouvelle Ordonnance sur le faux principal, qui permet de réitérer la Confrontation, en Cas de défaut de Représentation ou Paraphe des Piéces. *V.* Art. 45, Tit 1.

Mais s'il n'y avoit point encore eu de Procédure faite de part ni d'autre, depuis la Plainte rendue contre les Ecclésiastiques accusés de Cas Privilégié ; c'est alors, que ces Juges procéderont conjointement à tous les Actes de l'Instruction, suivant la forme prescrite par la Déclaration du 4 Février 1711, que nous avons rapporté ci-devant.

Ainsi, en partant des Dispositions de cette derniere Loi, ce sera sur l'Ordonnance de l'Official, que les Témoins feront assignés pour l'Information, à la diligence tant des Parties Civiles que du Promoteur & du Procureur du Roi, & qu'ils feront contraints en Cas de Contumace. Ce fera aussi l'Official, qui prendra le serment de ces Témoins, & qui aura la Parole dans les Informations, c'est-à-dire, que les deux Greffiers devront écrire fous fa dictée les Dépositions de ces Témoins. Au surplus, ces Informations feront écrites en des Cahiers féparés, & chaque Déposition fera signée, cottée & paraphée par chacun des Juges, par leurs Greffiers & par le Témoin, conformément à ce qui est prescrit fous le Tit. 6 de l'Ordonnance de 1670.

Sur ces Informations, chacun des Juges rendra fon Décret

enfuite des Conclufions des Parties publiques. Si l'Accufé ne comparoit point fur ce Décret, on inftruira fon Procès par Contumace, & les Juges procéderont conjointement au Récollement qui doit valoir Confrontation fuivant l'Ordonnance. Si au contraire, il comparoit fur le Décret, on lui fera fubir Interrogatoire, lors duquel l'Official prendra le Serment de l'Accufé & fera les Interrogats en préfence du Juge Royal, lequel pourra feulement requérir l'Official d'interpeller l'Accufé fur tels Faits qu'il jugera néceffaires. Ces Interpellations, ainfi que les Réponfes que fera l'Accufé, feront tranfcrites par les Greffiers de l'un & l'autre Juge en des Cahiers féparés.

Que fi le Juge d'Eglife refufoit de faire les Interpellations requifes par le Juge Royal, celui-ci pourra les faire lui-même directement à l'Accufé & les fera tranfcrire par fon Greffier dans le Cahier de fon Interrogatoire, pour faire connoître que les omiffions qui feroient faites dans la Procédure de l'Official ne font point de fon fait.

L'Interrogatoire étant fait, chacun des Juges rendra fur le vû, tant de cet Acte, que des Charges & Informations, & enfuite des Conclufions des Parties publiques, un Jugement préparatoire, par lequel il réglera le Procès à l'extraordinaire, ou bien il ordonnera la converfion du Procès Criminel en Procès ordinaire. Que s'ils ne fe trouvoient point d'accord dans leur Jugement, c'eft-à-dire, fi l'Official avoit civilifé le Procès, tandis qu'au contraire le Juge Royal l'auroit réglé à l'extraordinaire enfuite de Délibération de fon Siége, ce dernier Jugement devra être préféré, en ce qu'il fait connoître qu'il y a du Cas Privilégié, & par conféquent que la vengeance publique y eft intéreffée : ainfi l'Official ne pourra fe difpenfer de procéder conjointement au Récollement & à la Confrontation.

Mais fi au contraire, le Juge Royal s'accordoit avec lui pour ordonner la Civilifation du Procès ; alors, comme il ne s'agiroit plus que d'un Délit Commun, l'Inftruction conjointe devroit ceffer abfolument, & l'Affaire devra être renvoyée ou délaiffée de fa part à l'Official, fauf à reprendre l'extraordinaire, & à continuer cette Inftruction conjointe, s'il furvenoit de nouvelles preuves, conformément à l'Art. 5 du Tit 20 de l'Ordonnance de 1670.

En procédant au Récollement & à la Confrontation, on obfervera les Formalités ci-deffus prefcrites par la Déclaration de

1711, c'est-à-dire, que l'Official rendra l'Ordonnance pour faire assigner les Témoins, qu'il aura la Parole, prendra le Serment des Témoins & de l'Accusé, les interpellera lorsqu'il en sera requis par le Juge Royal.

L'on dit qu'il devra interpeller *les Témoins* aussi-bien que l'*Accusé*, lorsqu'il en sera réquis ; & l'on se fonde sur ce que par la Déclaration de 1711, il n'est pas seulement parlé des Interpellations qui seront faites lors des Interrogatoires & des Confrontations, mais encore dans les *autres Actes* de la Procédure : ce qui comprend sans contredit le Récollement & même les Informations & Additions d'Information, & les Procès-verbaux. Au reste, quant aux Interpellations qui se font aux Témoins lors de la Confrontation, il n'est pas nécessaire qu'elles soient demandées par le Juge Royal, parce que ce soin regarde principalement l'Accusé, suivant l'Art. 22 du Tit. 15 de l'Ordonnance de 1670.

Il en sera usé de même dans les Confrontations qui se feront des Accusés les uns aux autres, conformément à la Disposition de l'Art. 23 du même Tit. 15 de l'Ordonnance.

Mais il reste à sçavoir, comment l'on devra procéder dans le Cas où un Laïc se trouveroit impliqué comme Complice dans le Procès Criminel qui seroit fait à un Ecclésiastique pour le Cas Privilégié.

Nous croyons qu'il faut distinguer, à cet égard, entre l'Accusation qui auroit d'abord été portée devant le Juge Royal pour Crime méritant Peine afflictive, & dans laquelle un Ecclésiastique se trouveroit impliqué avec un Laïc ; & celle qui auroit d'abord été portée devant l'Official contre un Ecclésiastique, & dans laquelle un Laïc se trouveroit complice du Crime qui formeroit un Cas Privilégié.

Quis, lorsqu'un Laïc se trouve impliqué dan le Procè Criminel d'un Ecclésiastique ?

AU PREMIER CAS, l'Instruction ne doit se faire conjointement avec l'Official, que contre l'Ecclésiastique dont ce Juge a seulement droit de connoître, ne pouvant connoître des Laïcs, que dans certains Cas que nous aurons lieu de remarquer sous le Titre suivant en parlant des Peines que ce Juge peut prononcer, & cela, encore même que ces Laïcs seroient d'ailleurs attachés par leur état à l'Officialité, tels que les Procureurs, Greffiers & Appariteurs. Ainsi, le Juge Royal devroit à cet effet faire délivrer à l'Official une Grosse en forme des Informations qu'il auroit faites & procéder enfuite conjointement avec lui à l'Interrogatoire de l'Eccléfiaftique accufé , ainfi qu'aux Récollemens des Témoins & aux nouvelles Informations qui feroient faites en conféquence de la Révendication du Promoteur, ou de la Réquifition du Renvoi par l'Accufé ; attendu que dans tous ces Actes, il peut être fait Mention de l'Eccléfiaftique, Complice. Le Juge d'Eglife pourra auffi , fe faire délivrer une Groffe en forme des Interrogatoires , s'il y en a eu de fubis par le Laïc accufé , parce qu'il ne peut l'interroger lui-même , n'ayant aucune Jurifdiction fur lui ; enforte que fi celui-ci fe mettoit en Refus de répondre , il ne pourroit lui faire fon Procès comme à un Muet volontaire. C'eft la Remarque de l'*Annotateur* du nouveau Prat. Fr. Tom. 2 , p. 332 , qui ajoute que la Queftion de fçavoir fi le Laïc complice de l'Eccléfiaftique doit être interrogé devant les deux Juges, n'eft pas encore bien décidée , & que le plus grand nombre des Suffrages paroît être pour la négative. L'Auteur de *la Maniere de pourfuivre les Crimes* , p. 125 , prétend néanmoins, que fi le Fait eft indivifible entre l'Eccléfiaftique & le Laïc, il faut néceffairement que les deux Juges affiftent à l'Interrogatoire, parce que c'eft , *dit-il* , dans cet Acte qu'il faut chercher des Preuves qui foient communes aux deux Accufés ; que fi l'Interrogatoire du Laïc fait charge contre l'Eccléfiaftique , alors la Répétition de ce Laïc fur fon Interrogatoire qui tient lieu de Récollement , devra être faite auffi par les deux Juges , puifqu'en ce Cas le Laïc tient lieu de Témoin vis-à-vis l'Eccléfiaftique , & qu'il en eft de même de la Confrontation du Laïc à l'Eccléfiaftique contre lequel il fait charge , & généralement de toutes les Procédures qui fe feront depuis le Renvoi requis , ou depuis que le Juge Royal aura été appellé.

Cependant , il nous paroît , quant à la Confrontation , qu'il faut diftinguer entre celle qui fe fait des Témoins aux Accufés & celle qui fe fait des Accufés les uns aux autres. La premiere doit fe faire féparément par le Juge Royal, fi les Témoins ne font Charge que contre le Laïc ; & ce n'eft que lorfqu'ils font Charge contre l'Eccléfiaftique qu'elle doit être faite conjointement par les deux Juges. Mais pour la Confrontation des Accufés les uns aux autres , elle devra toujours fe faire conjointement , parce qu'elle peut fervir à la charge ou à la décharge des Accufés. C'eft pourquoi les Accufés Laïcs devront être

transférés, à cet effet, dans les Prisons de l'Official, & y demeurer jusqu'à ce qu'il ait rendu sa Sentence : après quoi ils
seront reconduits en celles du Juge Royal qui a seul droit de
les punir.

Au second cas, c'est-à-dire, si dans l'Accusation qui
auroit été portée d'abord devant l'Official, il se trouvoit des
Laïcs complices, cette Accusation s'instruira conjointement comme la premiere, pour ce qui concerne l'Ecclésiastique ; mais la
Confrontation se fera séparément par le Juge Royal à l'égard
du Laïc, qui, comme nous venons de le dire, ne peut être interrogé par le Juge d'Eglise, qu'en qualité de Témoin, ou bien
dans des Cas pressans & indispensables où tout Juge peut le
faire.

Ensuite, l'Official ayant rendu la Sentence contre l'Ecclésiastique, le Juge Royal décidera sur l'une & sur l'autre de ces
Confrontations, par un seul & même Jugement. Mais s'il ne
s'agissoit au fond que d'un simple Délit commun, où il n'y auroit que des Condamnations pécuniaires à prononcer ; il faudroit diviser l'Instruction, c'est à-dire, que le Laïc devra être
alors renvoyé au Juge Royal, & l'Official instruira & jugera
seul l'Ecclésiastique, quant aux peines Canoniques que pourra
mériter ce délit ; après quoi il renverra, pour la Provision & les
dommages & intérêts, pardevant le Juge Séculier.

Une autre Question non moins importante, par laquelle
nous croyons devoir terminer cette Instruction, est de sçavoir
si l'Official pourroit, dans un Procès instruit conjointement,
admettre l'Accusé à la preuve de ses Faits justificatifs. Ce qui
donne lieu d'en douter, c'est que les Déclarations de 1678 &
1684, font défenses au Juge Royal de se servir des Procédures faites par les Officiaux seuls, depuis que les Juges Royaux
ont été appellés.

Ce fut aussi, sur un pareil doute que le Lieutenant Criminel
de Besançon, ayant pris la liberté de consulter feu M. le Chancelier Daguesseau ; il en reçut la réponse suivante, en date
du 30 Septembre 1728, que nous croyons devoir rapporter ici
tout au long, parce qu'elle contient un détail qui ne laisse rien
à désirer sur cette Matiere.

» Monsieur, j'ai reçu la Lettre que vous m'avez écrite

M. le Chancelier Daguesseau.

» le 10 de ce mois, sur la Question de sçavoir si un Official a
» le droit d'admettre un Accusé à la Preuve de ses Faits justi-
» ficatifs, lorsqu'il s'agit d'un Cas privilégié. L'Official est Juge
» de même que le Juge Royal, & le pouvoir de l'un n'est pas
» plus limité que celui de l'autre, quand il ne s'agit que de
» sçavoir si la Preuve est suffisante, ou s'il y a lieu d'ordonner
» une nouvelle Instruction ; chacun des deux Juges peut suivre
» sur ce point son sentiment particulier, & il n'a point d'autre
» Régle à cet égard, que son honneur & sa conscience. Il ne
» paroît donc pas douteux que lorsque l'Accusé allégue un *Alibi*,
» ou quelques autres Faits justificatifs, le Juge d'Eglise ne puisse
» y avoir égard, s'il estime le devoir faire, & ordonner la Preu-
» ve du Fait justificatif. La Déclaration de 1684, ni aucune
» de celles que vous citez dans votre Lettre, n'ont rien de
» contraire à ce que je viens de vous marquer, & je n'y vois
» même aucune disposition qui ait le moindre rapport avec la
» Question que vous me proposez ; mais, s'il est vrai en géné-
» ral qu'il n'y ait point de Loi qui ôte au Juge d'Eglise le pou-
» voir d'admettre un Accusé à la preuve de ses Faits justifica-
» tifs, il ne l'est pas moins, que l'usage de ce pouvoir doit être
» renfermé dans des bornes si exactes, qu'il ne puisse en arri-
» ver aucun inconvénient par rapport au bien de la Justice. Or,
» c'est ce que l'on éprouveroit souvent, si la Sentence par la-
» quelle le Juge d'Eglise auroit admis l'Accusé à la preuve de
» ses Faits justificatifs, pouvoit être exécutée avant que le Ju-
» ge Royal eût rendu son Jugement, l'Accusé ne manqueroit
» pas de se prévaloir devant ce dernier Juge de la Preuve qu'il
» auroit fait faire, en exécution de la Sentence du Juge Ecclé-
» siastique, & l'Affaire ne se trouvant plus précisément dans le
» même état où elle étoit lorsqu'elle a été décidée par le Juge
» d'Eglise, il arriveroit que la décision de ce Juge entraîneroit
» en quelque maniere celle du Juge Royal. D'ailleurs la Preu-
» ve des Faits justificatifs est une nouvelle Instruction qui fait
» partie du Procès Criminel, & qui devroit être faite conjointe-
» ment par le Juge d'Eglise & par le Juge Royal, si l'un &
» l'autre l'avoient ordonné. L'Official est donc obligé, avant que
» d'y procéder, d'attendre si le Juge Royal l'ordonnera, sans
» quoi sa Procédure prématurée ne manqueroit pas d'être dé-
» clarée abusive, s'il arrivoit dans la suite que le Juge Royal
» ordonnât la même Preuve. La vraie difficulté de la Question

» que

» que vous agitez, n'eſt donc pas de ſçavoir, ſi l'Official peut
» ordonner qu'il ſera fait Preuve d'un Fait juſtificatif : ce pou-
» voir eſt tellement inhérent au caractere de Juge, qu'on ne
» ſçauroit le lui refuſer : il s'agit uniquement de ſçavoir, ſi après
» avoir rendu un tel Jugement, il pourroit le faire exécuter avant
» que le Juge Royal eût prononcé la Sentence ; or, c'eſt ce
» qu'il ne pourroit faire ſans Abus, par les Raiſons que je viens
» de vous expliquer ; ainſi vous ne ſçauriez empêcher dans l'Affai-
» re ſur laquelle vous me conſultez, que l'Official, s'il le juge à
» propos, n'admette l'Accuſé à la Preuve de l'*Alibi* que cet
» Accuſé met en fait. Mais ſi cela arrive, vous devez l'avertir
» qu'il ne peut faire exécuter ſon Jugement juſqu'à ce que vous
» ayez rendu le vôtre ; ſi vous entrez dans le ſentiment de
» l'Official & que vous ordonniez la même Preuve, il faudra
» ſuivre exactement la forme preſcrite par l'Ordonnance, ſur la
» Maniere de faire la Preuve des Faits juſtificatifs ; & quoique
» le Cas préſent n'ait pas été prévu par les Ordonnances, le
» ſeul parti régulier que vous puiſſiez prendre, ſera de faire l'En-
» quête conjointement avec l'Official. Si au contraire vous ne
» croyez pas devoir admettre l'Accuſé à la Preuve de ſon Fait
» juſtificatif, alors vous jugerez le Procès ſelon que vous croi-
» rez le devoir faire en honneur & conſcience, & vous ferez exé-
» cuter votre Jugement, ſans vous mettre en peine de ce que
» l'Official pourra faire en Exécution du ſien, parce que, dès le
» moment que les deux Jugemens rendus ſur le vû du Procès,
» ne ſont point uniformes, & qu'ils ne tendent pas à la même
» Inſtruction, il n'y a rien dans leur Exécution que les deux
« Juges ſoient obligés de faire conjointement. Je ſuis, &c.

Signé, DAGUESSEAU.

Il ſuit deux choſes de la Déciſion portée par cette Lettre ;
1°. Que le Juge d'Egliſe a le Pouvoir d'admettre l'Eccléſiaſtique accuſé, à la Preuve de ſes Faits juſtificatifs, mais qu'il ne
peut mettre à Exécution ſa Sentence, avant que le Juge Royal
ait rendu la ſienne ; 2°. Que le Juge Royal ne peut de ſon côté,
lorſque le Fait Juſtificatif eſt précis & péremptoire, ſe diſpenſer d'admettre également l'Accuſé à la Preuve de ſes Faits ; &
qu'alors l'Enquête doit ſe faire conjointement.

TITRE IV.

Des Jugemens que peuvent rendre les Juges d'Eglise, & de leur Exécution.

NOUS ne parlons point ici des Jugemens préparatoires, & interlocutoires, qui font partie de l'Inftruction ; mais feulement des Jugemens définitifs qui fe rendent après l'Inftruction achevée, foit *fimple*, foit *conjointe ;* car ces Jugemens doivent être rendus de la même Maniere, dans l'un & l'autre Cas.

Ces Jugemens définitifs font de deux fortes, comme ceux qui fe rendent par les Juges Laïcs ; ou par *Contumace*, ou *Contradictoires.*

Jugemens définitifs par Contumace.   Les Jugemens par *Contumace* ne différent de ceux rendus contradictoirement, qu'en ce que l'Accufé y eft qualifié *abfent & fugitif ;* & que l'on y vife les Procédures faites depuis la Contumace, telles que les Procès-verbaux de Perquifition, Saifie & Annotation, les Affignations à Quinzaine & à Huitaine, le Jugement préparatoire fur les Conclufions du Procureur du Roi qui ordonne que les Témoins feront récollés, & que le Récollement vaudra Confrontation, les Conclufions définitives du Procureur du Roi ; & qu'enfin dans le Difpofitif, il doit être dit que la *Contumace eft déclarée bien inftruite, & pour le profit, l'Accufé dûement atteint & convaincu de tel Crime.... pour réparation de quoi il eft condamné en telles Peines.... portées par les Canons,* & de plus aux *Frais* qui auront été débourfés par le Promoteur, & qui feront liquidés par le même Jugement. L'on doit fuivre au furplus, les mêmes Formalités pour la Prononciation & l'Exécution de ces Jugemens, que celles ufitées pour les Jugemens contradictoires, dont nous nous propofons de traiter principalement ici.

Jugemens définitifs contradictoires.   Quant à ces Jugemens *Contradictoires,* qu'on appelle ainfi, parce qu'ils font rendus contre l'Accufé préfent, & enfuite du dernier Interrogatoire qu'on lui fait fubir derriere le Barreau, ou fur la Sellette. Il y a deux Chofes à confidérer, la Forme & le Fond.

La Forme roule principalement fur ces trois Points; le *Tems* où ces Jugemens doivent être rendus; les *Perfonnes qui* doivent y affifter; & enfin la *Maniere* dont ils doivent être rédigés & prononcés.

1°. Le Tems où l'Official doit procéder à ce Jugement; c'eft auffi-tôt après que l'Inftruction eft achevée, conformément au Ch. *Jurgantium non poteft. Extr. de Sentent.* & à l'Art. 1er du Titre 25 de l'Ordonnance de 1670. Que fi cette Inftruction a été faite conjointement; il doit rendre ce Jugement avant que le Juge Royal rende le fien, fuivant qu'il eft prefcrit par la Déclaration de Juillet 1684 (*a*). Que s'il affectoit de retarder ce Jugement, dans la vûe de favorifer l'Accufé Eccléfiaftique, comme il peut arriver, fur-tout en Matiere d'Inftruction *conjointe*, où il faut qu'après ce Jugement l'Accufé foit transféré des Prifons de l'Officialité, en celles du Juge Royal, pour être jugé fur le Cas Privilégié. Dans ce Cas, la Partie Civile, ou le Procureur du Roi pourront employer la Voie qui leur eft ouverte par l'Ordonnance, en lui faifant faire trois Sommations de huitaine en huitaine; après quoi, s'il perfifte dans fon Refus, l'on pourra fe pourvoir à la Cour en Déni de Juftice, par la Voie de l'Appel comme d'Abus; & même l'intimer, & prendre à Partie, enfuite de la Permiffion de la Cour, conformément à l'Art. 42 de l'Edit de 1695, qui a été rapporté fur le Ch. 1er du Tit. 3.

Mais hors le Cas d'une Négligence affectée de la part de cet Official, tant qu'il ne rend point fa Sentence, ou même quand après l'avoir rendue, il y a eu Appel interjetté par l'Accufé, le Juge Royal ne peut paffer outre, jufqu'à ce que l'Appel ait été jugé, & cela, quand même il y auroit des Laïcs coaccufés. Tel eft l'Ufage du Parlement de Paris, ainfi qu'il paroît par deux Arrêts, dont l'*un* du 2 Octobre 1697, eft rapporté par l'Annotateur du nouveau Praticien, p. 330, Tome 2, Edit. de 1741. L'*autre*, du 2 Janvier 1702, eft rapporté par l'Auteur de la *Maniere de pourfuivre les Crimes*, Ch. 13, p. 109.

2°. Quant aux Personnes qui doivent affifter à ce Jugement, nous avons dit qu'il n'y avoit aucune Loi qui obligeât pré-

---

(*a*) » Après que le Procès inftruit pour » le Délit Commun, aura été jugé en la- » dite Officialité, l'Accufé fera ramené » dans les Prifons dudit Siége Royal, où » il aura été commencé, pour y être ju- » gé à l'égard du Cas Privilégié....... Decl. de 1684.

cisément l'Official à se faire assister d'autres Juges pour les Jugemens Criminels qu'ils rendent, comme il y en a par rapport aux Juges Laïcs lesquels, aux termes de l'Art. 10 du Tit. 25 de l'Ordonnance de 1670, ne peuvent juger qu'étant au nombre de trois au moins les Procès Criminels où il y a des Conclusions à Peine afflictive : ce qui vient sans doute de ce que les Promoteurs ne peuvent conclure à ces sortes de Peines. Néanmoins il faut convenir, que si les Conclusions de ce Promoteur tendoient à quelque Peine Canonique qui fût des plus graves, comme la Privation des Bénéfices, la Déposition &c. qui ne se prononcent que pour des Crimes qui seroient de Nature à mériter des Peines afflictives ou infamantes dans les Tribunaux Laïcs, l'Official ne pourroit se dispenser de se faire assister dans son Jugement de certaines Personnes versées dans l'Etude du Droit Canonique, qu'il choisira principalement parmi des Ecclésiastiques, quoiqu'il puisse aussi prendre des Jurisconsultes, & même des Officiers Royaux, afin, comme dit FLEURY, de juger avec plus de sûreté & d'autorité : & même, dans ce Cas, il devra avoir soin de ne juger qu'étant à jeûn & dans la Matinée, conformément à l'Article 9 du même Titre de l'Ordonnance de 1670 que nous venons de citer ; parce qu'il s'agit de faire perdre à un Ecclésiastique son Honneur & sa Vie Civile. Ce sera en présence de ces Conseils & Assesseurs, qu'il procédera au dernier Interrogatoire de l'Accusé ; & il en sera fait Mention dans la Sentence.

3°. Pour ce qui concerne la RÉDACTION & PRONONCIATION des Jugemens Ecclésiastiques en cette matiere, elles doivent se faire de la même Maniere que celle usitée dans les Tribunaux Laïcs inférieurs. Ainsi, le Juge d'Eglise ne peut dire, comme font les Cours Supérieures, *pour les Cas résultans du Procès* &c. mais il doit exprimer & faire l'Enumération de tous les Chefs d'Accusation portés contre l'Accusé. BASSET, Liv. 2, Tit. 2, Ch. 10, rapporte un Arrêt du Parlement de Grenoble, qui a jugé qu'il y avoit Abus dans une Sentence de l'Official de Die, dans laquelle tous les Crimes dont les Accusés avoient été convaincus, n'avoient pas été exprimés.

De plus, ces Jugemens doivent être prononcés en Langue *Françoise*, & non en Latin, comme ils l'étoient avant l'Ordonnance de 1629.

Le Fond ou la Matiere des Jugemens Criminels que rend
le Juge d'Eglife, doit rouler fur l'Abfolution ou la Condamnation des Accufés.

Sous le Nom de Jugemens d'Absolution, l'on comprend tout Jugement qui ne prononce aucune Peine, & par conféquent le fimple *Hors de Cour* & le plus *Amplement Informé à*
Tems; car pour le plus *Amplement Informé Indéfini*, il tient
lieu de Peine, à caufe de la Note d'Infamie qui y eft attachée.
Au refte, ces fortes de Jugemens, lorfqu'ils font rendus par le
Juge d'Eglife, n'ont rien qui les diftingue de ceux rendus par
les Juges Laïcs, dont nous avons parlé fous le Titre 25 de l'Ordonnance de 1670. Il y a feulement ces deux Chofes remarquables par rapport à leurs Effets. *L'une,* que l'Elargiffement
de l'Accufé ne peut être fait en conféquence de l'Abfolution
prononcée par le Juge d'Eglife, lorfque le Procès a été inftruit
coujointement; parce que l'Accufé doit alors être transféré dans
les Prifons du Juge Royal, pour être jugé fur le Cas Privilégié, ainfi que nous l'avons obfervé d'après la Déclaration de
1684. *L'autre,* que l'Abfolution prononcée par le Juge d'Eglife
en faveur de l'Accufé, n'empêche pas que le Juge Royal ne
puiffe le condamner à quelque Peine; tandis qu'au contraire,
fi le Juge d'Eglife l'avoit condamné à quelque Peine, & le Juge
Royal l'avoit renvoyé abfous, cet Accufé ne pourroit plus être
recherché par le Juge d'Eglife, pour l'Exécution de fon Jugement. *V.* Fevret, *de l'Abus*, Liv. 4, Ch. 4, n. 14. Il en feroit de même, fi cet Accufé avoit obtenu des Lettres de Grace
fur la Condamnation du Juge Royal.

Jugemen d'Abfou tion.

Quant aux Jugemens de Condamnation, ils font différens de ceux rendus dans les Tribunaux Laïcs, par la *Qualité*
des Peines qui en peuvent être l'objet. Il s'agit donc, pour fixer
la Nature de ces Jugemens, de diftinguer les Peines que le Juge
d'Eglife ne peut prononcer, de celles qu'il a droit de prononcer. C'eft ce qui va faire la Matiere des deux Chapitres fuivans.

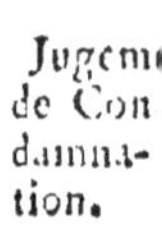

CHAPITRE PREMIER.

Quelles font les Peines que le Juge d'Eglife ne peut prononcer ?

IL faut d'abord pofer deux Principes conftans dans nos Ufages, & qui doivent fervir à décider généralement toutes les Queftions qui peuvent fe préfenter en cette Matiere.

Le PREMIER qui eft fondé fur la Difpofition même des Canons, c'eft que l'Eglife confidérée comme un Corps Miftique, eft une tendre MERE QUI ABHORRE LE SANG, *Sancta enim Ecclefia gladium non habet nifi Spiritualem qui non occidit fed vivificat. V.* Can. *inter. hæc.* Cauf. 33, Qu. 2. Ce droit de Sang eft réfervé aux feuls Princes Temporels, *non enim fine caufa gladium portant*, dit S. Paul aux Rom. Ch. 13. D'où il fuit, que le Juge d'Eglife ne peut prononcer la Peine de Mort, ni toute autre Peine Corporelle qui puiffe tendre à l'effufion du Sang & à la Mutilation des Membres, telles que celles du *Poing*, ou de la *Langue coupée;* & même celle du *Fouët*, fi ce n'eft par forme de Correction Paternelle, & avec une telle Modération qu'il ne s'enfuive aucune effufion du Sang, ainfi que le recommande le Pape Alexandre III, au Chap. *in Archiepifc. EXTRA de Raptorib. & Incendiar.* en obfervant d'ailleurs, que cette Peine ne s'exécute point publiquement, ni par des Laïcs, mais par des Clercs, conformément au Chap. *Univerfitatis, EXTR. de Sent. Excommun.*

Il paroît, qu'on pourroit auffi conclure de ce Principe, que le Juge d'Eglife ne peut condamner à la *Queftion;* d'autant plus que cette Peine ne peut, aux termes de l'Ordonnance de 1670, avoir lieu que contre des Accufés de Crimes qui méritent Peine de Mort. Cependant, il a été jugé par plufieurs Arrêts de la Cour rapportés par TOURNET, Lett. 1, Arr. 75, que le Juge d'Eglife pouvoit l'ordonner, fur le fondement qu'elle n'eft pas tant employée comme une Peine, que comme un Moyen pour tirer la vérité de la Bouche des Accufés. C'eft auffi la Remarque de L'AUTEUR des *Loix Eccléfiaft.* Part. 1, Ch. 23, n. 9, qui ajoute, que néanmoins l'Official feroit mieux de laiffer prononcer cette Condamnation par le Juge Laïc

Juge d'Eglife ne peut prononcer de peine corporelle ni afflictive.

Exception quant au ...act.

Autre exception quant à la Queftion.

lorfqu’il s’agira de Délits Privilégiés ; & que dans le Cas où il l’ordonneroit, elle devroit être exécutée par un *Clerc*, & non par un *Laïc* qui encourroit les Cenfures, s’il le faifoit.

UN SECOND PRINCIPE qui n’eſt pas moins conſtant parmi nous, c’eſt que l’Eglife confidérée comme un Corps Politique, fait partie de l’Etat ; & comme telle, elle n’a ni TERRITOIRE, ni FISC, ni EXÉCUTION qui lui foit propre. C’eſt pour cela, comme le remarque LOYSEAU, en ſon Tr. des *Seign. & Juſt. Eccléfiaſt.* que la Jurifdiction qu’elle exerce n’eſt point parfaite, & qu’elle n’eſt connue dans le Droit que fous les termes de *Judicium . . . Audientia*, comme il paroît par les Titres du Code Théodofien, & du Code Juſtinien *de Epifcopali Judicio . . . . de Epifcopali Audientia.*

Nous difons en *premier lieu*, que l’Eglife n’a point de TERRITOIRE. D’où il fuit 1°. qu’elle ne peut prononcer la Peine du *Banniffement* ; & encore moins, celle des *Galeres*, qui, comme dit D’HERICOURT, outre qu’elle emporte Banniffement, eſt une des plus grandes Preuves de l’Autorité Séculiere. *Cum non habeat Ecclefia ultra quid faciat per Sæcularem comprimendus eſt poteſtatem, ita quod ei deputetur exilium vel alia legitima pœna inferatur. V. Cap. cum non ab homine,* EXTR. *de Judic.* du Pape Celeſtin III. Auffi voit-on pluſieurs Arrêts, deux entr’autres rapportés par TOURNET, Lett. 1, Art. 76, qui ont jugé qu’il y avoit Abus dans une telle Condamnation ; *fauf*, eſt-il dit, *aux Juges d’Eglife de pouvoir condamner les Délinquans eu d’autres Peines permifes par les Saints Décrets & Canons reçus par l’Ufage & ſtyle commun dés Cours & de ce Royaume de France.* Mais quoique le Juge d’Eglife ne puiffe condamner à la Peine du Banniffement, on ne lui a jamais conteſté le droit d’ordonner, fous Peine de Cenfures, aux Eccléfiaſtiques qui, n’étant pas de leur Diocèfe, y menent une Vie fcandaleufe, de fe retirer ailleurs. D’HERICOURT rapporte un Arrêt de la Cour du 15 Juillet 1631, confirmatif d’un pareil Jugement rendu par l’Official de Lyon, fur le fondement du Canon *Primatum*, Diſt. 71.

Il fuit en *fecond lieu*, de ce que l’Eglife n’a point de Territoire, que l’Official ne peut prononcer aucune Peine qui demande une Exécution dans un Lieu Public, telle que celle du CARCAN, PILORI, & de l’AMENDE HONORABLE. Il ne pourroit donc tout au plus ordonner cette Amende que pour être exécutée dans le Prétoire de l'Officialité, qui eſt le ſeul Territoire où il puiſſe exercer ſa Juriſdiction : quoique l'Annotateur de FEVRET prétende qu'il ne pourroit l'ordonner ſans Abus, & qu'il peut ſeulement condamner à demander Pardon à l'Audience.

Nous avons dit en *ſecond lieu*, que l'Egliſe n'a point D'EXÉCUTION, c'eſt-à-dire, que l'Official ne peut de ſon Autorité privée faire procéder à l'exécution des Jugemens par leſquels il auroit ordonné la CONTRAINTE PAR CORPS, ou la SAISIE DES BIENS des Condamnés, & qu'il eſt obligé d'avoir recours pour cet effet à l'Autorité du Juge Séculier, *ſi utraque pars his quæ judicata ſunt non acquieverit, jubemus per Loci Judicem hæc executioni perfectæ mandari.* C'eſt la Diſpoſition du Canon *de Perſona, Cauſ. xj,* Qu. 1. C'eſt auſſi ce qui réſulte de celle de l'Art. 24 de l'Edit de MELUN, & de l'Art. 5 de l'Ordonnance de 1610, par leſquels il eſt enjoint expreſſément aux Juges *Royaux de faire exécuter les Jugemens des Juges d'Egliſe, ſans prendre Connoiſſance d'iceux ſur les oppoſitions &c.*

Cependant, il paroît, par la Diſpoſition de l'Art. 44 de l'Edit de 1695, que le pouvoir des Juges d'Egliſe a reçu quelqu'extenſion ſur ce Point, en ce qu'il n'y eſt ordonné aux Juges Royaux de faire exécuter les Jugemens des Juges d'Egliſe qu'en Cas de Rébellion & de réſiſtance, & lorſqu'ils en ſont requis par ces derniers. *Les Sentences des Juges d'Egliſe ſeront exécutées en vertu de notre préſente Ordonnance, ſans qu'il ſoit beſoin de prendre pour cet effet aucun PAREATIS de nos Juges ; ... leur enjoignons de donner Main-forte & toute l'aide & le ſecours dont ils ſeront requis, ſans prendre Connoiſſance deſdits Jugemens.*

Que ſi le Juge Royal ſe mettoit en Refus de lui prêter le ſecours demandé, l'Official pourroit s'en plaindre au Parlement par la voie de l'Appel comme d'Abus : mais il ne pourroit pas y contraindre lui-même ce Juge Royal, non plus que les Condamnés, par la voie des Cenſures. REBUFFE, *in Concord. tit. de forma mandat. Apoſtol. VERBO quæris occaſionem*, atteſte que ces ſortes de Moyens ne ſont plus en uſage ; & que les Parlemens déclarent les Excommunications & Suſpenſes abuſives en pareil Cas.

Il faut cependant excepter, par rapport aux *Condamnés*, le Cas où le Délit qui auroit donné lieu à leur Condamnation, auroit été commis dans le Lieu même du Prétoire où l'Official tient sa Justice; il est certain qu'il peut l'y faire prendre, & emprisonner par son Appariteur. C'est ce qui a été jugé par un Arrêt de Juin 1291, rapporté par COQUILLE en son TR. des Lib. de l'Egl. Gallic. p. 173, où cet Auteur observe, que cette capture au dedans du Prétoire n'est pas une marque de Jurisdiction fonciere avec Territoire ; & il en donne pour exemple, les Juges délégués, qui n'ont, *dit-il*, Jurisdiction ordinaire ni Territoire, & qui toutefois exercent Jurisdiction Criminelle contre ceux qui ne sont pas de leur délégation quand ils troublent leur Jurisdiction, ou qu'ils délinquent au mépris d'icelle ; il cite à ce sujet le Chap. 1, *EXTRA de Offic. deleg.* & la Loi *Nullum* au COD. *de Testib.*

Nous avons dit en *troisiéme lieu* que l'Eglise n'a point de FISC, c'est-à-dire, point de TRÉSOR pour les Charges publiques. D'où il faut conclure ; 1°. qu'elle ne peut prononcer aucune Peine qui rende incapable des Charges & Actions Civiles, telles que le BLASME ou autres Peines *infamantes*.

2°. Qu'il ne peut condamner à des Peines *Pécuniaires* qui tendent à dépouiller les Sujets du Roi des Biens dont ils jouissent sous sa protection, telles que les AMENDES & CONFISCATIONS. *V.* le Chap. *Licet. EXTR. de Pœnis.* Néanmoins, suivant DUPERRAY, sur l'Art. 27 de l'Edit de 1695, d'après GUYMIER, le Juge d'Eglise peut imposer une Peine Pécuniaire, pourvû qu'elle soit convertie en chose pieuse, comme pour la décoration de la Chapelle de l'Officialité, ou autres semblables, à cause de l'Injure qu'on peut avoir fait au Sacrement. C'est aussi le Sentiment de TOURNET, Lett. 1, Art. 73, qui observe que cela a été sagement établi, parce qu'autrement, *dit-il* » si » la Condamnation à L'AMENDE étoit pure & simple, il sem- » bleroit que l'Evêque auroit voulu se l'adjuger lui-même à son » profit : ce qui a été réprouvé par plusieurs Arrêts de la Cour.

Par la même Raison, le Juge d'Eglise peut aussi prononcer des Condamnations Pécuniaires à titre D'AUMÔNE. Mais peut-il prononcer également des Condamnations de Dépens, Dommages & Intérêts ?

Quant aux DÉPENS, il paroît que cette Condamnation

Juge d'Eglise ne peut prononcer de peines infamantes.

Non plus que des Amendes & Confiscations.

Exception quant aux Amendes.

Quid, de l'Aumône

Quid, à l'égard des Dépens ?

Partie III.　　　　　　　　　　O

étant une suite naturelle des Jugemens, suivant la Maxime, *Victus victori expensas debet*, on ne pourroit contester raisonnablement au Juge d'Eglise le droit de la prononcer. Il y a seulement cela de remarquable, qu'une pareille Condamnation ne peut jamais avoir lieu contre des Ecclésiastiques qui n'ont pour Partie que le Promoteur. DUPERRAY, sur le même Art. 27 de l'Edit de 1695, rapporte deux Arrêts qui ont jugé ces sortes de Condamnations abusives en pareils Cas, l'un du 7 Septembre 1697, & l'autre du 6 Février 1700.

 Par rapport à la Condamnation des DOMMAGES ET INTÉRESTS; comme elle fait partie de la Peine, & que quelquefois même elle est prononcée pour tenir lieu de la Peine principale, cela a fait beaucoup plus de difficulté. TOURNET, Lett. 1, Arr. 68, rapporte un Arrêt, d'après ANNE ROBERT, qui a jugé abusive une pareille Condamnation prononcée par le Juge d'Église. Mais la Jurisprudence a changé depuis ce tems-là, comme il paroît par un Arrêt de Février 1690, rapporté au cinquiéme Tome du Journ. des Aud. qui a jugé qu'un Official avoit pû, sans Abus, condamner un Chanoine à payer 1500 liv. de Dommages & Intérêts, à une Fille dont il avoit abusé. D'HERI-COURT, qui cite aussi le même Arrêt, en rend pour raison que cette Condamnation est Personnelle, & que le Clerc est Justiciable pour le Temporel quand l'Action est Personnelle, telle que celles qui descendent des *Délits* & *quasi-Délits*.

CHAPITRE II.

Des Peines que le Juge d'Eglise peut prononcer.

APRÉS avoir déterminé, sur le Chapitre précédent, les Peines que le Juge d'Eglise ne peut prononcer, il paroît que nous pourrions nous dispenser d'entrer dans le détail de celles qu'il a droit de prononcer; puisque sa seule Qualité de Juge paroît l'autoriser à prononcer généralement toutes les Peines qui ne sont point exceptées par notre Jurisprudence. Cependant, comme d'un autre côté, les Peines qui sont usitées dans les Tribunaux Ecclésiastiques sont marquées expressément par les Canons qui y ont attaché des Formalités & des Conditions particulieres; & qu'ils y ont même attribué certains effets contraires aux

Maximes générales de ce Royaume , nous nous croyons obligés de les rappeller ici , afin d'y appliquer en même tems les Modifications dont elles font fufceptibles dans nos Ufages.

Pour le faire avec plus d'ordre , nous diftinguerons ces Peines en quatre Claffes différentes ; 1°. en celles qui ne peuvent être prononcées que par des Juges d'Eglife & que contre les feuls Eccléfiaftiques , telles que la *Sufpenfe* , la *Dépofition* , la *Dégradation* , la *Prifon* , & la *Retraite dans un Séminaire* ; 2°. en celles qui peuvent être prononcées par les Juges d'Eglife comme par les Juges Laïcs , contre des Clercs feulement ; fçavoir , la *Privation des Bénéfices* & la *Réclufion dans un Monaftere* ; 3°. en celles qui peuvent être prononcées par le Juge d'Eglife , tant contre des Laïcs que contre des Eccléfiaftiques , comme *l'Excommunication* & *l'Interdit local* ; 4°. enfin en celles qui peuvent être prononcées par le Juge d'Eglife , comme par le Juge Laïc , & qui peuvent s'appliquer indiftinctement à toutes fortes de Perfonnes , telles que *l'Aumône* , la *Réparation d'Honneur* , les *Dommages-Intérêts* , & les *Dépens*. Nous avons parlé fuffifamment de celles de la derniere Claffe fur le Chapitre précédent. Il nous refte à traiter également des autres , ou plutôt à développer ici les Principes généraux que nous en avons déja donnés dans nos INSTITUTES au Droit Criminel , Part. 4ᵉ.

Au refte nous ne parlons ici , que des Peines qui peuvent faire la Matiere des Jugemens , & non point de celles qui font portées par des Statuts & Réglemens particuliers , ou par les Coutumes des Lieux , comme la *Privation de la Voix délibérative* , ou *des Diftributions des gros Fruits* , *du rang dans les Eglifes* &c. *les Pénitences* , *Récitations de Prieres* , *Humiliations extérieures* & autres femblables qui font ufitées dans les Chapitres , Communautés Religieufes , ou dans certains Diocèfes & certains Lieux , & qui font appellées pour cet effet *Synodales* ou *Confuétudinaires*.

§. PREMIER.

Des Peines qui ne peuvent être prononcées que par le Juge d'Eglife & contre les feuls Eccléfiaftiques.

1°. SUSPENSE , cette Peine confifte dans une Interdiction qui eft faite à un Eccléfiaftique , de l'exercice de fon Ordre ou

O ij

de fon Bénéfice, pendant un certain tems, pour une certaine Eglife, ou pour de certaines Fonctions, comme de la *Célébration de la Meſſe*, &c. paſſé lequel tems, elle eſt levée de plein droit, fans qu'il ſoit befoin de s'en faire abſoudre.

La Suſpenſe de *l'Ordre* n'emporte point celle du *Bénéfice*, à moins que cela ne ſoit porté expreſſément par la Sentence, ni pareillement la Suſpenſe du Bénéfice n'emporte point celle de l'Ordre, & ne difpenfe point le Bénéficier d'en faire l'Office, quoiqu'il n'en perçoive pas les Fruits, parce qu'il en eſt privé par fa faute.

Suivant le Concile de TRENTE, Ch. 8 & 10, Seſſ. 23 *de Reform.* il y a des Suſpenſes qui s'encourent de plein droit ; & d'autres qui n'ont d'effet qu'après la Sentence de Condamnation.

En général, cette Peine a principalement lieu en deux Cas, ou pour *Crime*, ou en punition de la *Contumace.* Celui qui célébre au mépris de la Suſpenſe, devient *Irrégulier ;* c'eſt pourquoi elle eſt mife au nombre des Cenſures.

Cenſure. Ce que 'eſt ? On appelle CENSURE certaines Peines Spirituelles qui tendent à priver les Chrétiens de l'ufage de quelques Biens Spirituels pour un tems, afin de les exciter par-là à rentrer dans leur devoir. Elles font au nombre de trois, la SUSPENSE, l'INTERDIT, & l'EXCOMMUNICATION. Elles ont cela de particulier, qu'elles ne peuvent être prononcées que par des Prélats qui ont la Jurifdiction au for extérieur ; qu'elles frappent également fur ceux qui font foumis à leur Jurifdiction & fur ceux qui en font exempts, tels que les Religieux &c. ; & qu'enfin on ne peut les violer, fans encourir l'Irrégularité.

Irrégularité. Ce que eſt ? L'IRRÉGULARITÉ eſt un empêchement Canonique & direct à la fufception des Ordres Sacrés, ou à leur exercice, & conféquemment à la réception des Bénéfices. Elle dérive de plufieurs autres Caufes que de la Violation des Cenſures, notamment de la Bigamie, Bâtardife, &c. Ce qui l'a fait diftinguer en deux efpéces, l'une provenant *ex delicto*, l'autre *ex defectu.*

2°. DÉPOSITION. Cette Peine confifte dans l'Interdiction de faire les Fonctions de fon Ordre ou de fon Bénéfice, pour toujours ; en quoi, elle différe de la Suſpenſe qui ne dure que pendant un certain tems.

Le Clerc qui célébre au mépris de la Déposition , devient Excommunié , quoiqu'il reste toujours de la Jurisdiction Ecclésiastique , jusqu'à la Dégradation & à l'Abandon au Bras Séculier. *V.* Can. *accedens* , *Dist.* 50.

3°. Dégradation. Cette Peine consiste en de certaines Cérémonies qui dénotent que le Clerc perd son rang, & tombe du degré de son Ordre.

Ces Cérémonies sont marquées par le Chap. *Degradatio in* 60 , & par le Chap. 4 de la Sess. 13 *de Reform.* du Concile de Trente. Nous croyons inutile de les rappeller ici , parce qu'elles ont cessé d'être en usage parmi nous , qui regardons le Clerc suffisamment dégradé par le Crime qui lui faisoit encourir cette Peine , suivant les Canons.

Suivant le Chap. *Qualiter Extr. de Accusat.* il paroît que cette Peine n'étoit proprement que la suite de celle de la *Déposition* ; qu'elle avoit principalement lieu dans le Cas de *l'Incorrigibilité* du Clerc ; & qu'elle étoit toujours suivie de l'Abandon au Bras Séculier.

4°. Prison. Nous mettons cette Peine au nombre de celles qui peuvent être prononcées par le Juge d'Eglise contre des Clercs ; parce que , comme nous l'avons dit , la Prison ne peut être ordonnée à titre de Punition dans les Tribunaux Laïcs , mais seulement pour la garde des Accusés ; au lieu qu'elle a été établie comme une véritable Peine par le Droit Canonique , afin de contraindre les Condamnés à la Pénitence ; c'est entr'autres la Disposition du Chap. *Quamvis de Pœnit. in* 6°. Nous avons d'ailleurs observé que cette Prison devoit être dans *l'Enceinte* de l'Officialité , hors de laquelle le Juge d'Eglise ne peut faire emprisonnement. Suivant le Chap. *Super his Extr. de Pœnis* , cette Peine ne diffame point , & elle doit être employée avec modération , de maniere que le Juge d'Eglise deviendroit irrégulier , s'il condamnoit à une Prison si étroite & si mal-saine , qu'elle occasionnât la Mort du Prisonnier six ou huit jours , après qu'il y auroit été enfermé.

La Prison est à *tems* ou *perpétuelle.* La Première est regardée comme très-utile aux Clercs, qui sont exempts de la Mutilation des Membres & Peines Corporelles ; en ce qu'elle leur procure le moyen de satisfaire à leurs Fautes passées ; qu'elle les met hors d'état d'en commettre d'autres ; & qu'enfin

après qu'ils en font délivrés , ils en deviennent plus retenus
par le fouvenir de leur détention. Cette Peine eft ordinairement
employée à l'égard des Clercs qui ne font pas en état de payer
les Aumónes, & autres fommes applicables aux Œuvres pies,
auxquelles ils font condamnés.

La Prison perpétuelle eft ordinairement prononcée
contre les Clercs convaincus de grands Crimes, comme Héréfie, Falfification de Refcrits Apoftoliques &c... *ut pane doloris
& aquâ anguftiæ fuftentandùs, Commiffa defleat, & flenda ulte-
riùs non committat.* C'eft la raifon qu'en rend le Pape Innocent
III. dans le Chap. *Novimus,* §. *Pro illo,* Extr. De Verb.
Signif.

Suivant l'Auteur des Notes fur Fevret, Liv. 8, Ch.
4, le Juge d'Eglife ne peut prononcer la Peine de la Prifon
perpétuelle, par la raifon, *dit-il,* d'après And. Gaill. que
c'eft une Peine Capitale, & qu'elle emporte Confifcation des
Biens. L'Auteur des *Mémoires du Clergé,* Tom. 7, p. 1295,
eft auffi du même Avis; & il ajoute que, fuivant la Jurifprudence actuelle, un Official qui condamneroit un Clerc à une
Prifon perpétuelle, non-feulement s'expoferoit à être réformé,
mais que même il ordonneroit inutilement cette Peine; attendu
qu'elle ne peut être décernée que pour des Crimes atroces &
privilégiés, dont l'Accufation devroit être inftruite conjointement
avec le Juge Royal qui prononceroit des Peines incompatibles
avec celles-ci. Cependant le Sentiment contraire a été adopté
par d'Héricourt & Ducasse, d'après Fevret & Chopin.

5°. Retraite dans un Séminaire. Cette Peine a cela de
particulier, qu'elle peut être également prononcée dans la Jurifdiction *Volontaire* comme dans la *Contentieufe ;* c'eft-à-dire,
que les Archevêques & Evêques peuvent l'ordonner dans le cours
de leurs Vifites. Suivant les Déclarations du Roi, ils ne peuvent l'ordonner, en Cas de Vifite, que pour trois mois feulement, contre les Curés & autres Eccléfiaftiques ayant Charge
d'Ames &c.

§. II.

*Des Peines qui peuvent être prononcées par des Juges d'Eglife,
comme par des Juges Laïcs, contre des Clercs feulement.*

1°. Privation de Bénéfices. Nous avons dit que

cette Peine pouvoit être ordonnée, non-feulement par les Juges d'Eglife, mais encore par les Juges Laïcs, quoiqu'elle ne puiffe être prononcée que contre des Clercs. Mais, pour qu'elle puiffe être ordonnée par l'un ou l'autre de ces Juges, il faut que le Clerc foit tombé dans quelqu'un des Cas où cette Peine eft marquée expreffément par les Canons. Or, fuivant les Canons, il y a des Crimes qui rendent les Bénéfices impétrables *ipfo jure* fans attendre la Sentence; tandis qu'il y en a d'autres, qui ne les font vaquer qu'après une Condamnation prononcée par Jugement.

L'AUTEUR des Définitions du Droit Canon, *verbo* CRI-MES, obferve que les Docteurs Canoniftes ont réduit à *fept* les Crimes qui emportent *de plein Droit* la privation des Bénéfices; fçavoir:

1°. L'Héréfie. V. *Cap. Statutum de Hæreticis, in 6°.*

2°. Lorfqu'un Bénéficier a battu un Cardinal. V. *Cap. Felicis de Pœnis, in 6°.*

3°. La Simonie. *V.* Ch. *infinuatum,* EXTR. *de Simonia.*

4°. Le Faux commis dans les Bulles & Refcrits de Cour de Rome. V. *Cap. ad Falfariorum,* EXTR. *de Crimine Falfi.*

5°. Le Crime de Lèze-Majefté Humaine. *V.* Can. *Felicis de* PŒNIS, *in 6°.*

6°. La Sodomie. *V.* Can. *Mulier, Cauf. 15, Qu. 1.*

7°. Enfin lorfqu'on a détenu un Bénéficier en Prifon, pour l'obliger, malgré lui, à fe défaire de fon Bénéfice. *V.* Ch. *Multorum* du Conc. de VIENNE tenu en 1311.

A quoi il faut ajouter, fuivant le même Auteur, d'après d'autres Canoniftes, l'*Intrufion* & la *Confidence*; & généralement tous les Crimes énormes ou Cas Privilégiés qui font décheoir le Bénéficier du Privilége Clérical, & pour raifon defquels il doit être abandonné au Bras Séculier, tels que le *Parricide,* l'*Affaffinat, le Poifon, Confpiration, Conjuration, Vol, Brigandage, Sédition publique, Port d'Armes, Affemblées illicites.*

A l'égard des Crimes qui n'emportent Privation des Bénéfices, qu'*enfuite de Condamnation*; l'on en trouve auffi, dans les Canons, les Exemples fuivans.

1°. L'Homicide fimple. V. *Cap. 1, ff. Sacri de Homic. in 6°.*

2°. l'Incendie. V. Can. *Peffimum, Cauf. 23, Qu. 8.*

3°. le Sacrilége notable. V. *Cap. Venerabilem, de Elect.*

4°. Le Parjure. V. *Cap. Quærelam, de Jurejur.*

5°. Le Concubinage public. *V.* CONCORD. *§. Et insuper de public. Concub.*

6°. La Condamnation au Banniſſement, ou aux Galeres à perpétuité. *V.* Panorm. *in Cap. Cum non ab homine.*

2°. RÉCLUSION DANS UN MONASTERE. Nous avons mis cette Peine dans le nombre de celles qui peuvent être prononcées contre les Eccléſiaſtiques, tant par le Juge Laïc, que par le Juge d'Egliſe ; parce qu'il en eſt parlé dans le Droit Romain, & notamment dans L'AUTHENTIQUE *Si quis Epiſcopus* au CODE *de Epiſcop. & Elect.* en ces termes, *Ut quæ in Sacerdotio deliquit, in Monaſterio degens corrigat.* Mais elle ſe trouve principalement marquée dans le Droit Canonique, *Ab omni honore Officii depoſitus in Monaſterium detrudatur, & ibi quamdiù vixerit, Laïcam tantummodò communionem recipiat :* c'eſt entre autres la Diſpoſition du CANON, *ſi Epiſcopus, diſt.* 50. D'où il ſuit, que cette Peine eſt une ſuite ordinaire de celle de la Dépoſition ; que ſon effet eſt de réduire le Clerc à la Communion Laïque ; & que cet effet étant perpétuel, *quamdiù vixerit,* elle ne peut conſéquemment être prononcée que pour des Crimes graves.

Nous n'en croyons pas devoir dire davantage à ce ſujet ; attendu que, ſuivant le Témoignage des Auteurs, même Ultramontains, tels que JULES CLAR. Qu. 70, elle a ceſſé abſolument d'être en Uſage ; & qu'elle a été convertie en celle de la Priſon.

§. III.

Peines que le Juge d'Egliſe peut prononcer, tant contre les Laïcs, que contre les Eccléſiaſtiques.

1°. INTERDIT. Nous ne parlons ici que de l'Interdit *local,* & non du *Perſonnel,* qui n'eſt autre choſe que la SUSPENSE dont nous avons parlé ci-devant.

L'Interdit *Local* conſiſte dans la Défenſe faite à des Eccléſiaſtiques, de faire aucunes Fonctions Spirituelles dans une Egliſe, dans une Ville, ou dans un autre Lieu. Il peut auſſi comprendre les Perſonnes même, comme lorſque le Supérieur Eccléſiaſtique interdit en même-tems une Egliſe & Ceux qui la deſſervent ; dans ce dernier Cas, il eſt appellé *Mixte.*

Cet Interdit a cela de commun avec la Suſpenſe, qu'il eſt du
nombre

nombre des Cenfures, mais il en diffère en ces deux Points effentiels. L'*un*, qu'il peut être prononcé contre les Laïcs, comme contre les Clercs ; au lieu que la Sufpenfe ne peut l'être que
contre les Clercs feulement. L'*autre*, en ce qu'il prive de la
Communication des Chofes Saintes ; tandis que la Sufpenfe ne
prive que des Fonctions de l'Ordre, & qu'elle laiffe d'ailleurs
la Communion des Fidéles, des Prieres de l'Eglife ; & le Droit
de recevoir les Sacremens.

Les Caufes ordinaires pour lefquelles font prononcées ces
Interdits locaux, font de deux fortes ; *d'une part*, le DÉLIT commis par les Perfonnes qui font prépofées dans le Lieu fur lequel
frappe l'Interdit ; *de l'autre*, L'INDIGNITÉ de ce Lieu même ,
laquelle fe contracte de plufieurs Manieres, ou par *l'Inhuma-
tion* d'un Excommunié dans l'Eglife ou dans le Cimetiere ; ou
bien par la *Pollution* de l'Eglife ou du Cimetiere, dans lefquels il y a eu du *Sang Humain* répandu ; ou enfin par la *Con-
fécration* d'une Eglife, faite par voie *Simoniaque.*

Il y a cela de remarquable, par rapport à l'Interdit de cette
derniere efpéce, que pouvant être caufé involontairement, &
par l'effet d'un pur hafard , il n'eft point regardé comme une
véritable Cenfure ; enforte que celui qui célébreroit dans une
Eglife polluée par l'effufion du fang humain , ou par l'inhuma-
tion d'un Excommunié , ne deviendroit pas irrégulier.

Quant à l'Interdit caufé par le *Crime*, il a lieu , fuivant les
Canons , dans les Cas fuivans ; 1°. Lorfque les Villes & Communautés permettent ouvertement l'Ufure, & ne chaffent point
les Ufuriers manifeftes ; 2°. Lorfqu'elles permettent des Re-
prefailles contre les Eccléfiaftiques ; 3°. Lorfqu'elles exigent
des Tributs injuftes ; 4°. Lorfqu'elles prennent ou fouffrent
qu'on prenne chez elles un Cardinal ou un Evêque ; 5°. Lorfqu'elles refufent de recevoir un Légat ou Nonce Apoftolique.

Mais fuivant le Concile de Bafle, & le Concordat fous le
Titre *de Interdictis indifferenter non ponendis* , l'Interdit pour
Crime ne peut être valablement prononcé contre des Villes,
Fauxbourgs & Eglifes particulieres , que lorfque le Crime a été
commis par Ceux même qui les gouvernent ; ou que ces Villes
ne fe font point élevées , comme elles devoient , contre des
Excommuniés dénoncés.

Par-là font réprouvés, par conféquent, les Interdits des Provinces
entieres , à caufe des Crimes de leurs Gouverneurs : à plus forte

raiſon ceux des Royaumes, à cauſe des Crimes du Souverain.
V. l'Art. 15 des Libert. de l'Egl. Gallic. qui ſera rapporté ci-
après. L'on ne connoit même plus, dans nos Uſages, les Interdits des Villes & des Villages. *V.* GIBERT, *Inſtit.* p. 957.

Au reſte, l'effet de ces ſortes d'Interdits ne s'étend point au-
delà des Cas qui ſont diſertement exprimés par les Sentences
qui les prononcent. Quand il n'y a que le Peuple d'interdit,
le Clergé ne l'eſt point. S'il n'y a que le Clergé, le Peuple
ne l'eſt point. Si le Peuple eſt interdit pour le Délit de ceux
qui le gouvernent, il peut aſſiſter au Service Divin hors la Ville ; mais ſi c'eſt pour un Délit général par lui commis, il ne
peut aſſiſter au Service ni recevoir les Sacremens, hors les Cas
marqués par les Canons.

Autrefois, dit D'HERICOURT, on ne pouvoit, pendant
l'Interdit, célébrer ni entendre le Service Divin; mais les inconvéniens dangereux auxquels cela donnoit lieu, ont obligé
les Souverains Pontifes à y apporter des adouciſſemens, ainſi
qu'il paroît dans les DÉCRÉTALES & dans le SEXTE; ſçavoir, qu'il eſt permis pendant les Interdits locaux d'annoncer
la Parole de Dieu ; d'adminiſtrer le Sacrement de Confirmation; d'admettre à la Pénitence les Malades, & ceux qui ſont
en ſanté; de dire la Meſſe, & de réciter l'Office à baſſe voix,
ſans y admettre les Excommuniés & les Interdits, & ſans ſonner les Cloches ; de chanter la Meſſe à voix haute & tout le
Service, même de ſonner les Cloches les jours de Pâques, de
la Pentecôte, de Noël, & de l'Aſſomption de la Vierge ; de
pouvoir recevoir ces jours-là dans l'Egliſe & au Service les Interdits, même leur donner la Communion, pourvû que ceux dont les
Crimes ont donné lieu à l'Interdit n'approchent point de l'Autel.

2°. EXCOMMUNICATION. Suivant la définition que nous
en donne l'Auteur des Loix Eccléſiaſtiques, c'eſt une Cenſure
qui prive un Fidéle, en tout ou en partie, d'un droit qu'il a
ſur les Biens communs de l'Egliſe, pour le punir d'avoir déſo-
béi à l'Egliſe, dans une Matiere grave. On l'appelle autrement
ANATHESME, c'eſt-à-dire, retranchement de la Société des
Fidéles. Elle eſt fondée principalement ſur ces Paroles de
l'Evangile de S. Mathieu, *Si celui que vous avez repris n'obéit
pas à l'Egliſe, qu'il vous ſoit comme un Payen & un Publi-
cain ;* ...... & ſur ces Paroles de S. Paul, en ſon Epître aux

Theſſaliens, Ch. 3, v. 14, *Que ſi quelqu'un n'obéit pas à notre Parole, notez-le & ne vous mêlez point avec lui, afin qu'il ait de la confuſion & ne le regardez pas comme votre Ennemi, mais corrigez-le comme votre Frere ;* ... & enfin ſur cet autre Paſſage tiré de la premiere Epître de S. Paul aux Corinthiens, *Si un Chrétien eſt nommé Impudique, Avare, ou Idolâtre, ou Médiſant, ou Yvrogne, ou Voleur, vous ne devez point manger avec lui.*

L'on voit par-là, que l'Excommunication provient principalement de trois CAUSES, de *l'Erreur opiniâtre,* de *la Déſobéiſſance à l'Egliſe,* & du *Crime.* Quant aux EFFETS, les Canoniſtes la diſtinguent en *Majeure* & *Mineure.*

L'EXCOMMUNICATION MAJEURE eſt celle dont nous venons de parler, & qui s'entend ſous le mot générique d'*Excommunication.* SES EFFETS conſiſtent, en ce que ceux qui ont encouru cette Cenſure ſont ſéparés entiérement du Corps de l'Egliſe & qu'ils n'ont plus de part à la Communion des Fidéles ; enſorte qu'ils ne peuvent ni adminiſtrer, ni recevoir les Sacremens, hors celui du Mariage ; ... que s'ils ſont Clercs ils deviennent irréguliers & incapables d'être promûs aux Ordres ; ... qu'ils doivent être expulſés de l'Egliſe s'ils veulent y entrer ; que ſi on ne peut les en chaſſer, il faut ceſſer le Service Divin, ſi le Canon de la Meſſe n'eſt pas commencé, & ſortir de l'Egliſe ; ... qu'ils ne doivent point être enterrés en un Cimetiere ; & s'ils y ont été enterrés, ils doivent être exhumés ; ... qu'ils ne peuvent même *eſter* en Jugement, ni pour eux, ni pour autrui ; ni être Juges ni Témoins ; & qu'en un mot ils ſont privés de la faculté de tous les Contrats Civils. A la vérité, cette derniere incapacité ne s'obſerve point avec la même rigueur, ſuivant les Uſages du Royaume ; & elle n'a lieu principalement, que par rapport à la faculté d'eſter en Jugement, ſuivant la Diſpoſition de l'Art. 41 de l'Edit de 1695, que nous aurons lieu de rappeller dans un moment.

L'EXCOMMUNICATION MINEURE eſt celle qui s'encourt par ceux qui fréquentent les Excommuniés d'Excommunication Majeure ; à la réſerve néanmoins de certaines Perſonnes qui ſont exceptées par les Canons, tels que les *Peres, Meres, Enfans, Maris & Femmes, Maîtres, Serviteurs* & même les *Etrangers,* lorſqu'il s'agit de plaider ou contracter avec eux, ou de les aſſiſter dans leurs Beſoins Spirituels & Temporels. *V.*

Cap. ut cum voluntate EXTR. *de Sent. Excommunic.*

L'EFFET de celle-ci eſt de priver de la perception des Sacre-mens, mais non de l'entrée de l'Egliſe, ni du commerce des Fidéles, comme la Majeure. *V. Cap. ſi celebrat.* EXTR. *de Cle-ric. exc.*

Le Concile de BASLE, Seſſ. 2, déclare que l'on n'eſt obli-gé d'éviter que deux ſortes d'Excommuniés, ceux qui le ſeroient *nommément* & ſolemnellement ; & ceux dont l'Excommunica-tion ſeroit ſi notoire qu'il ſeroit impoſſible d'en douter. Ce Dé-cret, ſuivant M. FLEURY, a été confirmé par une Conſti-tution de Martin V, & a été inſéré dans la PRAGMATIQUE, Tit. 2, & enſuite dans le CONCORDAT, Tit. 33.

Cependant, ſuivant D'HERICOURT, on a toujours obſer-vé en France, de n'éviter les Excommuniés, que quand ils ont été nommément dénoncés, même par rapport à ceux dont l'Excommunication eſt connue, comme celles des Perſonnes qui font profeſſion d'Héréſie ; & l'on excepte ſeulement ceux qui ont frappé notoirement un Clerc. *V.* auſſi GIBERT, Inſtit. p. 957.

Les Canoniſtes diſtinguent encore deux ſortes d'Excommu-nications Majeures, l'une qui s'encourt par le ſeul fait, & qu'ils appellent *à Lege* ou *latæ Sententiæ*, parce que les Canons l'ont attachée à certaines Actions qu'ils défendent, telle par exem-ple que celle prononcée contre ceux qui frappent des Prêtres, ou qui donnent ordre de les battre. *V.* CAN. *ſi quis ſuadente diabolo*, Cauſ. 17, Qu. 4. Il faut néanmoins excepter, ſuivant ces mêmes Canons ; 1°. les Supérieurs, & lorſque c'eſt par forme de Correction. *V. Cap. Super eo.* EXTR. *de Sent. Excomm.* 2°. lorſque c'eſt uniquement dans la vûe de badiner. *V. Cap. cum volontate*, ibid. 3°. ſi c'eſt dans l'inſtant où le Prêtre a été ſur-pris en Adultere ou Stupre. *V. Cap. perpendimus*, ibid. 4°. ou ſi le Prêtre ne portoit point alors l'Habit Clérical. *V. Cap. ſi vero* 2, ibid. 5°. enfin ſi le Prêtre a été lui-même l'Aggreſſeur. *V. Cap. veniens*, ibid.

On trouve encore dans les Canons, pluſieurs autres exemples d'Excommunications *à Lege*, notamment contre les Héréti-ques ; ... contre les Simoniaques ; .... contre les Devins & Ma-giciens ; .... contre ceux qui falſifient des Lettres & Reſcrits Apoſtoliques ; ... contre ceux qui dépouillent les Egliſes ; ... qui pillent la fucceffion des Evêques ; ... qui détrouffent les Clercs allans à Rome ; ... contre les Raviffeurs & leurs Complices ; ... & enfin contre tous ceux en général qui prêtent aide ou confeil aux Excommuniés.

Auffitôt qu'on a eu le malheur de tomber dans quelqu'un de ces Crimes, & que l'on a Connoiffance de l'Excommunication qui y eft attachée, l'on doit s'abftenir de l'Eglife jufqu'à ce qu'on s'en foit fait abfoudre, ainfi que cela eft recommandé dans les Formules du Prône. L'on dit qu'il faut en *avoir Connoiffance*, parce que, comme le remarque FLEURY, on peut en ignorer plufieurs, fans que l'ignorance foit Criminelle, attendu que ces Excommunications de plein droit font, *dit-il*, en fi grand nombre, qu'il eft difficile, même aux plus fçavans Canoniftes, d'en faire le dénombrement exact .... *V.* Inftit. Ecclef. p. 379.

GIBERT établit pour régle certaine en ce Royaume, que ces Cenfures par le feul fait, font devenues prefqu'inutiles dans le *For extérieur*, parce qu'elles ne peuvent avoir, *dit-il*, leur effet qu'après la Dénonciation, & qu'il ne s'en fait plus, ou du moins que très-rarement pour ces fortes de Cenfures ; mais cela n'empêche pas, *ajoute cet Auteur*, qu'il ne faille être inftruit de ces Cenfures, à caufe de leurs effets *intérieurs* indépendans de la dénonciation. *V.* Inftit. de GIBERT, p. 957.

L'autre Excommunication Majeure eft appellée par les Canoniftes *ab homine*, ou *fententiæ ferendæ*, parce que la Loi s'eft contenté d'ordonner au Juge de la prononcer ; & qu'elle n'a d'effet qu'après cette prononciation. Celle-ci a lieu dans les Cas non exprimés nommément dans le droit. Mais il faut pour fa validité plufieurs Conditions effentielles qui font marquées par les Canons reçus dans le Royaume.

La premiere de ces CONDITIONS, c'eft qu'elle doit être prononcée par un Juge *Compétent* ; c'eft-à-dire, qu'il faut que ce Juge ait non-feulement Jurifdiction, comme nous l'avons obfervé ci-devant ; mais encore que le Délit pour lequel il prononce l'Excommunication ait été commis dans un Lieu dépendant de fa Jurifdiction. (*V.* CAN. *Placuit*, & CAN. *de illis* CAUS. 6, Qu. 3.) Au refte, cette Cenfure peut être employée également dans la Jurifdiction *Volontaire* comme dans la *Contentieufe*, avec cette différence feulement, que lorfqu'elle eft prononcée par l'Evêque en Perfonne, elle eft regardée comme une Médecine Salutaire dont l'Eglife fe fert pour faire rentrer le Pécheur dans son devoir, *ut Excommunicatus delictum suum recognoscat & ad Deum redeat. V.* Can. *Conspirante* 24, Qu. 3. Au lieu que lorsqu'elle est prononcée par l'Official, elle est regardée comme la punition d'un Crime *ut delicta puniantur. V. ibid.*

Une seconde Condition nécessaire pour la validité de l'Excommunication *ab homine*, c'est qu'elle doit être précédée de trois Monitions qui soient publiées au moins à deux jours d'intervalle l'une de l'autre. *V.* Fleury, Instit. p. 379. La nécessité de ces Monitions est fondée sur ces Paroles de l'Evangile, par lesquelles J. C. ordonne de reprendre celui qui nous a offensé, premiérement en particulier, puis en présence de deux ou trois Témoins, & enfin devant l'Eglise, afin de l'éviter. *V. Cap. Constitutionem in* 6°.

Une troisiéme Condition, c'est que le Jugement qui la prononce doit être rédigé par écrit ; *Quisquis igitur Excommunicat, Excommunicationem in Scriptis proferat... V.* Cap. *cum Medicinalis, de Sent. Excomm. in* 6°.

Une quatriéme Condition, c'est que la Personne contre laquelle l'Excommunication est prononcée, doit être désignée nommément dans la Sentence, afin que tout le monde soit tenu de l'éviter. *V.* les Dispositions du Concile de Basle, de la Pragmatique, & du Concordat que nous avons cité ci-devant. Il faut néanmoins excepter, suivant Gibert, le Cas du *Monitoire*, où il suffit que la Personne soit désignée sous un nom générique.

Une cinquiéme Condition, qui est une suite des deux précédentes, c'est que le Jugement qui porte cette Censure doit être signifié à celui contre lequel il est rendu. *Exemplum vero hujusmodi scripturæ teneatur Excommunicato tradere....* C'est la Disposition du même Chap. *cum Medicinalis* que nous venons de citer. Cette Signification est tellement indispensable, que c'est elle qui donne l'effet à l'Excommunication dans le *for extérieur*, ensorte que c'est dès-lors seulement qu'on est tenu d'éviter l'Excommunié, pour ne point tomber dans l'Excommunication Mineure.

Enfin une sixiéme Condition qui regarde principalement le fond de l'Excommunication, c'est que le Jugement qui la prononce doit énoncer la Cause pour laquelle elle est prononcée,.... *& Causam Excommunicationis expressè conscribat propter quam Excommunicatio preferatur.* C'est encore la Dispoſition du même Chapitre *cum Medicinalis* cité ci-deſſus.

Nous avons obſervé ci-devant Quelles doivent être les Cauſes de l'Excommunication, d'après les Maximes de l'Evangile. Il nous reſte à obſerver, d'après les Diſpoſitions Canoniques & les Loix du Royaume, qu'il faut que les Crimes qui y donnent lieu ſoient graves, ou par leur nature, ou à raiſon du ſcandale : car l'Excommunication étant la plus grande de toutes les Cenſures, & un Reméde extrême qui ne doit être employé qu'après avoir épuiſé tous les autres, elle ne doit être prononcée que pour des fautes les plus graves & les plus certaines ; *Nemo Epiſcoporum quemlibet ſine certa & manifeſta peccati cauſa Communione privet Eccleſiaſtica . . . ſub Anathemate autem nullum præſumat ponere, niſi unde Canonica docet Autoritas quia Anathema eſt æternæ mortis damnatio & non niſi pro mortali imponi debet Crimine & illo qui aliter non potuerit corrigi.* C'eſt la Diſpoſition du CANON *Nemo*, CAUS. 11, Qu. 3, qui a été adoptée par le CONCILE DE TRENTE, Seſſ. 25 *de Reform. Cap.* 5, & par les Ordonnances du Royaume, notamment celle d'ORLÉANS & l'Edit de 1695, ſuivant leſquelles cette Cenſure ne peut être décernée, ſi ce n'eſt *pour Crime & Scandale public, avec cauſe urgente & de grand-poids. V.* Art. 18 de l'Ordonnance d'Orléans, & Art. 26 de l'Edit de 1695.

Ainſi, ſuivant ces Maximes, une Cenſure ſeroit manifeſtement injuſte, ſi elle étoit prononcée ſans Cauſe, ou ſi la Cauſe pour laquelle elle ſeroit prononcée n'emportoit pas de ſa nature un Crime grave & ſcandaleux, ou enfin ſi cette Cauſe n'étoit pas prouvée d'une Maniere juridique. Nous diſons d'une *Maniere juridique*, parce que ſi la Cenſure étoit portée ſur une fauſſe Accuſation, qui ſeroit néanmoins prouvée juridiquement & dans les Formes ordinaires, elle ne laiſſeroit pas, comme dit GIBERT, que de lier devant les hommes, mais non devant Dieu ; & qu'au contraire, ſi elle étoit portée ſur une Accuſation juſte, mais dont il n'y auroit pas de Preuves ſuffiſantes, elle lieroit devant Dieu (non parce qu'il approuveroit l'Action du Juge qui la prononce, mais parce qu'il voit le Coupable qui la mérite) ; mais elle ſeroit juſte devant les hommes, qui ne voyent pas qu'il y ait juſte ſujet de la porter. C'eſt pour cela que quelqu'évidemment injuſte que paroiſſe l'Excommunication, elle eſt toujours à redouter, *Sententia Paſtoris, ſive juſta, ſive injuſta, tremenda eſt*, dit le CANON, *Quib. Cauſ.* 11, *Qu.* 3. C'eſt auſſi la Remarque de

FLEURY, *Instit. Eccl.* p. 379, & de L'AUTEUR *des Loix Eccl.* Part. 1, Ch. 22, Max. 51, où il prétend que le Particulier, quoique convaincu que la Censure prononcée contre lui, soit nulle ou injuste, doit à l'extérieur se conduire comme si la Censure étoit légitime, tant parce que, *dit-il*, dans le For extérieur personne ne doit être Juge dans sa propre Cause, surtout quand il s'agit des Sentences des Supérieurs; que parce qu'en ne se soumettant point extérieurement aux Censures, il pourroit scandaliser les autres par sa conduite.

Ainsi, l'on doit s'empresser aussi-tôt que la Censure est prononcée, de s'en procurer l'Absolution; à la différence de l'Excommunication qui seroit nulle par le défaut de quelqu'une des Conditions essentielles que nous venons de remarquer, ou par la Contravention manifeste aux Maximes du Royaume, notamment aux Art. 15 & 16 de nos Libertés; dont le *premier porte.* » Le Pape ne peut exposer en proie, ou donner le Royaume de » France, ou ce qui en dépend, ni en priver le Roi, ou en dis- » poser en quelque façon que ce soit; & quelque Monition & » Excommunication, ou interdiction qu'il puisse faire, les Sujets » ne doivent laisser de rendre au Roi l'Obéissance due pour le » Temporel, & n'en peuvent être dispensés par le Pape «. Le *second ajoute.* » Ne peut aussi excommunier les Officiers du Roi » pour ce qui concerne l'Exercice de leurs Charges & Offices; » & s'il le fait, celui qui l'a poursuivi, est contraint par Peines » & Amendes, & par Saisie de son Temporel, soit qu'il fût Ecclé- » siastique, de faire révoquer telles Censures. Aussi ne sont lesd. » Officiers du Roi compris ès termes des Monitions générales » pour ce qui concerne leursdites Charges «... Le premier de ces Articles a été confirmé solemnellement par l'Article 1er de la Déclaration du Clergé de France (a), dont l'Exécution a été

(a) Primùm Beato Petro ejusque Successoribus Christi Vicariis, ipsique Ecclesiæ rerum Spiritualium & ad æternam Salutem pertinentium, non autem Civilium ac Temporalium à Deo traditam Potestatem, dicente Domino, *Regnum meum non est de hoc Mundo*, & *iterùm reddite ergo quæ sunt Cæsaris Cæsari, & quæ sunt Dei, Deo*; ac proinde stare Apostolicum illud, *omnis Anima Potestatibus sublimioribus subdita sit; non est enim Potestas nisi à Deo; quæ autem sunt à Deo, ordinatæ sunt, itaque qui Potestati resistit, Dei Ordinationi resistit*; Reges ergo & Principes in Temporalibus nulli Ecclesiasticæ Potestati, Dei Ordinatione subjici, neque Autoritate Clavium Ecclesiæ directè vel indirectè deponi, aut illorum Subditos eximi à Fide, atque Obedientiâ ac prestito Fidelitatis Sacramento solvi posse, eamque Sententiam publicæ tranquillitati necessariam, nec minus Ecclesiæ, quàm Imperio utilem, ut Verbo Dei, Patrum Traditioni & Sanctorum exemplis consonum omninò retinendum. DECL. Cleri Gallic. de Ecclesiast. Potest. Art. 1er.

ordonnée

ordonnée par l'Edit du mois de Mars 1682. A l'égard du *second*, son exécution doit également avoir lieu, suivant nos Canonistes François, qui exceptent seulement le Cas où les Officiers du Roi entreprendroient de connoître des Choses de la Foi ou des Matieres purement Spirituelles, dont la Connoissance est reservée aux Tribunaux Ecclésiastiques. *V.* FEVRET, Liv. 1, Ch. 6, n. 10; & D'HERICOURT, Part. 1, Ch. 21, Max. 27.

Lorsqu'on prétend qu'il y a Nullité, ou Injustice dans la Censure, il faut se pourvoir pardevant le Supérieur Ecclésiastique, comme de l'Evêque au Métropolitain, de Celui-ci au Primat, & du Primat au Pape. Mais ce Supérieur ne peut prononcer l'Absolution, à moins qu'il n'y ait un Appel Juridique interjetté pardevant lui, du Jugement qui porte la Censure. *V. CAP. Roman. de Sent. Excomm. in 6°. & CAP. Venerabilis, ff. Sacri*, ibid.; ou bien dans le Cas du Renvoi qui lui en est fait par les Cours, de la maniere marquée ci-après.

Si cependant, il y avoit sujet de douter de la Validité de la Censure, tout Juge Supérieur Ecclésiastique pourroit en accorder l'Absolution, en faisant promettre avec Serment à celui qui l'a encouru, de se soumettre à ce que le Juge, devant lequel l'Appel est porté, en ordonnera, si la Censure est trouvée légitime : c'est la Disposition du Chap. *Venerabilis in 6°.*, & du Réglement du Clergé de 1606. On appelle cette Absolution *ad Cautelam*, & elle a été introduite fort sagement, comme remarque GIBERT, dans ses Instit. parce que sans cela, l'Excommunication, soit Majeure, soit Mineure, excluant du Sacrement de Pénitence, rendroit conséquemment l'Absolution des Péchés nulle. On trouve dans DESCOMBES des Formules de Requête, pour être relevé *à Cautele. V.* aussi le Réglement pour les Officialités, n. 55.

Il y a encore une autre espéce d'Absolution *à Cautele* qui se donne par les Cours Séculieres, uniquement pour rendre à l'Excommunié la Faculté d'*ester* en Jugement, dont il est privé par les Canons. C'est de cette derniere qu'il est parlé dans l'Art. 41 de l'Edit de 1695 en ces termes. *Lorsque nos Cours, après avoir vû les Charges & Informations faites contre des Ecclésiastiques, estimeront juste qu'ils soient absous à Cautele, elles les renverront aux Archevêques, Evêques qui auront procédé contr'eux ; & en Cas de Refus, à leurs Supérieurs dans l'Ordre*

Absolution de la Censure. Comment s'acquiert?

de l'Eglise, pour en recevoir l'Absolution, sans que lesdits Ec-
cléfiastiques puissent en conséquence faire aucunes Fonctions Ecclé-
siastiques, ni en prétendre autre Effet que d'ester à droit.

Ainsi, ce n'est, suivant cet Edit, que sur le Refus du Juge
d'Eglise qui a prononcé la Censure, que les Cours sont autorisées à renvoyer aux Supérieurs Ecclésiastiques : & ce n'est qu'en
vertu de ce Renvoi, que ces Supérieurs peuvent connoître de
cette Absolution. *V.* DUPERRAY, sur cet Art. de l'Edit de
1695, p. 519.

Pour ce qui concerne l'Absolution sur le *fond* de la Censure,
il y en a qui sont réservées au Pape, telle que l'Absolution de
la Censure encourue pour avoir frappé un Prêtre. Les Evêques
ne peuvent en absoudre, suivant le Concile de Trente, Sess. 14,
de Reform. Cap. 6, qu'en Cas de légitime Empêchement d'aller
à Rome ; ou quand les Censures proviennent d'un Délit caché,
& dont il n'y a, ni Conviction, ni Confession en Justice ; ou enfin, à l'article de la Mort où tout Prêtre peut absoudre.

Il y en a d'autres, qui sont réservées aux Evêques, & qui sont
marquées dans les Rituels de chaque Diocèse, ou dans les Ordonnances Synodales.

Il y en a enfin, qui peuvent être données par toutes sortes
de Prêtres qui sont approuvés dans les Diocèses pour confesser.
Celles-ci regardent singuliérement les Censures qui s'encourent
par le seul Fait, & qui sont prononcées par la Loi.

Au reste, l'Absolution d'une Censure n'emporte point celle
des autres dont on peut être lié. *V. Cap. Cum pro Causa Officii, Extr. de Sent. Excom.* En quoi cette Absolution differe,
comme dit GIBERT, de celle qui est donnée dans le Sacrement de Pénitence, où l'on ne peut être absous d'un péché,
sans l'être de l'autre.

Mais aussi, elles ont cela de commun, qu'elles doivent l'une
& l'autre être absolument libres, tellement que les Juges Séculiers ne peuvent user de Peines Temporelles, pour obliger à
les lever. *V.* CONCILE de Trente, Sess. 25, Ch. 3, *de Reform.*
Celui, *dit* FLEURY, qui se feroit absoudre ainsi par force, en-
» courroit une nouvelle Excommunication, comme il est arrivé
» plusieurs fois depuis les rigueurs des derniers Siécles. Mais aussi,
» *ajoute cet Auteur,* comme elles ne sont imposées que pour la
» Correction, on ne peut en refuser l'Absolution à celui qui la
» demande, pourvû qu'il se soumette, & satisfasse entiérement à

» l'Eglise & au Particulier qu'il a offensé «. *V.* Inst. Eccl. Ch. 22,
p. 387.

TITRE V.

De l'Appel des Jugemens Eccléfiastiques, en Matiere Criminelle.

NOUS avons dit qu'il y avoit trois fortes de Jugemens; les Préparatoires, les Interlocutoires, & les Définitifs.

Sous le Nom de *Jugemens Préparatoires* nous comprenons tous ceux qui font Partie effentielle de l'Inftruction Criminelle, tels que les *Ordonnances portant Permiffion d'informer*, les *Decrets*, & le *Réglement à l'Extraordinaire.*

Sous le Nom de *Jugemens Interlocutoires*, en Matiere Criminelle, font compris tous ceux qui font incidens aux Procès Criminels, & n'en font point Partie effentielle, comme les *Sentences de Provifion*, & celles d'*Admiffion à la Preuve des Faits justificatifs* &c.

Suivant le Droit Civil, on ne pouvoit appeller que des Sentences Définitives. (*V. L. 3, Cod. de Pedent. Judic.*) Mais, fuivant le Droit Canonique que nous avons adopté dans nos Ufages, l'Appel eft admis de toutes fortes de Jugemens, dont on peut fouffrir quelques Griefs. *Si verò à gravamine, & ante Lites ingreffum fuerit Appellatum hujufmodi audietur Appellans.* . . . . C'eft la Difpofition du Ch. *Cum fit Romana.* E x t r. *de Appellat.*

Nous diftinguons deux fortes d'Appels, en Matiere de Jugemens Eccléfiaftiques. L'un, *fimple & ordinaire* qui fe porte au Supérieur Eccléfiaftique immédiat, fuivant les différens Degrés de Jurifdiction. L'autre, *Extraordinaire*, connu fous le Nom D'APPEL COMME D'ABUS, qui fe porte devant les Cours Séculieres.

L'un & l'autre de ces Appels fe réglent par des Principes particuliers, que nous allons difcuter dans les deux Chapitres fuivans.

CHAPITRE PREMIER.

De l'Appel simple des Jugemens Eccléfiafliques.

L'APPEL simple eft, comme nous venons de le dire, celui qui fe porte du Juge Inférieur à fon Supérieur immédiat, fuivant les différens degrés de Jurifdiction. Nous difons le *Supérieur immédiat*, parce que les Appellations *omiffo medio* ne font point admifes dans ce Royaume. *V.* PRAGMAT. *de Caufis* & CONCORD. Tit. *de frivol. Appellat.*

Le Droit Canonique a établi trois différens Degrés de Jurifdiction dans les Tribunaux Eccléfiaftiques, à l'exemple des Tribunaux Séculiers.

Le 1er eft celui de l'Evêque Diocéfain à fon *Métropolitain*; on appelle ainfi les Archevêques, parce qu'ils tiennent leur Siége en la Cité Métropole, c'eft-à-dire, la Mere & le Chef des autres Villes de la Province *Matrix Civitas*; au lieu que les Evêques *præfunt tantum uni Civitati feu Diœcefi.*

Le fecond Degré eft celui du Métropolitain au *Primat* ou Patriarche, ainfi appellé, parce qu'il eft à la tête de plufieurs Provinces, *quia præeft multis Provinciis.*

Enfin le troifiéme Degré eft celui du Primat au *Souverain Pontife*, Evêque de la Capitale de l'Empire, à qui la Qualité de Succeffeur du Prince des Apôtres & de Vicaire de J. C. fur Terre, affure fans contredit le premier rang dans l'Ordre Hiérarchique. *V.* l'Art. 1er de la Déclaration du Clergé de France de 1682, que nous avons rapporté fur le Titre précédent.

Mais il faut remarquer, à l'égard de ce troifiéme & dernier Degré de Jurifdiction, qu'à caufe de l'éloignement & des frais immenfes qu'il en coûteroit aux Sujets du Roi, s'il falloit aller plaider à Rome fur des Appels, il a été arrêté par un Décret de la PRAGMATIQUE SANCTION, qui a depuis été renouvellé par le CONCORDAT, §. *Si quis de frivol. Appellat.* que le PAPE donneroit un RESCRIT délégatoire *in partibus intra Diœcefim*, par lequel il nommeroit des Commiffaires fur les Lieux pour décider les Appels qui feroient interjettés des Jugemens rendus par les Primats, ou par d'autres Prélats du Royaume qui reffortiffent immédiatement au S. Siége.

L'ufage ordinaire de la Cour de Rome eſt d'en nommer *trois*, pour juger conjointement ou féparément, ſuivant qu'elle le juge à propos ; auquel Cas , c'eſt le premier d'entr'eux qui eſt ſaiſi de l'Affaire, qui doit la juger. Suivant les CANONS, ces Commiſſaires doivent être choiſis parmi des Eccléſiaſtiques conſtitués en Dignité , comme Evêques , Officiaux , Chanoines d'Egliſe Cathédrale , ou Prieurs Conventuels des Monaſteres. *V. Cap. Statutum de Refcript. in 6°. & Cap. etſi principalis* CLEM. *de Refcript.* Ils doivent de plus, ſuivant le CONCORDAT, être pris dans des Lieux voiſins du Diocèſe , où l'Affaire eſt née , afin d'éviter des frais de voyage aux Sujets du Roi. Les Parlemens prétendent même que ces Commiſſaires doivent être domiciliés dans leur Reſſort où eſt la réſidence des Parties ; ce qui eſt fondé , comme le remarque FEVRET , ſur les mêmes Raiſons qui ont donné lieu à l'Etabliſſement des Officiaux Forains qui ſont du Reſſort d'un autre Parlement que leur Ville Epiſcopale. *V.* Tr. de l'Abus , Liv. 4 , Chap. 2. D'où il ſuit que ces Commiſſaires doivent être naturels François, ou du moins naturaliſés ; enforte qu'un Etranger , quand même ce ſeroit le NONCE du Pape , ne pourroit ſans Abus exécuter ces ſortes de Commiſſions. *V.* LOIX ECCLES. Part. 1 , Ch. 9 , Max. 4.

Au ſurplus , le Refcrit par lequel ces Commiſſaires ſont nommés , doit contenir plein pouvoir de juger & terminer la Cauſe. *V.* CONCORD. Tit. *de frivol. Appellat.* Néanmoins , lorſqu'il n'y a pas *trois* Sentences définitives , ou *deux* interlocutoires , conformes , on peut encore appeller de ces Commiſſaires au Pape lui-même qui eſt tenu d'en nommer de nouveaux , juſqu'à ce que le nombre de ces trois Sentences définitives , ou des deux interlocutoires conformes , ſe trouve entiérement rempli. *V.* CONCORD. ſous le Tit. *de Cauſis* , §. 4 , & *de frivol. Appell.* §. *ab interlocutoriis.*

Ce même Refcrit doit encore être revêtu de Lettres-Patentes du Roi dûement enregiſtrées au Parlement , avant que de pouvoir être exécuté & publié. *V. Preuves des Libertés* , Ch. 10.

L'on peut s'oppoſer à ſon enregiſtrement, toutes les fois qu'on croit avoir quelque ſujet légitime pour en empêcher l'effet , comme ſi par exemple ce Refcrit contenoit quelque Clauſe contraire aux Libertés de l'Egliſe Gallicane , ... s'il étoit adreſſé à des Commiſſaires qui n'auroient pas les Qualités ci-deſfus , ... ou qui auroient contr'eux des Moyens de Récufation valables. *V. Cap. ex parte EXTR. de Offic. & poteſt Jud. deleg*... ou qui ne fe feroient pas conformés exactement aux termes de leur Commiſſion. *V. Cap. cum dilectæ EXTRA de Refcript*..... ou enfin, fi cet enregiſtrement étoit demandé après la Mort du Pape qui auroit accordé le Refcrit ; car c'eſt une Maxime du Droit Canonique , que la délégation n'a d'effet que pendant la Vie du Pape qui l'a donnée. *V. Cap. ſi ſubdelegato de Offic. & pot. Jud. deleg.* Il faut néanmoins excepter le Cas où la Commiſſion auroit été acceptée , & qu'on auroit commencé de l'exécuter avant que la Mort du Pape ait été connue. *V. Cap. Relatum .... & Cap. Gratum EXTR. de Offic. & pot. Jud. del.* Il y a auſſi d'autres Cas, où l'effet de la Commiſſion doit ceſſer entiérement , fuivant les Canons, fçavoir 1°. par l'expiration du terme qui y feroit appofé. *V. Cap. de Cauſis EXTR. ibid* ; 2°. par la Mort du Délégué , ou de l'un d'eux , quand ils ne peuvent juger que conjointement. *V. Cap. uno EXTR. ibid.* Si cependant, la Commiſſion étoit adreſſée à une Perfonne revêtue d'une Dignité ou d'un Emploi, comme à un Officiel, celui qui fuccéderoit à la Dignité ou à l'Emploi pourroit exécuter la Commiſſion. *V. Cap. Quoniam EXTR. ibid* ; 3°. enfin , lorfque le Délégué a rendu fon Jugement & donné fes ordres pour le faire exécuter. *V. Cap. in Litteris EXTR. ibid.* Nous verrons dans un moment , en traitant de la Procédure qui fe fait fur l'Appel fimple dont il s'agit , comment l'on doit s'y prendre pour parvenir à l'obtention de ces fortes de Commiſſions , dans les Cas où elles font néceſſaires.

Suivant les Principes que nous venons d'établir , l'on peut donc appeller, non-feulement jufqu'à ce que les trois degrés de Jurifdiction foient épuifés , mais encore jufqu'à ce qu'il y ait trois Sentences définitives ou deux interlocutoires, conformes.

Ainfi , après que la troifiéme Sentence définitive, ou la feconde Sentence interlocutoire conforme eſt rendue , il n'eſt plus permis d'en appeller. Mais il y a plufieurs autres Cas, où l'Appel fimple ne peut être reçu contre les Jugemens Eccléfiaſtiques.

Ces Cas font ; 1°. lorfque les Parties y ont acquiefcé , ou qu'elles les ont exécutés en tout ou en partie. *V.* l'Art. 5 du Tit. 27 de l'Ordonnance de 1667 ; 2°. *ou* qu'elles n'ont point interjetté Appel dans le tems prefcrit : ce Tems étoit de trente jours, suivant les Canons, pendant lesquels la Partie devoit demander au Juge qui avoit rendu le Jugement des Lettres qu'on appelloit APÔTRES, par lesquelles il lui accordoit la permiſſion de ſe pourvoir devant le Juge Supérieur. *V. Cap. Quamvis in* CLEM. Mais parmi nous la faculté d'appeller dure dix années, lorſque le Jugement n'a point été ſignifié, & trois années ſeulement lorſqu'il a été ſignifié avec les formalités preſ-crites par les Art. 12 & 17 du Tit. 27 de l'Ordonnance de 1667 ; 3°. ou bien lorſqu'après avoir interjetté cet Appel dans le tems, on a négligé de le relever, & qu'on l'a laiſſé tomber en déſertion. *V. Cap. Conſtitutus* EXTRA *de Appellat.... & Can. periculorum* 7 , Qu. 1. A plus forte raiſon lorſqu'on l'a laiſſé périr par le défaut de pourſuites ſur cet Appel pendant trois années. *V.* Art. 5 du même Tit. 27 de l'Ordonnance de 1667 ; néanmoins la Péremption ne peut avoir lieu, lorſque le Promo-teur eſt ſeule Partie, & qu'il s'agit de grand Criminel.

Il y a auſſi des Cas où l'Appel, quoique dûement relevé & pourſuivi, n'empêche point l'exécution du Jugement que l'on a‑taque : pour cela, il faut ſçavoir que l'Appel a deux ſortes d'effets, l'un *ſuſpenſif*, c'eſt-à-dire, qui ſuſpend l'exécution du Jugement, de Maniere que le Juge dont eſt Appel ne peut rien innover au préjudice de cet Appel. *V.* CAN. *poſt Appella-tionem* , §. *Appellatione* 2 , Qu. 6. L'autre *dévolutif*, c'eſt-à-dire, qui n'a d'autre effet que de porter la Cauſe au Supérieur par-devant lequel cet Appel eſt interjetté, ſans lier les Mains du premier Juge, qui peut faire exécuter ſon Jugement par pro-viſion, nonobſtant cet Appel & ſans y préjudicier.

En général tout Appel eſt ſuſpenſif, & ce n'eſt que dans les Cas qui ſont exceptés par les Canons & par les Ordonnances, qu'il eſt dévolutif.

Ainſi ; 1°. en fait de Jugemens *préparatoires* , il faut excepter l'Appel des Décrets, & autres rendus dans le cours de l'Inſtruc-tion, parce que ceux‑ci doivent être exécutés, nonobſtant Op-poſition & Appellation quelconque, même comme de Juge Incompétent & Récuſé. *V.* Art. 12 du Tit. 10 , & Art. 3 du Tit. 26 de l'Ordonnance de 1670. A la vérité, il reſte encore aux Appellans une reſſource pour empêcher l'exécution des DÉCRETS, c'eſt celle des DÉFENSES & SURSÉANCES, dont il eſt parlé dans l'Article 4 du même Tit. 26 de l'Ordon-nance de 1670 , & dans l'Article 40 de l'Edit de 1695 , que nous aurons lieu de rappeller dans un moment.

2°. En fait de Jugemens *d.finitifs*, l'Appel n'eft point fuf-penfif, mais feulement dévolutif, toutes les fois que ces Jugemens ont été rendus en Matiere de Difcipline Eccléfiaftique & Correction de Mœurs. *V*. Art. 36 du même Édit de 1695. Il faut feulement excepter, fuivant les Canons, lorfque par ces Jugemens le premier Juge a excédé les bornes d'une Correction légitime. *V*. le Ch. 13 *EXTR. de Offic. Jud. Ordin*...; ou que la forme ufitée n'a point été obfervée dans le Jugement qui ordonne la Correction. *V*. Ch. *Ad noftrum EXTR. de Appellat*...; ou enfin, lorfque ce Jugement ne prononce qu'une Cenfure conditionnelle, il ne peut être exécuté avant l'événement de la Condition. *V*. le Ch. 40 *EXTRA de Appellat*.

Après avoir ainfi déterminé la QUALITÉ des Juges parde-vant qui doit être porté l'Appel des Jugemens Eccléfiaftiques, & les EFFETS que produit cet Appel, il ne nous refte plus qu'à entrer dans le détail des FORMALITÉS particulieres qui doivent accompagner l'Inftruction fur ces fortes d'Appels, lorf-qu'ils font interjettés en Matiere Criminelle.

Comme ces Formalités font différentes, fuivant la Qualité des Jugemens, foit *préparatoires*, foit *définitifs*, qui peuvent faire l'Objet de cet Appel ; nous croyons devoir les traiter fé-parément dans les deux Paragraphes fuivans.

§. PREMIER.

De la Procédure qui fe fait fur l'Appel des Décrets du Juge d'Eglife.

CETTE Procédure fe fait ainfi en l'Officialité de Paris, au rapport de DESCOMBES.

L'Appellant doit préfenter fa Requête au MÉTROPOLITAIN, fi l'Appel eft interjetté du Décret de l'Evêque, ou bien au PRIMAT, fi l'Appel eft interjetté du Décret du Métropoli-tain ; & fe mettre en état dans les Prifons de ce Juge, fi le Dé-cret eft de Prife de Corps.

Sur cette Requête, intervient une premiere Sentence qui re-çoit Appellant du Décret, & de la Procédure faite, tient l'Ap-pel pour bien relevé, permet à l'Appellant d'intimer qui bon lui femblera fur cet Appel, fur lequel les Parties auront Audience

dience au 1ᵉʳ jour ; cependant, ordonne que les Procédures feront apportées au Greffe de l'Officialité , à quoi faire le Greffier fera contraint par toutes voies dûes & raifonnables.

Le Greffier du·1ᵉʳ Juge fera obligé d'envoyer au Greffe Supérieur le Procès dont eſt Appel , dans le tems marqué par l'Art. 11 du Tit 26 ; fçavoir trois jours après le·Commandement qui lui en fera fait , s'il demeure dans le Lieu de l'Etabliſſement de l'Officialité Supérieure; dans la huitaine, s'il eſt hors de ce Lieu ; & s'il eſt plus éloigné , le Délai fera augmenté d'un jour par 10 lieues.

Que ſi ce Greffier fe met en Refus d'obéir au Commandement qui lui fera fait , on préfentera Requête à l'Official Métropolitain, ou Primatial, qui rendra Sentence contre le Greffier , par laquelle il l'interdira de fes Fonctions juſqu'à ce qu'il ait obéi ; ou bien il le condamnera à une Aumône applicable à des Œuvres pies , comme à la décoration d'une Chapelle &c. Faute par ce Greffier d'obéir à cette Sentence enfuite du nouveau Commandement qui lui fera fait , on prendra un Certificat du Greffier du Métropolitain , ou du Primat ; & en conféquence on le contraindra au payement de l'Aumône portée par la Sentence , par faiſie & exécution de fes Meubles, en implorant pour cet effet le Bras Séculier.

Mais ſi ce Greffier fe met en devoir de fatisfaire au Commandement , il lui fera délivré exécutoire pour les frais du port des Informations & autres Procédures, & pour la tranſlation de l'Accufé , conformément à l'Art. 6 du Tit. 1ᵉʳ, & à l'Art. 14 du Tit. 26 de l'Ordonnance de 1670.

Cet Exécutoire fe délivre contre la Partie Civile, s'il y en a une ; ou contre l'Evêque , s'il n'y a d'autre Partie que le Promoteur.

Le Procès étant arrivé & mis au Greffe Métropolitain, ou Primatial , il s'agira d'abord de ſtatuer fur les Demandes provifoires qui feront formées par l'Appellant , foit pour avoir des *Défenſes* ou *Surféances*, foit pour obtenir *l'Evocation* du principal, foit enfin pour obtenir fon *Elargiſſement*, s'il eſt Prifonnier.

1°. Si l'Accufé pourfuit des DÉFENSES d'exécuter le Décret , on mettra fa Requête ès mains du Promoteur , pour fatisfaire à l'Ordonnance qui ne permet d'accorder des défenfes & furféances en Matiere Criminelle que fur le vû des Charges & Informations , & enfuite des Conclufions de la Partie publique, dont il devra être fait Mention dans la Sentence du Juge Supérieur, qui portera ces défenfes. *V*. Art. 4 & 10 du Tit. 26 de l'Ordonnance de 1670.

Mais on accorde rarement , dit Descombes, dans les Officialités, des Défenfes contre l'exécution des Décrets & Inftruction des Procès Criminels. Ce Droit leur eft même contefté par les Parlemens, comme il paroît par un Arrêt de Régl. de la Cour du 8 Mai 1660, rapporté dans les Mémoires du Clergé.

2°. Si l'Appellant a conclu par la même Requête à l'ÉVOCATION DU PRINCIPAL, & que le Juge Supérieur trouve effectivement par l'examen des Charges, que la Matiere eft trop légere pour mériter une plus ample Inftruction ; il pourra ordonner cette Evocation , en obfervant ce qui eft prefcrit par l'Art. 5 du Tit. 26 de l'Ordonnance de 1670 ; fçavoir , à la charge de juger le Procès fur le champ à l'Audience , & de faire Mention dans fon Jugement du vû des Charges & Informations , à peine de Nullité. Néanmoins, il faut convenir que ce Droit d'évoquer, que les Juges Supérieurs Eccléfiaftiques prétendent pouvoir exercer, a fouffert & fouffre encore aujourd'hui quelque contradiction de la part des Cours Séculieres , fur le fondement de la Difpofition du CONCORDAT qui n'admet point les Appels *omiſſo medio* en Cour d'Eglife. C'eft auffi la Difpofition du Régl. de la Cour que nous venons de citer, & par lequel injonction eft faite aux Officiaux Métropolitains de prononcer fur les Appellations à eux émifes, par bien ou maljugé, fans donner des défenfes ni évoquer à eux le Principal. *V*. FEVRET, Liv. 4 , Chap. 3.

3°. Enfin, fi par la même Requête, l'Appellant qui feroit Prifonnier, demandoit d'être élargi ; fon ÉLARGISSEMENT, pourra être ordonné provifoirement par l'Official Métropolitain. Mais il faut pour cela trois chofes ; 1°. que l'Appellant ait été arrêté Prifonnier en vertu d'un Décret d'Ajournement Perfonnel converti en Décret de Prife de Corps ; 2°. qu'il foit fait Mention de la Converfion de ce Décret, dans la Requête de l'Appellant ; 3°. enfin, qu'avant que de l'ordonner, le Juge voie les Charges & Informations , parce qu'il peut en être furvenu de nouvelles depuis le Décret. Auffi, par un autre Arrêt de la Cour du 10 Mai 1670, rapporté dans les Mémoires du Clergé, il eſt fait défenſes au Métropolitain de Tours d'élargir à l'avenir des Priſonniers ſans avoir vû les Charges.

Quant au ſurplus de la Procédure qui doit ſe faire ſur l'Appel de ces Décrets, l'on doit ſuivre ce qui eſt preſcrit par le Titre 26 de l'Ordonnance de 1670, notamment par l'Art. 2 qui veut que ces ſortes d'Appels ſoient jugés à l'Audience. Ainſi, l'Intimé doit à cet effet ſe préſenter, & cotter le nom de ſon Procureur ſur le Regiſtre du Greffe Métropolitain, dans huitaine au plûtard depuis l'échéance de l'Exploit d'aſſignation. L'Acte de préſentation ſera ſignifié de Procureur à Procureur. L'Appellant de ſon côté ne fera aucune autre ſignification que celle d'un *Avenir* pour indiquer le jour de l'Audience, lors de laquelle les deux Parties auront ſoin de faire trouver leurs Procureurs qui expliqueront leurs Moyens à l'Official. Sur leur Plaidoirie, interviendra Sentence qui renvoyera l'Appellant, *ou* en état d'Ajournement Perſonnel pardevant l'Official Diocèſain, pour le Procès commencé y être continué ſuivant les Ordonnances juſqu'à Sentence définitive, ſauf l'Appel; *ou bien* en état de ſimple Aſſigné pour être oui, s'il eſt Appellant d'un Décret d'Ajournement Perſonnel. Par la même Sentence, on accordera, s'il y a lieu, main-levée des Saiſies & Annotations faites ſur les Biens de l'Accuſé, en refondant les frais de Contumace, ceux néanmoins de la préſente Inſtance réſervés en définitive.

En conſéquence de cette Sentence, l'Appellant a le choix, *ou* de la faire ſignifier au Promoteur Intimé, avec Sommation de faire procéder inceſſamment à l'Inſtruction du Procès intenté à ſa Requête, conformément à ce qui eſt porté dans la Sentence, proteſtant que faute de ce faire, il ſe pourvoira ainſi qu'il aviſera bon être; *ou bien*, de faire ſignifier cette Sentence au Greffe, y cotter le nom de ſon Procureur, élire Domicile & ſolliciter ſon Interrogatoire. Ce dernier parti paroît le plus convenable, comme le plus modéré & le plus conforme au reſpect dû à l'Egliſe.

Que ſi l'Official différoit d'interroger, l'Appellant pourra lui faire trois Sommations, enſuite de quoi il préſentera ſa Requête au Métropolitain en déni de Juſtice, & y attachera les Sommations avec la Sentence de Renvoi. Dans ces Sommations, l'Appellant aura l'attention de ſe ſervir de ces mots, *prié*

*& requis, & même en tant que befoin eft ou feroit, fommé &
interpellé.* Après cette Signification, l'Appellant fe préfentera au
Greffe, & déclarera qu'il eft prêt de fubir Interrogatoire fur le
Décret d'Ajournement Perfonnel, conformément à la Sentence
de l'Official Métropolitain ; à l'effet de quoi, il déclarera qu'il
élit fon Domicile dans la Maifon d'un tel ...... qu'il conftitue
pour fon Procureur, dont il requiert Acte.

L'Interrogatoire étant fait & joint au Procès, le Promoteur
fera ordonner le Récollement & la Confrontation, pour lefquels
il fera affigner les Témoins & l'Accufé dans les formes prefcrites par le Titre 15 de l'Ordonnance de 1670 ; & après que le
tout aura été fait, & à lui communiqué, il donnera fes Conclufions définitives, fur lefquelles interviendra la Sentence définitive, dont l'Appel va faire la Matiere du Paragraphe fuivant.

§. I I.

*De la Procédure qui fe fait fur l'Appel des Sentences Définitives,
rendues par le Juge d'Eglife, en Matiere Criminelle.*

Après que l'Appellant aura fait fignifier fa Cédule d'Appel,
il doit avoir foin de relever cet Appel, dans le tems marqué par
l'Ordonnance ; finon, il peut être affigné en défertion après ce
tems expiré ; & même il peut être anticipé fur l'Appel, fans
attendre l'expiration du Délai qui lui eft accordé pour relever
fon Appel. Tant que l'Appel n'eft point relevé, l'Appellant peut
y renoncer impunément ; mais après qu'il eft relevé, il ne peut
plus le faire qu'en acquiefçant formellement à la Sentence ; &
fur cet acquiefcement le Juge prononcera, & le condamnera à
l'Amende. *V.* FLEURY, p. 391 de fes *'Inftit. Ecclef.*

Après le Relief d'Appel obtenu & fignifié avec Affignation à
l'Intimé, l'Appellant fera faire, en vertu de ce même relief,
Commandement au Greffier du premier Juge, d'apporter ou
d'envoyer les Procédures & Sentences au Greffe du Juge d'Appel ; & en Cas de Refus de la part de ce Greffier, on procédera contre lui de la Maniere marquée fur le §. précédent.

Si l'Appellant eft Prifonnier, il devra être envoyé conjointement avec fon Procès à l'Official Métropolitain aux dépens
de l'Evêque, fi le Promoteur eft feule Partie ; ou aux dépens
de la Partie Civile, s'il y en a, fauf à les répéter : à l'effet de

quoi, l'on donnera la conduite de l'Accusé au rabais, comme en Jurisdiction Laïque.

Que s'il y a plusieurs Accusés du même Crime, ils seront envoyés conjointement, encore qu'il n'y en auroit qu'un de jugé, ou que l'un d'eux auroit été condamné & l'autre renvoyé absous : le tout conformément aux Art. 7 & 8 du Tit. 26 de l'Ordonnance de 1670.

· Après l'arrivée de l'Accusé à la Geole, on met le Procès au Greffe, le Promoteur en prend aussitôt Communication, pour voir s'il y a lieu d'interjetter Appel *à minima*, ou s'il a déja été interjetté par le Promoteur Diocésain ; car hors ce Cas particulier, cette Communication n'est point nécessaire, attendu que le Procès est instruit & conclu ; & qu'aux termes de l'Art. 3 du Tit. 23 de l'Ordonnance de 1670, l'Appel doit être jugé sur ce qui aura été produit pardevant les Juges des Lieux.

Par la même raison, il ne devroit y avoir aucune Procédure nouvelle de la part des Parties pour l'Instruction de cet Appel. Néanmoins, suivant le même Article que nous venons de citer, il est permis à l'Appellant de donner une Requête contenant ses Moyens d'Appel, & d'y attacher les Piéces qu'il voudra, à la charge de les faire signifier & en donner copie à l'Intimé, lequel est aussi autorisé par ce même Article de répondre à cette Requête, par une autre qu'il fera pareillement signifier avec les Piéces qu'il croira nécessaires ; *le tout*, est-il dit, *sans que faute par l'Appellant ou par l'Intimé de donner leur Requête, le Jugement du Procès puisse être retardé.*

· Il y a encore un Acte particulier qui doit se faire sur l'Appel, aux termes de l'Art. 15 du Tit. 26 de l'Ordonnance de 1670 ; c'est l'Interrogatoire *derriere le Barreau.* Nous ne parlons point de celui *sur la sellette* dont il est aussi fait mention dans le même Article, parce qu'il ne peut avoir lieu, que lorsqu'il y a des Conclusions tendantes à Peines afflictives ; & que ces sortes de Peines ne peuvent jamais être employées dans les Tribunaux Ecclésiastiques.

Le Procès étant remis entre les Mains de l'Official Métropolitain, il doit, pour se conformer à l'Art. 12 du Tit. 26 de l'Ordonnance de 1670, qui veut que les Procès soient distribués sur l'Appel dans les Cours de même que les Procès Civils, prendre des Assesseurs pour l'assister comme Conseils à la vifite du Procès, à l'un defquels il fera la diftribution de ce Procès pour en faire fon rapport.

Si l'Appellant avoit obtenu fon élargiffement provifoire, on ne pourroit procéder au Jugement de l'Appel, qu'après qu'il fe feroit mis en état dans les Prifons du Métropolitain, pour fubir le dernier Interrogatoire dont nous venons de parler : ce qui doit être ordonné à la Requête de l'Accufateur, ou du Promoteur. DESCOMBES attefte en avoir vû refufer plufieurs, qui ont été contraints, *dit-il*, de fe rendre dans les Prifons, pour être jugés & rétablis dans leurs Fonctions dont ils avoient été interdits par la Sentence du premier Juge.

En procédant au Jugement de cet Appel, fi la Sentence du 1er Juge eft trouvée juridique, il fera dit *qu'il a été bien jugé par la Sentence dont eft Appel, mal & fans Griefs appellé, & ordonné en conféquence que la Sentence fortira fon plein & entier effet.* Si au contraire, le Crime n'eft pas prouvé, & la Condamnation paroît trop forte, il fera dit *qu'il a été mal jugé par la Sentence dont eft Appel, & à bonne & jufte Caufe appellé & émendant,* l'on réformera la Sentence, ainfi qu'il fera jugé convenable.

Nous avons vû, d'après les Principes établis au commencement de ce Titre, que lorfque la Sentence de l'Official Métropolitain fe trouvoit conforme à celle de l'Official Diocéfain ; & que fur l'Appel qui feroit interjetté de cette feconde Sentence pardevant le Primat, Celui-ci viendroit à la confirmer, il n'étoit plus permis d'appeller de cette derniere Sentence, parce qu'il y auroit alors trois Sentences conformes ; & que ce nombre opére l'irrévocabilité de la derniere, fuivant les Maximes du Droit Canonique, & celles du Royaume. Nous avons obfervé auffi en même tems, que fi après avoir épuifé ces trois Degrés de Jurifdiction, il ne fe trouvoit pas trois Sentences conformes, on pourroit appeller au Pape qui doit alors donner des Commiffaires *in partibus* pour connoître de l'Appel, & même en nommer de nouveaux, jufqu'à ce que le nombre des trois Sentences conformes fe trouve rempli. Il ne refte donc plus qu'à fçavoir ; Quelle eft la Procédure qui doit être obfervée relativement à ces Commiffaires, ou plutôt Comment l'on peut parvenir à introduire cet Appel pardevant eux ; car la Procédure fur l'Appel eft d'ailleurs la même que celle qui s'obferve fur l'Appel devant le Métropolitain.

Pour l'introduction de cet Appel, il faut obtenir par la voie d'un Banquier en Cour de Rome, à qui on remet la Cédule d'Appel, un Bref appellatoire, dont on voit la Formule dans Descombes, p. 192. Après qu'il est arrivé, il faut le présenter à l'Evêque ou à l'Official qui est commis par ce Bref, avec une Requête, pour le prier d'accepter la Commission, & de faire apporter le Procès pardevant lui. Sur cette Requête, il rendra, s'il accepte la Commission, une Ordonnance par laquelle il sera enjoint au Greffier d'apporter ou envoyer la Sentence & les Procédures, à peine d'y être contraint par toutes Voies dûes & raisonnables, même d'Interdiction & d'Aumône, suivant que nous l'avons observé ci-devant. Il faut aussi, après avoir fait signifier la Requête & l'Ordonnance au Greffier, avec Commandement d'y satisfaire, donner Copie des mêmes Requête, Ordonnance, & du Bref Appellatoire, aux Intimés, avec Assignation pour procéder sur cet Appel dans les Délais de l'Ordonnance.

Le surplus de la Procédure doit se faire de la même Maniere que celle marquée ci-dessus. Le Commissaire doit y observer les mêmes Formalités pour les Sentences & autres Ordonnances qu'il rendra, à la réserve qu'il aura soin de faire mention, dans l'Intitulé de ces Sentences & Procédures, de sa Commission, en ces termes : Nous.... *Commissaire en cette Partie, nommé par Notre S. Pere le Pape, par le Bref Appellatoire, daté à Rome le... A tous ceux qui ces Présentes Lettres verront &c.*

<hr>

CHAPITRE II.

De l'Appel comme d'Abus, en Matiere Criminelle.

L'APPEL comme d'Abus est un Reméde extraordinaire qui a été introduit, non-seulement pour empêcher les Entreprises des Juges d'Eglise sur la Jurifdiction Séculiere, mais encore celles des Juges Séculiers sur la Jurifdiction Eccléfiastique. *Lequel Reméde des Appellations comme d'Abus*, porte l'Art. 7 des Libertés de l'Eglise Gallicane, *est réciproquement commun aux Eccléfiastiques, pour la Confervation de leur Autorité & Jurifdiction; fi que le Promoteur ou autre ayant intérêt, peut aussi appeller comme d'Abus de l'Entreprife ou Attentat fait par le Juge Laïc, fur ce qui lui appartient.*

Suivant l'Art. 79 des mêmes Libertés, l'Appel comme d'Abus

a lieu toutes les fois qu'il y a *Entreprise de Jurisdiction ou Attentat contre les Saints Décrets & Canons reçus dans le Royaume, Droits, Franchises, Libertés & Privileges de l'Eglise, Concordats, Edits & Ordonn. du Roi, Arrêts de son Parlement, Bref contre ce qui est non-seulement de Droit Commun, Divin ou Naturel, mais aussi des Prérogatives de ce Royaume & de l'Eglise d'icelui.*

En un mot, le Fondement général de l'Appel comme d'Abus est, suivant GIBERT, que le Prince est le Protecteur des Canons, des Ordonnances & des Arrêts, dont l'Infraction est la Matiere de cet Appel. Quant aux *Arrêts*, cet Auteur observe qu'il ne faut comprendre que ceux de Réglemens rendus par le Parlement dans le Ressort duquel se trouve l'Officialité dont il s'agit ; ou ceux, qui, par leur uniformité, ont établi une Jurisprudence certaine ; sur-tout, s'ils sont conformes à ceux des autres Parlemens.

Suivant ces Principes, l'Appel comme d'Abus peut être employé en toutes sortes de Matieres, soit *Civiles*, soit *Criminelles*. Nous n'en traiterons ici, que relativement aux Matieres *Criminelles* ; & comme nous avons considéré jusqu'ici ces Matieres, sous trois Rapports différens ; sçavoir, quant à la *Compétence*, à l'*Instruction*, & au *Jugement*. C'est aussi, d'après ce même Plan, que nous allons indiquer ici les Moyens particuliers sur lesquels peut être fondé cet Appel, & qui ne font proprement que des Contraventions aux Régles & aux Principes que nous venons d'établir sur les Titres précédens.

Mais, avant que de nous livrer à ce Détail, nous croyons devoir donner ici une idée générale de la Nature de cet Appel ; c'est-à-dire, de son Origine, de la Qualité des Tribunaux qui en peuvent connoître, des Priviléges qui y sont attachés, & enfin, des Formalités particulieres auxquelles il a été assujetti.

1°. Quant à L'ORIGINE, sans nous arrêter à discuter ici les Sentimens des différens Auteurs, dont les uns font remonter cet Appel aux premiers tems de la Monarchie, sous le nom de *Recursus ad Principem* ; d'autres, à la fameuse Dispute élevée entre Pierre de CUGNIERES, Avocat Général de ce Parlement, & BERTRANDI, Evêque d'Autun, en présence de PHILIPPE DE VALOIS ; d'autres enfin, aux Réclamations du Clergé de France, contre les Entreprises de la Cour de Rome, au sujet de la PRAGMAT. que CHARLES VII chargea en conséquence ses Juges de de faire exécuter. Ce qu'il y a de certain, c'est que nous ne voyons aucune Loi du Royaume ou il soit fait Mention de l'*Appel comme d'Abus*, dans la Forme qu'il se pratique aujourd'hui, avant l'Ordon. de François Ier en 1539, qui, comme le remarque LOYSEAU, a retranché en six lignes, toutes les Entreprises qui avoient été faites jusqu'alors de la part des Juges d'Eglise, en leur laissant la Connoissance des Sacremens entre toutes sortes de Personnes, & des Causes Personnelles des Ecclésiastiques. *V.* l'Art. 4 de cette Loi, que nous avons rapporté sous le Titre 1er.

2°. Les TRIBUNAUX où doit se porter l'Appel comme d'Abus, sont les Cours de PARLEMENT, suivant les Ordonnances du Royaume, notamment celle de BLOIS, Art. 2. Il faut néanmoins convenir, que, dans l'Usage, le CONSEIL DU ROI, & le GRAND-CONSEIL connoissent aussi de cet Appel, incidemment aux Causes qui leur sont commises. *V.* FLEURY, Instit. p. 392.

Les Raisons qui ont fait admettre cet Appel dans les Tribunaux Séculiers Supérieurs, sont, suivant la Remarque de GIBERT, parce que c'est un Reméde plus prompt & plus efficace que l'Appel simple, en ce que les Jugemens de ces Tribunaux sont sans Appel, & terminent le Procès; & que leur Autorité étant plus à redouter que celle de tous autres Juges, les Jugemens qui en sont émanés, sont aussi plus facilement & plus promptement exécutés. Au lieu que la Procédure qui se fait sur les Appels simples est beaucoup plus embarrassée & plus longue, en ce qu'il faut trois Sentences conformes pour finir une Affaire; & que quelquefois même, pour qu'il y en ait trois conformes, il faut qu'il s'en rende jusqu'à cinq : après quoi, il y a encore lieu de craindre l'Appel comme d'Abus.

3°. Les PRIVILÉGES qui sont attachés à l'Appel comme d'Abus consistent; 1°. En ce que c'est une Voie ouverte généralement à tous ceux qui ont à se plaindre d'une injuste Oppression, soit Laïcs, soit Ecclésiastiques, soit Religieux. A l'égard de ces *derniers*, il y en a un Article particulier dans nos Libertés; c'est l'Art. 34.

2°. En ce qu'il peut être employé en tout tems, sans être sujet, ni à la *Désertion*, ni à la *Péremption*, ni même à la *Prescription* de 30 années; & qu'on ne peut lui opposer la Fin de non-recevoir tirée d'une *troisiéme Sentence conforme;* non plus que celle tirée d'*une Transaction* qui auroit été faite sur ces sortes d'Appels, à moins que ce ne fût du consentement de M. le Procureur Général, qui y est toujours la Partie principale. *V.* CHOP. *de Inst. Polit.* Liv. 2, Tit. 1. FEVRET, de l'Abus, Liv. 1, Ch. 2. FLEURY, *Instit.* p. 993.

3°. En ce qu'il peut être employé contre toutes sortes d'Ordonnances & Jugemens rendus par les Juges d'Eglise, soit en Matiere de Jurisdiction *volontaire* ou *contentieuse* ; & même qu'il peut avoir lieu, dans les Cas où il n'y auroit point de Jugemens rendus, comme en fait de *Déni de Justice*, ou contre de *simples Délibérations Capitulaires*.

Mais s'il y a des Raisons qui tendent à favoriser ces sortes d'Appels, il y en a aussi qui doivent le faire regarder comme un Reméde extrême, dont on ne doit user qu'après avoir éprouvé les remédes ordinaires, & dans des occasions importantes où le Public se trouve intéressé. C'est pour cela, qu'en même tems que par l'Art. 35 de l'Edit de 1695 il est défendu aux Cours de connoître, ni recevoir aucune Appellation des Jugemens Ecclésiastiques, que celles qui sont *qualifiées d'Abus* ; il leur est fait une injonction expresse d'examiner le plus exactement qu'il leur sera possible, les Moyens, avant de les recevoir, & de procéder à leur Jugement. Ces Raisons se tirent principalement, de ce que l'Appel simple est une Voie naturelle fondée sur les Dispositions du Droit Canonique, qui n'a établi la subordination entre les Juges d'Eglise, qu'afin que le Supérieur corrige les Fautes du Juge Inférieur ; & qu'en admettant légérement les Appels comme d'Abus, ce seroit ouvrir la porte à la Licence & à l'Esprit de Révolte de la part des Ministres du bas Clergé, & des Religieux, qui ne manqueroient pas de s'en faire une ressource ordinaire pour se soustraire à la Correction légitime de leur Supérieurs dont l'Autorité tomberoit par là nécessairement dans le mépris.

Ce sont aussi, toutes ces Raisons, qui ont fait apporter à cet Appel plusieurs Restrictions remarquables, soit dans ses *Effets*, soit par rapport à la *Maniere* dont il doit être instruit & jugé dans les Cours.

QUANT A SES EFFETS, l'on remarque ; 1°. que, quoiqu'en général cet Appel soit *suspensif* comme les autres, il ne peut néanmoins empêcher l'exécution provisoire des Jugemens

rendus en *Matiere de Correction de Mœurs* des Personnes Eccléfiaftiques ; comme aufli en *Matiere de Difcipline* , Réglemens & Ordonnances rendus par les Evêques dans le cours
de leur Vifite. *V.* Art. 5 de l'Ordonnance de 1539 , Art. 59
de celle de BLOIS , & Art. 36 de l'Edit de 1695.

2°. Que lorfque cet Appel eft interjetté des Décrets *d'Ajour-*
mens Perfonnels prononcés par le Juge d'Eglife , les Cours ne
peuvent , aux termes de l'Art. 40 de l'Edit de 1695 , accorder
des défenfes & furféances fur cet Appel , qu'après *avoir vû*
les Charges & Informations : Précaution qui n'eft requife fur
l'Appel des Décrets de cette efpéce , lorfqu'ils font décernés
par les Juges Royaux , mais feulement en fait d'Appel de Décrets de Prife de Corps. *V.* Art. 4 du Tit. 26 de l'Ordonnance de 1670.

3°. Que l'*Interdit* que produit contre les Eccléfiaftiques le
Décret décerné par le Juge d'Eglife , ne peut être levé par les
Arrêts de défenfes & furféances qui leur font accordés par les
Cours fur l'Appel comme d'Abus par eux interjettés de ces
Décrets , mais qu'il doit *fubfifter jufqu'à ce que les Appellations*
ayent été jugées définitivement , ou qu'il en ait été autrement or-
donné par le Juge d'Eglife. C'eft encore la Difpofition du mê-
me Art. 40 de l'Edit de 1695.

4°. Que lorfque l'Appel comme d'Abus eft interjetté d'un
Jugement qui prononce des *Cenfures* , les Cours ne peuvent
en prononcer l'Abfolution en vertu de cet Appel ; mais feulement donner à l'Appellant la Faculté *d'efter* en Jugement
dont il étoit privé par ces Cenfures , & le renvoyer enfuite à
l'Evêque qui a prononcé la Cenfure pour en relever l'Appellant & le rétablir dans fes Fonctions , & en Cas de Refus de
celui - ci , à fon Métropolitain. *V.* l'Art. 41 du même Edit de
1695 , que nous avons rapporté fur le Titre précédent.

5°. Enfin nous avons obfervé , d'après l'Art. 43 du même
Edit de 1695 rapporté fur le Ch. 1er du Tit. 2 ci-devant, que
les Evêques ne peuvent être *intimés ni pris à partie* fur les
Appels comme d'Abus qui font interjettés des Ordonnances
qu'ils ont rendues en des Matieres qui dépendent de leur Jurifdiction *Volontaire* ; & qu'à l'égard de celles rendues en Matiere de Jurifdiction *Contentieufe* , ils ne peuvent être intimés
ni pris à partie , non plus que leur Promoteur , que dans le
Cas de Calomnie apparente & lorfqu'il n'y auroit point d'autre

Partie que leur Promoteur , ou bien que la Partie Civile ne feroit pas capable de répondre des Dommages & Intérêts ; & même dans ce dernier Cas , l'intimation & la prife à Partie ne pourroit avoir lieu, qu'enfuite d'une Permiffion expreffe des Cours qui ne doivent l'accorder qu'en Connoiffance de Caufe.

QUANT A LA MANIERE dont ces Appels doivent être inftruits & jugés dans les Cours , elle confifte dans les Formalités fuivantes.

Cet Appel s'introduit par un *Relief* qui fe prend au grand Sceau. Ce Relief s'obtient fur la Confultation de deux anciens Avocats, qui doit être attachée aux Lettres. On préfente enfuite une Requête fur laquelle on obtient Arrêt qui permet d'affigner. Après que les Délais font expirés , l'on fait mettre la Caufe au Rôle. Les Avocats des Parties mettent leurs Sacs entre les Mains de l'un de MM. les Avocats Généraux. Avant que d'aller à l'Audience , il faut que l'une ou l'autre des Parties configne l'Amende qui eft de 75 liv. L'on donne de part & d'autre des Requêtes où font établis les Moyens qui peuvent tendre à faire voir qu'il y a Abus, ou qu'il n'y en a pas ; & c'eft fur la Plaidoirie des Avocats, & fur les Conclufions de M. l'Avocat Général , qu'intervient Arrêt définitif.

Par cet Arrêt , fi l'Appel eft trouvé bien fondé , il fera dit qu'*il a été mal , nullement & abufivement procédé , ftatué & ordonné* ; & en conféquence , fi la Caufe eft de la Jurifdiction Eccléfiaftique , elle fera *renvoyée à l'Evêque* , dont l'Official a commis l'Abus, pour être jugée par un *autre Official :* fi l'Abus a été commis par l'Evêque lui-même , elle fera renvoyée à fon *Supérieur Eccléfiaftique.* Si au contraire, la Cour eftime que l'Appel eft mal fondé, elle prononcera *qu'il n'y a Abus ;* & dans ce Cas , condamnera l'Appellant à l'Amende de 75 liv. laquelle ne peut être modérée , fuivant l'Art. 37 de l'Edit de 1695. C'eft auffi par cette raifon, que l'on ne peut mettre les Parties *hors de Cour* fur ces fortes d'Appels , quand même l'Intimé déclareroit ne vouloir fe fervir du Jugement qui eft attaqué par cette voie.

AU RESTE ces Appels doivent néceffairement être jugés à l'Audience , & ils ne peuvent être appointés ; fi ce n'eft dans le Cas marqué par l'Art. 13 de la Déclaration de 1657 ; fçavoir, lorfque les *deux tiers* des Juges affiftans font de l'avis de cet Appointement.

§. Premier.

De l'Appel comme d'Abus relativement à la Compétence, en Matiere Criminelle.

La Compétence doit se régler, comme nous l'avons vû sur le Tit. 2 , de *trois* Manieres ; ou par la Qualité du *Juge*, ou par la Qualité des *Parties*, ou par la Qualité de la *Chose* dont il s'agit.

1º. Par rapport a la Qualité du Juge , l'Appel comme d'Abus peut avoir lieu, toutes les fois que ce Juge entreprend de juger, sans avoir les Qualités nécessaires pour le rendre Compétent. Ainsi il y auroit Abus dans les Cas suivans.

1º. Si le Pape, ou un Primat vouloit connoître des Jugemens rendus par les Evêques Diocésains , au préjudice de la Jurisdiction du Métropolitain , *omisso medio. V.* Pragmat. *de Causis* & Concord. *de frivol. Appellat.*

2º. Si le Métropolitain vouloit connoître du Jugement de l'Evêque Diocésain, autrement que par la voie de l'Appel, ou du Renvoi fait par les Cours. *V.* Fevret, Liv. 4 , Ch. 3. *V.* aussi l'Arrêt de la Cour du 8 Mai 1660 , rapporté aux Mem. du Clergé.

3º. Si les Evesques en général, vouloient exercer par eux-mêmes la Jurisdiction *contentieuse* en ce Royaume , hors les Cas que nous avons exceptés, d'après les Auteurs, sur le Chap. 1er du Tit. 2 ci-devant.

4º. Si les Commissaires nommés par le Pape n'avoient pas les Qualités requises par les Canons, & les Loix du Royaume ; c'est-à-dire, s'ils n'avoient pas quelque Dignité ou Canonicat dans une Cathédrale ; ... s'ils n'étoient pas naturels François , ou du moins Naturalisés ; ... s'ils ne demeuroient dans des Lieux voisins de celui où la Contestation est née ; .... s'ils ne résidoient pas dans l'étendue du Ressort du Parlement où demeurent les Parties ; ... s'ils avoient contr'eux des Moyens de Récusation Notoires ; ... s'ils ne se renfermoient point dans les termes de leur Commission ; ... s'ils l'exerçoient avant que le Refcrit ou *Bref* qui la contient fût revêtu de Lettres-Patentes dûement vérifiées ; .... s'ils n'observoient pas la Procédure ufitée dans ce Royaume ; …. ou enfin s'ils continuoient d'exercer leur Commiffion après la Mort du Pape qui la leur auroit donnée ; ou après la Mort de l'un d'eux, fi le Referit portoit qu'ils devroient juger conjointement. *V.* les Preuves de ces Maximes dans le Chapitre 1ᵉʳ du préfent Tit. 5.

5°. Si les Evfsques commettoient pour l'exercice de leur Jurifdiction contentieufe d'autres Juges que leurs OFFICIAUX, ou leurs VICE-GÉRENS en Cas d'abfence ou légitime empêchement de ceux-ci. *V.* les Arrêts cités dans le Ch. 1ᵉʳ du Tit. 2.

6°. Si les OFFICIAUX qu'ils nommeroient, n'avoient pas les Qualités requifes par les Canons & les Ordonnances ; c'eft-à-dire s'ils n'étoient pas Prêtres & Licenciés dans une Univerfité du Royaume ; … s'ils n'avoient pas une Dignité ou Canonicat dans l'Eglife Cathédrale ; …. s'ils étoient Etrangers, non Naturalifés, ou Religieux ; …… fi leurs Commiffions n'avoient point été fignées de la Main de l'Evêque ni infinuées au Greffe des Infinuations… ou enfin fi ces Commiffions avoient été accordées à prix d'argent. *V.* les Preuves de ces Maximes, rapportées fous le même Tit. 2, Ch. 1ᵉʳ.

7°. Si ces OFFICIAUX vouloient connoître des Matieres Criminelles, n'étant pas les Juges du Lieu du Délit ; ou bien fans avoir de *Prétoire*, ni de *Promoteur*, ni de *Greffier*. *V.* encore le même Chap. 1ᵉʳ du Tit. 2, où les Preuves font rapportées.

8°. Enfin fi les ARCHEVESQUES ET EVESQUES fe meitoient en Refus de nommer des Officiaux pour la partie de leur Diocèfe qui feroit fituée dans le Reffort d'un autre Parlement que celui où fe trouve fitué le Siége de l'Officialité ordinaire. *V.* Art. 31 de l'Edit de *1695*… ou bien s'ils en nommoient plufieurs dans le Reffort du même Parlement. *V.* l'Arrêt contre l'Evêque de Langres, rapporté par FEVRET, de l'Abus, Liv. 4, Ch. 3.

Abus tiré de la Qualité des Parties.

PAR RAPPORT A LA QUALITÉ DES PARTIES, il y a lieu d'appeller comme d'Abus, toutes les fois que les Juges d'Eglife entreprennent de connoître des Perfonnes qui ne font point leurs *Jufticiables*. Ainfi, l'on pourroit interjetter cet Appel dans les Cas fuivans.

1°. Si la Cour de Rome vouloit connoître de l'Appel interjetté par un *Eccléfiaftique François*, le Pape étant tenu de nommer, dans ce Cas, des Commiffaires dans le Royaume, comme nous l'avons établi , dans le Chap. 1er du préfent Titre.

2°. Si le Juge d'Eglife vouloit connoître de l'Affaire Perfonnelle d'un *Laïc* , hors les Cas qui font exceptés par les Loix du Royaume & par la Jurifprudence ; fçavoir, lorfqu'il s'agit de Sacrement & autres chofes purement Spirituelles. *V.* l'Ordonnance de 1539, Art. 4, & l'Edit de 1695 , Art. 30... ou bien lorfque le Laïc étant entendu comme *Témoin* pardevant le Juge d'Eglife , vient à dépofer faux ou à commettre quelqu'irrévérence en fa préfence. *V.* Pap. Liv. 1 , Tit. 4. Mornac , fur la Loi *Clericis* 25 , *de Epifc. & Cleric. V.* aufli l'Arrêt que nous avons rapporté d'après Coquille , au Ch. 1er du Tit. 4 ci-devant.

3°. Si l'Evêque vouloit connoître du Délit d'un *Eccléfiaflique qui ne feroit point de fon Diocèfe. V.* Ch. 1er du Tit. 2 où nous avons parlé du Privilége particulier de M. l'Archevêque de Paris à cet égard.

4°. Si l'Official vouloit connoître des Affaires Perfonnelles de *fon Evêque. V.* ce que nous avons dit à la fin du Chap. 2 du même Tit. 2 relativement aux Exemptions des Evêques , en Matiere Criminelle.

5°. Si les Archevêques & Evêques vouloient connoître des Délits commis par des *Religieux* , fans avoir averti auparavant leurs Supérieurs , & avant l'expiration des fix mois depuis cet Avertiffement. *V.* la Decl. du 29 Mars 1696 rapportée fur le Ch. 2, Tit. 2 ci-devant. *V.* aufli , les Exceptions marquées *ibid.* pour ce qui concerne les Crimes commis hors du Cloître ou dans l'Adminiftration des Sacremens.

6°. Pareillement s'ils vouloient connoître de la Contravention des Régles & Statuts par les *Membres des Chapitres, Colléges, Univerfités & Hôpitaux* qui font exempts de leur Jurifdiction : ce qui s'entend lorfque cette Exemption a été obtenue avec la Licence & Permiffion du Roi. *V.* Art. 71 des Lib. de l'Egl. Gall. rapporté fur le Chap. 2 du Tit. 2 ci-devant. *V.* aufli ce que nous avons dit fur le même Chap.

7°. Il y auroit aufli Abus de la part des Juges Royaux qui voudroient connoître des Délits commis par des *Religieux* dans le Cloître , hors les Cas de Sédition , ou Tumulte , ou grand Scandale. *V.* Art. 34 des Lib. de l'Egl. Gall. *V.* aufli les Arrêts de Regl. de la Cour de 1543 , 1717 & 1730.

8°. Enfin, il y auroit Abus de la part des Prévôts des Maréchaux , qui voudroient connoître des Délits commis par *des Ecclésiastiques*. *V.* l'Art. 11 & 15 de la Decl. de Février 1731 , qui leur permet seulement de les décréter & arrêter, à la charge du Renvoi aux Juges qui en doivent connoître.

Par rapport à la QUALITÉ DES CHOSES , l'Appel comme d'Abus peut avoir lieu en Matiere Criminelle, toutes les fois que les Juges d'Eglise , ou autres, s'ingerent à connoître des *Délits* dont la Connoissance leur est interdite par les Loix du Royaume. Ainsi il y auroit Abus;

1°. De la part du JUGE D'EGLISE , s'il vouloit connoître du *Délit commun* , après que l'Ecclésiastique auroit été renvoyé absous par le Juge Royal ; ou qu'il auroit obtenu des Lettres de Grace dûement enthérinées. *V.* TOURNET , Lett. P , n. 291 ; FEVRET , Liv. 4 , Ch. 4 , n. 14.

Ou bien s'il vouloit connoître des Délits , soit *Ecclésiastiques;* soit *communs* , après qu'il y auroit eu une troisième Sentence conforme. *V.* CONCORD. Tit. *de Causis* §. 4 , & Tit. *de frivol. Appell.*

2°. De la part des JUGES LAÏCS en général , s'ils vouloient connoître des Matieres *purement Spirituelles* , telles que celles concernant les Sacremens , la Doctrine & les Censures. *V.* l'Art. 5 de l'Ordonnance de 1539 , & l'Art. 34 de l'Edit de 1695.

Il est enjoint par le dernier de ces Articles » aux Officiers » Royaux , même aux Cours de Parlemens , de laisser & même » de renvoyer la Connoissance des Affaires de cette nature aux » Juges d'Eglise , sans en prendre aucune Jurisdiction ni Con- » noissance , *si ce n'est qu'il y eût Appel comme d'Abus en ces* » *Cours de quelques Jugemens , Ordonnances ou Procédures faites* » *sur ce sujet par les Juges d'Eglise* «.... L'Art. 30 du même Edit ajoute , » sans préjudice à nosdites Cours & autres Juges » de pourvoir par les autres voies qu'ils estimeront convenables , » à la réparation du *Scandale & Trouble de l'ordre & tranquil-* » *lité publique , & Contravention aux Ordonnances que la publi-* » *cation de ladite Doctrine aura pû causer* « ... D'où il suit que les Cours ne peuvent connoître , par la voie de l'Appel comme d'Abus , du *fond* de ces Matieres ; mais seulement de la validité des *Procédures* faites à ce sujet de la part des Juges d'Eglise , ou bien de la *Compétence* des Juges d'Eglise qui vou-

droient

droient en connoître ; ou des *Contraventions* que ces Juges pourroient faire aux Ordonnances, dans les Jugemens qu'ils rendroient ; ou enfin du *Scandale* & *du Trouble de l'ordre public* que l'Exécution de ces Jugemens pourroit caufer.

Il y auroit encore Abus de la part du JUGE ROYAL , qui voudroit connoître des Délits *purement Eccléfiaftiques* ; ou même des Délits *communs* , nonobftant la Révendication faite par le Promoteur, ou la Réquifition du Renvoi de la part de l'Accufé. *V.* ce que nous avons dit fur le Chap. 3 du Tit. 2, §. 1er & 2¹ .*V.* auffi le Ch. 2 du Tit. 3 , §. 1er.

3°. Enfin il y auroit Abus de la part des SIMPLES JUGES ORDINAIRES , tels que les Prévôts Royaux, & Juges de Seigneurs, qui voudroient connoître des Délits *Privilégiés* & même *Communs* , au lieu de renvoyer aux Baillifs & Sénéchaux , après avoir informé, décrété & interrogé les Eccléfiaftiques accufés. *V.* les Preuves fur le Chap. 2 du Tit. 3 , §. 1er.

Il en feroit de même de la part des JUGES ROYAUX EXTRAORDINAIRES qui voudroient connoître des Délits *Privilégiés* , hors les Cas qui leur font fpécialement attribués, *V.* auffi ce que nous avons dit fur ce même Ch. 2.

§. II.

*De l'Appel comme d'Abus relativement à l'*INSTRUCTION, *en Matiere Criminelle.*

NOUS avons diftingué deux fortes d'INSTRCTIONS dans les Procès Criminels qui fe font aux Eccléfiaftiques ; l'une *fimple* qui fe fait par l'Official feul, pour les Délits purement Eccléfiaftiques ou Communs; l'autre *conjointe* qui fe fait en même tems , & par l'Official, & par le Juge Royal. C'eft relativement à l'une & à l'autre de ces Inftructions , que nous allons parcourir les différens Cas qui peuvent donner lieu à l'Appel comme d'Abus.

1 . Quant à L'INSTRUCTION SIMPLE , il y a Abus, toutes les fois que le Juge d'Eglife n'obferve point dans cette Inftruction les Procédures marquées par les Ordonnances du Royaume, (*V.* Art. 1er du Tit. 1er de l'Ordonnance de 1667). Ce qui s'entend , comme nous l'avons obfervé fur le Ch. 1er du Tit. 3 , pour les Actes *effentiels aux Procès Criminels*, tels

Abus concernant l'Inftruction fimple.

que la *Plainte*, *Permiſſion d'informer*, *l'Information*, le *Dé-cret*, *l'Interrogatoire*, *le Réglement à l'extraordinaire*, le *Ré-collement*, la *Confrontation*, les *Concluſions du Miniſtere public* & *l'Interrogatoire derriere le Barreau.*

Nous comprenons auſſi, ſous le nom *d'Actes eſſentiels*, certai-nes Procédures *incidentes* aux Procès Criminels, & qui ne peu-vent néanmoins être négligées ſans Abus dans les Cas particu-liers où elles ſont preſcrites par l'Ordonnance, telles que celles concernans l'Inſtruction de la *Contumace* ; ...... l'Inſtruction du *Faux Principal*, du *Faux Incident* & *de la Reconnoiſſance des Ecritures privées* en Matiere Criminelle ; ... celles contre les *Muets*, *Sourds* ; contre les *Communautés* ; contre le *Cadavre* ou la *mémoire d'un Défunt* ; ... les *Procès - verbaux des Juges* ; ... *Rapports de Médecins & Chirurgiens* ; ... les *Sentences de Pro-viſion* ; ... le *Monitoire* ; ... *l'Exoine* de l'Accuſé ; ..... les *Reproches* des Témoins ; ... les *Jugemens & Procès-verbaux de Torture*... & les *Faits juſtificatifs.*

Il y a auſſi des Formalités qui ſont *particulieres* au Juge d'E-gliſe dans cette INSTRUCTION, & qu'il ne peut également omettre ſans Abus. Ces Formalités que nous avons remarquées ſur le même Chap. 1er du Tit. 3, conſiſtent ; 1°. en ce qu'il ne peut procéder à l'Inſtruction de certains Crimes, tels que le Con-cubinage & le Défaut de réſidence dans les Bénéfices, ſans qu'il y ait eu des *Monitions* préalables ; 2°. en ce qu'il ne peut ren-dre une Ordonnance portant Permiſſion d'informer qu'enſuite du *Réquiſitoire du Promoteur* ; 3°. en ce qu'il ne peut décerner des Décrets d'Ajournemens Perſonnels, ſans y faire *Mention du Titre de l'Accuſation & de la Cauſe* pour laquelle ces Décrets ſont décernés ; 4°. en ce qu'il ne peut, dans les Décrets réels qu'il décerne, ordonner que l'Eccléſiaſtique *ſera amené ſans ſcanda-le* ; 5°. enfin, en ce qu'il ne peut, en Cas de Contumace, faire procéder par voie de *Saiſie & Annotation.*

2°. PAR RAPPORT A L'INSTRUCTION CONJOINTE, il y a Abus toutes les fois que le Juge d'Eglife & le Juge Royal contre-viennent à quelqu'une des Formalités qui leur ſont preſcrites par les Loix qui ont établi cette eſpéce d'Inſtruction, telles que l'Edit de Melun, l'Edit de 1678, & les Déclarations de 1684 & 1711, que nous avons rapportés ſous le Tit. 3, Ch. 2.

Parmi ces Formalités, il y en a qui ſont *communes* à ces

deux Juges, il y en a d'autres qui leur font *particulieres.* Ainfi ;
1°. à l'égard du JUGE D'EGLISE il y auroit Abus, s'il négligeoit d'appeller le Juge Royal, auffi-tôt qu'il auroit Connoiffance du Délit Privilégié. (*V.* Edit de 1678 & Edit de 1695
Art. 38)... ou bien fi après avoir appellé ce Juge Royal, & celui-
ci ayant refufé de fe tranfporter en l'Officialité dans le tems
marqué, l'Official inftruifoit feul la Procédure, & ne s'adreffoit
pas, *d'abord* aux Officiers du *Siége* de ce Juge, fuivant l'ordre du Tableau; & *enfuite* fur le Refus de ceux-ci, au Juge
Royal du Lieu où eft fitué l'Officialité, dans le Cas où celui-ci
ne feroit pas le Juge du Lieu du Délit, ou en fon abfence, aux
Officiers de fon Siége; & enfin, fi en cas de Refus ou de Suf-
picion évidente de la part de ces différens Juges & Officiers,
cet Official ne s'adreffoit pas au Parlement dans le Reffort duquel eft fituée l'Officialité, pour qu'il commette tel Juge Royal
qu'il jugeroit à propos. (*V.* Décl. de 1684).

Il y auroit pareillement Abus de la part de l'OFFICIAL, s'il en-
treprenoit de recommencer les Procédures qui auroient été faites par le Juge Royal avant la Révendication du Promoteur,
ou la Réquifition du Renvoi de la part de l'Accufé. (*V.* Edit
de Février 1678)... ou bien fi, après que l'Inftruction feroit achevée, il affectoit de retarder fon Jugement. *V.* ce que nous avons
dit au commencement du Titre 4.

Il y auroit encore Abus, fi L'EVESQUE refufoit de donner
des Lettres de *Vicariat* à l'un des Confeillers-Clercs du Parlement, où s'inftruiroit le Procès Criminel pour le Délit Privilégié, dans les Cas qui font marqués par l'Édit de 1678, & par
l'Édit de 1695, Art. 39 ; fçavoir, lorfqu'il s'agiroit d'éviter la
Recouffe & Evafion des Prifonniers, & autre Raifon importante,
& lorfque l'Officialité fe trouveroit fituée hors la Ville où le
Parlement tient fa Séance. *V.* là-deffus le §. 1er, Ch. 2, Titre
3, ci-devant.

Enfin, il y auroit Abus de la part de ce VICAIRE nommé,
s'il n'obfervoit pas, en procédant à l'Inftruction conjointe avec
le Confeiller Laïc du Parlement, les mêmes Formalités qui font
prefcrites aux Officiaux. *V.* l'Edit de 1678.

2°. De la part du JUGE ROYAL, il y auroit Abus dans l'Inftruction conjointe. 1°. S'il ne renvoyoit pas à l'Official l'Eccléfiaftique qui a été traduit devant lui, auffi-tôt après la Réven-

T ij

dication du Promoteur, ou la Réquisition du Renvoi de la part de cet Accusé. (*V.* les Arrêts de la Cour rapportés sur le Tit. 3, Ch. 2, §. 1er). 2°. S'il refusoit de faire transférer l'Accusé dans les Prisons de l'Officialité, & d'envoyer son Procès au Greffe de l'Official, après les Sommations faites par le Promoteur à cet effet. (*V.* Décl. de 1684, rapportée *ibid.*) 3°. Si ce Juge Royal faisoit Refus de se transporter lui-même en l'Officialité ensuite de la Déclaration faite par l'Official, qu'il entend y instruire le Procès. (*V.* même Décl. de 1684, *ibid.*) 4°. Si ce Juge vouloit prendre la Parole, & recevoir le Serment des Témoins ou de l'Accusé. (*V.* Décl. de Février 1711, rapportée *ibid.*) 5°. Enfin, si ce Juge Royal vouloit recommencer les Procédures qui auroient été faites par l'Official, avant que celui-ci eût Connoissance du Cas Privilégié, à l'exception néanmoins des Interrogatoires. *V.* l'Edit de 1678, *ibid.*

Abus communs aux deux Juges dans cette Instruct.

3°. Enfin, il y auroit Abus de la part de L'UN ET DE L'AUTRE DE CES JUGES, si depuis que l'Instruction conjointe auroit été commencée, ils faisoient séparément & en absence l'un de l'autre, quelqu'un des Actes de Procédure dont nous venons de parler. (*V.* Décl. de 1711)... Ou s'ils ne les faisoient pas rédiger en des Cahiers séparés. (*V. ibid*)... Ou bien si, en les faisant conjointement, ils n'étoient pas assistés l'un & l'autre de leurs Greffiers. (*V.* Edit de 1678)... Ou enfin, s'ils rendoient quelqu'Ordonnance sans les Conclusions de la Partie Publique, dans les Cas où elles sont nécessaires ; sçavoir, le Juge d'Eglise, sans celles du Promoteur ; & le Juge Royal, sans celles du Procureur du Roi de son Siége. *V.* même Edit de 1678.

§. I I I.

De l'Appel comme d'Abus relativement aux JUGEMENS qui se rendent en Matiere Criminelle.

N o u s ne parlons ici que des Jugemens *définitifs* : à l'égard des Jugemens *préparatoires* ou *interlocutoires* qui se rendent dans le cours de l'Instruction, nous avons eu lieu d'en parler sur le §. précédent.

Nous avons dit, sur le Titre précédent, que ces Jugemens définitifs pouvoient être considérés de deux Manieres, ou du côté de la Forme, ou du côté du Fond.

Quant à la Forme de ces Jugemens, lorsqu'ils sont rendus par le Juge d'Eglise, nous avons observé que cette Forme devoit être la même que celle usitée dans les Tribunaux Séculiers Inférieurs, soit quant à la Rédaction, soit quant à la Prononciation. Par conséquent, ce Juge commettroit Abus, s'il venoit à s'en écarter ; comme s'il se contentoit de dire en général *pour les Cas résultans du Procès* &c. au lieu d'exprimer en détail tous les Chefs d'Accusation, & de prononcer par *bien ou mal jugé*. (*V.* les Arrêts de Réglemens rapportés sur le Chapitre 1ᵉʳ du §. 1ᵉʳ de ce Titre)... ou bien s'il rédigeoit ces Jugemens en Latin. (*V. ibid.*)... ou enfin, si étant *Commissaire* nommé par le Pape, ou *Vicaire* nommé par l'Evêque, il ne faisoit Mention de ces Qualités dans l'Intitulé du Jugement. *V.* aussi le même Ch. 1, §. 1ᵉʳ du présent Titre.

Abus tirés de la Forme des Jugemens Ecclésiast.

Quant au Fond de ces Jugemens, l'on veut parler des Dispositions qu'ils contiennent, soit pour l'Absolution, soit pour la Condamnation des Accusés.

Abus tirés du Fond des Jugemens Ecclésiast.

A l'égard des Jugemens d'Absolution, il y auroit Abus, si, par ces Jugemens, l'Official ordonnoit l'Elargissement de l'Accusé de Cas Privilégié, contre la Disposition de l'Edit de 1678 qui veut qu'aussi-tôt après qu'il a été jugé en l'Officialité, cet Accusé soit transféré aux Prisons du Juge Royal, pour y être jugé à l'égard du Cas Privilégié.

Pour ce qui concerne les Jugemens de Condamnation qui sont rendus par le Juge d'Eglise, il y auroit Abus dans les Cas suivans :

1°. S'il condamnoit à quelque *Peine Corporelle*, dont il pût s'ensuivre Effusion de Sang ou Mutilation de Membres, comme celle de Mort, du Poing ou de la Langue coupée, & même du Foüet, hors les Cas que nous avons exceptés ci-devant. *V.* Ch. 1ᵉʳ, Tit. 4.

2°. S'il condamnoit à quelque *Peine afflictive*, ou autre qui gêneroit la Liberté du Corps, comme celle des Galeres, du Bannissement, du Carcan, du Pilori, & de l'Amende honorable, hors celle faite dans le Prêtoire. *V.* même Ch. 1ᵉʳ, Tit. 4. Il faut seulement excepter la Prison qui est réputée Peine dans les Tribunaux Ecclésiastiques. *V.* Ch. 2 du même Tit. 4.

3°. S'il condamnoit à quelque *Peine infamante*, telle que le Blâme, & autres qui privent les Sujets du Roi des Droits de la

Société Civile. (*V*. Ch. 1er du même Tit. 4). Il faut seulement excepter l'Excommunication qui prive de la Faculté d'*ester* en Jugement, tellement que l'Excommunié ne peut poursuivre son Appel qu'après avoir été absous *à Cautele*. *V*. l'Art. 41 de l'Edit de 1695, rapporté ci-devant, Tit. 4, Ch. 2, *in fine*.

4°. S'il condamnoit à quelque *Peine Pécuniaire*, qui ne seroit pas destinée à être employée à Œuvres pies; ou qui ne seroit pas ordonnée pour tenir lieu de Dépens, Dommages & intérêts. *V*. le Ch. 1er du même Titre 4, *in fine*.

5°. Si en prononçant les *Peines Canoniques*, ce Juge d'Eglise venoit à s'écarter des Régles qui lui sont prescrites par les Canons & les Loix du Royaume, soit en ne les ordonnant point dans la Forme usitée... soit en excédant les bornes d'une Correction légitime... soit en les ordonnant dans les Cas qui sont formellement exceptés par ces mêmes Loix, notamment par la PRAGMATIQUE-SANCTION & par le CONCORDAT pour ce qui concerne l'*Interdit* général du Royaume, ou même d'une Province entiere; & par les Art. 15 & 16 des LIBERTÉS DE L'EGLISE GALLICANE, par rapport à l'*Excommunication* (*V*. ces Articles qui sont rapportés sur le Ch. 2 du Titre précédent. *V*. aussi l'Art. 1er de la DÉCLARATION du Clergé de France, rapportée *ibid.*)... soit enfin, en prononçant ces Censures dans les Cas Permis, sans les faire précéder de *Monitions*... sans les consigner dans un *Jugement*, & par *Ecrit*... sans *désigner* la Personne contre qui elles sont portées (excepté le Cas du Monitoire)... sans lui faire *signifier* le Jugement qui les contient ... sans en *exprimer* la Cause... & sans que cette Cause soit bien prouvée, & d'ailleurs conforme aux *Canons* & aux *Loix du Royaume*; ou bien aux *Statuts & Réglemens* particuliers des Communautés dont on veut punir les Membres (ce qui s'entend lorsque ces Statuts & Réglemens sont autorisés par le Roi & par les Cours. *V*. Art. 34 des Libertés.) *V*. la Preuve de toutes ces Maximes sur le Titre précédent, Ch. 2, §. 3.

*F*IN *de la troisiéme & derniere Partie.*

TABLE ALPHABÉTIQUE

Des principales Matieres contenues dans les trois Parties de l'Inſtruction Criminelle.

NOTA. Le premier Chiffre marque la PARTIE; l'autre, la PAGE.

L.

M.

N.

O.

FIN de la Table des Matieres.

APPROBATION.

J'AI lû, par ordre de Monſeigneur le Chancelier, L'INSTRUCTION CRIMINELLE, contenant un Commentaire ſur toutes les Ordonnances, Loix & Uſages de la Procédure Criminelle, que M. DE VOUGLANS avoit promis, lorſqu'il a donné ſes INSTITUTES *au Droit Criminel*, comme devant faire la ſuite & l'application des Principes contenus dans ſon premier Ou-

vrage. L'eſtime que le Public a fait du premier Volume , &
le deſir qu'il avoit de voir completter un Traité auſſi utilement
conçu, ne feront point trompés dans ces dernieres Parties, qui
m'ont paru renfermer tout ce qu'on pouvoit defirer pour la
Connoiſſance , & la Pratique des Matieres Criminelles. A Paris,
çe 24 Juin 1762 ,

ROUSSELET.

NOTA. *Le Privilége eſt à la ſuite des* INSTITUTES *au*
Droit Criminel.

De l'Imprimerie de J. CHARDON, rue Galande ,
à la Croix d'or, 1762.